U0937144

普通高等教育工商管理类专业系列教材

人力资源管理

（第三版）

葛正鹏　李　芸　主　编
蒋龙成　江治平　副主编

科学出版社
北　京

内 容 简 介

本书结合中国国情，主要阐述了人力资源管理的基本原理和方法。本书共分十二章，内容涉及人力资源管理的相关概念、产生和发展，人力资源规划，工作分析和工作评价，员工招聘和培训，员工甄选与测试方法，绩效考评，薪酬管理，劳动关系与员工保障管理，职业生涯管理及发展，人力资源外包等。

本书可作为高等院校财经类、管理类专业学生以及电大开放教育学员的教材，也可作为企业管理者和人力资源主管的参考书或企业培训用书。

图书在版编目（CIP）数据

人力资源管理/葛正鹏，李芸主编. —3版. —北京：科学出版社，2016
（普通高等教育工商管理类专业系列教材）
ISBN 978-7-03-047107-9

Ⅰ.①人… Ⅱ.①葛…②李… Ⅲ.①人力资源管理－高等学校－教材
Ⅳ.①F241

中国版本图书馆CIP数据核字（2016）第014831号

责任编辑：田悦红 任锋娟 / 责任校对：马英菊
责任印制：吕春珉 / 封面设计：东方人华平面设计部

科学出版社 出版
北京东黄城根北街16号
邮政编码：100717
http://www.sciencep.com
廊坊市都印印刷有限公司印刷
科学出版社发行 各地新华书店经销
*
2006年2月第一版 2023年1月第三十二次印刷
2010年5月第二版 开本：787×1092 1/16
2016年2月第三版 印张：21 1/2
字数：509 000

定价：58.00元

（如有印装质量问题，我社负责调换〈都印〉）
销售部电话 010-62136075 编辑部电话 010-62135763-2015（HF02）

第三版前言

本书在第二版基础上进行了部分内容修改和充实。根据近年来人力资源管理理论的发展和最新成果，以及人力资源管理实践领域新变化，在第三版修订过程中我们力求体现这些方面的变化。主要的变化包括：

（1）对每一章中有关数据进行了更新。

（2）增加了阅读资料；对有些阅读资料进行了更换。

（3）针对教师和学生提出的一些建议，对各章中有些文字表述进行了修订，更正了一些错误。

（4）在第六章员工培训部分，将新员工入职引导（职前教育）的内容放在第二节员工培训种类中讲述。

（5）根据近年来网络经济和全球化过程中的一些变化，在相关章节中增添了相关内容。

（6）对第二版其他内容（包括旁批、案例等）也进行了不同程度的修改和更换。

（7）对第二版各章练习题重新进行了设计和修改。

近年来，在纸质教材基础上，我们进行了教材配套资源建设。已建设如下配套资源：

（1）网络课程。该网络课程获第七届浙江省高校教师教学软件评比一等奖。

（2）在线学习平台网络学习资源。资源具体内容包括：课程说明、教学实施方案、各章教学辅导、各章案例学习等。

（3）IP 课件。课件共 27 讲，系统讲授教材的内容，包括针对教师的课程导教和针对学生的课程导学，以及期末复习指导。

（4）PPT 课件。课件基本覆盖各章重要知识点。

（5）系列微课。微课共有 12 个，以 IP 课件形式呈现，讲述本书中的 12 个知识点。

（6）经典案例系列微课。用 Flash 形式展示教材中 8 个经典案例，引导学生通过案例学习教材中重要知识点。其中《案例：工作职责分歧》获得第十四届全国多媒体课件大赛微课组一等奖。

（7）《职业锚》微课。该资源获得浙江省首届高校微课比赛本科组二等奖。

（8）在线题库系统。该系统建有 300 余道客观题，可供学生自我测试。该题库已经于 2014 年在浙江广播电视大学系统内进行终结性考核使用。

以上微课，读者可以通过手机扫描书中二维码观看学习。

第三版各章节内容修订主要由葛正鹏和李芸完成。全书由葛正鹏统稿和定稿。李芸主要负责每章练习题设计和修改；教材配套资源建设由葛正鹏、李芸、蒋龙成、江治平、余燕芳等老师完成。

浙江大学陈丽君教授承担了本书的主审工作；国家开放大学王承先副教授在整体修订过程中提供了许多有益的帮助；本书在修订过程中，也得到了浙江广播电视大学领导以及人力资源管理课程组成员的大力支持和关心。在本书修订过程中，我们参考了国内外的有关资料，借鉴和引用了大量国内外学者的研究成果；在此向这些文献的作者以及对本书出版给予帮助过的人们表示衷心的感谢。

限于编者水平，不足之处在所难免，敬请广大读者批评指正。

第二版前言

本书自2006年出版以来，深受广大读者欢迎，已连续印刷多次，目前全国已有二三十所学校在使用，2007年被评为“中国科学院教材建设专家委员会推荐教材一等奖”，2009年被列入浙江省“十一五”重点建设教材。为了适应人力资源管理理论与实践的快速发展的要求，保持教材内容的先进性，我们在第一版基础上进行了较大的修改和充实，以尽可能地反映当今人力资源管理理论与实践发展的最新变化。新版内容主要在以下方面进行了修订和充实：

（1）第一版共十一章，现修改为十二章。

（2）删除第一版中第二章人力资源管理的理论基础内容。

（3）将第一版第五章员工招聘分设为员工招聘和员工甄选与测试方法两章，增加就业者如何参与测试与面试等方面的内容。

（4）在第一版第六章员工培训部分，增加新员工入职引导（职前教育）的内容。

（5）将第一版第九章劳动关系和员工保障管理分设为劳动关系管理和员工保障管理两章，按照新劳动合同法相关内容撰写劳动关系管理这一章，同时充实了员工保障管理内容。

（6）对第一版其余几章的内容（包括旁批、阅读资料、案例等）也进行了不同程度的修改。

（7）对第一版每一章的练习题重新进行了设计和修改。

本书第一、三、六、十一、十二章由葛正鹏编写；第二、七、八、九、十章由蒋龙成编写；第四、五章由江治平编写；李芸参加了各章练习题的修订和有关资料的收集工作。全书由葛正鹏统稿和定稿。

浙江大学陈丽君教授承担了本书大纲和内容的主审工作；中央广播电视大学王承先副教授在整个编写过程中提供了许多有益的帮助和启发；广东广播电视大学蔡国栋副教授参与了部分案例的编写和收集工作，对部分章节的修订也提出了许多有益的意见；本书在编写和修订过程中，也得到了浙江广播电视大学领导以及人力资源管理课程组成员的大力支持和关心。在本书的编写和修改过程中，编者参考了国内外的有关资料，借鉴和引用了大量国内外学者的研究成果；在此向这些文献的作者以及对本书出版给予帮助过的人们表示衷心的感谢。

限于编者水平，不足之处在所难免，敬请广大读者批评指正。

第一版前言

人力资源管理是管理理论的重要组成部分，是各项专业管理的基础。它广泛吸收多学科知识，具有很强的实践性和应用性。自 20 世纪 80 年代传入我国以来，人力资源管理越来越受到人们的重视。随着社会的发展、知识的不断更新和技术的不断进步，经济的全球化、外部环境和内部结构的变化，这些都导致人力资源管理作用的变化，我们会面临着许多人力资源管理方面的挑战，人力资源问题越来越引起企业管理者和社会各界人士的关注。今天，我国的社会主义市场经济体制在不断完善，市场竞争在不断加剧，择业、应聘、培训、职业生涯管理、劳动关系与员工保障等不再仅仅是人力资源管理者研究的课题，它和我们每个人都有了切身的关系。本书并不单单针对人力资源管理者而编写，实际上它针对更广泛的人群，学习人力资源课程的读者并不一定会成为人力资源专业人士，但他们都会与人力资源部门和人力资源专家打交道。

在编写过程中，我们始终坚持以下指导思想：①力求反映时代性特点，即力求反映最新的企业人力资源管理的理论、信息和实践，体现人力资源管理领域正在发生的变化和趋势；②要反映中国特色，即既要介绍国外尤其是发达国家人力资源管理的理念和方法，又要联系中国国情、中国文化；③强调理论与实践密切结合，即既要系统介绍人力资源管理的理论和知识，又要强调人力资源管理在实践中的应用；④开放性和通俗性相结合，即既要适合电大开放教育学生学习，又要体现适合自主学习的特点。

本书各章都介绍了学习要求，将知识点分为重点掌握、掌握和了解三个层次，使读者明确必须要达到的教学目的和要求；插入了大量的阅读资料，以帮助学生了解人力资源管理理论与实践的最新理论、实践活动等；设有旁批，对所阐述的基本知识和原理进行提示、补充或简要介绍不同的学术观点，以指导学生进行理论联系实际的学习；设有“小组讨论”和“模拟角色”两个栏目，“小组讨论”是指通过选择实际生活中的案例，为读者提供背景情况，并提出问题，通过讨论解决实际问题，同时通过这种形式教会学生相互沟通、尊重他人、关心他人，同时也增强了他们说服别人以及聆听他人意见的能力。“模拟角色”就是根据教学要求，运用案例，将读者带入特定的现场，进行一定的角色扮演，在不充分信息的条件下对复杂多变的形势独立做出判断和决策，从中锻炼综合运用各种理论知识、经验分析和解决问题的能力，培养读者的独立思考和独立解决实际问题的能力；通过小结回顾本章的主要内容，与前面的学习要求相呼应；配有测试，以习题的形式，把本章主要内容提出来，便于读者学完本章后，进行练习，自检对本章主要内容的了解程度。

在本书的编写过程中，作者参考了国内外的有关论文、专著、教材及其他资料，借鉴和引用了国内外学者大量的研究成果，得到了浙江大学陈丽君教授的帮助和启发，在此，向这些文献的作者和陈丽君教授表示衷心的感谢。

第一、三、六、十一、十二章由葛正鹏编写；第二、七、八、九、十章由蒋龙成编写；第四、五章由江治平编写。全书由葛正鹏统稿。

限于编者水平，不足之处在所难免，敬请广大读者批评指正。

目　　录

第三版前言
第二版前言
第一版前言
第一章　导论……1
第一节　人力资源……2
一、人力资源的概念和特征……2
二、人力资本的概念……4
三、人力资源与人力资本的区别……4
第二节　人力资源管理……5
一、人力资源管理的概念……5
二、人力资源管理的职能……6
三、履行人力资源管理职能的人员……6
四、人力资源经理面临的挑战……8
第三节　人力资源管理的历史和发展……11
一、人事管理阶段……12
二、人力资源管理阶段……13
小结……14
练习题……15
第二章　人力资源规划……22
第一节　人力资源规划概述……23
一、人力资源规划的概念……23
二、人力资源规划的作用……24
三、人力资源规划的内容……26
第二节　人力资源规划的程序……27
一、收集有关信息资料……27
二、人力资源需求预测……28
三、人力资源供给预测……28
四、确定人力资源净需求……29
五、编制人力资源规划……29
六、实施人力资源规划……31
七、人力资源规划评估……31
八、人力资源规划的反馈与修正……32
第三节　人力资源供求预测……32

一、人力资源需求预测……32
二、人力资源需求预测的方法……33
三、人力资源供给预测……35
四、人力资源供求平衡……39
小结……40
练习题……41
第三章　工作分析和工作评价……47
第一节　工作分析概述……48
一、工作分析的概念……48
二、工作分析涉及的重要术语……49
三、工作分析的步骤……50
四、工作分析的作用与意义……54
第二节　工作分析的基本方法……57
一、观察法……57
二、面谈法……58
三、问卷调查法……59
四、文献分析法……62
五、工作日志法……62
第三节　工作评价……63
一、工作评价的概念……63
二、工作评价的意义……64
三、工作评价的方法……64
小结……67
练习题……69
第四章　员工招聘……75
第一节　员工招聘概述……76
一、员工招聘的概念……76
二、员工招聘的原则……76
第二节　员工招聘的程序……77
一、制定招聘计划和策略……78
二、发布招聘信息及搜寻候选人信息……79
三、甄选……79
四、录用……81
五、招聘工作评价……82
第三节　员工招聘渠道……83
一、外部招聘……83
二、内部招聘……90
三、内部招聘与外部招聘的对比……91

小结……92
练习题……92
第五章　员工甄选与测试方法……100
第一节　面试法……101
一、面试的概念……101
二、面试的过程和内容……101
三、面试的类型……102
第二节　心理测验法……107
一、个性测验……108
二、兴趣测验……109
三、成就测验……109
四、智力测验……110
五、性向测验……110
第三节　评价中心法……111
一、公文处理……112
二、无领导小组讨论……112
三、管理游戏……112
四、角色扮演……113
小结……114
练习题……115
第六章　员工培训……125
第一节　员工培训的含义与意义……126
一、员工培训的含义……126
二、培训的意义……126
第二节　员工培训的种类……129
一、入职引导……129
二、在职员工培训……136
第三节　员工培训的程序……136
一、培训需求分析……137
二、制订培训计划……138
三、培训课程的设计与开发……140
四、培训效果评估……141
第四节　培训的方法……143
一、讲授法……143
二、案例教学法……144
三、角色扮演法……145
四、工作轮换法……145
五、工作指导法……145

六、视听技术法……146
七、网上培训法……146
小结……147
练习题……148
第七章　绩效考评……157
第一节　绩效考评概述……158
一、绩效的概念及特点……158
二、绩效考评的概念及特点……159
三、绩效考评的作用……160
四、绩效考评的分类……160
五、绩效考评的原则……163
第二节　绩效考评的程序……164
一、制订绩效考评计划……165
二、确定绩效考评的标准和方法……166
三、选择考评人员……167
四、考评实施……169
五、绩效考评反馈……170
六、考评结果运用……172
第三节　绩效考评的方法……175
一、主观考评法……175
二、客观考评法……178
三、目标管理法……181
第四节　绩效考评中常见的问题及防范……182
一、绩效考评中的问题……182
二、防范绩效考评问题的措施……184
小结……186
练习题……187
第八章　薪酬管理……194
第一节　薪酬管理概述……195
一、薪酬的概念及构成……195
二、薪酬的功能……197
三、薪酬管理的内容……198
四、薪酬管理的原则……199
五、影响薪酬水平的因素……201
第二节　薪酬设计的基本程序……202
一、制定薪酬的原则和策略……202
二、工作分析与评价……203
三、薪酬调查……203

四、薪酬定位……205
五、薪酬结构的设计……205
六、薪酬的分级与定薪……207
七、薪酬制度的实施与调整……208
第三节　常用的工资制度及其选择……208
一、常用的工资制度……209
二、选择最适合的工资制度……213
第四节　奖金激励……213
一、奖金的性质……213
二、个人奖励计划……214
三、团队奖励计划……215
四、短期奖励计划……217
五、长期绩效奖励计划……218
第五节　福利……218
一、福利的重要性……218
二、影响福利的因素……219
三、福利的类型……219
四、自助式福利……221
小结……221
练习题……222
第九章　劳动关系管理……230
第一节　劳动关系概述……231
一、劳动关系的概念、内容和分类……231
二、劳动关系的法律特征……232
三、正确处理劳动关系的意义……232
四、改善劳动关系的途径……233
第二节　劳动关系的建立与终止……233
一、劳动关系的建立……233
二、劳动关系的终止……238
第三节　劳动争议的处理……240
一、劳动争议概述……240
二、处理劳动争议的原则……241
三、处理劳动争议的机构……241
四、劳动争议处理的程序……242
小结……245
练习题……246
第十章　员工保障管理……251
第一节　员工健康管理……252

一、劳动生产过程中有毒、有害物质的危害……252
二、视屏健康问题……252
三、工作压力大与紧张情绪问题……253
第二节 劳动保护与安全生产……255
一、劳动保护……255
二、员工的安全管理……257
第三节 社会保障和社会保险……260
一、社会保障……260
二、社会保险……261
小结……264
练习题……265
第十一章 职业生涯管理及发展……270
第一节 职业生涯管理的相关理论……271
一、职业生涯的概念……271
二、职业生涯管理及其意义……271
三、职业生涯发展阶段理论……272
四、职业选择理论……277
五、职业锚……280
第二节 职业规划……284
一、个人职业规划……284
二、组织职业规划……285
第三节 职业发展……287
一、职业发展的必要性……287
二、职业发展的负责者……287
三、职业发展的实施……288
小结……296
练习题……299
第十二章 人力资源外包……306
第一节 人力资源外包概述……307
一、人力资源外包的含义……307
二、人力资源外包的原因……308
三、人力资源外包的意义……310
第二节 人力资源外包的实施……311
一、成立人力资源外包的决策机构……311
二、人力资源外包内容的选择……311
三、外包服务商的选择……312
四、人力资源外包服务商的选择途径……313
五、人力资源外包管理的模式选择……315

第三节 人力资源外包的风险及其管理……316
一、人力资源外包的风险……316
二、人力资源外包的风险管理……317
小结……318
练习题……320
参考文献……325

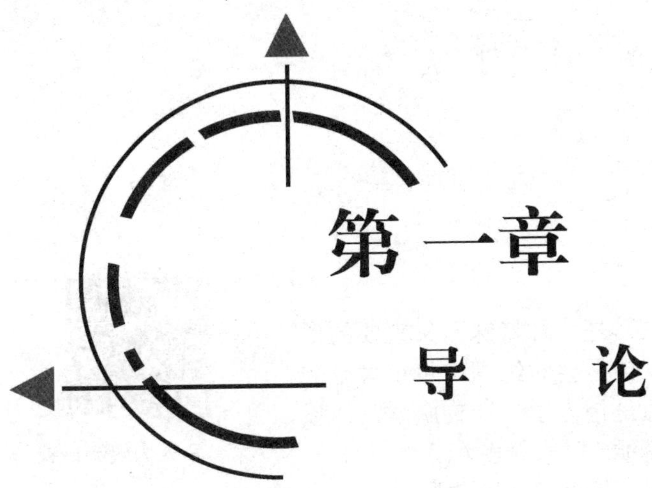

第一章 导论

学习要求☞

重点掌握

- 人力资源的概念和特征
- 人力资源开发的概念
- 人力资本的概念
- 人力资源管理的概念
- 人力资源管理的职能

掌握

- 人力资源经理面临的挑战

了解

- 履行人力资源管理职能的人员
- 人力资源管理的历史和发展

第一节 人力资源

一、人力资源的概念和特征

（一）人力资源的概念

人力资源（human resource，HR）是一种特殊而又重要的资源，是各项资源中最为关键的资源，也是会对组织产生重大影响的资源，从财富创造的角度看，资源是指为了创造物质财富而投入生产过程的一切要素，包括物质资源、财政资源和人力资源等。物质资源，如土地、原料、机器等；财政资源，如金钱与融资信用等。那么，什么是人力资源呢？目前理论界对人力资源的定义并无一致意见。但无论从广义还是从狭义来理解，人力资源的核心都是人。对组织来说，它是指组织内部成员及外部的与组织相关的人。当代著名的管理学家彼得·德鲁克（Peter Drucker）在其《管理的实践》中指出，和其他所有资源相比，唯一的区别就是它是人，并且是经理们必须考虑的具有“特殊资产”的资源。当然把人看作是一种资源，不能简单地从数量上来理解，也要考虑其质量，即体现在人所具有的知识、技能、经验、态度、创造力等。也就是说，当谈论人力资源的时候，指的是“具有智力和体力两方面能力的人们的总和”。体力和智力是人力资源所具有的最基本的两个方面。

第一章人力资源微课

要能区分物质资源、财政资源和人力资源这三个不同的概念。

目前理论界对人力资源的定义归纳起来主要有以下几种观点：

1. 成年人口观。这种观点认为，人力资源就是具有劳动能力的全部人口。

2. 在岗人员观。这种观点认为，人力资源是目前正在从事社会劳动的全部人口。

3. 人员素质观。这种观点认为，人力资源是具有智力劳动和体力劳动能力的综合，它包括数量和质量两方面。

因此，可以将人力资源定义为：组织中具有智力和体力两方面能力的人们的总和。

在所有的资源中，人力资源是第一资源，是一切资源中最宝贵的资源。尽管其他资源都各有其重要性，但人力资源最为重要。人力资源是一种能动资源，它在组织中起主导作用，处于中心地位；它发起、使用、操纵、控制其他资源，使其他资源得到合理、有效的开发、配置和利用；同时它是唯一起创新作用的因素。整体而言，人力资源是一个组织系统的动力。

（二）人力资源的特征

人力作为一种资源，与其他资源一样具有使用价值、共享性、可测量性、可开发性和独立存在性以及需要管理和有效配置等特征。人力资源作为一种特殊资源，还具有如下特征。

1. 社会性

人力资源处于特定的社会和时代中，不同的社会形态，不同的文化背景，都会反映和影响人的价值观念、行为方式、思维方法。从本质上说，人力资源是一种社会资源。人力资源的社会性要求在开发过程中特别注意社会政治制度、国家政策、法律法规以及文化环境的影响，特别要注意开发措施的人群针对性。

2. 时效性

人力资源的形成、开发和使用，都具有时间方面的限制，这是同人的生命年龄有直接的关系。不同年龄阶段表现出不同的资源效力。每个人都有其才能发挥的最佳期、最佳年龄段。时效性要求人力资源开发要抓住人的年龄最有利于职业要求的阶段并实施最有力的激励措施。

3. 能动性

人具有主观能动性，能够有目的地进行活动，有目的地改造外部物质世界。人力资源的能动性表现在三个方面：一是自我强化，即通过努力学习和锻炼身体等积极行为，可以使自己的劳动能力大大增强；二是可以主动选择职业，每个人都可以通过主动地选择职业甚至岗位，来体现自己的能力和才华；三是积极性的发挥，这是人力资源能动性最重要的方面，积极性的发挥，对于能否挖掘人力资源的潜力具有决定性的影响。所以在人力资源开发过程中，对其能动性调动得如何，直接决定着开发的程度和达到的水平。

4. 再生性

人力资源是一种可再生性资源。人类的繁衍生息，使人力资源取之不尽，用之不竭。特别是，人力资源在开发和使用过程中，不会像不可再生性资源（如矿物资源）那样因为使用而减少；相反，人力资源还可能会因为使用而提高水平，增强活力。因为人力资源具有可再生性特征，所以对人力资源可以进行二次开发乃至多次开发。

人力资源的特点启示我们在进行人力资源开发和使用过程中，必须把握人力资源的特点，采取针对性强的对策。

（三）人力资源开发

人力资源开发（human resource development，HRD）是指旨在提升组织人力资源质量的管理战略和活动。人力资源开发是人力资源管理的一项重要内容。

人力资源开发的对象是人的智力与才能，即人的聪明才智。人力资源开发的目标，一是要提高人的才能；二是要增强人的活力或积极性。人力资源开发要借助于教育培训、激发鼓励、科学管理等手段来进行。

“人力资源开发”一词是1969年美国学者伦纳德·纳德勒（Leonard Nadle）在美国

培训发展协会的年会上首次提出。纳德勒认为，人力资源开发是在一定时期中为提高工作绩效与促成个人成长而进行的有组织的学习活动。“人力资源开发”这一术语在20世纪80年代才开始普遍使用，但人力资源开发活动很早就产生了。

二、人力资本的概念

人力资本（human capital）的提出，实质上是资本概念的扩展，是资本概念在人身上的应用。把人当作一种可以增值的资本，这时候，人就与其他资本一样，具有了资本的特性。

想一想，什么是资本？

人力资本思想的渊源，可以追溯到古典经济学家威廉·配第（William Petty）、亚当·斯密（Adam Smith）和近代经济学家A.马歇尔（A. Marshal）关于人力资本的思想及观点。马歇尔在他的代表作《经济学原理》中指出：“所有资本中最有价值的是对人本身的投资。”

在理论界，通常将美国著名经济学家T. W. 舒尔茨（T. W. Schultz）看作人力资本理论的创立者、人力资本之父。舒尔茨的代表作是《论人力资本投资》。舒尔茨在人力资本理论方面进行了系统、深刻的研究，开创了人力资本研究的新领域。

舒尔茨的人力资本理论的主要观点是：人力资本是通过对人力资源投资而体现在劳动者身上的体力、智力和技能，它是另一种形态的资本，而它的有形形态就是人力资源。舒尔茨认为，对人的投资的渠道主要有五种，即包括营养及医疗保健费用、学校教育费用、在职人员培训费用、择业过程中所发生的人事成本和迁徙费用等。

人力资本理论突破了传统理论中的资本只是物质资本的束缚，将资本划分为人力资本和物质资本（physical capital）。物质资本指体现在物质产品上的资本，包括厂房、机器、设备、原材料、土地、货币和其他有价证券等。

归纳起来，可以将人力资本定义为：体现在人身上的资本，即对人进行投资所形成的蕴含于人身上的各种知识、技能、经验、态度、创造力和健康素质的存量总和。

人力资本与物质资本既有相似之处，但又有很大的区别。

人力资本与物质资本的相似性表现在：①两者对经济都具有生产性的作用。②两者的作用都能使国民收入增加。③两者都需要投资才能形成。

人力资本与物质资本的区别主要体现在：①表现的方式及对经济发展的推动作用的大小不同，人力资本对现代国民经济增长和国民收入增加的作用比物质资本增加要重要得多。②物质资本所有权可以被继承或转让，而人力资本的所有权不具备继承或转让属性。

人力资源得到合理开发和有效配置后，可以转化为人力资本。

三、人力资源与人力资本的区别

人力资源和人力资本这两个概念有时容易混淆，人力资本与人力资源之间的区别首先在于将“人力”视作“资源”还是“资本”。可用以下这个实例来理解人力资源与人力资本之间的区别。

阅读资料

怎样理解人力资源与人力资本?

2000 年北京出现了 11 次沙尘暴天气，科学家发现沙尘主要来自内蒙古自治区，内蒙古草原的沙化是根本原因之一。而草原沙化的一个重要原因则在于，草原作为畜牧资源被过度利用而缺少养护。改革开放以后，内蒙古自治区的畜牧业开始打破“大锅饭”，转而采取类似于种植业“包产到户”的政策。但不同的是，农民不仅得到了庄稼的产权，也得到了土地的使用权；而牧民只得到了畜群的产权，牧场的产权（包括其中的使用权）则完全归“国家所有”。这样的政策导致牧民只在乎放牧的直接收益，而不考虑草场的“成本”。换言之，草场对于牧民来说，只是可利用的资源（而非资本），草场的损益与牧民没有直接利害关系。牧民在决定是否扩大它的畜群的时候，只需要考虑边际收入是否大于每只羊的单位变动成本即可，即当“边际收入大于单位变动成本”时，牧民就有扩大畜群的动力。事实正是如此，它的后果是草场的严重退化和不可持续发展。因此有经济学家建议，汲取农业的经验，把草场的使用权从国家下放到牧民，将草场从牧民“外部性”资源变为牧民的“内部性”资本。如此，在牧民的成本支出中就会多出一个固定成本（草场的成本），牧民在计算它的投入、产出的时候就必须考虑草场的损失的机会成本和可持续发展问题，即只有当“边际收入>边际成本（包括边际固定成本）+机会成本”的时候，它才会有扩大畜群的动力，从而实现了社会资源的优化配置。人力从“资源”到“资本”的转变也具有相似性。

（资料来源：http:www.erpwold.net）

人力资源是被开发、待开发的对象，正像牧场一样。人力资源得不到合理开发，就不能形成强大的人力资本，也无法解决可持续发展问题。

资本与资源不同，资本是一种社会状态，是一种无形物；资本可以积累、需要经营，会增值。人力资本的外在表现形式是人的价值，可以用货币来计量。因此，可以说某人的资本（价值或身价）是多少货币量。人力资本的核心是教育投资，教育投资的过程就是人力资本积累的过程。换句话说，人力资本的形成和积累主要靠教育。如果没有教育，人力资源就得不到合理开发。重视教育，就是重视企业的发展，就是在开发人力资源和积累人力资本。也就是说，人力资源得到合理开发和有效配置后，可以转化为人力资本。

第二节　人力资源管理

一、人力资源管理的概念

人力资源管理（human resource management，HRM）就是对人力资源进行有效开发、合理利用和科学管理，以实现组织目标。

人力资源管理与传统的人事管理（personnel administration of personnel management）有重要的区别，主要体现在：

1）传统人事管理的特点是以“事”为中心，而现代人力资源管理是以“人”为中心，管理的根本出发点是“着眼于人”。

2）传统人事管理把人设为一种成本，将人当作一种“工具”，注重的是投入、使用和控制。而现代人力资源管理把人作为一种“资源”，注重产出和开发。

3）传统人事管理是某一职能部门单独使用的工具，似乎与其他职能部门的关系不大，但现代人力资源管理却与此截然不同。实施人力资源管理职能的各组织中的人事部门逐渐成为决策部门的重要伙伴，从而提高了人事部门在决策中的地位。

人力资源管理与人事管理不是简单称呼上的区别，它们在管理理念上有着本质的区别。

二、人力资源管理的职能

人力资源管理职能，是指各种规模的组织中用于提供和协调人力资源的任务和责任。有效的人力资源管理，涉及以下几个主要职能：人员配置、人力资源开发、薪酬和福利、安全和健康、劳动关系等。

1）人员配置。人员配置的主要任务，就是要基于组织的战略目标来配置所需要的人力资源，根据定员标准来对人力资源进行动态调整，引进组织需要的人力资源，对现有人员进行职位调整和职位优化，建立有效的人员退出机制，通过人力资源配置实现人力资源的合理流动。人员配置涉及工作分析、人力资源规划、员工招聘等内容。

2）人力资源开发。这是人力资源管理的主要职能之一。它的主要任务是对组织现有人力资源进行系统的开发和培训，以满足组织的需要。它主要涉及员工的培训、设计和实施员工的职业规划和发展，设计员工绩效评估体系等。

人力资源管理的职能将在后面相关的章节中进行详细的阐述。

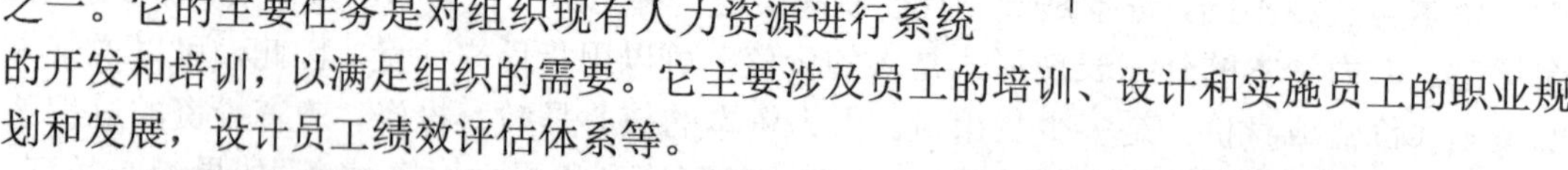

3）薪酬和福利。它的主要任务是要设计和实施针对所有员工的薪酬和福利制度。

4）安全和健康。它的任务是要设计和实施确保员工安全和健康的方案。

5）劳动关系。现在劳动关系的不和谐现象已经非常突出，构建和谐社会，建立起和谐的劳动关系已成为我国人力资源管理的核心问题，劳动关系的管理必须体现在整个人力资源管理的过程中。

三、履行人力资源管理职能的人员

随着企业或组织的变化与发展，企业内部结构和管理会越来越复杂。

一般来说，小企业内部结构简单，职能部门少，往往没有一个专门的人力资源管理部门。当然，小企业也有其人力资源管理的职能要求，只是这一职能通常由业主或经理来履行的，如图 1.1 所示。有的小企业设有一个管理部或行政部，来负责人力资源管理的职能。但管理部或行政部并不是专门的人力资源管理部门，它还兼有其他许多职责，如企业办公室的一切行政工作，包括接待、后勤、保卫、文秘、总机，甚至采购等工作。

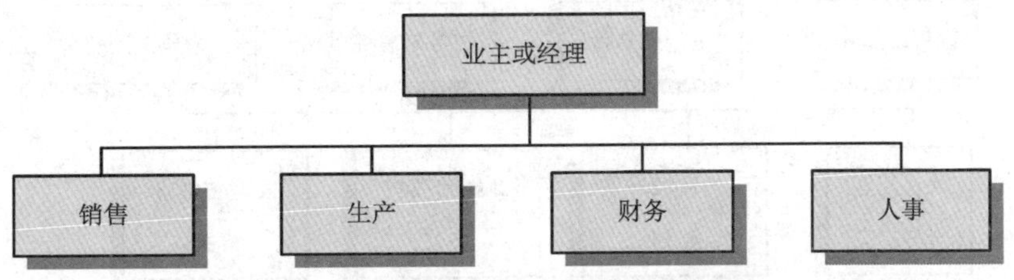

图 1.1 小企业的人力资源管理职能

在实际中，小企业在某些人力资源管理方面可能比大企业更为重要。例如，一种人力资源配置错误（雇用了一位不胜任的员工，他赶跑了消费者），可能引起该企业倒闭。对于大企业来说，这样的错误可能产生的损失比小企业小得多。

对于中型企业来说，人力资源管理的任务就重得多，由业主或经理来兼任就难以胜任了，需要有一个独立的人员配置职能来协调人力资源活动。有的企业设一个人力资源专员（human resource generalists），有的企业称为人事员。人力资源专员或人事员专门负责日常的人力资源活动，如专门负责和协调人员的配置，负责人力资源开发。但这些企业还不存在人力资源专业化问题。人力资源专员或人事员只是把绝大部分时间用在人力资源问题上，但还没有专门从事人力资源管理的任何专门领域的研究，如图 1.2 所示。

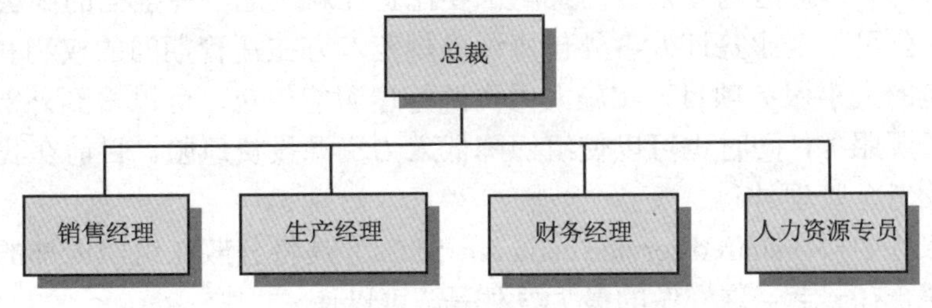

图 1.2 中型企业的人力资源管理职能

在大型企业中，人力资源管理职能变得更加复杂，需要设置具有负责行使人力资源职能的人力资源部门，要设置多个人力资源专员或经理，这些企业往往会配备一个或更多的人力资源专家（human resource specialists）。人力资源专家在人力资源管理专门领域受过专业训练。人力资源部门将规范地完成人员配置、人力资源开发、薪酬和福利、安全和健康等工作。每一项人力资源职能可能设置一位经理和一些职员，如图 1.3 所示。

人力资源专员和人力资源专家有区别吗？

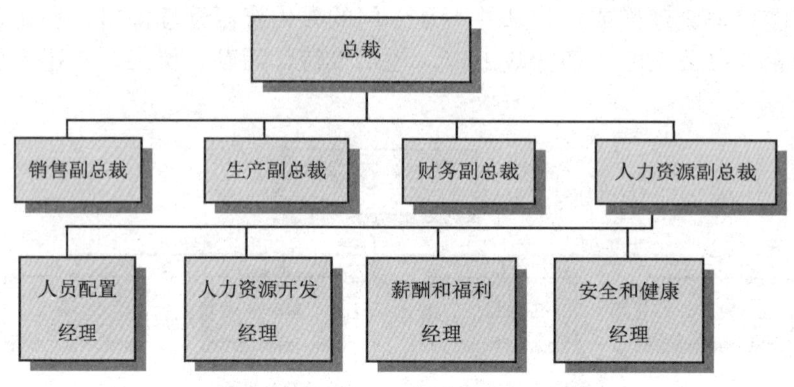

图 1.3 大型企业的人力资源管理职能

当然，在这些人力资源管理专门化的企业中，人力资源职能并不是都由人力资源部门来承担的，绝大多数运营经理（或直线经理）也必须经常地履行和涉及许多人力资源职能。

当今，随着经济专业化，出现了许多新的部门和领域，如人才中介机构、培训中心等。这些新的部门的产生，使许多企业或组织需重新检查内部的各种职能，人力资源管理也不例外。在一个组织中，要设置配套的各种专业人力资源管理人员，代价是相当高的，许多中小企业也没有必要在小规模的企业中设置这样多的人员，于是就将人力资源管理的部分职能交由专业公司去完成，这称为人事外包（HR outsourcing managed service）。具体讲，人事外包就是将人力资源管理中非核心部分的工作全部或部分委托专业公司管（办）理，但托管人员仍隶属于委托企业。这是一种全面的高层次的人事代理服务。专业公司与企业签订人事外包协议以规范双方在托管期间的权利和义务，以及需要提供外包的人事服务项目。实施人力资源管理职能外包，可以得到外部（社会）专业化的人力资源服务，同时也可以使组织降低人力资源投资风险。目前在我国最为流行的是公司的养老金管理外包。

共享的服务中心（shared service centers，SSCs）是将分散在组织内部的日常的、事务性的活动整合在一起。这样做的最大好处是，可以使人力资源经理从琐碎的日常事务中解脱出来。把共享的服务中心作为一种低成本的人力资源服务提供渠道是比较成熟市场的一个新兴趋势，它被用来规范常见的人力资源管理职能和交易过程。大多数考虑使用人力资源服务中心的公司的一个主要目标是削减成本，许多公司还将管理自动化、增加交易准确率、提高生产率等列为重要的目的。

关于人事外包，将在第十二章进行专门阐述。

四、人力资源经理面临的挑战

人力资源经理面临的挑战具有时代性。随着社会和网络的发展，知识不断更新，以及劳动力多样性、外部环境和内部结构的变化，这些都导致人力资源管理作用发生变化，管理内容的扩大，从而给人力资源经理带来了新的、不同的挑战。

（一）职能转换带来的挑战

人力资源部门到底应该做些什么？从事招聘、培训员工、薪金福利设计、员工的辞退等业务是人力资源部门的一些传统的业务。在当今时代，人力资源部门做好这些工作已远远不够了。在这些业务中，凡不涉及人力资源的核心业务，有条件的公司都可以实行外包的方式。如在员工招聘上，筛选简历、通知面试、跟大学联系等全部都可实行外包。在现代企业中，人力资源部门的主要使命是要成为业务部门的战略伙伴，或者说，人力资源部门的角色要尽快向企业管理的战略合作伙伴关系转变。美国人力资源管理协会副主席 B. 格拉德（B. Glade）指出，HR 应该把 CEO（首席执行官）当作顾客，要对 CEO 负责。亚信科技副总裁李建波说："HR 经理应该和 CFO（首席财务官）一起，成为 CEO 的左膀右臂。"

然而成为伙伴也不是件容易的事，如人力资源部门讲的语言是不是公司的业务语言，与业务部门的见解是否一致，在员工招聘、定位、薪酬方面有没有共同的哲学。同时，人力资源部还要为业务部门带来附加值，起到内部顾问的角色。如商业伙伴要解聘一个人，然而怎么操作对公司最有利，应该由人力资源部提供这方面的资讯，因为人力资源部了解《中华人民共和国劳动法》（以下简称《劳动法》），通晓行业的普遍做法，知道程序上怎么进行才不至于使公司吃官司，所以在这个时候，人力资源部应作为顾问给业务部门设计解聘的程序。

HR 经理要成为 CEO 的左膀右臂！

人力资源部门要从以往的"行政支持"转变为"策略的筹划及执行者"，为业务部门提供增值服务，这就需要了解企业的经营目标，了解各业务部门的需求，要多方面了解企业职能、产品、生产、销售，并围绕目标实现的高度来设计对员工的基本技能和知识、态度的要求，深入企业的各个环节来调动和开发人的潜能，所以工作是否具有预见性、有无管理技能及对管理的操作能力成为衡量人力资源经理是否称职的重要标准。

人力资源部门不能把大部分时间都用于日常性事务的协调和处理上，而要能腾出较多的时间来研究和预测、分析、制订计划来解决企业的战略问题。人力资源的从业人员只有对企业存在的问题、发展方向、面临的挑战和机遇有清醒的认识，才有可能为各业务职能部门提供有益的帮助。人力资源部门还要用更多的时间从事战略性人力资源的规划，同时也要在人力资源咨询、技术应用和开发上发挥一定的作用。

现代企业对人力资源经理的这些新的要求，对人力资源经理来讲，是一项重大的挑战，人力资源部门的角色要尽快转变。

人力资源部门的作用越来越大！

（二）"寻人"与"留人"的挑战

寻人与留人，这是人力资源经理面临的一个挑战。

现在，在一些知名的招聘网站，许多企业都有空缺职位等待能人的问津；在国内外的许多报纸上，都有很多"招聘"广告。可见，这个世界还是非常需要人才的。但需要的永远是“适合某个位子的最恰当人才”。找合适的人对任何一个招聘企业都是挑战。

在人才市场上，有那么多的求职者，企业招聘还难吗？

内部发展人才和外部招聘结合在一起是发现和培育人才的唯一途径。在这个过程中，如何平衡企业内外部人员间的关系，是个很微妙的挑战：发展和提升内部员工可以巩固企业文化，但也有可能令企业放缓吸收新管理流程、新技术的速度。在瞬息万变的当今社会，牢固的企业文化很可能会演变为一种劣势。然而，在企业外部招聘过多的员工，由于同事间缺乏共事经验、不了解对方的工作风格，无法建立起顺利决策所需的必要信任，会使企业陷入难以形成一致管理团队的危机。

随之而来的挑战，就是如何留住人才。

从业经历丰富的人力资源经理坦言：“流失一名重要员工或者重要的职位上的人才，至少需投入 2 个月时间、4 个月的薪金才可以找到新的合适的人。此外，还要附加 3～6 个月的时间让新员工适应工作，才能令其真正开始发挥作用，而其间的薪水及福利待遇当然也要算在公司的账上。”也就是说，“留住人才”意味着节省成本，为公司创造价值。更为严重的是，由于重要人才的流失导致企业衰败的例子层出不穷。尽管你的企业的员工具有很高的专业素质和综合素质，但谁都想挖走！如何留住他们？除了合理的薪酬福利，还要用更高境界的东西来拴住员工。这对于人力资源经理来讲，是一大课题。

如何留住人才，这是一个大课题。

然而，人才流动又是任何公司不可避免的现象。据有关资料显示：41%的经理认为在一家公司工作 1～3 年是合适的，55%的经理认为是 3～5 年，而只有 4%的人认为应该坚持 5 年以上。那么，怎样保证人才走不丢，使企业损失最小？这对人力资源经理来说是重大挑战。

（三）全球化的挑战

全球化是当今社会的一个基本特征，互联网革命使得全球化深入到社会每个角落。当前，全球化不仅仅在经济领域，在科技、政治、法治、管理、组织、文化、思想观念、人际交往、国际关系等方面也有了深刻影响。

随着全球化，更多的跨国公司进入我国，我国的企业和产品也更多地进入国际市场。现在，人力资源经理面对的是国际化的竞争，是全球化的商业环境，人力资源的国际化争夺已是一种趋势。人力资源经理必须有一个全球性的观念。在资金、产品、人员迁移、流动全球化的世界里，对于一个企业来说，劳动力的国际化并不是一个让人感到惊诧的结果。面对全球性的公司文化、国际人才和跨国合作，人力资源经理必须逐渐对国际经营实践、国际人力资源实践、国际劳动法规及其习惯有全面的了解，需要具备相应的全球人力资源管理技能。“全球化思维，本土化行为”，这是全球化条件下人力资源经理必须要具有的基本素质。

另外，在快速发展的经济形势下，企业、市场瞬息万变，人力资源如何应对企业的快速变化，帮助企业来面对变化，并走在变化的前面，也是每个人力资源经理面临的前所未有的挑战。

（四）劳动力多样性的挑战

劳动力的多样性表现在多种方面，一个方面是劳动力来源的多样性。人才市场的形成和完善，加快了人才的流动。现在企业中的员工往往来自四面八方，五湖四海，没有过去地域的限制。他们除了具有不同的文化程度以外，还可能具有不同的语言，不同的生活习惯。尤其是随着我国改革开放和全球化的趋势，人才流动已具有国际化趋势。公司员工不仅有跨地域、跨民族的情况，甚至出现了跨政体、跨国体的情况。在一个公司中，员工具有了不同的价值观、宗教、信仰、精神、沟通模式等，出现了人力资源管理中跨文化现象。跨文化人力资源管理，是现代人力资源管理的一种趋势。在跨文化企业中，文化因素对人力资源管理的影响是全方位、全系统、全过程的。跨文化给人力资源管理增加了复杂性，这是给人力资源经理的一种新的挑战。那些制定和实施员工多样性的人力资源战略的企业更有可能生存和繁荣。

另外，现代社会，劳动力个性化也是一种趋势。人力资源经理必须适应这些新的变化。在人力资源管理过程中，不是叫个性丰富、需求多样、经验各异的员工来适应人力资源经理单一的需要，而是人力资源经理必须通过积极的工作适应不同层面的员工的需求。这包括如何恰当地为企业提供恰当的人才；怎样设计薪酬体制，来调动员工各方面的积极性；如何促进员工的沟通，让大家彼此合作，快乐工作。

跨文化人力资源管理，是现代人力资源管理的一种趋势。

挑战与机遇并存。除了选人、用人、育人、留人四大工作重点外，HR 将面临更大的挑战，从前的那种基于简单人事管理的 HR 将不再被认可。公司更希望看到的是以顾问和业务合作伙伴身份出现的 HR。专业的 HR 应该是真正能帮公司解决问题，提升业绩并推动业务发展的战略合作伙伴。

第三节　人力资源管理的历史和发展

人力资源管理是一门新兴的学科，问世于 20 世纪 70 年代末，到 20 世纪 90 年代才传入我国。人力资源管理作为一门学科的历史虽然不长，但人事管理的思想却源远流长，在人类长期的实践活动中，留下了极其丰富的人事管理思想遗产。虽然人力资源管理和传统的人事管理有着根本的区别，但两者又有着必然的联系。人事管理是人力资源管理的前身。可将人力资源管理的发展划分为人事管理阶段和人力资源管理阶段两个阶段来进行分析。从时间上看，从 18 世纪末开始的工业革命，一直到 20 世纪 70 年代，这一时期被称为传统的人事管理阶段；从 20 世纪 70 年代末以来，人事管理让位于人力资源管理。

一、人事管理阶段

人事管理阶段又可具体分为以下几个阶段。

（一）科学管理阶段

建议再去看一下《管理学基础》中古典管理理论的相关内容。

早期的人事管理活动开始于18世纪80年代的工业革命。工业革命所带来的社会化大生产，大力推动了社会经济的发展、劳动分工以及专业化程度的加强。生产力发展水平和劳动方式的变化对管理提出了新的要求，从而促使人们从许多方面对管理工作进行探索。这一时期产生了以技能为基础的工资等级。罗伯特・欧文（Robert Owen）创建了最早的工作绩效评价系统。他认为，工厂是由员工组成的，把他们有效地组织起来，相互合作，就能产生最大效果。他开始了一种新的实验，大力减轻劳动强度，改善劳动条件，为职工提供较多的福利设施。

20 世纪初，F. L. 泰勒（F. L. Taylor）等开创了科学管理理论学派，并推动了科学管理实践在美国的大规模推广和开展。泰勒提出了“计件工资制”和“计时工资制”，提出了实行劳动定额管理。1911 年泰勒发表了《科学管理原理》一书，这本著作奠定了科学管理理论的基础，因而被西方管理学界称为“科学管理之父”。泰勒的主要观点和理论贡献可归纳为以下几方面：①科学管理的中心问题和根本目的是提高劳动生产率；②用科学的管理方法代替老的经验方法；③科学管理的核心是要求企业管理人员和工人双方实行重大的精神变革。从泰勒的科学管理理论中，我们可以看到人力资源管理理论和方法的雏形。

（二）工业心理学阶段

以德国心理学家雨果・芒斯特伯格（Hugo Munsterberg）等为代表的心理学家的研究结果，推动了人事管理工作的科学化进程。雨果・芒斯特伯格于 1913 年出版的《心理学与工业效率》标志着工业心理学的诞生。该书主要研究人体疲劳、劳动合理化等问题，这些研究已经开始涉及人事管理问题。美国心理学家 A. H. 马斯洛（A. H. Maslow）的需求层次理论就源于这一时期。

（三）人际关系管理阶段

1929 年，美国哈佛大学教授 G. 梅奥（G. Mayo）率领一个研究小组到美国西屋电气公司的霍桑工厂进行了长达九年的霍桑实验，真正揭开了对组织中的人的行为研究的序幕。霍桑实验证明，员工的生产率不仅受到工作设计和报酬的影响，而且更多地受到社会和心理因素的影响，即员工的情绪和态度强烈地受到工作环境的影响，而这种情绪和态度又会对生产率产生影响。在影响员工工作效率的众多因素中，人的因素最为重要。该理论提出了以人为中心的管理模式。

1933 年，梅奥发表了《工业文明的人类问题》一书，提出的见解如下：

1）以前的管理把人假设为“经济人”，认为金钱是刺激积极性的唯一动力；霍桑实验证明，人是“社会人”，是复杂的社会关系的成员，因此，要调动工人的生产积极性，还必须从社会、心理方面去努力。

2）以前的管理认为生产效率主要受工作方法和工作条件的制约，霍桑实验证实了工作效率主要取决于职工的积极性，取决于职工的家庭和社会生活及组织中人与人的关系。

3）以前的管理只注意组织机构、职权划分、规章制度等，霍桑实验发现除了正式组织外还存在着非正式组织，这种无形组织有它的特殊情感和倾向，左右着成员的行为，对生产效率的提高有举足轻重的作用。

4）以前的管理把物质刺激作为唯一的激励手段，而霍桑实验发现工人所要满足的需要中，金钱只是其中的一部分，大部分的需要是感情上的慰藉、安全感、和谐、归属感。因此，新型的领导者应能提高职工的满足感，善于倾听职工的意见，使正式团体的经济需要与非正式团体的社会需要取得平衡。

5）以前的管理对工人的思想感情漠不关心，管理人员单凭自己个人的复杂性和嗜好进行工作，而霍桑实验证明，管理人员，尤其是基层管理人员应重视人际关系，设身处地地关心下属，通过积极的意见交流，达到感情的上下沟通。

二、人力资源管理阶段

人力资源管理阶段又可分为人力资源管理的提出和人力资源管理的发展两个阶段。

1. 人力资源管理的提出

“人力资源”这一概念早在1954年就由彼德·F. 德鲁克（Peter F. Drucker）在其著作《管理的实践》中提出并加以明确界定。彼德·F. 德鲁克提出这个概念，是要表达传统人事管理所不能表达的意思。他认为，与其他资源相比，人力资源是一种特殊的资源，它必须通过有效的激励机制才能开发利用，并为企业带来可观的经济价值。他在《管理的实践》中写道：人事管理不应成为“救火队”工作或“解决麻烦”的活动，而是积极的、富有建设性的活动。他认为管理的核心是对人的管理，人力资源是唯一能够扩大的资源。他要求管理人员在设计工作时要充分考虑到人的精神和社会需求，要采取积极的行动来激励员工，为员工创造具有挑战性的工作以及对员工进行开发。

人力资源是一种特殊的资源，它必须通过有效的激励机制才能开发利用，并为企业带来可观的经济价值。

1958年社会学家怀特·巴克（Wight Bakke）在其著作《人力资源功能》一书中指出：人力资源管理包括所有人事行政管理、劳资关系、员工关系以及人员开发，但长期以来被人们所忽视，实际上它同财务、生产、市场等其他管理职能一样重要。怀特·巴克从多个方面说明为什么人力资源管理职能超出了传统的人事或工业经济经理的工作范围。这成为对人力资源管理最早的界定。

2. 人力资源管理的发展

20 世纪 80 年代以来，人力资源管理理论不断成熟，并在实践中得到进一步发展，为企业所广泛接受，并逐渐取代人事管理。人力资源管理取代人事管理，这不是简单的名称变化，而是管理理念的根本变革。人事管理是以事为中心，而人力资源管理是以人为中心。在人事管理阶段，工业化时代的标准化、大型化、集中化仍然相当程度地影响和左右着人事管理的思想和方法。随着科学技术的进步和社会的发展，人们的需求发生了重大变化，人们更多地要求个性解放和个性化管理，更多地重视人本身，人是一种资源，而且是人类社会中最为重要的一种资源。人力资源管理不是以事为中心，而是以人为中心，以开发人内在潜能，发挥人的积极性为原则。

进入新世纪，人力资源管理理论不断发展，也不断成熟。人们更多地探讨人力资源管理如何为企业的战略服务，人力资源部门的角色如何向企业管理的战略合作伙伴关系转变。战略人力资源管理理论的提出和发展，标志着现代人力资源管理的新阶段。另外，随着经济的全球化趋势，人们也提出了跨文化人力资源管理的概念。

在当今的网络时代，随着网络和信息技术的飞速发展，人力资源管理已出现网络化趋势。现在，几乎所有企业都在使用互联网，作为日常业务的一部分。目前，百度云、新浪微博等应用风生水起，全球已进入到云时代。在手机、Pad、笔记本电脑、台式机、智能电视的多终端时代，任何公司都不应该忽略“云”带来的长远影响。“云”解放了生产力，降低了成本，提升了个性化的感受。如易才集团推出的易得薪（CTG Payroll），是中国首个获得国际安全认证的人力资源薪酬技术平台，也是目前国内最大的人力资源薪酬平台。易得薪是人力资源领域的一种创新。

跨文化人力资源管理，就是跨文化企业的人力资源管理。跨文化企业，就是指由来自不同文化背景的、存在跨文化差异的员工所组成的企业。

今天的人力资源管理也将持续数字化。随着咨询公司、技术公司和服务公司形成的产业链条，人力资源管理越来越趋向精细化和数字化。通过特定功能和行业的分析工具，人力资源行业将更多地通过数字说话，实现可视化管理。

可以说，人力资源管理无论是理论还是技术，都进入了一个全新的阶段。

小　结

企业中人力资源管理的对象是企业所拥有的人力资源。人力资源是组织中具有智力和体力两方面能力的人们的总和。在所有的资源中，人力资源是第一资源，是一种能动资源。

人力资源的特征主要有：①社会性；②时效性；③能动性；④再生性。

人力资源开发是指旨在提升组织人力资源质量的管理战略和活动。人力资源开发是人力资源管理的一项重要内容。

人力资本就是体现在人身上的资本，即对人进行投资所形成的蕴含于人身上的各种知识、技能、经验、态度、创造力和健康素质的存量总和。

人力资本的提出，实质上是资本概念的扩展，是资本概念在人身上的应用。在理论界通常将美国著名经济学家舒尔茨看做是人力资本理论的创立者、人力资本之父。

人力资本与人力资源之间的区别首先在于将“人力”视作“资源”还是“资本”。人力资源是被开发、待开发的对象。人力资源得到合理开发和有效配置后，可以转化为人力资本。

人力资源管理就是对人力这一资源进行有效开发、合理利用和科学管理，以实现组织的目标。

人力资源管理与传统上所说的人事管理有重要的区别。传统人事管理的特点是以“事”为中心，而现代人力资源管理以“人”为中心，管理的根本出发点是“着眼于人”。

人力资源管理职能，是指各种规模的组织中用于提供和协调人力资源的任务和责任。有效的人力资源管理，涉及以下几个主要职能：人员配置、人力资源开发、薪酬和福利、安全和健康、劳动关系等。

人力资源专员或人事员只是把绝大部分时间用在人力资源问题上，但不专门从事人力资源管理的任何专门领域的研究。人力资源专家在人力资源管理专门领域受过专业训练。

人事外包就是将人力资源管理中非核心部分的工作全部或部分委托专业公司管（办）理，但托管人员仍隶属于委托企业。

共享的服务中心是将分散在组织内部的日常的、事务性的活动整合在一起。

人力资源经理面临的挑战具有时代性。这些挑战主要有：职能转换带来的挑战；“寻人”与“留人”的挑战；全球化的挑战；劳动力多样性的挑战。

人力资源管理是一门新兴的学科，问世于20世纪70年代末。人力资源管理的发展可分为人事管理阶段和人力资源管理阶段两个阶段。从时间上看，从18世纪末开始的工业革命，一直到20世纪70年代，这一时期被称为传统的人事管理阶段。从20世纪70年代末以来，人事管理让位于人力资源管理。人力资源管理阶段又可分为人力资源管理的提出和人力资源管理的发展两个阶段。

进入新世纪，人力资源管理理论不断发展，也不断成熟。战略人力资源管理理论的提出和发展，标志着现代人力资源管理的新阶段。跨文化人力资源管理，就是跨文化企业的人力资源管理。现今人力资源管理已出现网络化的趋势，同时也将持续数字化。

练 习 题

一、名词解释

1. 人力资源　　2. 人力资本

3. 人力资源开发　　4. 人力资源管理　　5. 人力资源管理职能

二、填空题

1. 对一个组织而言，其所能够运用的资源主要有三种：物质资源、财政资源和________。

2. 企业中人力资源管理的对象是企业所拥有的________。

3. 在理论界通常将________看做是人力资本理论的创立者、人力资本之父。

4. 舒尔茨的代表作是________。

5. 传统人事管理的特点是以________为中心，而现代人力资源管理以________为中心。

6. 西方管理学界称________为“科学管理之父”。

三、单项选择题

1. 人力资源开发要抓住人的年龄最有利于职业要求的阶段来实施最有利的激励措施，这是因为人力资源具有（　　）特征。

A. 能动性　　B. 时效性
C. 社会性　　D. 再生性

2. 人能够通过努力学习和锻炼身体等积极行为，使自己的劳动能力大大增强，这体现了人力资源的（　　）特征。

A. 能动性　　B. 时效性
C. 社会性　　D. 再生性

3. 在理论界通常将（　　）看做是人力资本理论的创立者、人力资本之父。

A. 威廉·配第　　B. 亚当·斯密
C. 马歇尔　　D. 舒尔茨

四、多项选择题

1. 人力资源和其他资源不同，它主要具有（　　）特征。

A. 社会性　　B. 共享性　　C. 可测量性
D. 能动性　　E. 可开发性

2. 关于人力资本与物质资本的区别和联系正确的是（　　）。

A. 两者对经济都具有生产性的作用
B. 两者都需要投资才能形成
C. 物资资本对现代国民经济增长和国民收入增加的作用比人力资本要重要得多
D. 物质资本和人力资本都不具备继承或转让的属性
E. 两者的使用都能使国民收入增加

3. 现代人力资源管理与传统人事管理的主要区别是（　　）。

A. 现代人力资源管理以“人”为中心，管理的根本出发点是“着眼于人”
B. 现代人力资源管理把人设为一种成本，将人当作一种　“工具”，注重的是投

入、使用和控制

C. 现代人力资源管理是某一职能部门单独使用的工具，与其他职能部门的关系不大

D. 现代人力资源管理以“事”为中心

E. 现代人力资源管理把人作为一种“资源”，注重产出和开发

五、判断是非题

1. 在所有的资源中，人力资源是第一资源，也是一种能动资源。（ ）
2. 人力资源是一种不可再生性资源。（ ）
3. 人力资源职能是由人力资源部门来承担的，绝大多数运营经理各司其职，并不履行人力资源职能。（ ）
4. 西方管理理论发展的最新趋势，是以“能力人”假设为基础和前提的能本管理，这将是西方管理理论发展的第三代。（ ）
5. 人力资本的所有权不具备继承或转让属性。（ ）
6. 人力资本的核心是教育投资。（ ）
7. 现代人力资源管理以“事”为中心。（ ）
8. 泰勒被西方管理学界称为“科学管理之父”。（ ）

六、简答题

1. 什么是人力资源？它有哪些主要特征？
2. 什么是人力资源管理？人力资源管理与传统人事管理有什么区别？

七、论述题

试述人力资源经理面临的新挑战。

八、案例分析

人力资源——沃里科公司的“第二个春天”

1983 年 11 月 3 日，美国《纽约时报》在商业版上，刊出一篇题为《日本人管理好了一家美国的工厂》的长篇报道，在美国企业界引起轰动。

由美国沃里科公司管理了 15 年的弗里斯特市电视机厂，是著名的希尔斯公司的协作厂家。该厂生产的电视机多由希尔斯公司经销。这家电视机厂一度曾有员工 2000 人，无论从产值、规模、还是职工数量上来说，都是阿肯色州弗里斯特市的重要企业，在当地的企业界中举足轻重。

但是沃里科公司由于管理不善，屡屡出现产品质量问题，致使弗里斯特市电视机厂陷入重重困境。厂里生产的电视机居然有 10%过不了本厂的质检关，必须返修才能出厂。销出的电视机由于质量不佳，使用户怨声载道，造成产品大量积压。

工厂的财政状况难以为继，不得已厂方只能大量裁员，职工人数减少了 3/4，只剩

下 500 人。此举一出，人心大乱，工人们更是无心生产，工厂到了濒于倒闭的地步。

作为销售商，希尔斯公司对弗里斯特市电视机厂的产品质量大为恼火，大量返修的电视机不仅增加了他们的工作量，更是败坏了希尔斯的声誉。看到电视机厂一片混乱的景象，希尔斯公司又为它的前途而担忧。

为了扭转厂方的不利局面，由希尔斯公司出面派人前往日本的电器制造业中心——大阪，邀请久负盛名的日本三洋公司购买弗里斯特市电视机厂的股权，并进一步利用日本的管理人员和技术人员，来领导这家工厂。

三洋电器公司对希尔斯的建议迅速作出反应。1976 年 12 月，三洋公司开始大规模购入弗里斯特市电视机厂的股份，并取得了对该厂的控股权。1977 年 1 月，三洋公司派出了大批管理人员和技术人员，接管了弗里斯特市电视机厂。

日本人到达目的地后，马上发现他们面临着双重困难。一方面，同日本工人比起来，美国工人的劳动纪律性差，生产效率低，因此生产出的产品质量差；另一方面，工厂中的工人乃至整个城市的居民，并不十分欢迎日本人的到来，第二次世界大战后形成的对日本人的轻视和不满情绪，仍在起作用。

显然，日本管理人员无法采用在日本惯于使用的管理方法。除了文化和习惯方面的因素外，还有民族感情方面的问题。然而，生产效率必须提高，产品质量必须改善。

三洋公司总经理井植聪对派去的日本人员约法在先：要融入当地的大众生活中去，参加当地的社会事务，不要把自己圈在一个“小东京”里，重要的是要打破民族间的隔膜。

日本管理人员到达弗里斯特市后，先后办三件事，令美国人大开眼界。

日本管理人员没有先采取什么严厉的措施，相反，他们首先邀请电视机厂的所有员工聚会一次，大家坐在一起喝咖啡，吃炸面包圈。然后，又赠送给每个工人一台半导体收音机。这时，日本经理对大家说，厂里灰尘满地、脏乱不堪，大家怎么能在这样的环境中生产呢？于是，由日本管理人员带头，大家一起动手清扫厂房，又把整个工厂粉刷得焕然一新。

几个月后，工厂的生产状况逐步改善，厂方对工人的需求又开始增加。日本管理人员一反大多数企业招聘员工的惯例，不去社会上公开招选年轻力壮的青年工人，而是去聘用那些以前曾在本厂工作过，而眼下仍失业的工人。

只要工作态度好，技术上没问题，而且顺应潮流的人，厂方都欢迎他们回来应聘。日本人解释说，以前干过本行的工人素质好、有经验，容易成为生产好手，所以才雇用他们。

最令美国人吃惊地是，从三洋公司来的经理宣布，为了在弗斯特市电视机厂建立和谐的工作关系，他们希望同该厂的工会携手合作。三洋公司的总裁亲自从日本来到弗里斯特，同工会代表会面。

他的开场白，是谈在他第二次世界大战后在美国谋生的经历。他曾在好莱坞为著名电影评论家赫达·霍珀（Hedda Hopper）做服务员，每次当他替霍珀打开门厅时，总是看到伊丽莎白·泰勒（Elizabeth TayLor）等大明星正伫立门前。他的一席话，马上赢得了工会代表们的欢迎。双方很快达成协议，共同努力为工厂的发展而奋斗。日本总裁说：

“我们公司信奉联合工人的原则，希望工会协助公司搞好企业。”

请全体员工吃东西，然后大家一起动手搞卫生，对美国人来讲已是件新奇事；专门雇请以前被辞退的工人，就更是少见的事；而公司的总裁亲自会见工会代表，恳请双方合作并建立起良好的关系，这在劳资关系一向紧张的美国，实属令人吃惊的举动。

日本人刚来时，很看不惯美国工人在生产线上边干活边吸烟，把烟灰弹得到处都是的样子。在同工会商议后，日本管理人员提出车间内禁烟。由于取得了工会的支持，工人们一声不响地接受了此项命令。

在日本人管理该厂期间，工人们只举行过一次罢工，而且问题很快得到解决，厂方和工会都表示这次罢工事件没有伤害相互的感情。

弗里斯特市工业委员会主席瓦卡罗说：“这些日本人真行，每天早上七八点钟就上班干活了，一天要工作 9 到 11 个小时，星期六都有很多人自愿加班。从前的那些管理人员可差远了，他们 9 点钟才进厂，翻翻当天的报纸邮件，口述一封回信，11 点钟准时去俱乐部打高尔夫球，玩到下午 3 点钟才回厂，东晃一会儿西荡一会儿，就到下班回家的时间了。”

在这个工厂工作了 12 年的欧文弗说：“这些管理人员照顾工人们的情绪，生产上强调质量，强调清洁卫生，并且劝导工人们要爱护机器设备。管理部门还征求工人们的意见，大家一起商量提高生产效率，改善产品质量和工作条件。”

到了 1983 年，弗里斯特市电视机厂日产希尔斯牌微波炉 2000 台，彩色电视机 5000 台（其中有 30%用三洋的商标），98%的产品质量合格，可直接投放市场，厂里的经营状况大大改善。

1983 年的一个周末，电视机厂 2000 多名工人和管理人员，和弗里斯特市的市民们一起来到市广场的草坪上举行酒会，庆祝该厂的迅速发展。工业委员会的瓦卡罗说：“电视机厂是我们市的命脉，而三洋公司则是我们的支柱。”

（案例来源：http://www.longjk.com）

试分析 1. 沃里科公司是怎样从瘫痪状态重新走向“第二个春天”的状态？

2. 在日本人踏入弗里斯市电视机厂所面临的两个问题中，哪一个是主要矛盾？为什么？

3. 假设让你来主管这个濒临倒闭的公司，你将从哪几个方面着手？

4. 试分析一下：日本人管理这个厂的指导原则是什么？

九、小组讨论

××通信公司人力资源管理面临的问题

××通信公司创办于 2001 年，是一家专门从事信息技术的高新技术企业。这几年来公司业务发展迅速，公司员工也迅速增加，从最初的 10 多人发展到现在的 50 多人。资产由最初投资的 50 多万元增长到 2003 年的 8000 多万元。公司机构也不断完善。但随着公司业务的发展，公司也暴露出了一系列问题，如各项规章制度不够健全，部门岗位职责界定不清，有些员工及管理者素质不高，顾客投诉的事件越来越多等。这些方面的问题已经对公司的发展起到了不好的影响。公司总经理在听取了有关人员的意见后，决定从公司管理的规范化及员工和管理人员的培训两方面作为重点，对公司进行全面整改。公司推出的第一项措施，就是聘请了某商务咨询有限公司张浩强博士为公司中层管理人员进行管理培训。

第一次讲课时间安排在下午2:00～6:00。但直到下午2:45，那些中层干部才陆续到了教室。听课的中层干部中主要有技术部经理黄军、管理部经理葛小平、市场部经理王艳、研发部经理杨华、财务经理陈静，还有一些经理助理。

张浩强博士是某商务咨询有限公司的项目经理，对人力资源管理培训有了相当的实践经验。他看到这些经理们精神有点松散，有的一来就做好了睡觉的准备，对这次培训不是太重视。他一开始就说："我想，今天在讲课前，我想先和大家一块讨论一些我们公司管理方面的问题。大家在此通信公司这几年，和企业一同发展。经过大家的努力，公司有了较大的发展。不过，随着企业规模的扩大和来自外部市场竞争的加剧，我们正在和将要面临许多挑战。大家不妨从各自的角度谈谈自己在工作中遇到的与人有关的主要问题。"

沉默了几分钟后，技术部的黄军经理说："我先介绍一下技术部。我们这个部门原来的主要任务就是负责售后服务，也就是维修有故障的产品和设备。这两年，随着公司发展的要求，我们在方案的设计，产品开发、技术引进等方面做了大量的工作。这几年我们招聘了一些院校的本科生和研究生充实我们的技术力量。目前，让我最头疼的事，或者说挑战是：技术人员跳槽的太多了。有的刚刚熟悉工作，进入角色，就离开了。流动性实在太大了。公司管理部是不是要好好想想办法，做些思想工作。"

市场部经理王艳举手示意："我们市场部应该是公司规模最大的部门了，人数最多。今年公司的虚拟业务增长迅速。应该说，公司确立的以虚拟业务为主的战略是对的，这是公司发展的方向。但问题也很多。如市场人员缺乏足够的业务培训，营销方面的培训也不够。公司在这方面是否需要采取一些措施。目前，由于市场难做，市场人员的士气有些低落。我们部门的流动性也很大，不断地招聘，但有时候流失得更快。这和我们的考核方式是不是有一定的关系呢？另外，现在产品质量投诉的案件也很多，也肯定会影响到我们做市场的，技术部是否好好反思反思，为什么产品质量老有问题。

"你先别生气，听我慢慢解释。现在投诉多的主要是一些无线固定终端产品。我们技术部门对这些产品是根据公司规定进行抽检的。当然有质量问题的产品漏检也是有可能的，也是正常的，除非全部检测。但要全部检测，我们的力量又不够，公司给我们规定的时间那么短，全部检测的时间根本不够。另外，在投诉的案件中，有些根本不是产品本身的质量问题，而是用户不懂产品的功能，在功能设置上出了问题。这些问题和我们的市场人员有关，他们没有把产品功能向用户交代清楚。"技术部的黄军经理有些不太高兴。

管理部经理葛小平说："现在公司员工增加得很快，我们不断忙于招聘工作，另外新员工进来后我们又要处理许多人事方面的工作，管理部人员本身较少，又要忙于公司的后勤工作，关于员工的思想工作确实考虑少了点。但其他各个部门也应该想想如何做好员工的思想工作。今年以来，我们也想了很多办法，如专门安排了羽毛球比赛和卡拉

OK，其实我们也做了许多工作。”

财务经理陈静说：“我们部门的人员较少，类似的问题倒不多。我经常遇到的比较麻烦的问题是：如何给我的财务人员分工。有时候有些人非常忙，而有些人又没有事做。坦率地说，财务部门的效率不高。”

张浩强博士问管理部经理：“葛经理，你的主要工作职责是什么呢？”

“我们的主要任务有三块：人事、后勤、接待，也包括一些采购工作。”

“有人力资源计划吗？”

“管理部每年都有一个计划，很简单的，主要是有关招聘和薪酬方面。”

“在座的其他人，还有什么问题？”张浩强博士接着问。

过了一会儿，张浩强博士说：“这些问题都不是孤立的，它们之间都互有联系。所以任何单纯的就问题论问题，是很难有一个妥善的解决方法。今天，我也不想就某一个问题妄下断语，如果有可能，我希望我们能一起解决。下面我开始进行我的第一节课的培训。”

讨论题 该公司在人力资源管理方面遇到了哪些问题？导致这些问题的最根本原因是什么？

十、模拟角色

小王从一家集团公司的人力资源部主管跳到了一家小公司做人力资源经理，原以为可以摆脱大公司的条条框框，到小公司一展身手，然而却由于这份工作给自己带来了无尽的烦恼。这家公司是从事品牌服饰代理销售的企业，员工人数近两百人。公司内所有的人力资源管理制度从无到有，小王做了详尽的工作，并且她为了帮助老板认识到公司内的人力资源状况，每个月为老板提供人力状况报告，包括离职分析、本月奖励与惩罚情况、正负激励的效果等分析。

工作刚开始进展的比较顺利，但是好景不长，小王的做法引起了销售部经理的不满，一是他认为人力资源部和销售部在管理人员方面是重复甚至是冲突的。二是他认为小王给员工的待遇太好了。销售部经理对老板建议试用期工资800元，转正后工资1000元加提成，而每当员工过了试工期公司可以叫他走人，这样可以降低工资成本，老板自然非常高兴。从此以后，老板开始把小王的人力资源部打入“冷宫”，每当小王再拿月报给他看时，他说“以后不要拿这种乱七八糟的东西给我看，你的人事报表都是理论上的东西”。小王认为老板思想观点落后，不理解人力资源工作的内涵，也无法识别先进科学的东西，终于愤而离开公司，另谋高就。

（案例来源：http://www.chinahrd.net/zhi_sk/jt_page.asp?articleid=117058）

思考与模拟 科学的人力资源管理方法为何在这家小公司实施不下去？如果你是小王，你会怎么做？

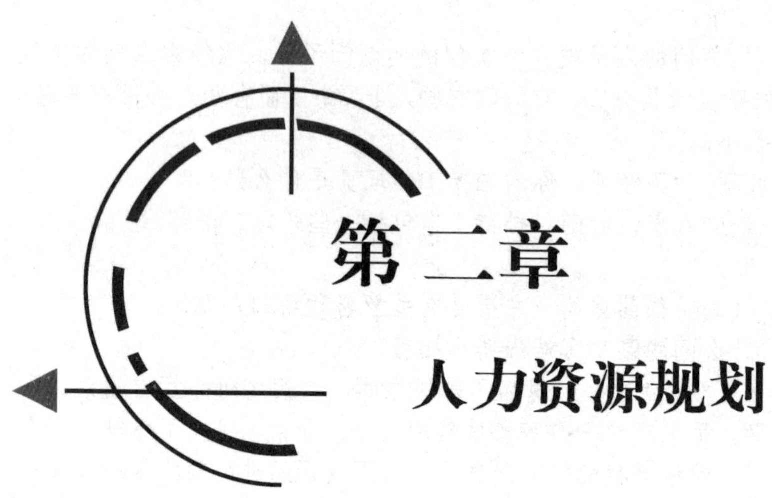

第二章

人力资源规划

学习要求☞

重点掌握

- 人力资源规划的概念
- 人力资源规划的内容
- 人力资源规划的程序

掌握

- 人力资源预测的方法
- 人力资源供需平衡

了解

- 人力资源规划的作用

第一节　人力资源规划概述

一、人力资源规划的概念

人力资源规划（human resource planning，HRP）又称人力资源计划，是指根据组织的发展战略、目标及组织内外环境的变化，运用科学的方法对组织人力资源的需求和供给进行预测，制定相应的政策和措施，以实现组织和个人长远利益的过程。

这是本章的重点概念。

人力资源规划是组织计划的重要组成部分，在整个人力资源管理活动中占有重要地位，是各项具体人力资源管理活动的起点和依据，它直接影响着组织整体人力资源管理的效率。

人力资源规划微课

人力资源规划的概念包括以下四层含义：

1）人力资源规划的制定必须依据组织的发展战略、目标。组织的发展战略、目标发生变化时，人力资源规划也随之发生变化。组织的发展战略、目标是人力资源规划的基础。

2）人力资源规划要适应组织内外部环境的变化。组织环境是一个动态的变化过程，必然带来对人力资源需求和供给方面的变化。例如，文化教育、政策法规、交通状况，特别是劳动力市场状况等的变化，都将直接影响组织人力资源的供给。组织发展战略的改变，将导致组织结构和员工配置的变化，从而导致组织对人力资源的数量、质量和结构的需求的变化。此外，组织规模的扩大需要招聘更多的员工，新技术的应用要求员工的素质有相应的提高，经济的迅速发展导致组织对人力资源需求的增加等。人力资源规划就是要对这些变化进行科学的预测和分析，以保证企业在近期、中期和长期都能获得必要的人力资源。

人力资源规划过程也应是动态的。

3）制定必要的人力资源政策和措施是人力资源规划的主要工作。人力资源规划的制定实质就是在人力资源供求预测的基础上制定相应的政策和措施，以实现人力资源的供求平衡。例如，内部人员的调动补缺、晋升或降职政策，外部招聘和培训政策，以及奖惩政策都要切实可行，否则就无法保证人力资源规划的实现。

4）人力资源规划的目的是使组织人力资源供需平衡，保证组织长期持续发展和员工个人利益的实现。人力资源规划要创造良好的条件，充分发挥每个员工的积极性、主动性和创造性，提高工作效率，从而实现组织的目标。同时，组织也要关心每个员工的利益和要求，帮助他们在为组织做出贡献的同时实现个人的目标。只有这样，才能吸引和招聘到组织所需要的人才，满足组织对人力资源的需求。

二、人力资源规划的作用

在组织的人力资源管理活动中，人力资源规划不仅具有先导性和战略性，而且在实施组织目标过程中，它还能不断调整人力资源管理的政策和措施，指导人力资源管理的活动，在人力资源管理活动中起着重要的作用，具体体现为以下几个方面。

1. 有利于组织制定战略目标和发展规划

人力资源规划是组织发展战略的重要组成部分，同时也是实现组织战略目标的重要保证。管理者在制定战略目标和发展规划以及选择决策方案时总要考虑自身的各种资源，尤其是人力资源的状况。如果有科学的人力资源规划，就有助于管理者了解组织目前各种人才的余缺情况，这样，一定时期内就具备了进行内部抽调、培训或对外招聘的可能性，从而有助于管理者进行决策。人力资源规划要以组织的战略目标、发展规划和整体布局为依据，但反过来，人力资源规划又有助于战略目标和发展规划的制定，并可以促进战略目标和发展规划的顺利实现。

要正确认识人力资源规划与组织战略规划的关系。

2. 确保组织生存发展过程中对人力资源的需求

任何组织都处在一定的内外环境之中，而影响环境的因素又不断地变化和运动着，其中的一些因素会对组织的人力资源需求状况产生很大的影响。例如，新技术的采用往往会导致生产率的提高，这既可以节省劳动力，同时也要求对在岗的员工进行再培训以适应新技术的要求。这时，如果不能事先对组织的人力资源状况进行认真的分析，提高现有员工的素质或吸引外部较高素质的劳动力，组织就不可避免的会出现人力短缺的现象，影响正常的生产活动。同时组织内部的其他因素也在不断变化，如自然减员、退休、辞职、工作单位的调动、职务升降等。从长期角度来看，大多数组织处于不稳定的发展状态中，企业的生产技术条件所决定的人员需求的数量、质量和结构会有较大的波动，使组织劳动力的需求量和拥有量不能自动实现均衡。因此，人力资源部门必须分析组织人力资源的需求和供给之间的差距，制定各种规划来满足对人力资源的需求。

3. 有利于人力资源管理活动的有序化

人力资源规划是企业人力资源管理的基础，它由总体规划和各种业务计划构成，为管理活动（如确定人员的需求量、供给量、调整职务和任务、培训等）提供可靠的信息和依据，进而保证管理活动的有序化。如果没有人力资源规划，那么，组织什么时候需要补充人员，补充哪个层次的人员，如何避免各部门人员提升的机会不均等以及如何组织培训等，都会出现很大的随意性，引起管理局面的混乱。

4. 有利于调动员工的积极性和创造性

人力资源管理要求在实现组织目标的同时，也要满足员工的个人需要（包括物质需要和精神需要），这样才能激发员工持久的积极性，只有在人力资源规划的条件下，员工对自己可满足的东西和满足的水平才是可知的。当组织所提供的与员工自身所需求的大致相符时，员工就会努力追求，在工作中表现出主动性、积极性和创造性；否则，在前途未卜和利益未知的情况下，员工的积极性就会下降，甚至离开组织另谋高就。而人员流失特别是有才能的人员流失多，必然削弱组织的力量，使组织效率下降，士气低落，从而进一步加速人员的流失，形成恶性循环。

5. 有利于控制人力资源成本

人力资源成本是一个组织的总成本中的重要构成部分。人力资源规划有助于检查和测算出人力资源规划方案的实施成本及其带来的效益。人才的浪费是最大的浪费，如果组织没有人力资源规划，不对组织的人员结构、职务布局等进行合理的调整，就会出现用人不合理或人浮于事等不良现象，造成组织的人工成本上升，效益下降，影响组织经营战略目标的实现。所以，要通过人力资源规划预测组织人员的变化，调整组织的人员结构，把人工成本控制在合理的水平上，这是组织持续发展不可缺少的环节。

进一步了解人力资源成本概念可参考其他书籍。

阅读资料

华为：基于战略的人力资源规划

成立于1988年的深圳华为技术有限公司（以下简称华为），曾经是一个名不见经传的民营企业，在短短的十几年间，发展成为利润率最高、研发投入率最高的中国电子信息百强企业之一。究其成功的原因，其中重要的因素之一是按照战略规划目标，制定人力资源规划并大规模进行相关人才储备。

华为创业之始仅有10多人，逐步增加到100多人，20世纪90年代中期以后，在确定了“华为将长期专注于通信网络从核心层到接入层整体解决方案的研究开发，同时以标准的中间件形式向用户提供开放的业务平台，并关注宽带化、分组化、个人化的网络发展方向”的战略发展方向之后，华为进行了人力资源的规划，开始了大规模的人才引进和储备。1998~2000年，平均每年员工增长人数在3000～4000人，居国内首位。以1998年为例，中国科技大学1998年毕业研究生除继续在国内外求学的，共有400人左右找工作，其中近90人到了华为公司，而华中理工大学则有近200人到了华为。到2001年华为已有员工15 000余人，其中85%具有本科以上学历，45%具有硕士、博士和博士后学历，员工平均年龄27岁。从人员结构看：科研人员占40%，市场营销和服务人员占35%，生产人员占10%，管理及其他人员占15%。（2001年数字）

华为对人力资源的规划并非中规中矩，完全按照供给和需求的预测作出的，而是更多地从切断竞争对手人才补给线的战略高度出发制定实施的。正是这一基于人力资源规划的战略举措，为华为的发展奠定了雄厚的基础，同时也对其他竞争对手产生了巨大的压力。

（资料来源：孙健敏．2009．人力资源管理．北京：科学出版社）

三、人力资源规划的内容

人力资源规划包括两个层次，即总体规划和各项业务计划。

人力资源总体规划是指有关规划期内人力资源管理和开发的总目标、总政策、实施步骤以及总预算的安排等，它是根据组织战略规划制定的。

人力资源所属的各项业务计划是人力资源总体规划的进一步展开和细化，一般包括以下几个方面的计划：

人力资源各项业务计划围绕总体规划而展开，也应注意各项业务计划之间的平衡。

1）人员补充计划。制定人员补充计划的目的，是为了合理地填补企业由于各种原因而出现的空缺职位或新职位，该计划包括补充人员的类型、数量及对人力资源结构和绩效的影响，制定所需人员的标准、来源及起点待遇等政策。

2）人员使用计划。制定人员使用计划的目的，是为了制定各部门的编制，优化人力资源的结构以及改善工作绩效等。该计划包括制定任职条件、职务轮换的范围以及时间等方面的政策。

3）人员晋升计划。制订晋升计划的目的，是保持后备人才的数量，有计划地使有能力的人员提高绩效和改善人力资源结构。该计划要制定选拔的标准、资格、使用期、提升比例以及对未被提升的资深人员的安置等政策。

4）教育培训计划。制定培训计划的目的，是不断改善现有员工的素质和绩效，转变工作态度和作风，为企业中、长期所需弥补的职位空缺事先准备人员。该计划包括培训的内容、时间、达到的效果要求以及培训期的待遇、考核及培训后的使用等政策。

5）评价激励计划。制定该计划的目的，是通过各种奖励措施表彰在企业中有较大贡献的员工，激励士气，降低人才流失，改进工作绩效。该计划制定出激励的重点、条件及工资等政策。

6）员工薪酬计划。薪酬计划对于确保企业的人工成本与企业的经营实力保持适当的水平有着重要的作用。该计划包括薪酬结构、工资总额、福利项目等方面的有关政策。

7）退休解聘计划。制定退休解聘计划，是按有关规定使员工按期退休，解聘不合适的员工，以降低劳务成本和提高劳动生产率。该计划需要制定这方面的有关政策，制定解聘程序等。

8）劳动关系计划。制定该计划的目的，是减少非期望的离职率，改善干群关系（或称劳资关系），减少投诉率和员工的不满程度。该计划要制定出员工参与管理以及加强各个方面的沟通政策等。

人力资源规划又可分为战略性的长期规划、策略性的中期规划和具体作业性的短期计划，这些规划与组织的其他规划相互协调联系，既受制于其他规划，又为其他规划服务。

在战略规划层次，人力资源规划涉及组织外部因素的影响，要进行外部因素分析，预测未来组织总需求中对人力资源的需求，估计远期组织内部人力资源的数量，调整人力资源规划，重点是分析问题，提出可靠的依据使规划更符合客观需求。在经营计划的层次上，人力资源规划涉及人力资源需求与供给量的预测，并根据人力资源的方针政策，制定具体的行动方案。在具体的作业计划方面，即涉及一系列的具体操作实务，要求任务具体明确，措施落实。

不同的教材，对人力资源规划程序有不同的说法，但主要内容是一致的。

第二节　人力资源规划的程序

人力资源规划的程序即人力资源规划的过程如图 2.1 所示。

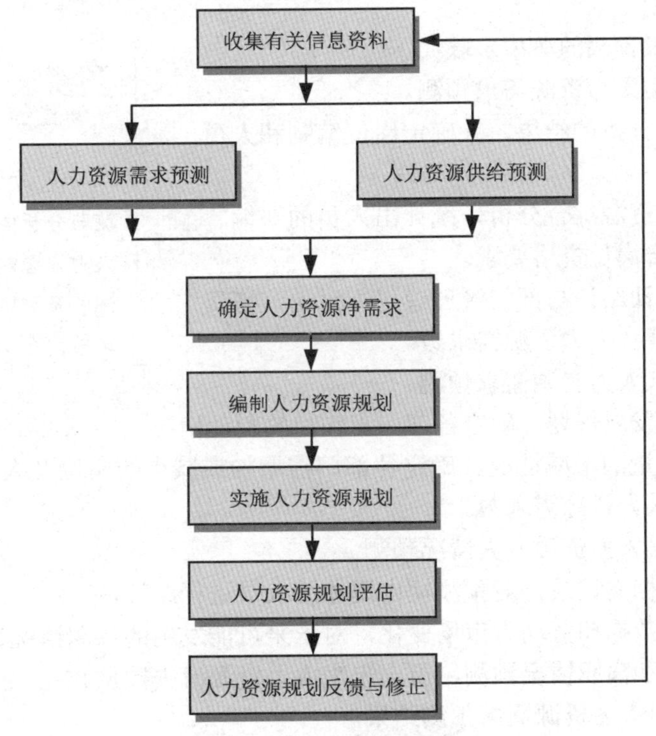

图 2.1　人力资源规划程序

一、收集有关信息资料

任何一项规划或者计划想要做好，都必须获得充分的信息，人力资源规划也不例外。人力资源规划的信息包括组织内部信息和组织外部环境信息。

组织内部信息主要包括企业的战略计划、战术计划、行动方案、本企业各部门的计划、人力资源现状等。在核查组织现有的人力资源时要弄清现有人员的数量、质量、结构以及人员分布状况，这些信息和情况可从员工的人事档案及有关记录中查找，估计出目前人力资源的技术、能力和潜力，并分析目前这些人力资源的利用情况。

组织外部环境信息主要包括宏观经济形势和行业经济形势、技术的发展情况、行业的竞争性、劳动力市场、人口和社会发展趋势、政府的有关政策等。例如，《劳动法》规定，禁止用人单位招用未满 16 周岁的未成年人。这一法律规定使组织在拟订未来人员招聘计划时，必须将未满 16 周岁的未成年人排除在被招聘对象之外，否则将承担相应的法律责任；又如先进技术转化为生产力的周期不断缩短，促使组织对人力资源的需求量减少，对人力资源的质量却不断提高。

二、人力资源需求预测

人力资源需求预测包括短期预测和长期预测，总量预测和各个岗位需求预测。它主要是根据组织战略规划和组织的内外条件选择预测技术，然后对人力资源需求数量、质量和结构进行预测。

人力资源需求预测的典型步骤如下：

步骤一，现实人力资源需求预测。

1）根据工作分析的结果，来确定岗位编制和人员配置。

2）进行人力资源综合分析，统计出人员的缺编、超编及其是否符合岗位资格要求。

3）将上述统计结论与部门管理者进行讨论，修正统计结论，得出现实人力资源需求数。

人力资源规划是一个预测与分析的过程，而在整体的人力资源规划的制定，人力资源的预测工作是一个最重要的环节。

步骤二，未来人力资源需求预测。

1）根据组织发展规划，确定各部门工作量的变动情况。

2）根据工作量的增减情况，确定各部门需增加或减少的岗位及人数，并进行汇总统计，得出未来人力资源需求数。

步骤三，未来人力资源流失情况预测。

1）根据员工档案记录，对预测期内退休的人员进行统计。

2）根据历史数据和劳动力市场变化，对未来可能发生的离职情况进行预测。

3）根据退休和离职情况预测，得出未来人力资源流失数据。

步骤四，得出人力资源需求预测结果。

将现实人力资源需求、未来人力资源需求和未来人力资源流失情况汇总，即得出组织整体人力资源需求预测结果。

三、人力资源供给预测

人力资源供给预测包括组织外部供给预测和内部供给预测。外部供给预测主要考虑社会的受教育程度、本地区的劳动力的供给状况等。内部供给预测是根据企业的经营状况的变化，确定出规划的各时间点上企业组织人员的拥有量以及预测规划各时间点上各类人员的可供给量。这一阶段首先要确认全体员工的合格性，对不合格的员工要进行培训和调整，做到人尽其才，才尽其用，对可提升的员工加以鉴别，做出个人的发展培养计划。

人力资源供给预测的典型步骤如下：

步骤一，内部人力资源供给预测。

1）核查组织现有人力资源，了解组织员工现状。

2）分析组织的职务调整政策和员工调整的历史数据，统计出员工调整的比例。

3）向各部门的人事决策管理人员了解可能出现的人事调整情况。

4）根据以上情况，得出预测期内组织内部人力资源供给数据。

步骤二，外部人力资源供给预测。

1）分析影响外部人力资源供给的地域性因素，包括组织所在地的人力资源整体现状、组织所在地的有效人力资源的供给现状、组织所在地对人才的吸引程度、组织薪酬对所在地人才的吸引程度、组织能够提供的各种福利对当地人才的吸引程度和组织本身对人才的吸引程度。

2）分析影响外部人力资源供给的全国性因素，包括全国相关专业的大学生毕业人数及分配情况、国家在就业方面的法规和政策、该行业全国范围的人才供需状况和全国范围从业人员的薪酬水平和差异。

3）根据以上情况，得出预测期组织外部人力资源供给数据。

步骤三，将组织内部人力资源供给预测数据和组织外部人力资源供给预测数据汇总，得出组织人力资源供给总体数据。

四、确定人力资源净需求

在对员工未来的需求与供给预测数据的基础上，将本组织人力资源需求的预测数与在同期内组织本身可供给的人力资源预测数进行对比分析，从比较分析中可测算出各类人员的净需求数。需求数如果是正值，表明组织需要招聘新的员工或对现有的员工进行有针对性的培训；这个需求数如果是负的，则表明组织这方面的人员是过剩的，应该精简或对员工进行调配。需要注意的是，这里所说的“净需求”既包括人员数量，又包括人员的质量、结构，即既要确定“需要多少人”，又要确定“需要什么人”，数量和质量要对应起来。这样就可以有针对性地进行招聘或培训，就为组织制定有关人力资源的政策和措施提供了依据。

五、编制人力资源规划

根据组织战略目标及本组织员工的净需求量，编制人力资源规划，包括总体规划和各项业务计划。同时要注意总体规划和各项业务计划及各项业务计划之间的衔接和平衡，提出调整供给和需求的具体政策和措施。一个典型的人力资源规划应包括规划的时间段、规划达到的目标、情景分析、具体内容、规划制定者、规划制定时间，如表 2.1 所示。

表 2.1　某公司人力资源规划

1. 规划的时间段
2. 规划达到的目标
3. 情景分析（目前和未来）

续表

4. 具体内容：项目编号 项目内容 执行时间 负责人 检查人 检查日期 预算
（1）
（2）
（3）
……
5. 规划制定者
6. 规划制定时间

1. 规划的时间段

确定规划时间的长短，要具体列出从何时开始，到何时结束。若是长期的人力资源规划，可以长达5年以上；若是短期的人力资源规划，如年度人力资源规划，则为1年。

2. 规划达到的目标

确定达到的目标要与组织的目标紧密联系起来，最好有具体的数据，同时要简明扼要。

3. 情景分析

目前情景分析：主要是在收集信息的基础上，分析组织目前人力资源的供需状况，进一步指出制定该计划的依据。

未来情景分析：在收集信息的基础上，在计划的时间段内，预测组织未来的人力资源供需状况，进一步指出制定该计划的依据。

4. 具体内容

这是人力资源规划的核心部分，主要包括以下几个方面：

1）项目编号。按照顺序写上编号，如（1）、（2）、（3）、（4）……。

2）项目内容。要十分具体，如招聘10位电器工程师，裁减50位车间操作工等。

3）执行时间。写上从启动到完成的日期，如2015年2月1日到2015年11月30日。

4）负责人。负责执行该具体项目的负责人，如人力资源部招聘主管蒋伟先生。

5）检查人。负责检查该项目的执行情况的人，如分管人力资源管理的副总裁何强先生。

6）检查日期。写上检查的具体日期与时间，如2015年12月1日上午9时。

7）预算。写明该项目的具体预算，如人民币2万元整。

5. 规划制定者

规划制定者可以是一个人，如某公司人力资源部经理周华先生；也可以是一个部门，如某公司人力资源部。

6. 规划制定时间

规划制定时间主要指该规划正式确定的日期，如董事会通过的日期、总经理批准的日期或经理工作会议通过的日期。

六、实施人力资源规划

人力资源规划的实施，是人力资源规划的实际操作过程，要注意协调好各部门、各环节之间的关系，在实施过程中需要注意以下几点：

1）必须要有专人负责既定方案的实施，要赋予负责人拥有保证人力资源规划方案实现的权利和资源。

2）要确保不折不扣地按规划执行。

3）在实施前要做好准备。

4）实施时要全力以赴。

5）要有关于实施进展状况的定期报告，以确保规划能够与环境、组织的目标保持一致。

人力资源规划的实施，是人力资源规划的实际操作过程。

七、人力资源规划评估

在实施人力资源规划的同时，要进行定期与不定期的评估。从以下三个方面进行。

（1）是否忠实执行了本规划

规划的检查人员对规划进行检查以确保有关部门如实执行规划。例如，预算是否到位，人员招聘情况如何等。

（2）人力资源规划本身是否合理

可以从以下几个方面进行判断：

1）人力资源规划者对人事问题的熟悉程度和重视程度。一般来说，规划者对人事问题熟悉程度和重视程度越高，人力资源规划的合理性就越大。

2）人力资源规划者与数据提供者、人力资源规划的使用者（即管理人员）之间的工作关系。这三者之间的关系越好，制定的人力资源规划就可能越合理。

3）人力资源规划与相关部门进行信息交流的难易程度。信息交流越容易，越可能制定出合理的人力资源规划。

4）人力资源规划在管理人员心目中的地位和价值。管理人员越重视人力资源规划，人力资源规划者也越重视人力资源规划的制定过程，制定的规划也才能越合理、越客观。

（3）将实施的结果与人力资源规划进行比较

通过发现规划与现实之间的差距来指导以后的人力资源规划活动。在评估时可通过以下几个方面进行比较：

1）实际补充的人数与预测需求人数的比较。

2）劳动生产率的实际水平与预测水平的比较。

3）实际的人员流动率与预测的人员流动率的比较。

4）实际执行的行动方案与规划的行动方案的比较。

5）实施行动方案后的实际结果与预测结果的比较。

6）劳动力和行动方案的成本与预算额的比较。

7）行动方案的收益与成本的比较。

在对人力资源规划的评估过程中，要注意评估方法的选择，以确保评估的客观、公正与准确。

八、人力资源规划的反馈与修正

对人力资源规划实施后的反馈与修正是人力资源规划过程中不可缺少的步骤。评估结果出来后，应进行及时的反馈，进而对原规划的内容进行适时的修正，使其更符合实际，更好地促进组织目标的实现。

第三节　人力资源供求预测

预测是指对未来环境的分析。人力资源供求预测包括需求预测和供给预测两种情况。所谓需求预测是指组织为实现企业战略目标而对未来所需员工数量和种类的估算；而供给预测则是指对组织内部人力资源的调配能力以及组织外部人力资源供给状况的分析。

人力资源供求预测是人力资源规划过程中的最关键性环节，平衡供求关系的人力资源规划方案就是以供求预测为基础的。

一、人力资源需求预测

人力资源的需求预测，主要是以组织的战略目标、发展规划和工作为依据，综合考虑各种因素的影响，对组织未来人力资源需求的数量、质量和时间进行估计的活动。组织人力资源需求量主要取决于组织的业务量和产量，由此推算出人力资源需求量。

人力资源需求预测是人力资源规划中技术性较强的关键工作，全部人力资源开发、管理的计划都必须根据预测决定。

一个组织对各种人力资源的需求取决于其生产、服务的需要，取决于其投入与产出（或服务）之间的关系及组织的劳动生产率等因素，这些影响因素概括起来大体可以分为三类，如表 2.2 所示。

表 2.2　人力资源需求影响因素

组织外部	组织内部	人力资源
经济	战略计划	退休
社会、政治、法律	预算	辞职
技术	业务量	合同终止、解聘
竞争者	新建部门或组织扩张	死亡
教育文化	工作设计	休假
供应商	产品质量	人员流动

二、人力资源需求预测的方法

人力资源需求预测的方法很多，可参考有关书籍了解。

人力资源需求预测方法，如果按预测的结果的形式分可以分为定性预测和定量预测两种。以下分别介绍主要的几种人力资源预测方法。

（一）定性预测方法

1. 管理人员判断法

管理人员判断法又称“管理估计法”，是指组织内的管理人员凭借个人的经验和直觉，对组织未来的人力资源需求进行预测。这是一种简单的方法，主要用于短期预测。这种方法既可以单独使用，也可以与其他方法结合使用。单独使用，一般在环境变动不大和组织规模较小，或缺乏足够信息时，能取得较好的效果。与其他方法结合，往往是与定量方法一起使用，结合组织的实际情况，由有经验的管理人员对定量方法的预测的结果进行必要的判断修正。

2. 微观集成法

微观集成法是由组织的各级管理者，根据需要预测对各种人员的需要量，人力资源管理的规划人员综合各部门的预测，形成总体预测方案。具体做法是：先由上而下布置预测工作，再由各基层管理者根据自己的经验和对未来业务量的估计，提出本部门各类人员的需求量，由上一层管理者估算平衡，再报上一级的管理者，直到最高层管理者作出决策，然后由人力资源管理部门制定出具体的执行方案。这是一种非常简便、粗放的人力资源需求预测方法，主要适用于短期的预测。如果企业的规模小，生产经营稳定，发展较均衡，它也可以用来预测中、长期的人力需求。

3. 德尔菲法

德尔菲法是有关专家对企业组织某一方面的发展的观点达成一致的结构性方法。使用该方法的目的是通过综合专家们各自的意见来预测某一方面的发展。

德尔菲（Delphi）法也称专家判断法，是美国兰德公司在 20 世纪 40 年代后期发明并用于预测的一种方法。其操作方法是：首先从组织内部和外部挑选熟悉企业管理各相关部门的专家 10～15 人，主持预测的人力资源部门要向他们说明预测对组织的重要性，以取得他们对这种预测方法的理解和支持，同时确定关键的预测方向，并列举出专家小组必须回答的一系列有关人力资源预测的具体问题。然后使用匿名填写问卷的方法，设计一个可使各位专家在预测过程中畅所欲言地表达自己观点的预测系统。使用匿名问卷的方法可以避免专家们面对面集体讨论，从而防止专家成员之间因身份和地位的差别，使得一些人不愿批评他人而放弃自己的合理主张的情况。人力资源部门在第一轮预测后，将专家们各自提出的意见进行归纳，并将这一综合结果反馈给他们。重复上述过程，让专家们有机会修改自己的预测并说明原因，直至专家们的意见趋于一致。

在运用德尔菲法进行人力资源需求预测时，要做到以下几点：

1）给专家们提供充分的有关企业生产经营状况的信息，以便他们能够做出判断。

2）所提问题应该是能够回答的、与预测有关的问题。

3）不要求回答得精确，但要说明原因。

4）整个过程要尽可能简化，不问与预测无关的问题。

5）要保证所有专家能从同一角度理解有关人力资源管理的术语和概念。

（二）定量预测方法

1. 经验预测法

经验预测法也称为比率法，是指根据过去的经验对人力资源需求进行预测的方法。这种方法只有在生产率保持不变的情况下才有效。如果生产率上升或下降，根据过去的经验所进行的人员预测就不太准确了。所以，它主要是适用于短期和中期的预测，在长期预测中很少使用。

经验预测法是人力资源预测中最简单的方法，它适合于较稳定的小型企业。

2. 工作负荷法

工作负荷法是一种对企业人力资源需求数量的短期预测方法。它根据历史数据，先算出对某一特定的工作每单位时间（如每天）每人的工作负荷（如产量），再根据未来的生产量目标（或劳务目标）计算出所完成的总工作量，然后根据以前的标准折算出所需的人力资源数量。

3. 回归分析法

回归分析法是指找出与人力资源需求高度相关的变量（历史数据），用数理统计的方法定量地表示这种关系，得出一个回归方程，再用此方程预测未来人力资源需求的一种方法。回归模型包括一元线性回归模型、多元线性回归模型和非线性回归模型。一元线性回归是指与人力资源需求高度相关的因素只有一个。多元线性回归是指有两个以上的因素与人力资源需求高度相关。如果人力资源需求与其相关因素不存在线性关系，就要采用非线性回归模型。多元线性回归与非线性回归比较复杂，通常使用计算机来处理。一元线性回归比较简单，可以运用公式来计算。

在回归分析中，当研究的因果关系只涉及因变量和一个自变量时，叫做一元回归分析；当研究的因果关系涉及因变量和两个或两个以上自变量时，叫做多元回归分析。

4. 趋势外推法

趋势外推法又称时间序列预测法，预测者根据组织

趋势外推法是找出一系列历史数据的趋势线，并外推于将来做中、长期预测。

过去的人事记录，找出过去若干年员工数量的变动趋势，确定其长期变动趋势，从而对未来的人力资源需求做出预测。趋势外推法把时间作为自变量，人力资源需求量作为因变量，且假设过去人力的增减趋势保持不变，其他影响因素保持不变。

三、人力资源供给预测

人力资源需求预测分析是研究组织内部对人力资源的需求，而供给分析则需要研究组织内部的供给和组织外部的供给两个方面。进行内部供给预测时，要考虑人员年龄阶段分布、人员晋升、降职、离职以及退休等情况，核查员工填充预计的岗位空缺的能力，进而确定每个空缺职位上的接替人选，而且，得出的结果不应该仅仅是一个员工的数量，而应该是对员工的规模、经验、能力、多元化和员工成本等各方面的一个综合反映。一般来说，在供给分析中，首先考察组织现有的人力资源供给，若内在市场未有足够的供给，就需分析外在的劳动力市场。

（一）组织内部人力资源的供给预测

分析内部人力资源供给，主要是了解组织内部人力资源的优势，除分析现状外，还要预测未来的状况。常用的内部人力资源供给预测的方法有以下几种。

1. 人员核查法

人员核查法是对组织现有人力资源质量、数量、结构和在各职位上的分布状况进行检查，掌握企业拥有的人力资源状况。通过核查，可以了解员工在工作经验、技能、绩效、发展潜力等方面的情况，从而帮助人力资源规划人员估计现有员工调换工作岗位的可能性大小，决定哪些人可以补充组织当前的职位空缺。为此，在日常的人力资源管理中，要做好员工的工作能力记录。表 2.3 所示即是一个典型的人事资料登记表。

表 2.3 人事资料登记表

姓名：		部门：		科室：	
工作地点：				填表日期： 年 月 日	
出生年月： 年 月 日				婚姻状况：	职称：
到职日期： 年 月 日					
教育背景	类别	学位种类	毕业日期	学校	主修科目
	高中				
	大学				
	硕士				
	博士				
训练背景	训练主题		训练机构	训练时间	

续表

技能	技能种类	证书
志向	你是否愿意担任其他类型的工作？	□是　□否
	你是否愿意调到其他部门去工作？	□是　□否
	你是否愿意接受工作轮调以丰富工作经验？	□是　□否
	如果可能，你愿意担任哪种工作：	
你认为自己需要接受何种训练？	改善目前的技能和绩效	□是　□否
	提高晋升所需要的经验和能力	□是　□否
你认为自己现在就可以接受哪种工作指派：		

2. 人员替代法

人员替代法又称人员调配图，是一种岗位延续计划，是通过一张人员替代图来预测组织内的人力资源供给，如图 2.2 所示。

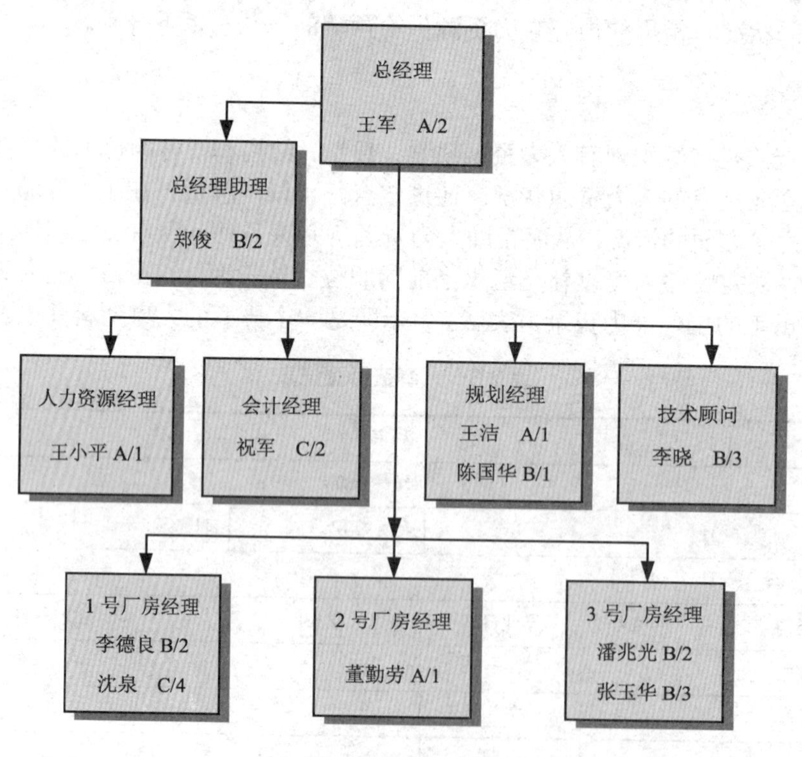

图 2.2　人员替代

框内人员代表可能接替职位的人员、字母和数字的含义如下：

A. 可以晋升；B. 需要培训；C. 不适合该职位；1. 优秀；2. 良好；3. 普通；4. 欠佳

在图 2.2 中，人员替代法将每个工作职位均视为潜在的工作空缺，而该职位下的每个员工均是潜在的供给者。人员替代法以员工的绩效作为预测的依据，当某位员工的绩效过低时，组织将采取辞退或调离的方法；而当员工的绩效很高时，他将被提升替代他上级的工作。这两种情况均会产生职位空缺，其工作则由其下属替代。通过人员替代图可以清楚了解到组织内人力资源的供给与需求情况，为人力资源规划提供了依据。

3. 马尔可夫分析法

马尔可夫（Markov）分析法又称为马尔可夫转移矩阵法，是一种统计方法，其方法的基本思路是：找出过去人事变动的规律，以此来推测未来的人事变动趋势。下面以一个会计公司人事变动作为例子来加以说明，如表 2.4 所示。分析的第一步是做一个人员变动矩阵表，表中的每一个元素表示一个时期到另一个时期（如从某一年到下一年）在两个工作之间调动的雇员数量的历年平均百分比（以小数表示）。一般以 5～10 年为周期来估计年平均百分比。周期越长，根据过去人员变动所推测的未来人员变动就越准确。

表 2.4　某公司人力资源供给情况的马尔可夫分析

职位层次	人员调动概率				
	G	J	S	Y	离职
高层领导人（G）	0.8	—	—	—	0.20
基层领导人（J）	0.10	0.7	—	—	0.20
高级会计师（S）	—	0.05	0.80	0.05	0.10
会计员（Y）	—	—	0.15	0.65	0.20

在表 2.4 中，在任何一年里，平均 80%的高层领导人仍在该组织内，而有 20%退出。在任何一年里，大约 65%的会计员留在原工作岗位，15%被提升为高级会计师，20%离职。用这些历年数据来代表每一种工作中人员变动的概率，就可以推测出未来的人员变动（供给量）情况。将计划初期每一种工作的人员数量与每一种工作的人员变动概率相乘。然后纵向相加，即得到如表 2.5 所示的组织内部未来劳动力的净供给量。

表 2.5　某公司人力资源的净供给量的马尔可夫分析

职位层次	初期人员数量	G	J	S	Y	离职
高层领导人（G）	40	32	—	—	—	8
基层领导人（J）	80	8	56	—	—	16
高级会计师（S）	120	—	6	96	6	12
会计员（Y）	160	—	—	24	104	32
预计的人员供给量		40	62	120	110	68

从表 2.5 可以看出，如果下一年与上一年相同，“预计的人数供给量”为：下一年将有同样数目的高层领导人（40 人），以及同样数目的高级会计师（120 人），但基层领导人将减少 18 人，会计人员将减少 50 人。人员变动的数据，与正常的人员扩大、缩减或

维持不变的计划相结合，就可以用来决策使预计的劳动力供给与需求相匹配。

4. 人力资源“水池”模型

人力资源“水池”模型是在预测企业内部人员流动的基础上来预测人力资源的内部供给，它与人员替换有些类似，不同的是从员工出发来进行分析的，而且预测的是一种潜在的供给；“水池”模型是从职位出发进行分析的，预测的是未来某一时间现实的供给。这种方法一般要针对具体的部门、职位层次或职位类别进行。由于它要在现有人员的基础上通过计算流入量和流出量预测未来的供给，这就相当于是计算一个水池未来的蓄水量，因此称之为“水池”模型。下面通过一个职位层次分析的例子来看一下该模型是如何运用的。

首先，分析每一层次的人员流动情况，可以使用以下公式来预测，即

未来供给量＝现有人员的数量＋流入人员的数量－流出人员的数量

对每一职位来说，人员流入的原因有平行调入、向下降职和向上晋升；人员流出的原因有向上晋升、向下降职、平行调入和离职。

最后，在分析完所有层次的职位后，将它们合并在一张图中，就可以得出企业未来各个层次职位的内部供给量以及总的供给量，具体如图 2.3 所示。

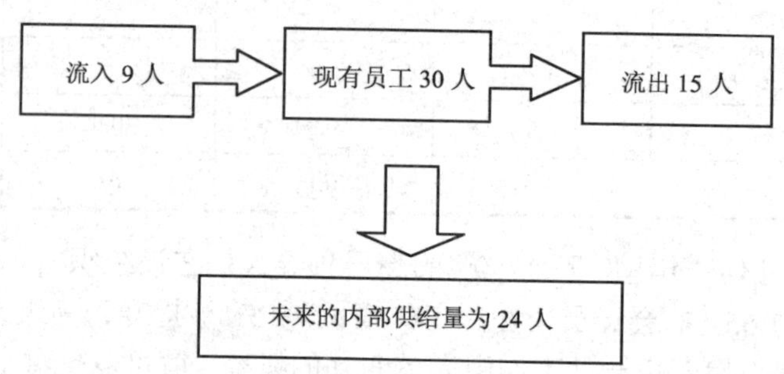

图 2.3 某职位的内部人力资源供给情况

（二）外部人力资源的供给预测

当企业内部的人力资源供给无法满足需要，或管理者希望改变企业，或企业需要引进某些专业人才时，都需要通过外部的劳动力市场解决人员的补充问题。这就要求分析影响组织外部人力资源的供给因素。影响因素是多种多样的，主要应考虑以下几个方面。

1）宏观经济形势和失业预期的影响。一般来说，宏观经济形势越好，失业率越低，劳动力供给越紧张，招聘就越困难；相反，宏观经济形势越差，失业率越高，劳动力供给越充足，招聘就越容易。要了解这一方面的情况，可以参考政府机构和金融部门的公开出版物。

$$人力资源率=\frac{劳动力人口总量}{人口总量}\times 100\%$$

2）人口状况的影响。人口状况是影响组织外部人力资源供给的重要因素，主要包括人

口总量和人力资源率，它决定了人力资源总量。人口总量越大，人力资源率越高，人力资源供给越充分；另外，人力资源的总体构成，主要包括人力资源的年龄、性别、受教育程度、技能、经验等，它们决定了在不同的层次与类别方面可以提供的人力资源数量与质量。

3）劳动力市场状况的影响。劳动力市场是指劳动力供应和劳动力需求相互作用的场所，即劳动者寻找工作，雇主寻找雇员的地方。它主要从以下几个方面来影响人力资源的供给：劳动力供应的数量；劳动力供应的质量；劳动力的职业选择；当地经济发展的现状与远景；雇主提供的工作岗位数量与层次；雇主提供的工作地点、工资、福利等。

4）政府的政策法规的影响。政府的政策法规是影响组织外部人力资源供给不可忽视的因素。各地政府为了各自经济的发展，为了保护本地劳动力的就业机会，都会颁布一些相关的政策法规。例如，防止外地劳动力盲目进入本地劳动力市场；不准歧视妇女就业；保护残疾人就业；严禁儿童就业；保护员工工作安全条例等。

四、人力资源供求平衡

人力资源规划的目的就是使人力资源供求达到平衡，当它们不平衡时，就制定相应的政策措施，以实现组织未来人力资源供求平衡。人力资源供求预测结束后，往往会出现三种供求不平衡的结果：人力资源供给大于需求；人力资源供给小于需求；人力资源供求总量平衡，结构不平衡。一般说来组织的人力资源总是处于失衡状态，供求完全平衡状态在实践中很难出现。组织需根据供求预测不同的结果，制定相应的人力资源规划措施。

（一）人力资源供给大于需求

人力资源供给大于需求，出现员工过剩，一般应采取如下措施来解决。

1）通过开拓新的业务增长点来吸收过剩的人力资源。例如，扩大经营规模、开发新产品等。

2）加强员工培训。通过培训引导富余人员走向新的工作岗位。

3）减少工作时间。减少工作时间可降低工资水平，这是解决企业临时性人力资源过剩的一种方式。

4）裁员。裁员是组织解决人力资源过剩的最直接的方法。裁员可以有效地降低组织的人工成本，但也可能带来一些负面的影响。人力资源管理部门应做好各方面的思想工作。

5）制定一些优惠措施鼓励提前退休。实行提前退休计划，不仅可以减少预期出现的人员过剩，还可以降低组织的成本。

6）合并或关闭一些臃肿的机构，减少人力资源供给，并提高人力资源的使用效率。

（二）人力资源供给小于需求

人力资源供给小于需求，出现员工供给短缺，一般可采用如下政策和措施解决。

1）把内部处于相对富余的人员（经过培训后）安排到人员短缺的岗位上去。

2）进行技术创新，增添新设备，以提高劳动生产率，降低对人力资源数量需求。

3）在符合《中华人民共和国劳动法》等有关法律、法规、政策的前提下，增加员工的工作时间和工作量，并给予相应的报酬，以应付员工的短期不足。

4）根据组织的具体情况，面向社会招聘所需人员，可以录用一些正式员工、兼职员工和临时员工。

5）对组织的现有员工进行技能培训，提高劳动效率，使其不仅能适应当前的工作，还能适应更高层次的工作，并为职务的升迁做好准备。

6）外包。组织根据自身情况，将较大范围的工作整个承包给外部的组织去完成。通过外包，组织可以将任务交给那些更有比较优势的外部代理人去做，从而提高效率，减少成本，减少组织内部人力资源的需求。

后面有专门的章节讨论外包问题。

（三）人力资源供求总量平衡，但结构不平衡

结构上的人力资源不平衡，是指组织中某些部门或岗位出现人员过剩，而另一些部门或岗位人员短缺。对于这种供需失衡问题可采取如下措施来协调。

1）通过组织内部人员的合理流动（如晋升、调任）来满足空缺岗位对人力资源的需求。

2）对过剩员工进行有针对性的培训，提高他们的工作技能，将他们补充到空缺岗位上。

3）进行组织内外人力资源的流动，以平衡人员的供需。即从组织外部招聘合适的人员并补充到相应的岗位，同时释放另一些岗位上过剩的人力资源。

总之，组织人力资源的供需平衡，不仅仅是保持员工需求和供给的总量上平衡，更重要的是实现员工在质量、层次、类别等供需结构上的平衡。

小　结

人力资源规划又称人力资源计划，是指根据组织的发展战略、目标及组织内外环境的变化，运用科学的方法对组织人力资源的需求和供给进行预测，制定相宜的政策和措施，从而使组织的人力资源供给和需求达到平衡，实现人力资源合理配置，有效激励员工的过程。包括四层含义：人力资源规划的制定必须依据组织的发展战略、目标。组织的发展战略、目标发生变化时，人力资源规划也随之发生变化；人力资源规划要适应组织内外部环境的变化；制定必要的人力资源政策和措施是人力资源规划的主要工作；人力资源规划的目的是使组织人力资源供需平衡，保证组织长期持续发展和员工个人利益的实现。

人力资源规划的作用有：有利于组织制定战略目标和发展规划；确保组织生存发展过程中对人力资源管理的需求；有利于人力资源管理活动的有序化；有利于调动员工的积极性和创造性；有利于控制人力资源成本。

人力资源规划内容包括两个层次，即总体规划和各项业务计划。人力资源总体规划是指有关规划期内人力资源管理和开发的总目标、总政策、实施步骤以及总预算的安排等，它是根据组织战略规划制定的。人力资源所属的各项业务计划是人力资源总体规划的进一步展开和细化，一般包括以下几个方面的计划：人员补充计划、人员使用计划、晋升计划、教育培训计划、评价及激励计划、薪酬计划、退休解聘计划、劳动关系计划。

人力资源规划的过程即人力资源规划的程序，一般可分为以下几个步骤：①收集有关信息资料；②人力资源需求预测；③人力资源供给预测；④确定人力资源净需求；⑤编制人力资源规划；⑥人力资源规划的实施；⑦人力资源规划的评估；⑧人力资源规划的反馈与修正。

人力资源供求预测包括需求预测和供给预测两种情况。所谓需求预测是指组织为实现企业战略目标而对未来所需员工数量和种类的估算；而供给预测则是指对组织内部人力资源的调配能力以及组织外部人力资源供给状况的分析。人力资源供求预测是人力资源规划过程中的最关键性环节，平衡供求关系的人力资源规划方案就是以供求预测为基础的。

一个组织对各种人力资源的需求取决于其生产、服务的需要，取决于其投入与产出（或服务）之间的关系及组织的劳动生产率等因素，这些影响因素概括起来大体可以分为三类：组织外部环境、组织内部因素及人力资源自身状况。

人力资源需求预测方法包括定性和定量预测。定性预测方法包括管理人员判断法、微观集成法、德尔菲法。定量预测方法包括经验预测法、工作负荷法、回归分析法、趋势外推法。人力资源需求预测分析是研究组织内部对人力资源的需求，而供给分析则需要研究组织内部的供给和组织外部的供给两个方面。常用的内部人力资源供给预测的方法包括人员核查法、人员替代法、马尔可夫分析法等。影响组织外部人力资源的供给因素是多种多样的，主要应考虑以下几个方面：宏观经济形势和失业预期的影响、人口状况的影响、劳动力市场状况的影响、政府的政策法规的影响。

人力资源规划的目的就是使人力资源供求达到平衡，当它们不平衡时，制定相应的政策措施，使组织未来人力资源供求实现平衡。人力资源供求预测结束后，往往会出现三种供求不平衡的结果：人力资源供给大于需求、人力资源供给小于需求、人力资源供求总量平衡，结构不平衡。一般说来组织的人力资源总是处于失衡状态，供求完全平衡状态在实践中很难出现。组织需根据供求预测不同的结果，制定相应的人力资源规划措施。

练 习 题

一、名词解释

1. 人力资源规划
2. 德尔菲法
3. 经验预测法
4. 回归分析法
5. 趋势外推法

二、填空题

1. 人力资源规划的目的是使组织人力资源_________，保证组织长期持续发展和员工个人利益的实现。

2. 人力资源总体规划是指有关规划期内人力资源管理和开发的总目标、总政策、实施步骤以及总预算的安排等，它是根据_________制定的。

3. 组织人力资源需求量主要取决于组织的_________，由此推算出人力资源需求量。

4. 人力资源供给预测包括_________和_________。

5. _________是人力资源规划过程中的最关键性环节，平衡供求关系的人力资源规划方案就是以此为基础的。

6. 由组织的各级管理者，根据需要预测对各种人员需要量，人力资源管理的规划人员把各部门的预测进行综合，形成总体预测方案，这种方法称为_________。

三、单项选择题

1. 人力资源需求预测方法中的专家判断法又称（　　）。

A. 回归分析法　　B. 经验预测法
C. 德尔菲法　　D. 马尔可夫分析法

2. 由组织的各级管理者，根据需要预测对各种人员的需要量，人力资源管理的规划人员把各部门的预测进行综合，形成总体预测方案，这种方法称为（　　）。

A. 管理人员判断法　　B. 经验预测法
C. 微观集成法　　D. 德尔菲法

3. 确保组织生存发展过程中对人力资源的需求的人力资源管理环节是（　　）。

A. 人员招聘　　B. 培训与开发
C. 职业生涯管理　　D. 人力资源规划

4. 导致组织内部人浮于事，内耗严重的人力资源供求情况是（　　）。

A. 人力资源供给大于需求　　B. 人力资源供给小于需求
C. 人力资源供求平衡　　D. 无法确定

5. 以下关于人力调配图，说法正确的是（　　）。

A. 人力调配图是企业外部供给的预测方法
B. 人力调配图预测的是企业人力资源需求
C. 人力调配图用以了解企业现有的人员流动
D. 人力调配图是一种岗位延续计划

6. 企业内部供给的预测方法包括（　　）。

A. 对当地失业水平的预测
B. 对全国失业水平的预测
C. 公司所在地区的人口密度
D. 马尔可夫分析法

7. 下列关于德尔菲法的表述，正确的是（　　）。

A. 参与成员必须是外请专家

B. 整个过程要尽可能简化，不问与预测无关的问题

C. 实施过程中，不能采取匿名形式进行，这样才能保障专家意见的真实性

D. 为保证预测的准确性，专家的预测必须提供精确的数字，而不能使用估计数字

8. 人力资源规划的制定首先要依赖于（　　）。

A. 组织目标　　B. 工作分析

C. 业绩考评　　D. 职业规划

9. 人力资源规划的目的是使组织人力资源（　　）。

A. 供需平衡　　B. 供需失衡

C. 供需暂时平衡　　D. 供需暂时失衡

10. 马尔可夫分析法的基本思想是（　　）。

A. 找出过去人事变动的规律，以此来推测未来的人事变动趋势

B. 发现现在人事变动的规律，以此来推测未来人事变动趋势

C. 马尔科夫分析法有简单的和复杂的，可用计算机进行大规模处理

D. 根据现在人员的变化来确定未来的人事变化

四、多项选择题

1. 企业内部供给预测方法不包括（　　）。

A. 地方劳动力市场　　B. 全国劳动力市场分析

C. 马尔可夫分析法　　D. 人员核查法

E. 人员调配图

2. 人力资源供给小于需求，出现员工短缺，应采取的主要措施为（　　）。

A. 减少福利

B. 进行技能培训，提高员工劳动效率

C. 外包

D. 面向社会招聘所需人员

E. 进行技术创新，提高员工劳动生产率

3. 可以用来预测人力资源需求的方法有（　　）。

A. 人力资源信息库法　　B. 德尔菲法

C. 马尔可夫分析法　　D. 比率分析法

E. 回归分析法

4. 人力资源供给大于需求，出现员工过剩，应采取的主要措施为（　　）。

A. 通过开拓新的业务增长点来吸收过剩的人力资源

B. 裁员

C. 制定一些优惠措施鼓励提前退休

D. 提高员工劳动积极性

E. 进行技术创新，提高员工劳动生产率

5. 影响组织外部人力资源的供给因素有（　　）。

A. 宏观经济形势和失业预期
B. 人口状况的影响
C. 组织本身的经济实力
D. 劳动力市场状况的影响
E. 政府的政策法规的影响

五、判断是非题

1. 人力资源规划，是各项具体人力资源管理活动的起点和依据，它直接影响着组织整体人力资源管理的效率。 （ ）
2. 德尔菲法属于人力资源需求预测方法的定量预测方法。 （ ）
3. 人力资源规划中的马尔可夫分析法是需求预测的一种非常有效的方法。 （ ）
4. 经验预测法主要适用于中长期人力资源需求预测。 （ ）
5. 人力资源规划是指组织在未来的发展过程中所需要的人员数量的需求预测。 （ ）

六、简答题

1. 简述人力资源规划的程序。
2. 人力资源规划包括哪些内容？
3. 人力资源需求预测的方法有哪些？
4. 简述德尔菲法。

七、论述题

1. 试述人力资源需求预测的步骤。
2. 试述如何使组织的人力资源供求平衡。

八、案例分析

某铝业公司该如何进行员工的供求平衡

位于西部地区的某铝业公司是一家大型炼铝企业，它坐落在一个偏远的小地方，离最近的小城镇60千米，离最近的中型城市160千米，离最近的大城市足有750千米。因其地理位置偏僻，该铝业公司只能主要依靠有限的当地劳动力维持正常生产。在1996年至1997年间，员工自动辞职的人数超过该公司历史上任何时期。在这期间，公司为满足对人员配备的要求，人力资源部门匆忙招聘了大量的新员工。由于当地劳动力缺乏，人力资源部门不得不降低录用标准，使得人员配备的质量大幅度下降。另外，招聘人员的结构也不合理，如单身员工过多，易流动的员工过多等。经常出现很多员工只工作了几个月就辞职而去，人力资源部门新招聘来一名员工顶替前一位辞职人员的工作才几个月，就不

某铝业公司该如何进行员工的供求平衡案例分析

得不再去招聘新的顶替者。人力资源部门为了招聘到合适的人选常常疲于奔命。

炼铝是一种连续作业工艺，其主要特点之一是生产技术水平要求稳定。任何一个生产技术水平稳定的企业都要求劳动力水平的相对稳定，这种稳定来源于劳动力队伍的相对稳定和企业对员工的质量与数量需求的满足。由于该公司对人员需求的估计不准确，常常造成人力资源供需矛盾，影响工厂的生产。

（案例来源：余成凯．2001．人力资源管理．大连：大连理工大学出版社）

试分析　1. 该公司在员工供求中碰到哪些问题？原因是什么？

2. 如果你是该公司的人力资源部经理，你将采取哪些对策、措施来保持员工的供需平衡？

九、小组讨论

新联公司的人力资源计划的编制

蒋伟三天前才调到人力资源管理部当助理，虽然他进入这家专门从事垃圾再生的企业已经有三年了，但是，面对桌上那一大堆文件、报表，他还是有点晕头转向：我哪知道我干的是这种事。原来副总经理李勤直接委派他在 10 天内拟出一份本公司 5 年的人力资源计划。

其实蒋伟已经把这任务仔细看过好几遍了。他觉得要编制好这计划，必须考虑下列各项关键因素。

首先是公司状况。公司共有生产与维修工人 825 人，行政和文秘性白领职员 143 人，基层与中层管理干部 79 人，工程技术人员 38 人，销售人员 23 人。

其次，据统计，近 5 年来员工的平均离职率为 4%，没理由会有什么改变。不过，不同类的员工的离职率并不一样，生产工人离职率高达 8%，而技术和管理干部则只有 3%。

再次，按照既定的扩产计划，白领职员和销售员要新增 10%~15%，工程技术人员要增加 5%~6%，中、基层干部不增也不减，而生产与维修的蓝领工人要增加 5%。

有一点特殊情况要考虑：最近本地政府颁发一项政策，要求当地企业招收新员工时，要优先照顾妇女和下岗职工。公司一直未曾有意地排斥妇女或下岗职工，只要他们来申请，就会按照同一种标准进行选拔，并无歧视，但也未特殊照顾。如今的事实却是，只有一位女销售员，中、基层管理干部除两人是妇女外，其余也都是男的，工程师里只有三个是妇女，蓝领工人中约有 11%是妇女或下岗职工，而且都集中在最底层的劳动岗位上。

蒋伟还有 7 天就得交出计划，其中得包括各类干部和员工的人数，要从外界招收的各类人员的人数以及如何贯彻政府关于照顾妇女与下岗人员政策的计划。

此外，新联公司刚开发出几种有吸引力的新产品，所以预计公司销售额 5 年内会翻一番，他还得提出一项应变计划以备应付这种快速增长。

（案例来源：沈莹．2009．人力资源管理．北京：北京交通大学出版社）

讨论题　1. 蒋伟在编制人力资源规划时要考虑哪些情况和因素？

2. 如果你是蒋伟，你会制定一项什么样的用工方案？

3. 在预测公司人力资源需求时，可以采用的预测方法有哪些？

十、模拟角色

这个订单该不该接

某公司是一家通信设备生产厂。在一次例行的周末经理会议上，销售经理说：“我有一个好消息，我们得到一个大订单，但是我们必须在一年内完成，而不是两年完成。我告诉客户我们能够做到。”

此时，人事经理提出一个现实的问题：“据我所知，我们现有人员根本无法在客户要求的期限内生产出符合他们要求的产品。我们需要逐步地对我们现有工人进行培训，同时还需要到社会上招聘一些具有这种产品生产经验的工人。我认为我们应该对这一项目再进行一些详细分析。如果我们必须在一年内而不是两年完成这一项目。我们的人力资源成本将大幅度增加，项目的成本也将增加。”

（案例来源：福建师范大学人力资源管理精品课程）

思考与模拟

1. 如果你是这家公司的负责人，你认为这个订单该不该接？为什么？
2. 如果接了订单，针对人事经理提出的问题，我们有什么办法解决？

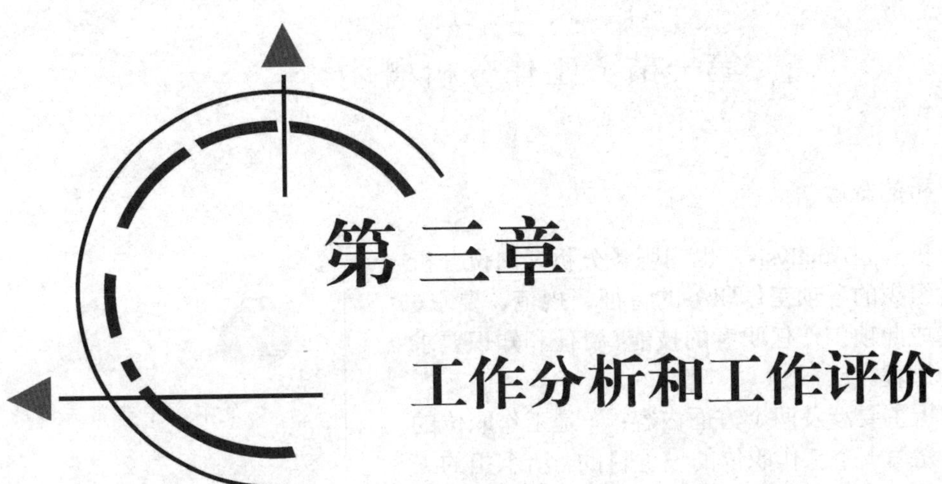

第三章 工作分析和工作评价

学习要求☞

重点掌握

- 工作分析的概念
- 工作分析的步骤
- 工作分析的作用与意义
- 工作评价的概念
- 工作评价的意义

掌握

- 工作分析的基本方法

了解

- 工作分析涉及的一些重要术语
- 工作评价的方法

第一节　工作分析概述

一、工作分析的概念

工作分析（job analysis）也叫职务分析、岗位分析等，是指对组织的各项工作职务的特征、规范、要求、流程以及完成此项工作任职者的技能、责任和知识要求进行描述的过程。

这是本章中非常关键的名词。

工作分析主要涉及两个方面内容：一是工作职位的研究，即研究每一个工作职位的设置目的，所承担的工作职责、工作任务、权利，隶属关系以及工作条件等，其结果以工作说明书和工作规范的形式呈现出来；二是任职资格的研究，即研究能胜任该项工作的任职者必须具备的条件和资格，如工作经验、知识、能力、身体条件、特殊技能及心理素质等特征。

工作分析要在工作职位已经明确的前提下才能做。如果组织结构比较混乱或是正在机构改革过程中，许多工作职位还未确定的话，一定要在组织结构和工作岗位确定后，再进行工作分析。否则，所获得的信息对企业就没有什么价值。

工作说明书和工作规范将在后文进行阐述。

工作分析的目的是为了使现有的工作内容和工作要求更加明确合理，以便制定切合实际的管理制度和管理机制，调动员工的积极性。在一个组织中，工作分析就是为了解决以下几个重要问题。

工作分析微课

1）员工完成什么样的工作？有哪些具体内容？

2）工作将在什么时候完成？

3）工作将在哪里完成？

4）员工如何完成此项工作？

5）为什么要完成此项工作？

6）执行工作需要哪些条件？

在以下三种情况下组织需要进行工作分析。

1）当新组织建立，工作分析首次被正式引进时。

2）当新的工作产生时。

3）当工作由于新技术、新方法、新工艺或新系统的产生而发生重要变化时。在工作性质发生变化时，最需要进行工作分析。

现在，由于市场变化过于迅速，企业也会不断进行职位调整。在新的工作产生的同时，旧工作被重新设计或消除。以前进行的工作分析很可能包含了不准确的数据，许多原有的文档会变得不再适用，需要重新进行工作分析。常有一些企业的管理者认为工作分析是多此一举，浪费资源。从表面上看，问题是出在工作分析的上面，因为工作分析的结果落伍于市场的变化，已经不适用了。但究其原因，在工作分析开始之前，错误就已经开始了，因为工作分析的导向只是目前的工作岗位的说明。只能说是把目前的岗位阐述一遍。出来的有些文档当然也就过时了。这并非是工作分析这个过程的错误。错误的根源在于最重要的企业战略问题没有真正落实到工作分析的过程中，只是目前的各职位的说明。所以，在工作分析的初期，必须对企业的战略做短期或长期的定位，把战略目标做一一的分解，形成部门的战略目标，部门主管在此基础上，再深入分解成为员工的职位描述书和任职说明书。在分解过程中，需要各个环节间不断的沟通。只有把分解后的职位描述书和任职说明书与目前的员工的工作状况进行比对，并循环修订，才能产生好的工作分析的结果。

工作分析是一个动态变化的过程，并非一成不变的标准。

理解这些术语很重要，是读懂本章内容的基础。

二、工作分析涉及的重要术语

1. 工作要素

工作要素（job elements）是指工作中不能再继续分解的最小单位。例如，内勤的工作要素：请客人进来、倒茶等。

2. 任务

任务（task）是指工作中为了某种目的而进行的一系列活动。一组工作要素组成一项工作任务。

3. 职责

职责（duty）是指任职者为实现一定的组织职能或完成工作使命而进行的一个或一系列工作。相关联的任务构成一项工作的职责。

4. 职位

职位（position）也称为岗位，是指担负一项或多项责任的一个任职者所对应的位置。在一个组织里，每个人对应一个职位，如总经理、秘书等。职位和工作的区别是工作可以容纳一个以上的人，而职位不能。例如，一个组织可以有两个内勤来完成同一种工作，然而，他们占据两个不同的职位。

在一个组织里，每个人对应一个职位。

5. 职务

一种职务可以有一个或多个职位。

职务（job）是由一组主要责任相似的职位组成的，如销售部副经理。在不同的组织中根据不同的工作性质，一种职务可以有一个或多个职位。如副经理这一职务，在不同的部门都有这个职位。

6. 职业

职业（occupation）是指在不同的组织中从事相似活动的一系列职务。

7. 职位分类

职位分类是指将所有的工作岗位（职位），按其业务性质分为若干职组、职系，然后按责任大小、工作的难易程度和技术高低又分为若干个职级、职等。

职系（series）是指一些工作性质相同，而责任轻重和困难程度不同的工作。

职组（group）也称职群，是指工作性质相近的若干职系的总和。

职级（class）是指工作责任大小，工作复杂性与难度，以及对任职者的能力水平要求近似的一组职位的总和，它常常与管理层级相联系。如部门副经理就是一个职级。

职等（grade）指工作性质不同或主要职务不同，但其困难程度、职责大小等条件充分相同的职级的归类。

三、工作分析的步骤

工作分析是一项技术性很强的工作，必须有一个科学、合理的操作程序。整个工作分析步骤如图 3.1 所示。

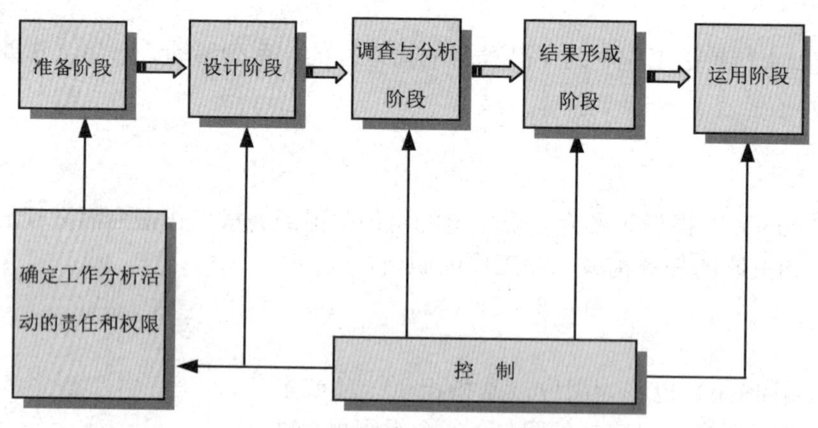

图 3.1 工作分析的过程

在整个工作分析的流程中，准备和设计阶段是工作分析的基础，调查和分析阶段是工作分析的关键，结果形成与控制阶段是工作分析的目的。

1. 准备阶段

在这一阶段，主要解决以下两个问题。

1）组建工作分析小组，分配任务与权限。分析小组成员通常由三种类型的人员：分析专家、主管和任职者。分析专家是指具有分析专长，并对组织内各项工作有明确概念的人员。分析专家可以来自组织内部，也可以是外聘专家。组织内人员的组成一般为人力资源人员，也可为中、高层管理人员。一旦小组成员确定之后，赋予他们进行分析活动的权限，以保证工作分析的协调和顺利进行。

2）明确工作分析的目的。有了明确的工作分析的目的，才能正确确定工作分析的范围、对象和内容，规定分析的方式、方法，并弄清应当收集什么资料，到哪儿去收集资料，用什么方法去收集资料等。

2. 设计阶段

这一阶段包括以下几项内容。

1）制定工作分析计划。工作分析计划包括整个工作的进程、企业内应进行分析的各个职务的名称和任职者人数、估计工时需要和分析人员人数、所需费用和其他条件、分析过程中各个环节的责任划分等。

2）确定工作分析的范围。要明确是对所有的岗位都进行分析，还是对部分岗位进行分析。

3）选择分析方法与人员，制定工作进度表。

4）确定信息来源。工作信息来源一般有以下几种：工作者、主管者、顾客、分析专家、文献汇编等。

3. 调查阶段

调查阶段包括以下几项内容。

1）编制各种调查问卷和提纲。

2）根据具体的对象进行调查。

3）收集有关工作的特征及需要的各种数据。

4. 分析阶段

1）仔细审核已收集到的各种信息。

2）分析的内容主要有：职务名称分析，职务规范分析（对工作任务、工作责任、工作关系、劳动强度等的分析），工作环境分析和任职资格分析。

3）利用现有文件与资料对工作的主要任务、主要责任、工作流程进行分析总结。

4）提出原工作说明书主要条款存在的不清楚、模棱两可的问题，或对新岗位工作说明书提出拟解决的主要问题。

5. 结果形成阶段

把前一阶段工作分析结果用文字的形式表达出来，使它成为可以使用的管理文件，也就是编写工作说明书和工作规范。

工作说明书（job description）是一份提供有关工作任务、职责与责任信息的文件。它是以书面形式解释一项工作叫什么，要做什么，在哪里做和怎样做。工作说明书一般包括以下这些部分：工作基本资料（名称、类别、部门、日期）、工作的简要描述、工作职责和责任列表，以及对与工作相关的组织关系的说明。有些工作说明书会把工作规范的内容一并纳入。表 3.1 是某企业市场专管岗位工作说明书的一个例子。

表 3.1　××公司岗位工作说明书

一、岗位标识信息			
岗位名称：	市场专管	隶属部门：	市场部
岗位编码：		直接上级：	市场部主管
工资等级：		直接下级：	无
可轮换岗位：无		分析日期：	
二、岗位工作概述			
负责与客户信息沟通，维护和服务客户，处理客户反馈；负责开发市场，监控货款。			
三、工作职责与任务			
（一）信息沟通			
1. 负责把客户要求传递到公司相关部门；			
2. 负责与客户沟通，了解双方在合作中出现的问题，寻找最佳解决方案；			
3. 负责价格沟通；			
4. 负责交货期沟通；			
5. 负责工程问题、工艺技术问题及其他问题沟通。			
（二）维护和服务			
1. 访问客户，听取客户意见；			
2. 向客户提供电路板加工技术服务；			
3. 审查客户资料，提供报价、合同评审，签订合同，监控生产进度，制定发货计划；			
4. 提供送货服务；			
5. 订单交付能力评价；			
6. 跟踪客户对电路板要求的变化，提供最及时的服务；			
7. 客户满意度调查和评价。			
（三）处理客户反馈			
1. 负责客户反馈的内部传递；			
2. 跟踪问题的解决过程；			
3. 评价问题解决的满意程度；			
4. 将问题的解决结果回复客户；			
5. 客户反馈处理评价。			
（四）市场开发			
1. 收集不同领域对电路板需求信息；			
2. 根据市场信息制订开发计划；			

续表

3. 执行被批准的或上级下达的开发计划，定期做出开发报告；
4. 了解电路板行业动态和竞争对手发展变化，不断改善销售策略，成为最具有竞争力的供应商；
5. 走访客户，展示公司形象和能力，拉近与客户距离。
（五）监控货款
1. 按规定开发票；
2. 在规定的账期内收回货款；
3. 对超账期货款，应采取有效措施催收，催收无效应升级处理；
4. 要掌握客户的资信状况，防止出现呆账和死账；
5. 对任何原因产生的超账期或呆账、死账都承担责任。
（六）完成上级委派的其他任务
四、工作绩效标准
（一）信息沟通及时准确，失误率为零；
（二）客户（包括公司内部）没有对所提供服务投诉；
（三）客户反馈在 2 小时内传递到品质部，并对问题处理全过程有监控，没有客户再次投诉；
（四）完成年度个人销售指标，没有人为因素造成客户丢失，并有新的客户或区域被开发；
（五）没有呆账或死账发生。
五、岗位工作关系
（一）所受监督：在业务指导和作业分配方面，接受市场部主管的监督，在客户货款期限问题上，接受财务部主管的监督；
（二）所施监督：依客户要求向生产、质量、工程和采购部门发出指示；
（三）合作关系：在检查、评价客户资料，反馈客户资料信息等方面，与公司生产制造系统相关部门与人员发生联系，在协助客户提货、送货等方面，与公司仓库保管部门与人员发生联系，在货款催缴问题方面，与财务部门发生联系，并接受他们的监督，在出具客户发票等方面，与本部门相应内勤岗位发生联系；
（四）外部关系：主要与公司客户（含潜在客户）发生较为广泛的联系。
六、岗位工作权限
（一）对客户标准交货期、重复订单的确认权；
（二）对订单交货期改变的申请权；
（三）依据客户要求对在线订单暂停的决定权；
（四）对客户资信评价提请上级审议权。
七、岗位工作时间
在公司制度规定时间内工作，在紧急情况下偶尔加班。
八、岗位工作环境
在公司内工作，温度、湿度适宜，无噪音、无粉尘等污染，照明条件良好，但需经常外出接触客户。
九、知识及教育水平要求
（一）印刷电路板制造过程的基本知识；

续表

（二）印刷电路板基本技术知识；
（三）公司的生产能力、技术水平等基本情况；
（四）一定的经济合同法知识。
十、岗位技能要求
（一）熟练掌握计算机的基本操作技能，尤其是网络和收发电子邮件、EXCEL、WORD 等基本工具的使用；
（二）熟练掌握 PCB 设计软件的使用；
（三）熟悉产品成本构成情况，熟练报价；
（四）熟悉销售合同的各项条款及签订方法；
（五）具备一定英语资料的阅读能力；
（六）较强的口头表达能力和沟通能力。
十一、工作经验要求
大专以上学历，化工或电子相关专业，两年以上工作经验，具有个人驾照者更佳。
十二、其他素质要求
任职者需具有健康的体魄，充沛的精力；诚实的个性；不怕吃苦，不抱怨的奉献精神；一般无特殊性别与年龄要求。

工作规范（job specification）是一份描述员工为完成一项特殊工作应具备最基本的资格文件。包括员工完成工作所必须具备的知识、技能、能力等方面的资格。工作规范是工作分析的另一项成果，有时与工作说明书并不分开。主要包括工作行为中被认为非常重要的个人特质，针对“什么样的人适合此工作”而写，它是人员甄选的基础。

6. 运用与控制阶段

要根据工作分析的结果，制定人力资源管理的各种应用性文件，并培训文件的使用者。这些应用文件主要有：招聘录用文件、人员培训文件、人员发展和晋升文件、薪酬规划文件等。

许多情况下，工作规范是在工作说明书中加以说明的。

工作分析活动的控制贯穿于整个工作分析的过程，其目的是控制和纠正可能出现的各种偏差。

四、工作分析的作用与意义

在许多人力资源管理的教材中，都用到了以下这则案例来说明工作分析的意义。

工作职责分歧动画视频

一位操作工不小心把大量的液体洒在工作台的周围，车间主任叫操作工把洒在地上的液体清扫干净，操作工不愿干，理由是这不是他的工作，他认为应该叫服务工打扫。车间主任便叫来服务工，但服务工也不愿干，说“我这里的事情还没有做完，你叫别人干，再说这种事也不应该是我干的。”车间主任再叫来勤杂工，要勤杂工来清扫，勤杂工也很不情愿，车间主任威胁要将其解雇，勤杂工勉强干完了这件事，但心里很不满意，因为他认为他的工作不是清扫卫生，勤杂工做完后向公司进行了投诉。有关人员看了投诉之后，审阅了这三类人员的岗位说明书。操作工的岗位说明书上明确规定："操作工有责任保持车床的清洁，使之处于可操作状态"，但未提及清扫地板；服务工的岗位说明书规定："服务工有责任以各种方式协助操作工，如领取原料和工具，随叫随到，即时服务"，但没有包括清扫工作；勤杂工的岗位说明书中确实包含了各种清扫内容，但他的工作时间是从正常的下班后开始。

（案例来源：http://www.qfedu.net）

这则案例中问题的关键在哪呢？就在于各岗位的工作职责界定不清，导致互相推诿。要解决这一问题，就必须有一个科学的工作分析。通过工作分析，理清各个工作岗位的工作职责、工作权限、工作关系、工作要求以及任职者的资格，做到人职匹配，事事有人做。

有效地进行工作分析是企业进行有效人力资源开发与管理的基础，工作分析的各项文件能够应用于人力资源管理以及整个企业管理的各个方面。只有做好了工作分析与设计工作，才能据此完成企业人力资源规划、绩效评估、职业生涯设计、薪酬管理、招聘、甄选、录用等工作。图 3.2 说明了工作分析在人力资源管理中的地位和作用。

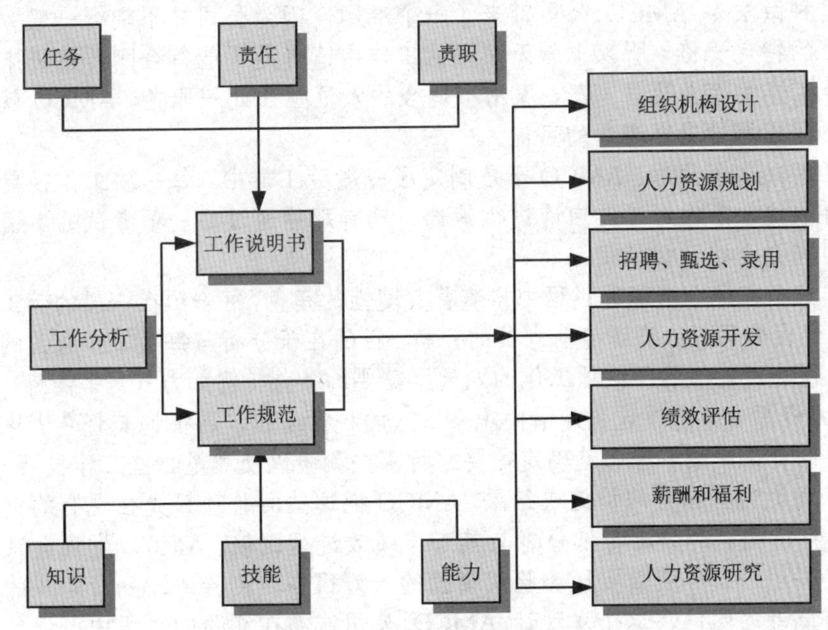

图 3.2　工作分析在人力资源管理中的地位和作用

综上所述，工作分析的作用和意义可以归纳为以下几点。

1）有效地进行工作分析是现代企业人力资源开发与管理科学化的基础。

在人力资源管理的每一个环节，包括人力资源规划、招聘、培训、绩效评价、薪酬制度等方面，工作分析都起了基础性作用。如在人力资源规划方面，规划者要分析一个组织对人力资源的需求，就必须要获得相关各种工作对于知识、技能、能力所要求的信息，而工作分析就能提供这一方面的信息。又如在招聘方面，如果招聘者不知道胜任某项工作所必需的资格和条件，那么员工的招聘和甄选就是盲目的，通过工作分析，就可以提供这一方面的信息。

2）进行工作分析，使组织可以更合理地使用员工，避免员工使用过程中的盲目性。

组织通过工作分析，能清楚掌握每个职务的工作职责和要求，员工应具备的基本条件，这样在安排员工时，就可以根据每个员工的实际情况作出合理安排，从而把员工安排在最合适的岗位上，最大限度地发挥每个员工的工作积极性和潜力，从而发挥工作的最大效果。

3）进行工作分析，使组织中每个人职责分明，分工明确从而提高工作效率。

通过工作分析，组织中每一位员工的职责明确，能提高个人和部门的工作效率与和谐性，避免工作重叠、劳动重复等现象。

阅读资料

AMCO钢铁公司员工工作申请测试制度

美国的 AMCO 钢铁公司，以往在聘用新的钢铁工人后，通常在从事永久性的职务前，会把这些新进人员暂时放在一般的劳工群中。由于新员工可能会被安排从事一般劳工群中的任何一项工作，所以每个求职者在被雇用时必须符合各种工作的要求。这种做法为 AMCO 公司带来了一个难题，因为公司并不晓得一般劳工群中每项工作的特定资格，所以也就无法评估工作申请者是否能符合刚开始进来后第一份暂时性工作的专业要求。万一雇用不适合的人员担任此一职务，AMCO 就会面临生产力下降或意外灾害增加的可能。

为了解决这个问题，AMCO 于是制定了一般劳工群中，每一项工作需要的必备条件，再依这些条件对工作申请进行筛选。只有那些通过每一项考试的申请者，才会被视为完全合格而被录用。

工作分析在这个选取的过程中扮演着关键性的角色，每一项在一般的劳工群中的工作，都经由公司人力资源专业人员的分析，目的在于分析与每项工作有关的活动和任务，以便决定能够胜任该项工作的人员所需要的条件（例如力气、平衡感、灵活度等）。人力资源专业人员首先是借由观察工人的执行工作，再征询其督导者来获得这些所需要的资讯，最后经筛选确定需要施行哪些测验以便测量这些工作技巧。

为了确定这些测验的价值或结果，AMCO 把这些测验项目先在现有的员工中施行，然后再将测验高分者与低分者与其工作绩效进行比较。AMCO 发现测试成绩好的人，其实际的工作绩效要比测验成绩差的人好很多，测验成绩高者完成的工作几乎是成绩低者的两倍。这个发现让 AMCO 公司能够在测验的过程中，评估工作申请者未来能够提供的生产力。后来该公司的实践表明，通过测验的每位员工每年可以为公司增加 4900 美元的价值，也就是说，一个经由测验挑选出来的工人，可以预期比没有经过考试的人每年多生产 4900 美元的产品。而 AMCO 公司每年大约要雇用 2000 人的新进钢铁工人，或者可以这样说，因为经由这项测验，每年为公司增加了约 1000 万美元的产品价值。

这项测验计划所带来的成功，要归功于这些测验中测量了一些重要的工作技能，而工作分析为这些测量所得的信息奠定了根基。

（案例来源：http://www.chinacpx.com/zixun/47616.html）

第二节　工作分析的基本方法

进行工作分析可以有多种方法。在下面的内容中，将讨论最为常用的一些工作分析方法。

一、观察法

观察法是由工作分析人员在工作现场通过实地观察、交流和操作等方法收集工作信息的过程。这是一种相对简单的工作分析方法。它可以单独使用，也可以和其他工作分析方法一起使用。在使用观察法时，进行分析的人员通常观察员工完成工作任务的情况，并记录下他们所观察到的情况。这种分析方法主要用来收集相对稳定的重复性的操作岗位的那些信息，如机器操作工的工作信息，包括做了什么、怎么做的、用了多长时间、工作环境怎样，以及使用了什么工具等内容。

动作研究和时间研究是经常使用的观察方法。动作研究（motion study）（有时称为方法研究）涉及确定完成一项任务或工作所必需的动作，然后，设计出使这些动作结合在一起的最有效的方法。时间研究（time study）用来分析一项工作或任务，以确定完成这项工作或任务所需要的工作要素以及这些要素发生的先后顺序及有效地完成它们所需要的时间。

动作研究和时间研究是经常使用的观察方法。

在观察某项工作时，为了确保某些基本信息不被遗漏，最好有一份详细的观察提纲或表格（如表 3.2 所示）。表 3.2 只是工作分析观察提纲的一个示例。观察提纲要根据工作性质和工作分析的目的来设计。

表 3.2　工作分析观察提纲示例

被观察者姓名		日期	
观察者姓名		观察时间	
工作类型		工作部分	
观察内容	1．什么时候开始正式工作？		
	2．上午工作多少时间？		
	3．上午休息几次？		
	4．第一次休息时间从＿＿＿＿到＿＿＿＿。		
	5．第二次休息时间从＿＿＿＿到＿＿＿＿。		
	6．上午完成产品多少？		
	7．平均多长时间完成一件产品？		
	8．上午喝了几次水？		
	9．什么时候开始午休？		

续表

观察内容	10．出了多少次品？
	11．搬了多少次原材料？
	12．工作地噪音分贝是多少？
	13．室内温度是__________。

工作分析人员有时可以使用工作抽样法。工作抽样法（work sampling）是统计抽样法在工作分析中的具体运用。它是根据概率论和数理统计学的原理，对岗位随机地进行抽样调查，利用抽样调查得到的数据资料对总体状况做出推断的一种方法。工作抽样法使用范围广，节省时间，节约费用。抽样调查时，只要遵守随机性的原则，且保证有足够的抽样观测的次数，抽查的结果就具有一定的可靠性和精确度。工作分析人员不必整天连续在工作现场进行观察，从而大大减少了工作量。

观察法的优点主要有：①通过对工作的直接观察和工作者介绍能使分析人员更多、更深刻地了解工作要求；②所获得的信息比较客观和正确，能澄清某些疑问。

观察法的缺点主要有：①分析者的旁观可能给员工造成压力；②不易观察到一些突发事件；③不适用于工作周期长和主要是脑力劳动的工作。

二、面谈法

面谈法又称访谈法，是通过工作分析人员与员工和管理者面对面的谈话来收集信息资料的方法。

面谈法有三种形式：个别面谈、集体面谈和管理人员面谈。个别面谈法是工作分析人员与被分析工作的任职者直接进行谈话来获取信息的方法。个人面谈适合于工作有差别、时间较宽松的情况。集体面谈法是以集体会议的方式来获取信息的方法。这种方法适合于多名员工从事同一职务的情况。通常会邀请其主管也出席，如果其主管未出席的话，也应找个别的机会将收集到的资料跟其主管谈论。管理人员面谈法是找一个或多个主管面谈，这些主管对于该工作有相当的了解。

面谈法是目前在企业中运用较为广泛、成熟的一种工作分析方法。工作分析人员通过与员工和管理者的面对面的交流，可以对工作有所了解。

面谈法是目前在企业中运用较为广泛、成熟的一种工作分析方法。

工作分析面谈是一项系统性、技术性的工作，在进行实际的面谈之前，工作分析人员应做好充分的计划并接受面谈技术方面的训练。

在进行面谈时要注意以下要点：

1）面谈可以结构化的，也可以是非结构化的。非结构化的面谈没有事先设计好的程序，也没有事先准备好的提问清单，随着面谈的展开而逐步呈现。结构化的面谈应事先安排好一定的程序，确定收集信息的内容并设计一张具有指导性的问卷或提纲。在面谈时，依照问卷或提纲来提问。

工作分析面谈提纲示例

1. 请问您所做的是一种什么样的工作？它在本公司中存在的价值是什么？

2. 您认为您的主要工作职责是什么？

3. 对于这些职责您又是如何完成的呢？在执行过程中碰到的主要困难和问题是什么？

4. 您认为在工作中您需要其他部门为您提供哪些方面的配合、支持与服务？在这些方面还存在哪些问题？

5. 您的工作环境和工作条件是怎样的？

6. 做这项工作所需具备的教育程度、工作经历、技能是怎样的？您认为要出色地完成以上职责需要具备哪些能力？

7. 组织赋予您的最主要的权限有哪些？这些权限有哪些是合适的？有哪些需要重新界定？

8. 请问您在工作中自主决策的机会有多大？

9. 您的工作对身体的要求是怎样的？

10. 您的工作对安全和健康的影响如何？

尽管面谈提纲的设计是很灵活的，没有千篇一律的模式，但必须要和工作及其分析目的有关，问题要表达清楚，尽可能周全。

麦考米克（McCormick）在 1979 年提出了面谈法的五个标准：①所提问题要和工作分析的目的有关；②工作分析人员语言表达要清楚、含义准确；③所提问题必须清晰、明确，不能太含蓄；④所提问题和谈话内容不能超出被谈话人的知识和信息范围；⑤所提问题和谈话内容不能引起被谈话人的不满，或涉及被谈话人的隐私。

2）必须尽快地与被访谈者建立融洽的关系，其要点包括：①知道对方的名字；②用通俗易懂的语言交谈；③简单地介绍访谈的目的；④向他们解释你是怎样挑选到他们这些被访谈对象的等。

3）工作分析人员应同较多的工作执行者及对工作较为熟悉的直接主管人进行面谈，从而检查个别工作执行者所提供的信息是否真实。

4）面谈时要尽力避免谈论“人”。工作分析人员必须牢记，他所应该做的，只是被动的接受信息，工作分析人员衡量、评价、分析的是工作，而不是某一员工。

面谈法的优点主要有：①能够对任职者的工作态度与工作动机等深层次内容有详细的了解；②易于操作，能够广泛运用；③信息量大，便于发现潜在的问题；④有助于加强组织内的管理沟通。

面谈法的缺点主要有：①面谈信息的真实性受被面谈者的主观因素的影响很大；②收集到的信息有时会被扭曲。

三、问卷调查法

问卷调查法是调查者运用统一设计的问卷，利用书面回答的方式，向被调查者了解情况并收集信息的方法。其基本过程是设计并分发调查问卷给选定的职工，要求在一定的期限内填写并收回。这种方法关键是如何设计调查问卷。

问卷调查法最首要的事情在于决定问卷的结构性程度以及应该包含哪些问题。

工作分析调查问卷的设计，有结构型的，也有非结构型的，在实际操作中，常常也会将结构型与非结构型结合起来，如在结构型问卷为主的情况下，加入一两个非结构型问题。结构型问卷又称为封闭式问卷，它是在相应理论模型和假设前提下，按照结构型的要求设计的相对稳定的工作分析问卷。它的特点是，问题的设置和安排具有结构化形式，问卷中提供有限量的答案，被调查者只能选择作答。例如，“需要多久时间的经验才足以担任本职务”。非结构型又称为开放式问卷，它的特点是在问题的设置和安排上，没有严格的结构形式，被调查者可以依据本人的意愿作自由的回答。例如：“请叙述你的工作中的主要职责”。无结构型问卷一般较少作为单独的问卷进行使用，往往是在对某些问题需要作进一步深入的调查时，和结构型问卷结合使用。通过无结构型问卷，可以收集到范围较广泛的资料，可以深入发现到某些特殊的问题，探询到某些特殊的调查对象的特殊意见，也可以获得某项研究的补充和验证资料。有时候工作分析者可以根据被调查者的反应，形成另一个新问题，作进一步的调查，使工作分析者与被调查对象之间形成交流，使研究更为深入。

一个典型的工作分析调查问卷通常包括以下几方面的问题：

1）该职务的各种职责以及花费在每种职责上的时间比例。

2）非经常性的特殊职责。

3）外部和内部交往。

4）工作协调和监管责任。

5）所用物质资料和仪器设备。

6）所做出的各种决定和所拥有的斟酌决定权。

7）所准备的记录和报告。

8）所运用的知识、技能和各种能力。

9）所需培训。

10）体力活动及特点。

11）工作条件。

实际上，在企业的实际操作中，调查问卷的设计各种各样，它要根据调查目的的不同来设计。表 3.3 是某一个企业的调查问卷的例子。

表 3.3 工作分析调查问卷

工作部门		职位名称	
直接上级		直接下级	
职位填写日期		填写人姓名	
任务概述：			
工作任务	处理方式及程序	所占年度工作时间的百分比	

续表

职责内容：		
权限（请您描述在完成本岗位的职责时所拥有的权限）		
权限一		
权限二		
权限三		
权限四		
工作协作关系（请详细地描述您在工作中需要接触到的部门、岗位以及外部单位和公司）		
内部协作关系		
外部协作关系		
任职资格		
教育水平		
专业		
经验		
培训		
知识		
技能技巧	外语程度	
	计算机应用水平	
	管理能力	
	其他	
工作环境描述：		
考核方式：		
考核角度：		
考核基准：		
您对您所从事的工作的建议：		
其他		

说明：此调查问卷的目的在于对您所担任的工作进行了解与分析，针对的目的是公司的具体岗位上的工作内容及任职资格等，而不是针对岗位上的工作人员。问卷的结果对您无任何影响，请您认真填写。谢谢您给予我们工作上的支持。

问卷调查法的优点主要有：速度快，调查面广，调查费用低，可以在一个较短的时间内，以较低的费用获得大量与职务有关的信息，对调查结果可进行多方式、多用途的分析。

问卷调查法的缺点主要有：对问卷设计要求高，需要花费较多的时间与人力、物力；被调查者可能不愿意或不能够提供所需的信息，并且可能产生理解上的不一致，从而影响调查的质量。

四、文献分析法

文献分析主要是对企业现有的信息资源进行统计分析。

文献分析法也称为资料分析法，它是通过对企业现有的与工作相关的文档资料进行统计分析来获取工作信息的方法。这些文档资料主要包括企业年度财务报表、市场调查书、广告策划书等。运用文献分析法旨在了解企业的经营状况、产品定位、经营特色等情况。同时，在文献分析中还有可能搜集到极有价值的信息。如有关专家曾经进行的企业形象调查，对经济环境、企业竞争环境、市场需求等做的分析评估等。

文献分析法的优点主要有：分析成本低，工作效率高；能将企业中留有的大量的原始资料充分利用起来，为进一步进行工作分析提供基础资料。

文献分析法的缺点主要有：有时无法搜集到有效、及时的信息，搜集到的信息也往往不够全面；通过这种方法无法弥补原有资料的空缺，也无法验证原有描述的真伪。鉴于此，在进行文献分析时，一定要坚持所搜集信息的“参考”地位，切忌先入为主，以影响工作分析的最终结果。

五、工作日志法

工作日志法是通过任职者在规定的时间内，以工作日志的形式详细地记录自己工作活动与任务，然后进行综合分析的一种信息搜集的方法。工作日志又称活动日志、工作活动记录表等。如表3.4～表3.6所示为工作日志示例。

工作日志法的优点主要有：所获得信息的可靠性很高，适用于获取有关工作职责、工作内容、工作关系、劳动强度等方面的信息，所需费用低。

表3.4　工作日志示例（封面）

工作日志
姓　　名：
年　　龄：
岗位名称：
所属部门：
直接上级：
从事本业务工龄：
填写日期自__________月__________日
至__________月__________日

表 3.5　工作日志示例（封面二）

工作日志填写说明：

1. 请您在每天工作开始前将工作日志放在手边，按工作活动发生的顺序及时填写，切勿在一天工作结束后一并填写。

2. 要严格按照表格要求进行填写，不要遗漏那些细小的工作活动，以保证信息的完整性。

3. 请你提供真实的信息，以免损害您的利益。

4. 请您注意保留，防止遗失。

感谢您的真诚合作！

表 3.6　工作日志（正文）

____月____日　工作开始时间：________　工作结束时间：________

序号	工作活动名称	工作活动内容	工作活动结果	时间消耗	备注
1					
2					
3					
4					
5					
6					
7					
8					
9					
10					
11					
12					

工作日志法的主要缺点有：适用范围窄，只适用于工作状态稳定、工作循环周期短的岗位；信息整理量大，归纳工作烦琐；如果任职者在填写时一时疏忽，或已经做的没有记录，会在一定程度上影响工作分析。

第三节　工 作 评 价

一、工作评价的概念

在一个组织中，常常需要确定一个职位的价值，如一个企业的财务经理、销售经理和人事经理，这三者相比究竟谁对企业的贡献最大，谁应该获得更高的报酬？如何确定某个职位的价值？对不同职位之间的贡献价值如何进行衡量比较？要回答这些问题，就需要进行工作评价。工作评价又称为职位评价、职位评估等，它是在工作分析的基础上，依据一种客观标准对公司内部职位的相对价值进行评估的管理方法。

工作评价就是要评定工作的价值，制定工作的等级，以确定工资收入的计算标准。因此评价对象是职位，而非任职者。工作评价反映的只是职位的相对价值，而不是绝对价值。工作评价的结果将直接应用在薪酬体系中，是划分薪酬等级的依据，其目的是提供工资结构调整的标准程序。

工作评价是工作分析的逻辑结果。

二、工作评价的意义

1）工作评价是确定职位等级的手段。通过工作评价，可以清楚地衡量职位间的相对价值。

2）工作评价是建立薪酬内部公平性的基础。工作评价的目标就是建立一种公正、平等的工资结构，使员工在工作中体现的能力、绩效与辛苦程度可以在收入上得到相应的回报。通过工作评价得出职位等级，便于确定职位工资的差异。

3）工作评价能强化员工对权责体系的认识，并指导自己的行为。工作评价是连接职位与职位报酬的桥梁。通过工作评价提供的信息，在报酬的激励作用下，能够更好地为员工所接受。

4）一个科学的工作评价方案以及实施过程能够有效引导员工行为，提高员工对薪酬体系的满意度，减少员工对职位间报酬差别的不满和争端，从而提高流程运行效率。

三、工作评价的方法

工作评价的方法很多，主要有职位排序法、职位分类法、因素比较法、要素记点法等。这里主要介绍职位排序法和职位分类法两种。

（一）职位排序法

职位排序法是比较传统的方法，它首先列出企业内的所有职位，然后按照类似高低排序的方式，对这些职位做重要性比较，最后排列出各职位的相对位置。

（1）职位排序法的工作步骤

职位排序法的工作步骤如图 3.3 所示。

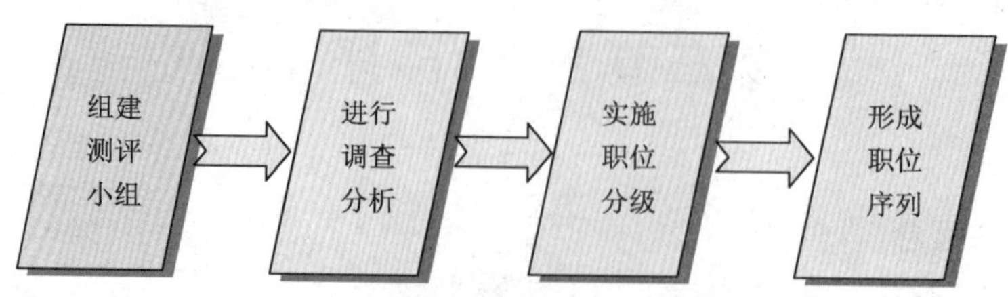

图 3.3　职位排序法工作步骤

1）组建测评小组。测评人员有一些是管理部门推荐的，有一些是员工代表。他们应该接受有关测评方法的培训，并消除偏见，对各职位工作有一般性的了解。

2）进行调查与分析。在工作分析的基础上，阅读有关文件、资料，对各工作职位进行全面了解和分析。

3）实施职位分级。可采用配对比较法和交替排序法等方法对各个职位进行对比。

4）形成职位序列。工作评价的最终结果是要形成所有职位的等级顺序。

配对比较法使得排序型的工作绩效评价法变得更为有效。

（2）职位排序法的优缺点

职位排序法的优点主要是：操作简单，省时省力，最容易被员工理解和解释。这种方法的缺点主要是：主观随意性大，容易出现误差，并且，它只能得出职位高低顺序，却难以判断两个相邻职位之间职位价值的具体差距大小。

（3）职位排序法的具体形式

职位排序法具体形式主要有：配对比较法和交替排序法。

1）配对比较法。配对比较法就是将企业中待评价的工作职位两两配对比较。如果认为该工作比另一工作更重要可得1分，同等重要则记0分。最后将各工作岗位分数相加，分数最高即等级最高，按分数高低将岗位进行排序，就可划定工作岗位等级。表3.7显示了配对比较法的基本操作步骤和方法。

表3.7（A）　配对比较法示例

工作职位	项目经理	项目助理	前台服务	司　机	总　分
项目经理	—	1	1	1	3
司　　机	0	0	0	—	0
前台服务	0	0	—	1	1
项目助理	0	—	1	1	2

表3.7（B）　工作评价排序

工作职位	分　数	序列顺序
项目经理	3	1
项目助理	2	2
前台服务	1	3
司　　机	0	4

2）交替排序法。交替排序法是根据某些工作绩效评价要素将员工从绩效最好的人到绩效最差的人进行排序。在这种方法中，评价者先将所要评价的工作职位写在一张纸上，然后按以下步骤操作（见图3.4）。

第一步，先从所需排序的职位中选出相对价值最高的排在第一位，然后选出相对价值最低的排在倒数第一位。

第二步，再从剩下的职位中选出相对价值最高的排在第二位，然后选出剩下的职位中相对价值最低的排在倒数第二位。

依此类推。

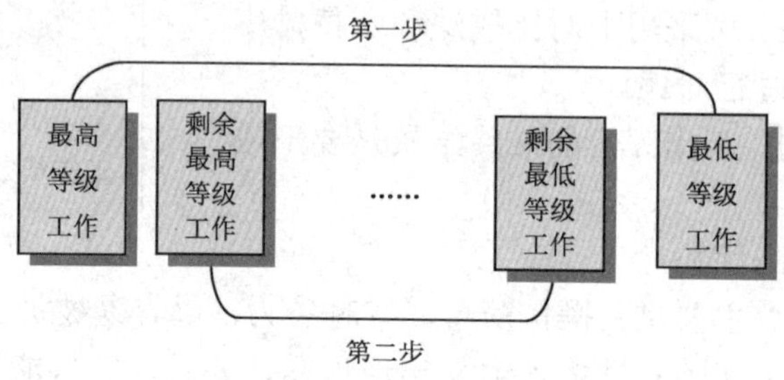

图 3.4　交替排序法步骤

（二）职位分类法

职位分类法又称职位归级法，是对职位排序法的改革。它是在工作分析的基础上，先制定出一套职位等级标准，然后将职位与标准进行比较，将它们归到各个级别中去。职位分类法是以职位为对象、以事为中心的一种分类方法。

职位分类法就像一个有很多层次的书架，每一层都代表着一个等级，如把最贵的书放到最上面一层，最便宜的书放到最下面一层，而每个职位则好像是一本书，我们的目标是将这些书分配到书架的各个层次上去，这样的结果就可以看到不同价值的职位分布情况。

职位分类法的基础是职位设置。

这种方法中，关键的一项工作就是确定职位等级标准。各职位等级标准应明确反映出实际上各种工作在技能、责任上存在的不同水平。在确定不同等级要求之前，要选择出构成工作基本内容的基础因素，但如何选择因素或选取多少则依据工作性质来决定。在实际测评时，应注意不能把职位分解成各构成要素，而是要作为整体进行评定。

职位分类法的工作步骤如图 3.5 所示。

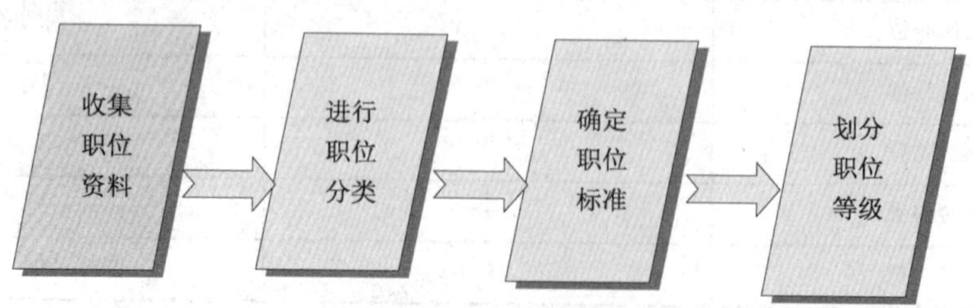

图 3.5　职位分类法工作步骤

1）收集职位资料。在工作分析的基础上，由评定小组收集各种有关的资料、数据。

2）进行职位分类。按照各类职位的作用和特征，首先将全部职位划分为若干个职组，如工程、管理等。然后将职组进一步划分为职位系列，如建筑工程师、会计师等。

然后，再将各职位系列进一步划分为职位等级。

3）确定职位标准。这一阶段，一方面要确定等级数量，然后要确定职位标准。如在按照不同程度的职位工作职责，在某一系列中设多少职位等级。等级的数量取决于工作性质、组织规模、功能的不同和有关人事政策。等级标准为恰当地区分工作重要性的不同水平以及确定工作评价的结果提供了依据，所以它是这一阶段的核心。在实际操作中，一般是从确定最低和最高的级别标准开始的。

4）划分职位等级。在职位等级数目和职位等级标准确定后，把机构内所有的职位划入适当的等级之中。可以将工作说明书与等级标准逐个进行比较，并将工作岗位列入相应等级。

职位分类法的优点主要是：操作简单，适用于大型组织，对大量的岗位进行评价。同时这种方法的灵活性较强，在组织中职位发生变化的情况下，可以迅速地将组织中新出现的岗位归类到合适的类别中去。职位分类法的缺点主要是：对职位级别的划分和界定存在一定的难度，有一定的主观性。另外，这种方法对职位的评价也是比较粗糙的，只能得出一个职位归在哪个等级中，到底职位之间的价值的量化关系是怎样的也不是很清楚，因此在用到薪酬体系中时会遇到一定的困难。同时职位分类法适用性有点局限，即适合职位性质大致类似，可以进行明确的分组，并且改变工作内容的可能性不大的职位。

小　结

工作分析（或者叫职务分析、岗位分析等），是指对组织的各工作职务的特征、规范、要求、流程以及完成此项工作任职者的技能、责任和知识要求进行描述的过程。

工作分析主要涉及两个方面内容：一是工作职位的研究；二是任职资格的研究。

工作分析的结果以工作说明书和工作规范的形式呈现出来。

工作说明书是一份提供有关工作任务、职责与职任信息的文件。它是以书面形式解释一项工作叫什么，要做什么，在哪里做和怎样做。有些工作说明书会把工作规范的内容一并纳入。

工作规范是一份描述员工为完成一项特殊工作应具备最基本的资格文件。包括员工完成工作所必须具备的知识、技能、能力等方面的资格。工作规范是工作分析的另一项成果，有时与工作说明书并不分开。

工作分析涉及的重要术语：

1）工作：一项工作由组织为达到目标必须完成的若干任务组成。

2）工作要素：工作要素是指工作中不能再继续分解的最小单位。

3）任务：任务是指工作中为了某种目的而进行的一系列活动。一组工作要素组成一项工作任务。

4）职责：职责是指任职者为实现一定的组织职能或完成工作使命而进行的一个或一系列工作。相关联的任务构成一项工作的职责。

5）职位：职位也称为岗位，是指担负一项或多项责任的一个任职者所对应的位置。

在一个组织里，每个人对应一个职位。职位和工作的区别是工作可以容纳一个以上的人，而职位不能。

6）职务：职务是由一组主要责任相似的职位组成的，如销售部副经理。在不同的组织中根据不同的工作性质，一种职务可以有一个或多个职位。

7）职位分类：职位分类是指将所有的工作岗位（职位），按其业务性质分为若干职组、职系，然后按责任大小、工作的难易程度和技术高低又分为若干个职级、职等。

①职系。职系是指一些工作性质相同，而责任轻重和困难程度不同的工作。②职组。职组也称职群，是指工作性质相近的若干职系的总和。③职级。职级是指工作责任大小，工作复杂性与难度，以及对任职者的能力水平要求近似的一组职位的总和，它常常与管理层级相联系。④职业。职业是指在不同的组织中从事相似活动的一系列职务。⑤职等。职等指工作性质不同或主要职务不同，但其困难程度、职责大小等条件充分相同的职级的归类。

工作分析的作用和意义可以归纳为以下几点：

1）有效地进行工作分析是现代企业进行有效人力资源开发与管理的基础。

2）进行工作分析，使组织可以更合理地使用员工，避免员工使用过程中的盲目性。

3）进行工作分析，使组织中每个人职责分明、分工明确从而提高工作效率。

进行工作分析可以有多种方法，主要有：

1）观察法。观察法是由工作分析人员在工作现场通过实地观察、交流和操作等方法收集工作信息的过程。

动作研究和时间研究是经常使用的观察方法。动作研究（有时称为方法研究）涉及确定完成一项任务或工作所必需的动作，然后，设计出使这些动作结合在一起的最有效的方法。时间研究用来分析一项工作或任务，以确定完成这项工作或任务所需要的工作要素，以及这些要素发生的先后顺序及有效地完成它们所需要的时间。

工作分析人员有时可以使用工作抽样法。工作抽样法是统计抽样法在工作分析中的具体运用。它是根据概率论和数理统计学的原理，对岗位随机地进行抽样调查，利用抽样调查得到的数据资料对总体状况做出推断的一种方法。工作抽样法使用范围广，节省时间、节约费用。

2）面谈法。面谈法又称访谈法，是通过工作分析人员与员工和管理者面对面的谈话来收集信息资料的方法。

面谈法有三种形式：个别面谈、集体面谈和管理人员面谈。

个人面谈法是工作分析人员与被分析工作的任职者直接进行谈话来获取信息的方法。个人面谈适合于工作有差别、时间较宽松的情况。

集体面谈法是以集体会议的方式来获取信息的方法。这种方法适合于多名员工从事同一职务的情况。

主管面谈法是找一个或多个主管面谈，这些主管对于该工作有相当的了解。

3）问卷调查法。问卷调查法是调查者运用统一设计的问卷，利用书面回答的方式，向被调查者了解情况并收集信息的方法。其基本过程是设计并分发调查问卷给选定的职工，要求在一定的期限内填写并收回。这种方法关键是如何设计调查问卷。

4）文献分析法。文献分析法也称为资料分析法，它是通过对企业现有的与工作相关的文档资料进行统计分析，来获取工作信息的方法。这些文档资料主要包括：企业年度财务报表、市场调查书、广告策划书等。

5）工作日志法。工作日志法是通过任职者在规定的时间内，以工作日志的形式详细地记录自己工作活动与任务，然后进行综合分析的一种信息搜集的方法。工作日志又称活动日志、工作活动记录表等。

工作评价又称为职位评价、职位评估等，它是在工作分析的基础上，依据一客观标准对公司内部职位的相对价值进行评估的管理方法。

工作评价就是要评定工作的价值，制定工作的等级，以确定工资收入的计算标准。工作评价其评价对象是职位，而非任职者。工作评价反映的只是职位的相对价值，而不是绝对价值。工作评价的结果将直接应用在薪酬体系建立中，是划分薪酬等级的依据，其目的是提供工资结构调整的标准程序。

工作评价的意义体现在：

1）工作评价是确定职位等级的手段。

2）工作评价是建立薪酬内部公平性的基础。

3）工作评价能强化员工对权责体系的认识，并指导自己的行为。

4）一个科学的工作评价方案以及实施过程能够有效引导员工行为，提高员工对薪酬体系的满意度，减少员工对职位间报酬差别的不满和争端，从而提高流程运行效率。

工作评价的方法很多，主要有职位排序法、职位分类法等。

职位排序法是比较传统的方法，它首先列出企业内的所有职位，然后按照类似高低排序的方式，对这些职位做重要性比较，最后排列出各职位的相对位置。

职位排序法具体形式主要有：配对比较法和交替排序法。

职位分类法又称职位归级法，是对职位排序法的改革。它是在工作分析的基础上，先制定出一套职位等级标准，然后将职位与标准进行比较，将它们归到各个级别中去。

练 习 题

一、名词解释

1. 工作分析
2. 职位
3. 职务
4. 工作说明书
5. 职系
6. 职组
7. 工作规范
8. 工作评价

二、填空题

1. 工作分析的结果以_________和工作规范的形式呈现出来。
2. 担负一项或多项责任的一个任职者所对应的位置称为_________。

3. 工作性质相近的若干职系的总和称为________。

4. 工作分析人员与被分析工作的任职者直接进行谈话来获取信息的方法称为________面谈法。

5. 以集体会议的方式来获取信息的方法称为________面谈法。

6. 工作评价的对象是________。

三、单项选择题

1. 工作性质完全相同的职位系列称作（　　）。
   A. 职级　B. 职等　C. 职组　D. 职系
2. 下面不属于工作说明书的基本内容的一项是（　　）。
   A. 工作职责　B. 工作环境　C. 工作权限　D. 工作中晋升
3. （　　）是指工作中不能再继续分解的最小单位。
   A. 工作要素　B. 任务　C. 职责　D. 职位
4. 工作评价的目的是（　　）。
   A. 进行职位研究　B. 提供工资结构调整的依据
   C. 进行任职者研究　D. 制定工作说明书
5. （　　）是指对组织的各项工作职务的特征、规范、要求、流程以及完成此项工作任职者的技能、责任和知识要求进行描述的过程。
   A. 工作评价　B. 工作分析　C. 工作说明书　D. 工作职位

四、多项选择题

1. 工作分析又称（　　）。
   A. 工作描述　B. 职务分析　C. 程序分析　D. 岗位分析
   E. 动作分析
2. 工作评价常用的方法有（　　）。
   A. 职位排序法　B. 职位分类法　C. 问卷调查法　D. 面谈法
   E. 观察法
3. 关于工作分析，下列陈述正确的是（　　）。
   A. 工作分析可以为招聘什么样的员工提供信息
   B. 工作分析可以使每个员工的分工明确
   C. 工作分析的最终目的是制定合理的薪酬
   D. 工作分析包括工作职位研究和任职资格研究
   E. 工作分析要以工作评价为前提
4. 在工作分析设计阶段，包括的工作有（　　）。
   A. 选择信息来源　B. 按选定的方法收集信息
   C. 选择工作分析人员　D. 选择工作分析的方法
   E. 制定工作分析计划
5. 工作分析中，常用的观察法有（　　）。

A. 动作研究　　B. 时间研究　　C. 工作研究　　D. 日志研究
E. 文献研究

6. 工作分析的结果以（　　）形式呈现出来。
A. 人力资源计划　　B. 岗位评价　　C. 工作说明书
D. 工作日志　　E. 工作规范

五、判断是非题

1. 工作分析要在企业工作职位还没有明确的前提下进行。（　　）
2. 工作分析的设计阶段的主要内容是仔细审核已收集到的各种信息。（　　）
3. 工作说明书是一份提供有关工作任务、职责与责任信息的文件。（　　）
4. 个别面谈法是工作分析人员与被分析工作的任职者直接进行谈话来获取信息的方法。（　　）
5. 工作评价就是要评定工作的价值，制定工作的等级，因此评价对象是任职者。（　　）

六、简答题

1. 工作分析的作用和意义是什么？
2. 工作评价的意义是什么？

七、论述题

1. 试述工作分析的步骤。
2. 试述工作分析的基本方法。

八、案例分析

工作职责分歧

一位操作工不小心把大量的液体洒在工作台的周围，车间主任叫操作工把洒在地上的液体清扫干净，操作工不愿干，理由是这不是他的工作，他认为应该叫服务工打扫。车间主任便叫来服务工，但服务工也不愿干，说“我这里的事情还没有做完，你叫别人干”，再说这种事也不应该是我干的。车间主任再叫来勤杂工，要勤杂工来清扫，勤杂工也很不情愿，车间主任威胁要将其解雇，勤杂工勉强干完了这件事，但心里很不满意，因为他认为他的工作不是清扫卫生，勤杂工做完后向公司进行了投诉。

有关人员看了投诉之后，审阅了这三类人员的岗位说明书。操作工的岗位说明书上明确规定：“操作工有责任保持车床的清洁，使之处于可操作状态”，但未提及清扫地板；服务工的岗位说明书规定：“服务工有责任以各种方式协助操作工，如领取原料和工具，随叫随到，即时服务”，但没有包括清扫工作；勤杂工的岗位说明书中确实包含了各种清扫内容，但他的工作时间是从正常的下班后开始。

工作职责分歧
案例分析

试分析　1. 对于勤杂工的投诉，该如何解决？有何建议？

2. 如何防止类似事件的发生？

九、小组讨论

A公司工作分析案例

A公司在公司内部进行了一次工作分析尝试。

首先，他们开始寻找进行工作分析的工具与技术。在阅读了国内目前流行的几本工作分析书籍之后，他们从其中选取了一份工作分析问卷，来作为收集职位信息的工具。然后，人力资源部将问卷发到了各个部门经理手中，同时他们还在公司的内部网页上发了一份关于开展问卷调查的通知，要求各部门配合人力资源部的问卷调查。

据反映，问卷在下发到各部门之后，却一直搁置在各部门经理手中，而没有发下去。很多部门是直到人力资源部开始催收时才把问卷发放到每个人手中。同时，由于大家都很忙，很多人在拿到问卷之后，都没有时间仔细思考，草草填写完事。还有很多人在外地出差，或者任务缠身，自己无法填写，而由同事代笔。此外，据一些较为重视这次调查的员工反映，大家都不了解这次问卷调查的意图，也不理解问卷中那些陌生的管理术语，何为职责，何为工作目的，许多人对此并不理解，很多人想就疑难问题向人力资源部进行询问，可是也不知道具体该找谁。因此，在回答问卷时只能凭借自己个人的理解来进行填写，无法把握填写的规范和标准。

一个星期之后，人力资源部收回了问卷。但他们发现，问卷填写的效果不太理想，有一部分问卷填写不全，一部分问卷答非所问，还有一部分问卷根本没有收上来。辛苦调查的结果却没有发挥它应有的价值。

与此同时，人力资源部也着手选取一些职位进行访谈。但在试着谈了几个职位之后，发现访谈的效果并不好。因为，在人力资源部，能够对部门经理访谈的人只有人力资源部经理一人，主管和一般员工都无法与其他部门经理进行沟通。同时，由于经理们都很忙，能够把双方的时间凑一块，实在不容易。因此，两个星期时间过去之后，只访谈了两个部门经理。

人力资源部的几位主管负责对经理级以下的人员进行访谈，但在访谈中，出现的情况却出乎意料。大部分时间都是被访谈的人在发牢骚，指责公司的管理问题，抱怨自己的待遇不公等。而在谈到与工作分析相关的内容时，被访谈的人往往又言辞闪烁，顾左右而言他，似乎对人力资源部这次访谈不太信任。访谈结束之后，访谈人都反映对该职位的认识还是停留在模糊的阶段。这样持续了两个星期，访谈了大概1/3的职位。王经理认为时间不能再拖延下去了，因此决定开始进入项目的下一个阶段——撰写工作说明书。

可这时，各职位的信息收集却还不完全。怎么办呢？人力资源部在无奈之中，不得不另觅他途。于是，他们通过各种途径从其他公司中收集了许多职位或工作说明书，试图以此作为参照，结合问卷和访谈收集到一些信息来撰写工作说明书。

在撰写阶段，人力资源部还成立了几个小组。每个小组专门负责起草某一部门的工作说明书，并且还要求各组在两个星期内完成任务。在起草工作说明书的过程中，人力资源部的员工都颇感为难，一方面不了解别的部门的工作，问卷和访谈提供的信息又不准确；另一方面，大家又缺乏写工作说明书的经验，因此，写起来都感觉很费劲。规定的时间快到了，很多人为了交稿，不得不急急忙忙，东拼西凑了一些材料，再结合自己的判断，最后成稿。

最后，工作说明书终于出台了。然后，人力资源部将成稿的工作说明书下发到了各部门，同时，还下发了一份文件，要求各部门按照新的工作说明书来界定工作范围，并按照其中规定的任职条件来进行人员的招聘、选拔和任用。但这却引起了其他部门的强烈反对。很多直线部门的管理人员甚至公开指责人力资源部，说人力资源部的工作说明书是一堆垃圾文件，完全不符合实际情况。

于是，人力资源部专门与相关部门召开了一次会议来推动工作说明书的应用。

人力资源部经理本来想通过这次会议来说服各部门支持这次项目。但结果却恰恰相反，在会上，人力资源部遭到了各部门的一致批评。同时，人力资源部由于对其他部门不了解，对于其他部门所提的很多问题，也无法进行解释和反驳。因此，会议的最终结论是，让人力资源部重新编写工作说明书。后来，经过多次重写与修改，工作说明书始终无法令人满意。最后，工作分析项目不了了之。

人力资源部的员工在经历了这次失败的项目后，对工作分析彻底丧失了信心。他们开始认为，工作分析只不过是“雾里看花，水中望月”的东西，说起来挺好，实际上却没有什么大用，而且认为工作分析只能针对西方国家那些管理先进的大公司，拿到中国的企业来，根本就行不通。原来雄心勃勃的人力资源部经理也变得灰心丧气，但却一直对这次失败耿耿于怀，对项目失败的原因也是百思不得其解。

那么，工作分析真的是他们认为的“雾里看花，水中望月”吗？该公司的工作分析项目为什么会失败呢？

（案例来源：彭剑锋．2003．人力资源管理概论．上海：复旦大学出版社）

讨论题

1. 试分析该公司为什么决定从工作分析入手来实施变革？这样的决定正确吗？为什么？
2. 请用本书中所讲到的知识，分析在工作分析项目的整个组织与实施过程中，该公司存在的问题。
3. 该公司所采用的工作分析工具和方法主要存在着哪些问题，请用课程中的知识加以分析。

十、模拟角色

王强到底需要什么样的人

“王强，我一直想象不出你究竟需要什么样的操作工人，”江山机械公司人力资源部负责人李进说，“我已经给你提供了 4 位面试人选，他们好像都还满足工作说明中规定的要求，但你一个也没有录用。”

“什么工作说明？”王强答到，“我所关心的是找到一个能胜任那项工作的人。但是你给我提供的人都无法胜任，而且我从来就没有见过什么工作说明。”李进递给王强一份工作说明，并逐条解释给他听。他们发现，要么是工作说明与实际工作不相符，要么是规定以后，实际工作又有了很大变化。例如，工作说明中说明了有关老式钻床的使用经验，但实际中所使用的是一种新型的数字机床。为了有效地使用这种新机器，员工们必须掌握更多的数学知识。

听了王强对操作工人必须具备的条件及应当履行职责的描述后，李进说："我想我们现在可以写一份准确的工作说明，以其为指导，我们就能找到适合这项工作的人。让我们今后加强工作联系，这种状况就再也不会发生了。

（案例来源：陈筱芳、张兴贵、陈震红．2011．人力资源管理——网络化互动教学系统配套教材．北京：清华大学出版社）

思考与模拟

1．李进为何弄不清楚王强需要什么员工？

2．李进该如何改进工作呢？

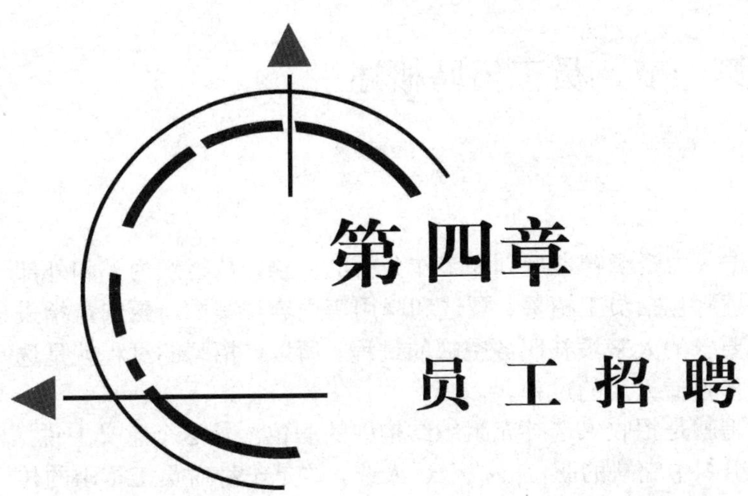

第四章 员工招聘

学习要求☞

重点掌握

- 员工招聘的概念
- 员工招聘的原则
- 外部招聘、内部招聘的优缺点

掌握

- 员工招聘程序
- 外部招聘渠道

第一节　员工招聘概述

一、员工招聘的概念

员工招聘，是指组织根据人力资源管理规划和工作分析的要求，从组织内部和外部吸收人力资源的过程。员工招聘包括员工招募、甄选和聘用等内容，其中，甄选是指采取科学的测评方法选择符合要求的人来填补职务空缺的过程。所以，招聘的过程就是选择的过程，是企业挑选、选择合适人才的过程。

哈罗德·孔茨认为，招聘就是招收人选补充组织结构中的职位。从这个意义上说，员工招聘，就是指为企事业组织中空缺的职位寻找合适人选。这是一种对员工招聘的传统的理解。

E.迈克纳（E.Mcneill）和N.比奇（N.Beach）指出："招聘是企业与内部或外部人力资源的一种有计划的交接方式。"这个定义一方面体现了从人力资源的角度来理解员工招聘的意义，另一方面也表达了员工招聘应从组织内部和外部两方面入手的观点。

员工招聘是人力资源管理的重要一环。古语云："得人者昌，失人者亡"。组织是由人组成的，组织的建立、发展无不与每一个员工有关。如同高质量的产品必须有高质量的原材料一样，组织的生存与发展也必须有高质量的人力资源。而员工招聘，是保证员工高素质的第一关。员工招聘在人力资源管理工作中具有重要的意义。招聘工作直接关系到企业人力资源的形成，有效的招聘工作不仅可以提高员工素质、改善人员结构，也可以为组织注入新的管理思想，为组织增添新的活力，甚至可能给企业带来技术、管理上的重大革新。招聘是企业整个人力资源管理活动的基础，有效的招聘工作能为以后的培训、考评、工资福利、劳动关系等管理活动打好基础。因此，员工招聘是人力资源管理的基础性工作。

员工招聘是保证员工高素质的第一关。

二、员工招聘的原则

员工招聘工作是人力资源管理的一项基本活动，为了提高招聘工作的效率，招聘到符合标准的员工，企业应在招聘工作中遵循以下原则。

（一）因事择人原则

所谓因事择人，就是员工的选聘应以实际工作的需要和岗位的空缺情况为出发点，根据岗位对任职者的资格要求选用人员。坚持因事择人的原则，才能实现事得其人，人适其事，使人与事科学结合起来。相反，如果先盲目地录用人，然后再找岗位进行安排，

因事择人其反义词是"因人设事"。

就难免出现大材小用或小材大用的现象。如果因人设事，为了安排人而增加不必要的岗位，就会造成机构臃肿，人浮于事，增加用人成本，工作效率低下的后果。因此，企业应制定相应的人力资源规划，根据未来一段时期需要招聘的部门和职位、数量、时限、类型等来组织招聘工作。

（二）公开、公平、公正原则

人员招聘必须做到公开、公平、公正。公开就是要公示招聘信息、招聘方法，这样既可以将招聘工作置于公开监督之下，防止以权谋私、假公济私的现象，又能吸引大量应聘者。公平公正就是确保招聘制度给予合格应征者平等的获选机会。要做到公平公正，要求企业对同一职位的所有应聘者一视同仁，使用同样的、与工作有关的各项能力作为录用考核的标准，对候选人进行全面考核，公开考核结果，择优录取。消除就业歧视的思想和做法，对与工作无关的能力，不予考虑，不得人为地制造各种不平等的限制（如性别歧视）和各种不平等的优先优惠政策，努力为应聘者提供平等竞争的机会，不拘一格地选拔、录用人才。

（三）竞争择优原则

竞争择优原则是指在员工招聘中引入竞争机制，在对应聘者的思想素质、道德品质、业务能力等方面进行全面考察的基础上，按照考查的成绩择优选拔录用员工。

竞争择优原则的前提是竞争，择优是通过竞争得以实现，不竞争就谈不上择优。企业应为应聘者创造良好的竞争环境，鼓励他们在考查过程中充分发挥他们各方面的才能，这样才能对应聘者进行科学的评价，避免拉关系、走后门等腐败现象的发生。择优是竞争的目的，不择优，竞争也就失去了意义。企业应在通过各种甄选方法对应聘者进行客观评价的基础上，选择真正优秀的人才到组织中来。需要注意的是这里的择优不是盲目的素质越高越好，还要考虑是否符合空缺职位的工作要求，如果应聘者的素质远远高于所应聘职位的要求，则可能出现大材小用的现象。

（四）效率优先原则

不管组织采用何种方法招聘，都是要支付费用的，这就是招聘成本。招聘成本主要包括招聘广告的费用，以及对招聘者进行审查、评价和考核等方面的费用。效率优先原则就是用尽可能低的招聘成本录用到合适的最佳人选。具体要求在组织招聘工作时要根据不同的招聘要求，灵活地选用适当的招聘途径和招聘手段，在保证招聘质量的基础上，尽可能降低招聘成本。

第二节 员工招聘的程序

根据招聘活动本身的规律性，我们可以把招聘过程划分为几个相互独立又相互联系的阶段，招聘程序就是按照这些阶段来进行招聘的计划安排。目前，我国企业员工招聘与甄选的程序一般包括以下几个方面：制定招聘计划和策略、发布招聘信息及搜寻候选人信息、甄选、录用及招聘工作评价等（见图 4.1）。

员工招聘的程序微课

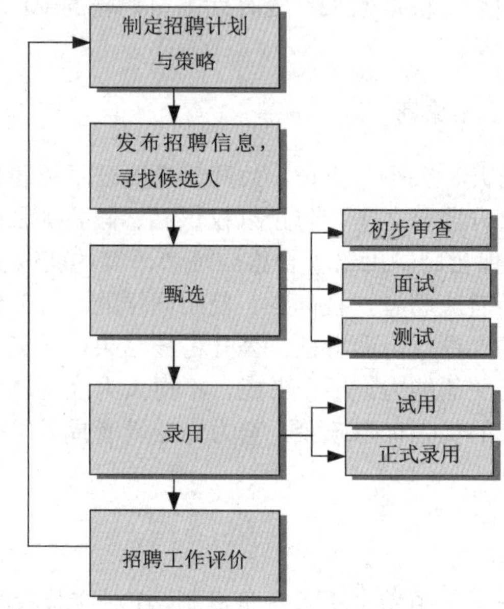

图 4.1 员工招聘程序

一、制定招聘计划和策略

招聘的首要环节是制订计划。招聘计划是组织根据发展目标和岗位需求对某一阶段招聘工作所做的安排，包括招聘目标、信息发布的时间与渠道、招聘员工的类型及数量、甄选方案及时间安排等方面。制定招聘计划的目的是为了使招聘更加合理化和科学化，完整而详细的招聘计划有利于顺利开展招聘工作。企业应当根据生产经营规模、内部人员的变动情况和业务变动需要制定一定时期的员工招聘计划。

具体来讲，员工招聘计划包括以下内容：

1）招聘的岗位、要求及其所需人员数量。人力资源部门和业务部门根据需要提出用人计划，根据用人计划制定比较详尽的人才需求清单，内容包括岗位名称、所需数量、职称、资历、履历、特殊要求等有关内容，这些内容一经确定，即可责成人力资源部门负责落实。

2）招聘信息的发布。人力资源管理部门撰写招聘广告，确定招聘信息发布的时间、信息发布的渠道、范围与方式等。

3）招聘对象。根据招聘职位的要求与特点，确定招聘对象的来源。

4）招聘方法。确定对应聘者进行甄选的程序和方法，一般而言，甄选程序包括资格审查、初步筛选、笔试、面试（心理测试）、体检、资格核查等过程。

5）招聘预算。包括招聘广告发布费、资料费、交纳人才交流中心服务费、邀请专家考核费、通信联络费、外出招聘的差旅费等。

6）招聘时间安排。制定比较详尽的招聘工作实施进度表，明确每一阶段的工作任务。

招聘策略是招聘计划的具体体现，是为实现招聘计划而采取的具体策略。招聘策略包括地点的选择、招聘渠道或者方法的选择、招聘时间的确定、招聘宣传等。

二、发布招聘信息及搜寻候选人信息

组织要将招聘信息通过多种渠道向社会发布，向社会公众告知用人计划和要求，确保有更多符合要求的人员前来应聘。目前，招聘信息的发布渠道多种多样，企业可根据招聘的目的、类型、岗位的层次和性质，有针对性地选择不同新闻媒体发布招聘信息。

一般来说，信息发布面越广，越及时，接受信息的人越多，应聘者就越多，组织的选择余地也就越大，但相应的信息发布费用就越大；反之，则相反。从理论上说，能来应聘的人越多越好，企业挑选余地越大。实践证明，一次招聘过程从应聘者人数到最终录用人数，会呈现如图 4.2 所示的金字塔形状。

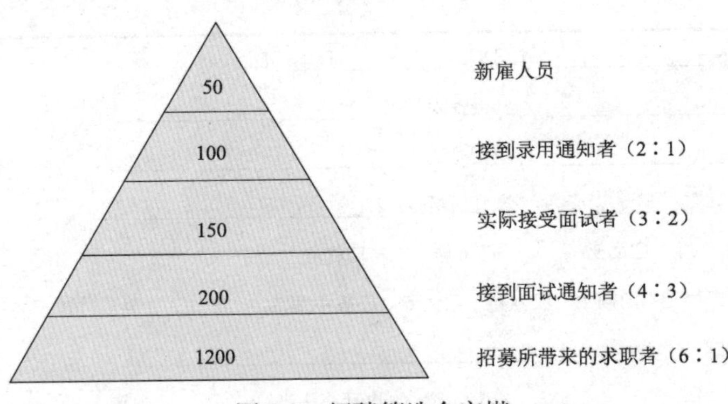

图 4.2 招聘筛选金字塔

如图 4.2 所示，这家企业的招聘信息吸引了 1200 位求职者，其中，有 200 人通过了初次筛选，但只有 150 人来参加了面试，他们当中有 100 人通过了面试，最后有 50 人决定来这家企业工作。因此，这家单位要招聘 50 名员工，需要将招聘目标设定在 1200 人左右。

企业可以通过以下方式搜寻候选人信息：

1）应聘者自己所填的求职表，内容包括性别、年龄、学历、专业、工作经历及业绩等。

2）推荐材料，即有关组织或个人就某人向本单位写的推荐材料。

3）调查材料，指对某些岗位人员的招聘，还需要亲自到应聘人员工作过或学习过的单位或向其接触过的有关人员进行调查，以掌握第一手材料。

内部招聘，也需要对备选人员在尽可能大的范围内广泛了解情况，以便进行全面的、最后的抉择。

针对候选人信息后面附有一张求职表。

甄选的目的是针对招聘工作的需要，经过测试、评价和比较的手段从备选的应聘者中取其精华，去其糟粕。

三、甄选

甄选是员工招聘的关键环节，要根据一定的条件、标准，运用科学的方法和手段，对应聘者进行严格的审查、比较和选择，才能发现和获得组织所需的员工。甄选的过程一般包括对所有应聘者的情况进行的初步的审查、知识与心理素质测试、面试，以确定最终的录用者。

初选就是对提出求职申请的人员进行初步的挑选，它包括资格审查和筛选。资格审查是对求职者是否符合职位的基本要求的一种审查，人力资源管理部门通过审阅求职者的个人资料和应聘申请表对求职者进行审查，资格审查通过者可由用人部门进一步挑选，用人部门通过比较求职者的求职登记表（如表 4.1 所示，这是一份某外资企业设计的求职表）上的相关资料，或初步与应聘者进行短时间的面谈，以观察了解应征者的外表、谈吐、教育水平、工作经验、技能和兴趣等，挑选出较为优秀的应聘者参加下一轮测试。

表 4.1　求职表示例

要求从事的工作：________________　　日期：____年____月____日

姓名：________________________　　社会保险号码：____________________

地址：________________________　　电话号码：________________________

身高：________　体重：________　　家庭成员数：______________________

□未婚　　□已婚　　□离婚　　□分居　　□鳏居

学历：　　□博士　□硕士　□本科　□大专　□高中/职高/中专　□中学

发生意外情况时通知谁？____

地址：__________________________________　　电话：________________

经历（先写最后受雇经历）　　日期：____年____月____日　　工种：____

离职原因：____

企业：______________________________　　起于何时：_____年_____月____日

地址：______________________________　　止于何时：_____年_____月____日

工资：________________________________

上级管理者：__________________________

企业：______________________________　　起于何时：_____年_____月____日

地址：______________________________　　止于何时：_____年_____月____日

工资：________________________________

上级管理者：__________________________

家庭：

填写家庭成员的年龄及与你的关系：______________________________________

你同本企业的员工有亲属关系吗？______________谁______________

生活情况：

你在现住处居住了多久？________________　　在本地区吗？________________

你如何来上班？______________________　　需要多少时间？______________

续表

兴趣：	
你的兴趣爱好有哪些？＿＿＿＿＿＿＿＿	
其他：	
你现在有职业吗？＿＿＿＿＿＿＿＿	在哪家企业？＿＿＿＿＿＿＿＿
你为什么申请来本公司？＿＿＿＿＿＿＿＿	
你过去在本公司工作过吗？＿＿＿＿＿＿＿＿	什么岗位？＿＿＿＿＿＿＿＿
你愿意上夜班吗？＿＿＿＿＿＿＿＿	你要求多少工资？＿＿＿＿＿＿＿＿
你的制服尺寸？＿＿＿＿＿＿＿＿	使用右手还是左手？＿＿＿＿＿＿＿＿
你会打字吗？＿＿＿＿＿＿＿＿	
你是本国公民吗？＿＿＿＿＿＿＿＿	
你在本国军队服过役吗？＿＿＿＿＿＿＿＿	军衔：＿＿＿＿＿＿＿＿
你对公司集体保险计划感兴趣吗？＿＿＿＿＿＿＿＿	
我保证上述所填内容均属事实，虚假陈述将被解雇。	
签字：＿＿＿＿＿＿＿＿	

笔试是目前我国企业常用的选择人才的方法，一般由企业根据所招聘的人才类型设计测试题目，并进行相应的编排形成试卷由应聘者进行答卷，测试者对试卷进行评判，并根据评判结果挑选人才。笔试因其操作简便，具有比较明确的客观标准，且易于评判，以及公正、客观的优点，在人力资源管理中还是得到了广泛的运用。

这里说的是一般企业的做法。

面试是整个招聘（甄选）工作中最重要的一个环节。通过面试，了解应聘者的语言表达能力、反应能力、个人修养、逻辑思维能力、业务知识水平、工作经验等综合情况，并根据面试情况判断应聘者是否适合企业的用人要求，同时应聘者也可以通过个人期望和现实情况相比较，判断企业是否适合自己的发展。

关于员工甄选的具体方法将在下一章详细介绍。

四、录用

通过甄选，组织可录取最合适的员工进入组织，并为其安排适当的岗位。一般来说，员工的职位均是按照招聘的要求和应聘者的应聘意愿来安排的。人员录用过程一般可分为试用合同的签订、新员工的安置、岗前培训、试用、正式录用等几个阶段。

很多企业都对新员工设有三个月的试用期。

试用就是企业对新上岗员工的尝试性使用，这是对员工的能力与潜力、个人品质与心理素质的进一步考核。由于解雇已被正式录用的员工对组织和应聘者来说都是很痛苦的事情，但是，录用不合格的员工对组织来说也是一个损失。为了避免此类事情的发生，企业应该在正式录用之前，留出几个月的时间作为试用期，在试用期内由人力资源管理部门对新员工进行教育和进一步考查。

为使新员工尽快熟悉组织的内部情况和业务，人力资源管理部门应该将一些组织介绍资料和组织内部刊物等发给新员工，用人部门主管则应具体负责给新员工介绍本部门的业务范围、业务流程。在试用期内表现合格的员工可以正式录用，表现有差距的员工可以通过职位调整和继续培训的方式进行处理，或直接取消进一步的合作。

员工的正式录用是指试用期满后，对表现良好、符合组织要求的新员工，使其成为组织正式成员的过程。一般由用人部门根据新员工在使用期间的具体表现对其进行考核，做出鉴定，并提交人力资源管理部门。人力资源管理部门对考核合格的员工正式录用，并代表组织与员工签订正式录用合同，正式明确双方的责任、义务与权利。

可参阅其他相关章节的内容。

正式录用合同一般应包括以下内容：

1）当事人的姓名、性别、住址和法定社会身份。

2）签订劳动合同的法律依据，劳动合同期限。

3）工作内容，劳动保护和劳动条件。

4）劳动报酬，劳动纪律，变更和解除劳动合同的条件与程序。

5）违反劳动合同的责任与处置等。

五、招聘工作评价

招聘评估主要指对招聘的结果、招聘的成本和招聘的方法等方面进行评估。一般在一次招聘工作结束之后，要对整个评估工作做一个总结和评价，目的是进一步提高下次招聘工作的效率。

对招聘工作的评价一般应从以下两方面进行：一是对招聘工作的效率评价；二是对录用人员的评估。

招聘工作的效率评价具体体现在招聘工作的成本与效益分析。招聘成本指获取人力资源的成本，是招聘工作中的各项支出。录用一个人的平均费用的计算公式为

$$招聘成本=招聘总费用/录用人数$$

其中，招聘总费用包括直接费用，如招聘人员的工资、招聘广告费、招聘测试费等。

间接费用，如间接相关人员的工资等，如果招聘成本低，录用人员质量高，就意味着招聘效率高；反之，则意味着招聘效率低。

对录用人员评估指组织根据招聘计划和招聘岗位的工作分析，对所录用人员进行的数量、质量和结构等方面的评价。只有在招聘成本较低，同时录用人员数量充足并且质量较好时，才说明招聘工作的效率高。

阅读资料

花王公司的招聘程序

花王公司的招聘程序有以下几点。

1）需要填补或额外增聘人手，部门主管需先填写员工招聘表格及提交人力资源部经理。

2）获得董事总经理的批准后，人力资源部将开始招聘。

3）求职者需填写职位申请表格，再按要求提供有关文件及个人资料。

4）人力资源部员工会主持第一次面试。某类职位的求职者需接受笔试、工作取向测试等。公司不做 IQ 测试。挑选的准则是求职者的态度、性格、语言能力、教育背景、工作经验、支持、接受的培训等。最后，根据所有有关资料综合衡量，决定是否给予第二次面试。

5）第二次面试。不同职位由不同人士主持。例如，一般员工由人力资源经理负责，个别部门员工由部门主管负责。主管级或以上的员工由副总经理负责。经理级或以上的员工由董事总经理负责。

6）经过第二次面试仍未能做出最后决定，求职者必须接受第三次面试。

7）公司要求拟雇用的员工接受指定的身体检查。如求职者拒绝接受，将不符合雇用的资格。如身体检查结果符合工作要求，可获得雇用。

8）获聘后，员工需签署《查核工作证明授权书》，容许公司向其前任雇主查询及校对个人资料。

（资料来源：http://bbs.yingjiesheng.com）

第三节 员工招聘渠道

员工来源主要有两方面：一是从组织内部培养、选拔、任用，即内部来源；二是从组织外部招聘。一个组织要得到优秀的员工，必须同时考虑内源与外源两个渠道。内部招聘的方法是指在组织内公布空缺的岗位，在现有员工中寻找拥有履行某项工作所需技能的人。外部招聘的方法是指包括在各种媒体上刊登职位空缺的广告，依靠外部来源来填补职位空缺。

一、外部招聘

外部招聘的渠道大致有：人才交流中心、招聘洽谈会、传统媒体广告、网上招聘、校园招聘、人才猎取和员工推荐等。

（一）人才交流中心和人才招聘会

我国很多城市都设有专门的人才交流服务机构，这些机构常年为企事业用人单位提供服务。他们一般建有人才资料库，用人单位可以很方便地在资料库中查询条件基本相符的人才资料。通过人才交流中心选择人员，有针对性强、费用低廉等优点。

人才交流中心或其他人才交流服务机构每年都要举办多场人才招聘会，用人单位的招聘者和应聘者可以直接进行接洽和交流，节省了企业和应聘者的时间，还可以为招聘单位提供很多有价值的信息。人才招聘会的最大特点是应聘者集中，用人单位的选择余地较大，费用也比较合理，而且还可以起到很好的企业宣传作用。

一项最新调查显示，目前中国企业招聘人才的途径35%是通过人才市场招聘获得，18%是选择用网络招聘的方式来觅取人才。这项由艾瑞市场咨询开展的最新企业和市场调查表明，人才招聘会市场和网络招聘已是国内企业招聘人才的主要途径，占据企业用工的70%，其余的靠人才派遣和培训协议用工。

上海人才求职岗位半数以上通过人才市场和网络招聘获得，过去盛行的企业“人情用工”、“计划分配”已失去了舞台。上海人才中介行业协会统计也显示，2004年该市固定人才招聘会共举办798场，全年入场招聘企业展位数达5.8万个，提供岗位数共达6万个，进场人数更达467万人次。据上海人才中介行业协会专家预测，固定人才招聘会市场和网络招聘是将来人才招聘的主流。

（二）媒体广告

通过报纸杂志、广播电视等媒体进行广告宣传，向公众传达招聘信息，覆盖面广、速度快。相比而言，在报纸、电视中刊登招聘广告费用较大，但容易醒目地体现组织形象；很多广播电台都辟有人才交流节目，播出招聘广告的费用较少，但效果也比报纸、电视广告差一些。

不只是产品需要广告！

招聘广告应该包含以下内容：

1）组织的基本情况。

2）招聘的职位、数量和基本条件。

3）招聘的范围。

4）薪资与待遇。

5）报名的时间、地点、方式以及所需的材料等。

媒体广告招聘的优点是：信息传播范围广、速度快、应聘人员数量大、层次丰富，组织的选择余地大。

媒体广告招聘的缺点是：招聘时间较长；广告费用较高；要花费较多的时间进行筛选。

（三）网上招聘

最近几年，网上招聘得到空前发展。可以预见，未来大部分人会通过互联网寻找工作。企业可以将招聘广告发布在本企业网站上，或者发布在某些专业网站上，也可以在一些专门的招聘网站上发布信息。对于企业来说，网上招聘最大的优点是用较低的成本向广泛的人群发布招聘信息。网上招聘的另外一个优点是简单、速度快。人们看到网上招聘信息后，几分钟甚至几秒钟，就会把自己的简历通过电子邮件、QQ、微信等方式发送给企业。

企业网站是宣传本企业的一个非常好的平台。在企业网站上，不仅仅宣传本企业的产品和服务，也刊登了本企业招聘的一些信息。企业网站提供了一个空间，用于大量的具有详细工作描述的空缺职位和帮助说明加入本企业的好处。一些知名企业的网站一般建设得都比较好，栏目丰富，而且有独立的招聘专区。在招聘专区中，会常年公布一些岗位需求信息，对岗位职责以及对求职者的要求都描述得比较详尽。相对于媒体广告来说，其空间优势是巨大的。据有关资料，目前有80%以上的公司希望在本企业网站上张贴招工广告。注意到一个公司的网站不仅是为了销售产品或服务，网站也是展示组织雇用机会的一个非常好的途径。期望某一特定企业职位的个人可以在该企业网站上发现工作机会。现在，人才竞争在加剧，企业网站在介绍自己，吸引人才方面有着巨大的优势。据有关资料，超过90%的求职者在得到这个工作以前都会上网查询该公司的网站。

除了在本企业网站上宣传招聘信息外，目前也有许多企业选择在一些专业的招聘网站发布招聘信息。专业的招聘网站不乏知名企业的招聘信息。在招聘网站上发布招聘广告既方便他们收集和筛选简历，又有利于他们丰富自己的人才库。目前，国内已有大量专业的招聘网站，如拉勾网（www.lagou.com）、51job（http://my.51job.com）、中国国家人才网（http://www.newjobs.com.cn）、中国 IT 人才网（http://www.chinaitjob.com）、中国人力资源网（http://www.jobz.cn）英才网联（http://www.800hr.com）等。

网上招聘由于信息传播范围广、速度快、成本低、供需双方选择余地大，且不受时间、空间的限制，因而被广泛采用。当然其也存在一定的缺点，如容易鱼目混珠，筛选手续繁杂以及对高级人才的招聘较为困难等。

网络招聘的方式已经深入人心，成为求职者的首选方式。上网找工作已经成为家常便饭，反而不用翻报纸寻觅就业机会了。

网络招聘、网上求职正在成为人才流动的主渠道。

阅读资料

网络招聘：中国 2013

艾瑞咨询集团（iResearch）统计数据显示，中国 2013 年网络招聘市场规模为 30.8 亿元人民币，增长率为 15.2%。

2008～2017 年中国网络招聘市场营收规模

公司财报：企业及专家访谈，根据艾瑞统计模型核算及预估。

艾瑞咨询统计数据显示，中国 2013 年网络招聘行业求职者规模达到 10 389.2 万人，同比增速为 10.3%。

2009～2017 年中国网络招聘行业求职者规模

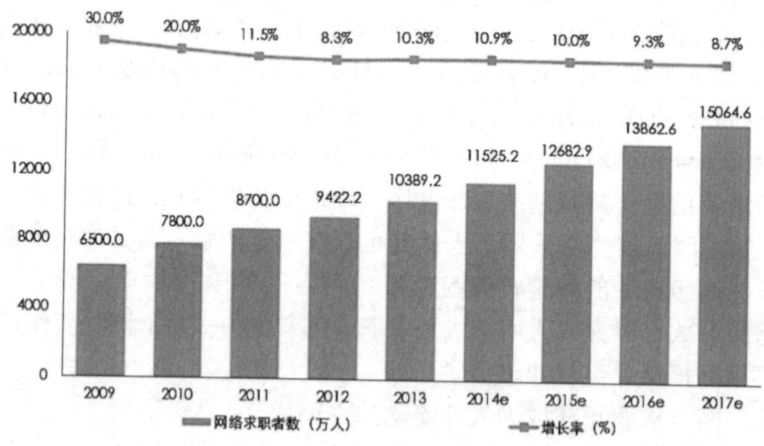

国家工商总局、上市公司财报、企业及专家访谈，根据艾瑞统计模型核算及预估。

（资料来源：http://www.docin.com/p-903584292.html）

（四）校园招聘

学校是人才高度集中的地方，是组织获取人力资源的重要源泉。对于大专院校应届毕业生招聘，可以选择在校园直接进行，包括在学校举办的毕业生招聘会、招聘张贴、招聘讲座和毕业生分配办公室推荐等。

学校招聘的优势有：

1）组织可以在校园中招聘到大量的高素质人才。

2）大学毕业生虽然经验较为欠缺，但是具备巨大的发展潜力。

3）由于大学生思想较为活跃，可以给组织带来一些新的管理理念和新的技术，有利于组织的长远发展。

但是，学校招聘也存在明显的不足之处：

1）学校毕业生普遍缺少实际经验，组织需要用较长的时间对其进行培训。

2）新招聘的大学毕业生无法满足组织即时的用人需要，要经过一段较长的相互适应期。

3）招聘所费时间较多，成本也相对较高。

4）在大学中招聘的员工到岗率较低，而且经过一段时间后，离职率较高。

（五）学生实习

应届生到企业进行实习是就业前与企业对接的重要一步。较典型的实习是毕业前的毕业实习，往往是由学校根据专业需要统一安排，统一和企业联系。另外，也有学生自主进行实习，包括在学习期间到企业兼职；或者利用节假日到企业做临时工。

实习是学生将课堂理论应用于实践的最好途径，也是接触社会、了解企业的最佳机会。通过实习，学生可以了解到第一手的商业实践。通过在实习过程中而完成了一些任务，得到了企业的认同，从而可以建立一种和企业之间的信任关系，这非常有助于自己的就业；同时也能决定企业是否是自己所期望的雇主。研究表明，有实习和合作经验的学生比那些没有实习和合作经验的学生更容易找到工作。

对于企业来说，接纳学生实习也是一种特殊的招聘形式。实习已被越来越多的企业作为一种招聘技术使用，许多企业利用在校生的实习来招聘学生。如保洁公司在大型活动（如世博会、奥运会等）中往往会大量招聘在校学生做临时工。按照这种安排，企业不必承担永久雇用学生的义务。利用学生实习期间，企业也能对学生的工作表现有一个相对较长时期的观察，对是否真正录用学生也有一个较好的判断。如果实习获得了好的经验，他或她将会告诉其他学生。R. 韦恩 • 蒙迪（R.Wayne Mondy）认为，学生实习也能够有效地服务于公司，成为能树立公司形象的一种有效的公共关系工具并有助于招聘。

阅读资料

名企招实习生 看重综合素质

1. 名企已意识到利用实习生的优势

IBM（中国）公司校园招聘负责人苏毅、西门子（中国）公司校园招聘负责人孙女士都表示，目前，他们这些大公司已经意识到利用实习生的优势，可以通过招聘和使用实习生，发现和培养企业的后备人才，对企业人才梯队建设大有好处。而且，对于企业来说，有的岗位，不一定需要招固定的员工来做。这样就给了高校大学生实习和间接就业的机会。

IBM（中国）公司校园招聘负责人苏毅表示，由于国内专门的实习生招聘会还不成熟，通常IBM需要招聘实习生时，都是通过自己公司的网站、合作院校、高校的BBS以及一些人力资源网站和媒体几种形式来发布消息。

西门子（中国）公司校园招聘负责人孙女士还表示，西门子（中国）公司的招聘形式与IBM的基本一致。另外，西门子已经形成了成熟的“学生圈”，利用学生的力量，吸引实习生是他们招收实习生的一个特殊渠道。

2. 名企看重综合素质

通用电器（中国）有限公司亚太区人力资源总监王晓军告诉记者，在招募实习生时，工作经验不是首选，更多则是偏向于学生的综合素质。而且公司最主要考察的是学生的个人素质。同时，专业技能之外的其他因素也是考察中很重要的一部分。如学生是否诚信、有责任心、有激情、常常保持好奇心、具备团队协作精神等。

孙女士介绍，综合素质的好坏是决定学生能否顺利进入公司实习的一个主要因素。他们对学生综合素质的考察包括很多方面，而工作是否主动、是否能有效地与团队成员进行沟通，是否能把自己负责的事情做好，这些是考察是否可以录用为实习生的几个核心因素。

IBM（中国）公司校园招聘负责人苏毅表示，去年他们在招收第一批实习生时有严格的限制，如只招应届毕业的本科生、研究生、MBA学生，在专业方面也主要以IT、销售及相关的工科专业为主，另有部分MBN、财务专业的学生。沟通能力是否优秀和基本素质是否过硬是IBM考察实习生的重点。

3. 不怕做小事情

孙女士还介绍，通常来讲，首先，需要实习生的专业和希望实习的岗位要求要一致，即使有差别，也不能差别很大。

第二，希望招到那些不怕做小事情的学生。因为刚来，部门对你不熟悉，让你临时帮点小忙，去复印、打字，这都很正常，很多学生就不能忍受，觉得没有意思，坚持不了几天就走了。其实，部门不可能让你就实习这些，他们都有自己的安排，那些能从小事情做起的实习生，最后几乎都留在了西门子，公司非常看中那些不计较、能踏实做事的实习生。

第三，能对实习岗位负责的学生。由于学生实习时间不能完全保证，所以他们一般一个实习岗位都需要准备两个学生，这样公司的各种开支都要增加。所以，他们更愿意要那些实习时间有保证的实习生。在西门子，常常也有一些学生临时有事情就不去实习，他们也不给公司或者部门打招呼，如果这样，那你还想进公司实习就不容易了。所以，提醒实习生，你决定去公司实习就需要对你的实习职位负责。

（资料来源：应届生求职招聘论坛. http://bbs.yingjiesheng.com）

（六）职业中介

职业中介是常见的招聘渠道，它是用人单位和求职者的联系桥梁。这些机构扮演着双重角色，既为企业、单位选人，同时也为求职者选工作单位。它可以为用人单位提供发布招聘信息、建立求职者蓄水池的工作，还可以为用人单位承担初步筛选求职者的任务。通过专业中介机构推荐的人员一般都经过筛选，因此招聘成功率比较高，上岗效果也比较好。一些规范化的交流中心还能提供后续服务，使招聘企业感到放心。针对性强、费用低廉都是该渠道的优点所在。

职业中介机构通常提供文秘、职员、中低层管理人员的中介服务。目前，有大量的职业中介也提供网上中介服务。

近年来，由于劳动力市场的发展以及公共就业服务机构运营方面的一些障碍，民办职业介绍机构获得快速发展。近年来，民办职业中介机构发展迅速。现在，职业中介机构每年帮助上千万求职者实现就业，同时在为服务经济发展、促进社会和谐稳定方面也做出了重要贡献。民办职业介绍机构及其在劳动力市场中发挥的作用已得到社会广泛承认。

（七）人才猎取

一般认为，“猎头”（head hunter）公司是一种专门为雇主“猎取”高级人才和尖端人才的职业中介机构，在国外，这是一种十分流行的人才招聘方式。对于企业重要人才、核心人才和高级管理人才等，一般很难在短期内通过传统的招聘方法招到。高级人才和尖端人才，通过人才猎取的方式可能会更加有效。猎头公司对组织的人力资源需求状况和求职者的情况较为了解，其匹配的成功率较高。但其收费也较高，求职者无论成功与否，都得交纳一定的费用给这类公司。用人企业招聘成功后，要付给猎头公司相当于被招聘者第一年工资的30%～35%的费用。

猎头公司起源于第二次世界大战之后，美国、英国等国家在第二次世界大战后需要大批高级人才，美国最先从德国“猎取”专家到本国参与高精专技术研发。人才的引进使美国国力迅速强大。为此，美国一些大型企业纷纷效仿，在全球范围内寻找人才。在此之后，帮助他人寻找人才也就演变为一个行业，称为高级人才招聘公司。我国把这种公司称为猎头公司。1992 年，中国出现第一家猎头公司，其最初的服务对象是外资企业。1996 年之后，北京、上海、广州、深圳等地的经济发展需求显示，越来越多的跨国公司和电子企业需要高素质人才，单一的招聘形式已不能满足市场需求。从 1998 年开始，专门从事高级人才中介活动的猎头公司得以在国内迅速发展。

（八）员工推荐

通过企业员工推荐人选，是组织招聘的重要形式。将招聘信息发布给公司所有员工，公司员工可以将自己周围认识的认为比较优秀的人才推荐给公司，当然员工推荐的人才也要遵循公司规范的甄选程序。成功推荐一个优秀的人才，公司一般要给予推荐者一定的奖励。

员工推荐对招聘专业人才比较有效。员工推荐的优点是招聘成本小，可靠性高。员工推荐方法由于推荐人对组织招聘的政策、要求、候选条件以及对被推荐人的基本情况较为了解，推荐时可以有的放矢，减少了组织人力资源的搜寻成本，节约了时间，提高了招聘的成功率。据了解，美国微软公司40%的员工都是通过员工推荐方式获得的。为了鼓励员工积极推荐，企业可以设立一些奖金，用来奖励那些为公司推荐优秀人才的员工。例如，洛克希德公司曾实施正式的员工引荐计划，鼓励员工推荐合格的候选人，对于引荐成功的员工，给予物质奖励。结果在一年内，共有3173人次引荐，1889人次递交申请表，企业发现了390个合格的人选，其中356人接受了录用。对这一计划进行成本收益分析发现：整个项目共花费34 500美元，平均每个职位花费97美元，单位录用成本比其他方法低得多。

当然，任何企业都可能需要利用多个渠道获取它所需要的人力资源。以下是在一次调查中，201位人力资源经理对9种不同的招聘方法的有效性的评价（见图4.3）。这9个招聘渠道的平均比率是以一个5分模式为基础的（1＝不好，5＝特别好）。

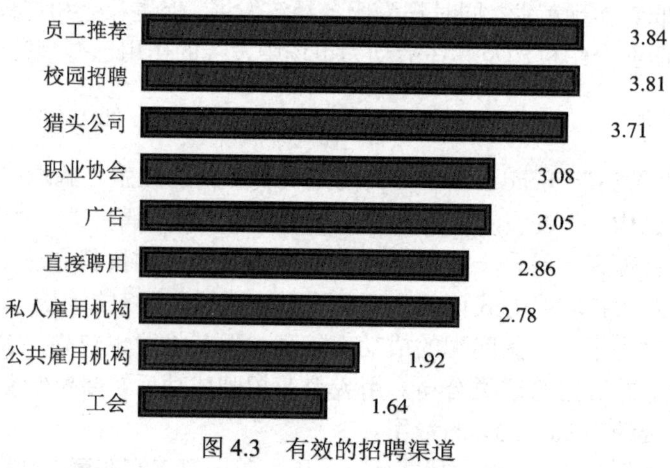

图4.3　有效的招聘渠道

二、内部招聘

当组织出现岗位空缺时，首先可能想到的是组织内部是不是有合适的人选。事实上，组织很大一部分空缺岗位是由现有的员工填补的。内部员工会经常面临提升、工作调换、工作轮换和内部人员重新聘用等状况。据调查，在美国，有90%的管理岗位是由内部招聘来填充的。

内部招聘，就是将招聘信息公布给公司内部员工，员工自己可以来参加应聘。人力资源部将空缺的职位信息公布出来，公司员工可以自我推荐，也可以互相推荐。人力资源部搜集到相关人员的信息后，采取公开竞争的方式，选拔出适合该岗位的人才。

很多企业建立了内部储备人才库。人才库系统记录了每一位员工在教育、培训、经验、技能、绩效、职业生涯规划等方面的信息，并且这些信息随着员工的自身

特别是基层管理人员。

发展都得到不断地更新，用人部门和人力资源部门可以在人才库里找到合适的人补充职位空缺。

三、内部招聘与外部招聘的对比

企业员工的选聘，需要同时考虑内部来源和外部来源。下面对这两种方式的优缺点作一分析。

内部来源选聘有以下优点：

1）选任时间较为充裕，了解全面，能做到用其所长，避其所短。

2）他们对组织情况较为熟悉，了解与适应工作的过程会大大缩短，他们上任后能很快进入角色。

3）内部提升给每个人带来希望，有利于鼓舞士气，提高工作热情，调动员工的积极性，激发他们的上进心。

内源选任也有其缺陷。表现在以下几方面：

1）容易造成“近亲繁殖”。老员工有老的思维定势，不利于创新，而创新是组织发展的动力。

2）容易在组织内部形成错综复杂的关系网，任人唯亲，拉帮结派，给公平、合理、科学的管理带来困难。

3）内部备选对象范围狭窄。

与内部选聘相比，外部招聘有以下优点：

1）来源广泛，选择空间大。特别是在组织初创和快速发展时期，更需要从外部大量招聘各类员工。

2）可以避免“近亲繁殖”，能给组织带来新鲜空气和活力，有利于组织创新和管理革新。此外，由于他们新近加入组织，与其他人没有历史上的个人恩怨关系，从而在工作中可以很少顾忌复杂的人情网络。

3）可以要求应聘者有一定的学历和工作经验，因而可节省在培训方面所耗费的时间和费用。

外部招聘的缺点是：

1）难以准确判断他们的实际工作能力。尽管有种种选聘方法，但根据应聘材料、面谈或测试所得到的有关备选者的能力毕竟还是不全面的，因而很可能造成判断失误并导致误选。为克服此缺陷，一般采用“试用期”方法，让备选者在试用期内通过履行岗位职责来考察其实际工作能力，以决定是否正式选聘。

2）容易造成对内部员工的打击。大多数员工都希望在组织中有不断发展的机会，都希望能够担任越来越重要的工作。如果你经常从外部招聘管理人员，且形成制度和习惯，则会堵死内部职工的升迁之路，从而会挫伤他们的工作积极性，影响他们的情绪。同时，有才华、有发展潜力的外部人在了解到这种情况后也不敢应聘，因为一旦应聘，虽然在组织中工作的起点很高，但今后提升的希望却很小。

3）费用高。由于外聘员工需要通过大众媒体刊登招聘广告，并组织专家进行测评，因而需要支出大量费用。

小　结

员工招聘，包括员工招募、甄选和聘用，是指组织根据人力资源管理规划和工作分析的要求，从组织内部和外部吸收人力资源的过程。其中，甄选是指采取科学的测评方法选择符合要求的人来填补职务空缺的过程。招聘的过程就是选择的过程，是企业挑选、选择合适人才的过程。

员工招聘在人力资源管理工作中具有重要的意义。

员工招聘应遵循以下原则：因事择人原则；公开、公平、公正原则；竞争择优原则；效率优先原则。

员工招聘与甄选的程序一般包括以下几个方面：制定招聘计划和策略、发布招聘信息及搜寻候选人信息、甄选、录用及招聘工作评价等。

员工来源有两方面：一是从组织内部培养、选拔、任用，即内部来源；二是从组织外部招聘。一个组织要得到优秀的员工，必须同时考虑内源与外源两个渠道。

外部招聘的渠道大致有：人才交流中心、招聘洽谈会、传统媒体、网上招聘、校园招聘、职业中介、人才猎取和员工推荐等。

人才交流中心或其他人才交流服务机构每年都要举办多场人才招聘会，用人单位的招聘者和应聘者可以直接进行接洽和交流。

通过报纸杂志、广播电视等媒体进行广告宣传，向公众传达招聘信息，覆盖面广、速度快。

网上招聘是一种新兴的招聘方式。

学校是人才高度集中的地方，是组织获取人力资源的重要源泉。应届生到企业进行实习是就业前与企业对接的重要一步。

职业中介是常见的招聘渠道，职业中介是用人单位和求职者的联系桥梁。

“猎头”公司是一种专门为雇主“猎取”高级人才和尖端人才的职业中介机构。

通过企业员工推荐人选，是组织招聘的重要形式。

内部招聘，就是将招聘信息公布给公司内部员工，员工自己可以来参加应聘。

企业员工的选聘，需要同时考虑内部来源和外部来源。这两种方式都各有优缺点。

练 习 题

一、名词解释

1．员工招聘

2．因事择人

二、填空题

1. 员工招聘应遵循以下原则：__________、__________、__________、__________。

2. 员工招聘的程序一般包括以下几个方面：__________、__________、__________、__________及__________等。

3. 外部招聘的渠道大致有：__________、__________、__________、__________、__________、__________和__________。

三、单项选择题

1. 员工招聘时应以实际工作的需要和岗位的空缺情况为出发点，根据岗位对任职者的资格要求选用人员，这是遵循了（　　）原则。

A. 因人择事　　B. 因事择人

C. 竞争择优　　D. 效率优先

2. 通过考试的方法来招聘员工是遵循了（　　）原则。

A. 因人择事　　B. 因事择人

C. 竞争择优　　D. 效率优先

3. 内部招聘的主要优点有（　　）。

A. 可以避免“近亲繁殖”

B. 来源广泛，选择空间大

C. 容易在组织内部形成错综复杂的关系网

D. 了解全面，更容易做到用其所长

4. 相对于内部招聘，外部招聘有利于（　　）。

A. 鼓舞士气　　B. 全面了解应聘者

C. 调动员工的积极性　　D. 组织创新和管理革新

5. （　　）具有信息传播范围广、速度快、成本低、联系快捷方便且不受时间、地域限制。

A. 内部招聘　　B. 校园招聘

C. 网上招聘　　D. 广告招聘

四、多项选择题

1. 一份精心制作的申请表具有（　　）功用。

A. 它提供了一份关于申请人愿意从事这份职务的记录

B. 它为负责面试的人员提供了一份可用于面试的申请人小传

C. 它对于被录用的求职者来说是一份基本的员工档案记录

D. 它可以用于评估“甄选”过程的有效性

E. 它往往是求职者所有信息的真实表达

2. 招聘成本主要包括（　　）。

A. 招聘人员的工资

B. 招聘广告费
C. 招聘测试费
D. 间接相关人员的工资
E. 企业全体人员的工资

3. 媒体广告招聘的优点有（　　）。
A. 信息传播范围广　　B. 应聘人员数量大
C. 组织的选择余地大　　D. 招聘时间较长
E. 广告费用较高

4. 内源选任也有其缺陷，表现为（　　）。
A. 容易造成“近亲繁殖”
B. 内部备选对象范围狭窄
C. 来源广泛，选择空间大
D. 难以准确判断他们的实际工作能力
E. 容易造成对内部员工的打击

五、判断是非题

1. 一般认为，“猎头”公司是一种专门为雇主“猎取”普通员工的职业中介机构。（　　）
2. 员工推荐的优点是招聘成本小，可靠性高。（　　）
3. 如果企事业组织在当地有很好的口碑，则其招聘活动就会比其他企事业组织成功。（　　）
4. 美国微软公司近一半的员工都是通过人才猎取方式获得的。（　　）
5. 员工招聘是从组织外部吸收人力资源的过程。（　　）
6. 根据效率优先的原则，组织在员工招聘时应该花尽可能多的时间和金钱找到最优秀的人。（　　）
7. 甄选是员工招聘的关键环节。（　　）
8. 当组织出现岗位空缺时，首先应考虑内部是不是有合适的人选，而不是向外招聘。（　　）

六、简答题

1. 员工招聘原则有哪些？
2. 员工招聘的途径包括什么？

七、论述题

1. 你认为应如何做好员工招聘工作？
2. 内部招聘和外部招聘各有什么优缺点？

八、案例分析

从组织内部寻找人才

台塑董事长王永庆在中国台湾是一个家喻户晓的传奇式人物,他从白手创业到主持中国台湾规模最大的台塑企业集团,从贫无立锥之地到中国台湾首富,是经过一番奋斗的。

企业的兴衰唯人才是赖,所以大多数企业都争相到企业外去招揽人才。王永庆不完全同意这种做法,他认为人才往往就在你的身边,因此求才应首先从企业内部去寻找。他说:寻找人才是非常困难的,最主要的是,自己企业内部的管理工作先要做好;管理上了轨道,大家懂得做事,高层经理人才有了知人之明,有了伯乐,人才自然就被发掘出来了。自己企业内部先行健全起来,是一条最好的选拔人才之道。

从组织内部寻找人才案例分析

如今大多数企业家,虽然求才若渴,可是,由于企业内部基本的管理工作没做好,有很多人才而不自知,却在那里大叹求才之难,由于管理未上轨道,根本不知道需要什么样的人才,而盲目到处寻找人才。对此,王永庆进一步分析指出,企业家对自己企业内有无人才浑然不知,却又盲目向外找人才,纵使找到了人才又有何用呢?不能给予适才适所的安置,人才也是枉然。身为企业家,应该知道哪一个部门为何需要此种人才?例如:这个单位欠缺一个分析成本的会计人员,或是电脑的程序设计人员;究竟是哪一种成本分析?需要的是哪一部门的电脑专家?困难在哪里?从哪里去找?如果这些都弄不清楚,如何去找人才呢?如果自己不了解,怎么去判断何人适合哪一项工作呢?应该说,遇到这种情况,先确定工作职位的性质与条件,再决定何种类型的人来担任最适宜,然后寻求担任此职位的人才。

王永庆说:就像苦苦的研究一样东西,到了紧要阶段,参观人家的制造,触类旁通,一点就会;如果不经苦苦的研究追求,参观人家的制造,仍然一无所得。要自己经过分析,知道追求的目的,才知道找怎样的人才,否则空言找人才,不是找不到,就是找到了也不懂得用。还有,人才找来了,因为自己的无知,三言两语便认为不行的也多得是;或者因为本身制度的不健全,好好的人才来了,不久就失望而去。

基于这个道理,台塑每当人员缺少时,并不是立即对外招聘,而是先看看本企业内部的其他部门有没有合适的人员可以调任,如果有的话,先在内部解决,填写调任单,两个单位互相协调调任即可。负责人事的台塑高级专员陈清标说:通过内部的甄选有两大优点,一方面可以改善人员闲置与人力不足的状况;另一方面则因人员已熟悉环境,训练时间可以节省下来。

这种做法的好处是,发挥了轮调的作用,将那些不适合现职的人,或对现职有倦怠的人另换一个工作,使其更能发挥所长,而且分工太细组织僵化等现象,也可以从调任中消除掉。

(案例来源:www.open.edu.cn)

试分析

1. 你对台塑董事长王永庆的人才观是怎么看的?
2. 从企业内部选聘员工有什么优缺点?

九、小组讨论

雅虎的人性化招聘

做人力资源工作已十年多，亲自招聘过几万名应聘者，接触过不少同行，也亲见众多企业的招聘过程，但直到我亲身经历了雅虎的招聘过程，才真正体会到人性化招聘的内涵。

1. 充满激情的招聘广告

随意翻开任何一份雅虎的招聘广告都可以看到类似这样的字眼："我们在寻找像您这样睿智的人"、"对网络充满了热情"、"想融入这个家"、"因为只有在这里，您的想法和建议才会真正地被认为如此地重视"、"要准备飞得更高吗"、"准备亲笔书写你自己飞向成功的计划吗"、"准备把互联网的奇迹撒播到中国的每个角落吗"、"让你的职业生涯与雅虎中国一起腾飞吧"。

没有人不为这样的字眼所打动。雅虎让每个人觉得自己是赢家，她欢迎每一位优秀人士加盟，她相信每一位应聘者，同时给他们充足的信心，那就是有你所在的这样优秀的团队一定能赢，在这个张扬个性的年代，每个人都希望受到充分的尊重。其实不妨多花一点时间来创造或改造自己的文化及运作模式，来吸引备受大家青睐的难得的人才。原来意义上的招聘广告内容显然已不适应新时代的需要，如没有说明语，只有职位及介绍，结束语只是：合则约见。这样的广告给人的印象是单向的，不是双向选择，对应聘者不够充分尊重。那些已经有很不错的职位，能平稳发展的人才，不会理睬这样的广告。所以，无形之中就把人才拒之门外了。

2. 高效的简历投递方式

雅虎充分利用其网络的优势，在每一个电子招聘广告的职位后面都开通了不同的电子回复地址，以便应聘者的简历无须经过人力资源部而直接传递到部门负责招聘者的信箱，从而大大提高了筛选简历的效率。同时，公司设置了自动回复，凡是发出简历的应聘者都会立即收到一封回信，感谢其对雅虎的关注和对此职位的兴趣，说明公司正在请相关负责人认真阅读其简历，并会尽快通知其进一步的安排。

我们曾经接到很多由应聘者寄来的回信，他们说那么快就收到回信很感动，他们原来认为一般情况下都会是没有回音的。他们认为雅虎的做法很人性化。有的应聘者甚至这样写"如果我暂时不合适，我也希望贵公司能把我的资料存档，我会继续努力的，我愿意在这样备受尊重的公司工作。"一般来讲，公司会在三天之内把相关简历做粗略筛选，尤其是信息不全的情况，会立即与应聘者联系，索要更详细的信息，或要求用更便于阅读的方式发送。有时我们会在信发出一周后收到应聘者的回复："实在不好意思，我刚打开信箱，我真没想到你们那么快就与我联系。"这样的信是很经常的。雅虎要从一点一滴让客户感觉到她是高效的。

3. 周到细致的电话交谈

雅虎一般在正式面试之前安排电话交谈，时间会选择在工作日的晚上或周末。这样做的目的是考虑到应聘者可能有不方便之处，如果双方都在轻松愉快的环境下交谈，一定会取得很好的效果。常常在接通与应聘者的电话，报出公司名称之后，对方会吃惊地说："你们想得太周到了，我就怕工作时间接到你们的电话，现在就不用担心了"。有些公司的人力资源人士认为电话交谈的作用并不大，因为电话这种沟通形式有很多局限性，它唯一传播的手段就是声音，从而一些重要信息容易被掩盖。其实这里有两个误区：一个是选择的时间不当；另一个是设置的问题不当。时间的问题已经解决了，就是要尽量避开工作时间。除非可以初步判定应聘者正处于歇业状态。电话交谈的问题应是基本问题：如确认简历中的一些内容，询问其工作史和现在工作的职责，介绍其应聘的工作岗位，初步判断其个人兴趣与此岗位的符合性。统计表明，雅虎电话交谈的筛选率约为50%。也就是说通过专业人士主持的电话交谈可以有效决定来参加进一步面试的人选。这样不论是作为应聘者还是公司都大大提高了效率，企业主持招聘的人士大多都遇到过这样的情况：面试当天，应聘者风尘仆仆地赶来，可是在开始阶段就发现个人对职位内容的预估与当面介绍的职位情况是大相径庭的，双方都很尴尬。无形之中浪费了不少时间。所以电话访谈还是很必要的。关键在于如何周到安排并有效控制所需得到的结果。

4. 轻松而高效率的面试

雅虎的面试很有创意。首先它是在玻璃房子中进行的，这一点有些应聘者开始会不大习惯，但这是雅虎的文化，所以也算个小小的对环境适应性的挑战吧，因为将来的工作环境就是这样的。我们会发现有的应聘者很自然地接受这样的环境，还会时不时对匆匆忙忙地来来往往的同事做个评价，也会对在办公区踩着滑板车穿梭的同事表示吃惊，每当这时我们都会自豪地说："这就是雅虎"（没有约束，轻松愉快地工作效率更高）。我们还会建议西装革履的应聘者下次再来着便装就可以了。雅虎的面试用桌全部都是圆桌，很平等。茶水、咖啡、纸巾都是必备的。电话、电源、网线齐备，有备而来的应聘者可以利用充足的资源呈现他/她的作品和想演示的内容。效率很高，不用临时抱佛脚，并且从方方面面让应聘者感觉到雅虎的特点和效率。

为了尊重应聘者的时间，人力资源部尽量做内部沟通和协调，请包括用人部门在内的有关决策人都在同一个半天内安排出时间，以便面试的每个步骤顺利地进行。每位招聘官面试的侧重点都不一样，有时也会几位招聘官一起与应聘者坐到一起，有利于各方的配合与沟通。招聘小组力求创造轻松愉快的气氛，总是面带微笑，与应聘者真诚地交流。内部的效率提高了，应聘者也不用担心不知还要特意安排多少个半天，甚至来过多次可能也不知道下一步会是怎样。我们会明确告知每一位应聘者具体的步骤和安排。

5. 善意客观的结果告知

雅虎的人力资源部会给所有曾经来过公司参加面试而暂时不能被聘用的应聘者发出感谢信，感谢其对公司的诚意。愿意将其资料存档，以备将来有合适职位再联系。所有应聘者一视同仁，我们收到过不少曾到公司面试的朋友的电话或来信，他们说雅虎的做法很职业，也不乏再次与人力资源部联络的朋友，询问没能进入下一次面试或没有被最终录用的原因。在这种情况下，我们都很坦诚相告，并希望他\她能不断进步，在他\她准备好时或有新的更适合他\她的职位时再来雅虎应聘。有的雅虎现职员工就是当时在我们的善意建议下，奋发努力，最终经过半年多的时间加入到雅虎这个大家庭的。更有一些应聘者长期与我们保持联系，分享他在职业生涯当中的每一个进步和喜悦。在优秀人才短缺的今天，与其去呼唤人才、寻找人才，不如脚踏实地真正地为吸引人才、留住人才做点什么，这样人才才会蜂拥而至，在此生根发芽。

（案例来源：http://bbs.yingjiesheng.com/）

讨论题
1. 雅虎的人性化招聘体现在哪些环节？
2. 雅虎的面试有什么特点？

十、模拟角色

纽约联合印刷公司的择人之道

纽约联合印刷公司的销售经理——皮尔森先生，此时正在审核瑞·约翰逊（R.Johnson）先生的档案材料，这位约翰逊先生申请担任地区销售代表的职务。联合印刷公司是同行业中的最大厂家，经营印刷初级教育直至大学教育的教材用书，系列、完整的商贸性出版物以及其他非教育类的出版物。

该公司目前正考虑让约翰逊手下的销售成员同大学教授们打交道。约翰逊是由杰丽·纽菲尔德介绍给这家公司的，而纽菲尔德是眼下公司负责西部地区的销售商中工作非常成功的一位。虽然他到公司仅两年，但他的工作表现已清楚地表明其前途无量。

在他到公司的短时期内，就将在自己负责区域内的销售额增加了三倍，他与约翰逊从少年时代就是好朋友，而且一起就读于伊利诺斯州立大学。

从档案上看，这位约翰逊先生似乎是一个爱瞎折腾的人。很明显的一点是在其大学毕业后的 10 年中，他没有一项固定的工作。在其工作中，持续时间最长的是在芝加哥做了八个月的招待员。他在 Riviera 居住了两年，所做的一切仅够维持生活，而今他刚回来。

由于没有足够的钞票，所以不管在哪儿，他都想方设法谋生，既然他以往是这种情况，在多数情况下公司就会自动取消考虑他的资格。但皮尔森先生还是决定对约翰逊的申请给予进一步考虑。这主要是因为公司的一个主要销售力量推荐他，尽管这个人很清楚约翰逊的既往。

皮尔森先生在亚利桑那州的菲尼克斯花了两天时间，同纽菲尔德及其一位顾问朋友，一道会见了约翰逊先生。三人一致认为问题关键在于：约翰逊先生能否安顿下来，为生活而认真工作。

约翰逊对这个问题抱诚恳的态度，并承认自己没料到会有这种答复，他清楚自己以前的工作情况，可他似乎又觉得会得到这份预想的工作。约翰逊先生似乎有优越的素质来胜任，他的父母是东部一所具有相当规模的大学教授，他在学术氛围中成长起来，因而，充分地了解向教授们推销教材过程中所需解决的各种问题。他是一个有能力，知进取的人。

在会见后，皮尔森先生和顾问都认为，如果他能安顿下来投入工作，他会成为一名杰出的销售人员。但是二人也意识到还有危险存在：那就是约翰逊先生可能会再次变得不耐烦而离开这个工作去某个更好的地方。不过，皮尔森决定暂时雇用约翰逊。

公司挑选程序的一部分要求在对人员最后雇用之前对每一位应聘者进行一系列心理测试。一些测试表明：约翰逊先生充满智慧且具有相当熟练的社会技能。然而，其余几项关于个性和兴趣的测试，则呈现出了令公司难以接受的一个侧面。

测试报告说：约翰逊先生有高度的个人创造力，这将使他不可能接受权威，不可能安顿下来投入一个大的部门所要求的工作中去。关于他的个性评估了许多，但是所有一切都归于一个事实：他不是公司想雇用的那类人。依据测试结果，皮尔森先生还拿不定主意是否向总裁建议公司雇用约翰逊先生。

（案例来源：http://www.beidabiz.com）

思考与模拟

1. 如果你是皮尔森先生，是否可录用约翰逊先生？皮尔森先生将向总裁建议什么？
2. 假如皮尔森雇了约翰逊先生，那么你认为约翰逊先生会不会“这山望着那山高”在皮尔森的公司干一段时间后又再跳槽呢？

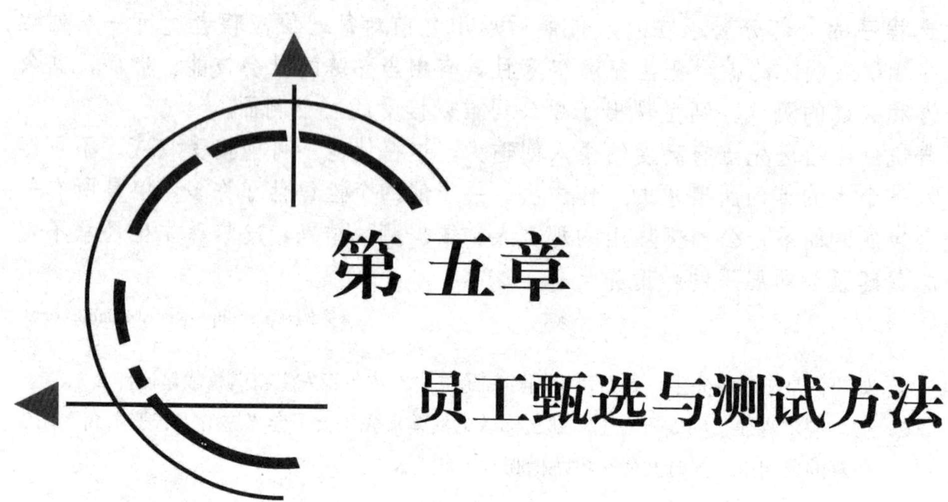

第五章 员工甄选与测试方法

学习要求☞

重点掌握

- 面试的概念
- 面试的类型
- 心理测验的概念

掌握

- 心理测验方法
- 评价中心法常用的方式

了解

- 面试的过程和内容

员工甄选工作是整个招聘过程的关键环节。员工甄选是企业通过各种手段和方法，获取候选人的信息并据以区分、评价，最终决定录用人选的过程。在长期的人力资源招聘工作实践中，发展了许多实用的甄选与测试方法。当前使用最广泛的、最主要的甄选与测试方法是面试法、测试法及评价中心技术等。

第一节 面 试 法

一、面试的概念

面试，是一种经过精心设计，在特定场景下，通过与受聘者面对面的交谈与观察，了解其有关信息的一种方式。“精心设计”使面试与一般性的交谈、面谈、谈话相区别。“在特定场景下”使面试与日常的观察、考察等测评方式相区别。面试要在特定时间、地点进行，被测者以口述方式回答问题，通过面对面的观察、交谈等双向沟通形式，了解被测者的素质特征、能力状况以及求职动机等方面情况，并评定成绩。

面试与一般的面谈是不同的。

面试给企业和求职者提供了进行双向交流的机会，能使企业和求职者之间相互了解，从而双方都可更准确做出聘用与否、受聘与否的决定。面试是供需双方通过正式交谈，使组织能够客观公正地了解候选人，以获取候选人的直接第一手材料。同时，求职者也可以通过面试进一步加深对组织的了解，比较自己的期望与组织的发展是否一致。因此，面试是员工招聘过程中非常重要的一步。

面试微课

面试过程中的主动权主要控制在评价者手中，具有双向沟通性，可以获得较为丰富、完整和深入的信息，并且面试可以做到内容的结构性和灵活性的结合。因此，它是员工甄选最普遍使用的方法。

二、面试的过程和内容

面试过程一般包括准备阶段、开始阶段、进入正题、收尾及回顾：

1）面试准备时，首先要审查求职者的申请表和简历，并注明能表明其优缺点和尚需进一步了解的地方。同时应当查阅工作说明书。

2）在开始阶段，应聘者刚开始进行面试时问一些比较轻松的话题，以消除应聘者的紧张情绪，建立起宽松、融洽的面试气氛。

3）切入正题时，面试者要按照事先准备或者根据面试的具体进程，对应聘者提出问题，同时对面试评价表的各项评价要素做出评价。

4）在收尾阶段，主要问题提问完毕以后，面试就进入了收尾阶段，这时可以让应聘者提出一些自己感兴趣的问题由面试者解答。

5）最后，面试者要检查面试记录，把面试记录表填写完整。

面试的内容通常需要包含如下几个方面：

1）应聘者的言谈举止、仪表风度、精神风貌、兴趣爱好。

2）应聘者求职的动机与工作期望。

3）应聘者的专业知识、工作经验与工作能力。

4）应聘者的工作态度、事业心、进取心。

5）应聘者的分析能力、反应能力、自控能力。

6）应聘者的协作能力、团队精神。

阅读资料

某金融企业招聘面试程序

第一次面试，由行长助理主持，主要考察应聘者的工作态度。如，问应聘者“愿不愿意加班”。如果应聘者不愿意加班，则不予考虑。

第二次面试，由部门经理主持，主要考专业知识。笔试，由部门经理主持，主要考专业知识和外语水平。时间约为20分钟。

第三次面试，由副行长主持，主要问有关专业问题，考察应聘者的专业基础、思维能力、知识广度、分析判断能力等。

整个面试时间约为1小时。

三、面试的类型

面试的类型，从操作规范程度上划分，有结构式面试、半结构式面试及非结构式面试；从被试多少来划分，有个别面试、小组面试；从操作模式上来划分，有问答基本式面试和操作综合式面试；从面试气氛设计上划分，有压力面试和非压力面试。从面试手段上划分，有面对面面试和远程视频面试。下面只介绍一些典型的面试方法。

当然，在一次招聘中，不是所有方法都用得上的。

阅读资料

远程视频面试

现在有越来越多的公司在网站上对求职者进行初次面试，节约了时间和诸如飞机票和住旅馆等这些费用。

公司也可以利用开视频会议让求职者在其他地点会见招聘经理。例如，有6个求职者竞争一个高级财务职位，他们最近来到马萨诸塞州沃尔瑟姆的一家通信公司的总部，通过视频接受全美各地的高级行政管理人员的面试。

目前大约有7000个视频贴在Jobing.com网上，它是一个专门列表告知在特地地理区域的求职机会的招聘网站。类似地，越来越多的雇主正在建立播客（podcast），让雇员叙述与职业相关的课题。埃森哲公司（Accenture）在其在线招聘的门户网站上每个月换一次播客。

（资料来源：路易斯•R.戈麦斯-梅希亚，戴维•B.鲍尔金，鲁伯特•L.卡尔迪. 2015. 人力资源管理. 上海：格致出版社）

1. 结构式面试

结构式面试（structured interview）指主试者事先拟好谈话提纲和提问要点，引导被试者在这个范围内回答问题和发表意见。它首先要对职位进行分析，确定面试的测评要素，在每一个测评项目上预先编制好面试题目并制定出相应的评分标准，面试过程要遵循一种客观的评价程序。在结构面试中，往往由事先确定的提问提纲，里面列出了需要了解的各方面问题，而且这些问题通常还可能有一定的内在逻辑关系。面试时，按照固定的程序向被试者提问这些问题，所有被试者都回答同样结构的问题。

结构化面试往往有标准化的评分表和详细的评分标准，它属于标准化的面试，结构严密，层次性强，评分模式固定，面试的程序、内容以及评分方式等标准化程度都比较高。研究表明，结构型面试的信度与效度较好。但缺点是过于僵化，难以随机应变，所收集信息的范围受到限制。表 5.1 是一份外资企业结构式面试指南。

表 5.1　某外资企业结构式面试指南示例

工作兴趣

姓名：________　申请职位：________

你认为这份工作（职位）包括哪些内容？________

你为什么申请这份工作（职位）？________

你为什么认为你适合这份工作（职位）？________

你在工资方面有什么要求？________

你对我们公司了解多少？________

你为什么希望加入本公司？________

目前工作状态

你现在有工作吗？□是　□否。如果没有，你已经失业多长时间了？________

你为什么没有工作？________

如果你有工作，那么你为什么申请这个职位？________

你什么时间可以开始到本公司工作?________

工作经历

（从现在的工作或上一份工作向前倒推，所有的时间都要涉及，至少要倒推 12 年，具体可视应聘者的年龄而定，在军队服役也应当做一项工作）

目前或上一家工作单位：________地址：________

工作时间：从________年________月到________年________月

目前或上一个工作职务：________

工作职责：________

你在该公司是否一直做同一份工作？□是　□否。如果不是，请介绍一下你所做过的各种工作、每项工作做了多长时间以及每项工作的主要职责：________

____

____

续表

你的起薪是多少？_____你现在挣多少？_______你感觉怎么样？____________________

____

你上一位或现在的上司叫什么名字？____________________

你最喜欢现在或上一份工作的什么方面？____________________

你最不喜欢现在或上一份工作的什么方面？____________________

你为什么想离开？____________________

你为什么现在就想离开？____________________

面试者的评价或观察：____________________

____

你在那家公司工作之前是做什么的？____________________

你还做过什么别的工作或有过别的什么经历？请简要描述一下，解释一下每项工作的主要职责：__________

____

在过去五年中，你被解雇过吗？□是 □否。你为找工作做了哪些努力？____________________

____

你还有哪些经历或训练可以帮助你胜任你申请的这份工作？解释一下你是如何、在哪里获得这些经历或训练的：_____

____

教育背景

你受过哪些教育或训练对你申请的这份工作有帮助吗？____________________

____

请介绍你受过的所有的正式教育。（面试者也可以问相关的技术训练）____________________

____

____

业余活动

你业余时间做什么？____半时工作____运动____看体育比赛_____俱乐部______其他

请解释一下____________________

面试者的特殊问题

面试者：对于特殊的工作可以增加其他问题（要注意避免歧视性的问题）

____

____

个人信息

你愿意调换工作吗？ □是 □否。

你愿意旅行吗？ □是 □否。

你可以考虑的最长的旅行时间是多少？____________________

你能加班吗？____________________

周末工作怎么样?____________________

续表

自我评价

你认为你的长处是什么？______

______

你认为你的短处是什么？______

______

面试者：将应聘者的反应与其申请书中的信息进行对比，找出不一致的地方。

______

______

应聘者离开之前，面试者应该向其介绍本组织及工作的基本情况（如果此前没有介绍过的话）。应聘者应该了解工作的地点、工作时间、工资、报酬的种类（工资或工资加奖金等）以及其他可能影响应聘者对工作兴趣的因素。

面试者的印象

就每项特征作出评价，1 代表最高，4 代表最低

个人特征					评　价
外表 举止 谈吐 与面试者的配合 与工作有关的特征 工作经历 相关知识 人际关系 效率					

总体评价

1	2	3	4	5
____出色的	____高于平均水平 （很合格）	____平均水平 （合格）	____不太满意 （不太合格）	____不满意

评语：______

______

面试人：______ 时间：______

2. 非结构式面试

非结构式面试（non-direct interview）是指事先不拟定谈话形式和内容的框架，以漫谈形式让被试者自由发挥。非结构化面试就是一种没有既定的模式、框架和程序，主试者可以“随意”向被测者提出问题，而对被试者来说也无固定答题标准的面试形式。主试者提问问题的内容和顺序都取决于其本身的兴趣和现场应试者的回答。这种方法给谈话双方以充分的自由，主试者可以针对被测者的特点进行有区别的提问。非结构化面试形式给主试

者以自由发挥的空间，但这种形式也存在一定的局限性，即易受主试者主观因素的影响，面试结果无法量化以及无法同其他被测者的评价结果进行横向比较等。

当然，也可以在一次面试中把结构式面试和非结构式面试结合起来运用。比如一开始采用非结构形式，创造一个宽松的气氛，然后将话题纳入预定的轨道以便得到想了解的信息。

阅读资料

摩根士丹利的最后一轮面试

参加摩根士丹利的最后一轮面试时，一位分析员面无表情地与我握手寒暄后，他不动声色地发问了：“如果你找到一份工作，薪水有两种支付方式，一年 12 000 美元，一次性全部给你；同样一年 12 000 美元，按月支付，每月 1000 美元。你会怎么选择？”

我心里“嘭”地一跳，这人怎么不按常理出牌啊！我搬出课本里的名词：“这取决于现在的实际利率。如果实际利率是正数，我选择第一种；如果是负数，我选择第二种；如果是零，两者一样。同时，我还会考虑机会成本，即便实际利率是负数，假如有好的投资机会能带来更多的回报，我还是会选择第一种。”说完这一长串的答案，我不禁有些沾沾自喜，因为我知道回答这类问题时，相对于答案本身，思考的过程更被看重。

“一般人都说选择第一种，你还不错，考虑得很周全。”淡淡的一句点评后，他并没有就此罢休，“那实际利率又是什么呢？”

“名义利率减去通货膨胀率。”幸好经济学的基础知识还没有完全荒废，我庆幸。

“现在的联储基金利率是多少？通货膨胀率在什么水平？”

这一次，我真的被问住了！准备面试时，我就告诉自己要秉承一个原则，不懂的千万不能装懂，不知道的更不能胡编乱造。于是，我老老实实地回答：“对不起，我不知道，不过如果需要，我回去查清楚后，马上打电话告诉你。”

那位分析员不依不饶又提出一个通常只有咨询公司才会问的智力测验：“9 个硬币，有一个重量和其他的不一样，你用两只手，最多几次可以找出这枚特殊的硬币？”

“三次。”我不服输地飞快回答。

“还是 9 枚硬币，改变其中的一个条件，两次就可以找出这枚特殊的硬币，这个条件应该怎么修改？”

“告诉我这枚特殊的硬币比其他的硬币重还是轻。”当我再一次以飞快的速度给出了正确答案，他终于低声说了句“Good”。

据说在我的评定书上，他填写的意见是：不惜代价，一定要雇用！

（资料来源：http://bbs.17hr.com/）

3. 压力面试

压力面试（stress interview）是指向被试者提出意想不到的问题，或将被试者置于难堪的境地，目的在于观察其反应能力、承受能力和情绪控制能力。

压力面试通常用于对谋求要承受较高心理压力的岗位的人员的测试。测试时，主试者可能会突然问一些不礼貌、冒犯的问题，让被试者会感到很突然，同时承受较大的心理压力。这种情况下，心理承受能力较弱的被试者的反应可能会较异常，甚至不能承受。而心理承受能力强的人员则表现较正常，能较好地应对。这样就可以判别出被试者的心理承受能力。

例如，一位顾客关系经理职位的候选人提到她在过去两年内从事了四项工作时，主试者可能告诉她，频繁的工作变换反映了不负责任和不成熟的行为。如果被试者对工作变换的原因做出合理的解释，就可以开始其他的话题；相反，如果被试者表示出愤怒和不信任，就可以将它看作是在压力环境下承受力弱的表现。

另外，该方法也可以用来证实对一些信息的怀疑。因为，人在一些突发问题上的反应更真实、更客观。而在准备个人求职资料时会不自觉地、不同程度上会美化自己，甚至造假。

4. 行为描述面试

行为描述面试（behavior description interview）就是要求被试者对过去的工作经历和某些行为进行描述，以判断被试者对所聘岗位的工作经验、办事能力、处事方式是否符合职位要求。

行为描述面试法是基于行为的连贯性原理发展起来的。通过被试者对自己行为的描述，我们可以了解被试者过去的工作经历，判断他选择本组织发展的原因，预测他未来在本组织中发展的行为模式；了解他对特定行为所采取的行为模式，并将其行为模式与空缺职位所期望的行为模式进行比较分析。

面试过程中，主试者往往要求被试者对其某一行为的过程进行描述，如提问“你能否谈谈你过去的工作经历与离职的原因？”等。在提问过程中，行为描述面试所提的问题还经常是与被试者过去的工作内容和绩效有关的，而且提问的方式更具有诱导性。

第二节　心理测验法

心理测验是对一组可观测的样本行为进行系统地测量，以推论人的心理特征。心理测验可以反映被测者的能力特征，预测其发展潜能，也可以测定求职者的人格品质及职业兴趣等。心理测验产生于对个别差异鉴别的需要，它广泛应用于企业、教育、行政管理人才的挑选与评价。

下面介绍几种应用较广的心理测验方法。

一、个性测验

个性是一个人能否施展才华、有效完成工作的基础。员工选拔就是要将应聘者个性与空缺职位员工应具有的个性标准进行比较，选拔两者相符的员工。特定的工作需要特定的员工个性，如会计、秘书需具备心细的个性特征，而市场营销人员必须具备开拓意识。

个性测验常用的主要有问卷法和投射测验两类。

（一）问卷法

问卷法又称自陈量表（self-report inventories），主要是通过自我的实际情况进行分析回答的测验方法，它不仅可以测量外显行为，也可以测量自我对环境的感受。其基本假设是：只有被试自己最了解自己。

卡特尔16种个性因素测验是由美国伊利诺州立大学人格及能力研究所心理学家卡特尔（Cattell）编制的。这16种个性特征就是人的乐群性、稳定性、兴奋性、敢为性、怀疑性、世故性、实验性、自律性、聪慧性、恃强性、有恒性、敏感性、幻想性、忧虑性、独立性、紧张性。该测验由187个问题组成，通过对应聘者问题回答的分析，得出个人个性特征剖面图，以此进一步分析个人的心理健康、专业有无成就、创造力和成长能力等状况。

卡特尔根据自己的人格特质理论，运用因素分析方法编制了这一测验。

其表述方式如下：

在接受困难任务时，我总是：

A. 有独立完成的信心　　B. 不确定　　C. 希望有别人的帮助和指导

我的神经脆弱，稍有点儿刺激就会使我战战兢兢：

A. 时常如此　　B. 有时如此　　C. 从不如此

我喜欢从事需要精密技术的工作：

A. 是的　　B. 介于A、C之间　　C. 不是的

在需要当机立断时，我总是：

A. 镇静地应用理智　　B. 介于A、C之间　　C. 常常紧张兴奋

被试在每题后的三种答案中圈选一项。

其优点是实施简便，易评分，容易数量化。其缺点是，被试在回答问题时容易受社会期望的影响或道德防御的限制，同时被试对自己人格的认识也不一定正确，因而会影响测量的效度。

（二）投射测验

投射测验（projection test）是向被试题提供一些未经组织的刺激情境，让他在不受限制的情境下，自由表现出他的反应，分析反应的结果，便可推断他的人格结构。投射测验依据的原理是，人的一些个性特征与倾向性，是深藏于意识深层，即处于潜意识状

态的，自己并没有明确认识它们。其基本假设是：人们对于外界刺激的反应都是有其原因且可以预测的，而不是偶然发生的。

该测验主要采用图片作为工具而展开，测试人将一张意义含糊的图和照片出示给应聘者看，并不容其有考虑的时间，要求被测试人很快说出对该图片的认识和解释。由于应聘者猝不及防，又无思考时间，就会把自己的心理倾向“投射”到对图片的解释上，因而结果较为可信。

二、兴趣测验

兴趣测验的主要目的是了解应聘者想做什么和喜欢做什么。如果当前所从事的工作与欲从事的工作与其兴趣不相符合，那么无法保证他会尽职尽责、全力以赴完成本职工作。因此，如果能根据应聘者的职业兴趣进行职位与人员的合理配置，就可最大限度地发挥员工的潜力，保证工作效率。

美国学者霍兰德（Holland）提出人格一职业匹配理论，他认为人的人格类型、兴趣与职业密切相关，兴趣是人们活动的巨大动力，凡是具有职业兴趣的职业，都可以提高人们的积极性，促使人们积极地、愉快地从事该职业，而且，职业兴趣与人格之间存在很高的相关。他把人的人格划分为六种类型：现实型（realistic）、研究型（investigative）、艺术型（artistic）、社会型（social）、企业型（enterprising）和常规型（conventional），简称 RIASEC。每一个人都可以划为一种人格类型，并对应于一种职业兴趣。基于这种理论，霍兰德先后编制了职业偏好量表（vocational preference inventory VPI）和自我导向搜寻表（Self-Directed Search SDS）两种职业兴趣量表。

兴趣测验大量应用于职业咨询和人才测评中。

三、成就测验

成就测验（achievement test）又称为成绩测验，主要测评人的知识与技能，这是对认知活动结果的测评。

成就测验主要是针对特定领域为检测应试者对有关知识和技能的掌握程度而设计的，目的在于了解应试者“应知”、“应会”掌握的水平。成就测验的典型形式就是我们通常所说的考试。考试应用的领域非常广泛，自我国科举首创考试以来，一直沿用至今，并且现在考试已逐步向标准化、客观化发展。

根据不同分类方式，成就测验可以分成不同的种类。

（1）从反应方式上，成就测验可分为操作测验和纸笔测验

操作测验需要具体操作，如操作器械等。纸笔测验又可分为再认式和回忆式两类。再认式题目是把若干学习过的内容，重新呈现在被试面前，让被试辨认或排列组合，如是非题、多选题、匹配题、顺序题等。回忆式题目是所学过的内容不在眼前，要被试回忆，写出一个答案来，如填空题、简答题、论文题等。

（2）从测验的功能上，成就测验可分为检查测验、水平测验、预测性测验等

1）检查测验主要用来考察被试对某种知识、技能总的掌握情况，而不是被试所具有的长处和不足。

2）水平测验是一种标准参照测验，是用来考察被试是否达到某种要求的能力水平的一种测试。它不是用来确定被试在人群中的位置，而是用来对被试达标情况进行判断。这种测验又可称为基本技能最低限度测验。

3）预测性测验通常用来预测被试未来的学习成就。一般它所包含的题目比相同学科的一般成就测验复杂，在预测今后是否成功方面，其作用与性向测验相类似。

成就测验适用于招聘专业熟练工人、科技人员及管理人员，通过测试确认他们实际掌握的专业知识和专业技能。

四、智力测验

智力测验（intelligence test）主要测评认知活动中较为稳定的行为特征，是对认知过程或认知活动的整体测评。智力测试是对一般智慧能力和认知能力的测试，如记忆力、词汇、口头表达能力和数字处理能力。智力测验目的在于测量智力的高低，一个人的智力水平可以用智商（IQ）表示。

智力测验所测得的结果最初为一些原始分数，经过一定的计算程序处理，原始分数被转化为标准分数。

常见的智力测试有比纳－西蒙智力测量表、韦克斯勒智力测量表、瑞文智力测量。这些智力测量表都包含一套试题，让应试者回答，以得分多少作为鉴别智商的依据。由于智力被认为是个体心智的一般能量，因此它可以从各个不同心智活动中取样来测量。常见的测验形式是，分别从对常识、算术、理解、词汇解释、译码、图画补缺、图片排列、迷津、字句重组、增补数字序列、对比、类推、完成句子、立体图形分析、平面几何图形分析等内容的测量进行测评。

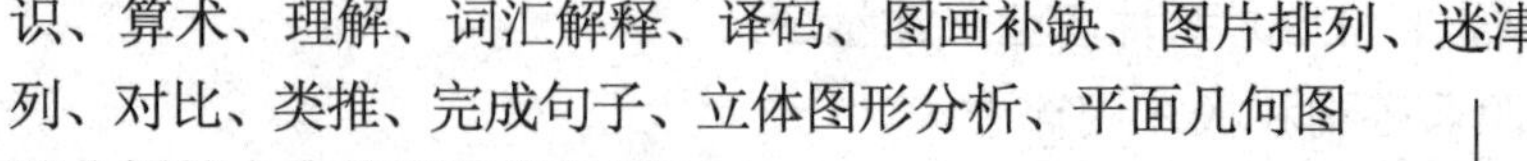

IQ 即智力商数，简称智商。其含义是被测验者通过智力测验所获得智龄分数与他的实际年龄之比。

如以比纳－西蒙智力测量表进行测试，得分在 90～100 分为正常智力，140 分以上为超常智力，70 分以下为心智不足。

智力的高低直接影响到一个人在社会上是否能获得成功。在企业招聘中运用智力测验，可以了解到一个人的智力结构和基本智力水平而做到量才录用。智商并不是越高越好，要突出量才录用，对不同的岗位，智商要求是不同的。企业在员工招聘中运用智力测验，可以尝试使用 IQ 高的人担任比较重要、难度比较高的技术工种，而 IQ 较低的员工可以担任一般的操作工作，这样可能会更加合适一些。当然，与此同时，我们还要考虑他的个性特点等其他因素。而对于员工个人而言，运用智力测验，可以明确本人的长处和短处而扬长避短和有意识地锻炼克服自己的短处，这也是企业人力资源开发的一种手段。当然，智商太高有时并不一定有利于工作。在一个团体中，所有的人的智商都很高，往往容易产生矛盾。管理人员如果智商太高，如超过 140，并不适合于担任管理工作。

五、性向测验

性向测验（aptitude test）又称为能力倾向测验，是用于测量从事某种工作所应具备的某种潜在能力的心理测试。性向测验的目的是测量一个人如果经过适当训练，能否成功地掌握某项工作技能。

如美国劳工部著名的“区别性向测验”由八个纸笔测验和四个仪器测验构成，可以测量九个因素：语言能力、数字能力、空间能力、一般学习能力、形状知觉、文书知觉、运动协调、手指灵巧、手的敏捷。这九个因素中的不同因素组合代表着不同种类职业能力倾向。如数字能力、空间能力和手的敏捷性较好的人适于从事设计、制图作业以及电器职业，因此，此种测试常用来测定职业倾向，进行职业指导。

心理测验是一种标准化、客观化程度较高的测验，但其中有一些心理测验的信度和效度仍并不理想。

阅读资料

谷歌的招聘趣事

儿子的一个朋友在谷歌得到了一份工作。他是这样得到谷歌工作的。一天，他偶然在大学校园的广告栏里看到一张小小的广告。上面没什么具体内容，只写着“www.”，然后是个很奇怪的数学符号。他把这个网址记在了脑子里。回家上网的时候，进去一看，还是没有什么内容，只有一道未解的数学题。他觉得很有意思，决定把这道题解出来。解这题并不容易，花了他半个小时。等他解出题目以后，突然弹出了一张表格，请他填写。谷歌的门就这样向他打开了。

在花花绿绿的广告栏里注意到一张不起眼的广告——说明这个人对他周围世界的新鲜事物很留意。把这个网址记在脑子里——说明这个人过目不忘。回到家上网时还记得点进去看一看——说明这个人很有好奇心。看到一道没头没脑的数学题，决定要解答——说明他喜欢动脑筋。最后把题解答出来了——说明他智商也不低。

不看简历，不看学历，不招聘，不海选，一分钱不花，谷歌就找到了它理想中的雇员。

第三节 评价中心法

评价中心法（assessment center）是一种综合性的、较全面的测评方法，是一种标准化的活动程序，通过使用各种不同的测评技术对被测者的多个心理维度进行评定，判断和预测那些与组织的工作绩效目标相关联的个体行为，以评价被测者操作能力及管理素质。该方法的核心手段是情景模拟测验，即把应试者置于模拟的工作情景中，让他们进行某些规定的工作或活动，考官对他们的行为表现做出观察和评价，以此作为鉴定、选

评价中心并不是一个机构。

拔的依据。

评价中心法主要用来招聘管理人员，评价中心法的实施往往需要2~3天，涉及6~12位管理职位的候选人，常用的方式主要有公文处理、无领导小组讨论、管理游戏、角色扮演等。

一、公文处理

公文处理（in-basket activity）又称文件筐作业。在这种测评方式中，被评价者被安排处理某一日常工作中经常遇到的各种类型的公文。这些待处理的公文包括各部门送来的各种报告，上级下发的各种文件，与企业相关的部门或业务单位发来的信函等，其内容涉及企业经营管理的各个方面，如生产原材料的短缺、资金周转不灵、部门之间产生矛盾、职工福利、环境污染、生产安全问题、产品质量问题、市场开发问题等，既有重大决策问题，也有日常琐碎小事。要求被评价者对每一份文件都要做出处理，如写出处理或解决问题的意见、批示，或直接与部门的人员联系发布指示等。被评价者应在规定的时间内把公文处理完。

评价者待测评对象处理完后，应对其所处理的公文逐一进行检查，并根据事先拟定的标准进行评价。如看被评价者是否分轻重缓急、有条不紊地处理这些公文，是否恰当地授权下属，还是拘泥于细节、杂乱无章地处理。

被处理完后，评价人员还要对被评价者进行采访，要求被评价者说明是如何处理这些公文的，以及这样处理的理由等。

二、无领导小组讨论

所谓无领导小组讨论（leadless group discussion），就是指让一组被评价者（5～7人）开会讨论一个问题，讨论前并不指定谁主持会议，在讨论中观察每一个人的发言，以便了解他的心理素质和潜在能力。

讨论的题目内容往往是大众化的热门话题，即被试者都熟悉的话题。避免偏僻或专业化，以使每个被试者都有开口的机会。讨论主题呈中性，即没有绝对的对或错，这样就容易形成辩论的形势，以便被评价者有机会更充分地显示自己的才华。讨论的内容也可以与拟聘岗位工作有关的内容，具体和专门化，如某企业经营管理中出现的问题作为案例提出来由大家讨论。不管在哪种情况下，讨论的问题最好能给被试者比较广阔的空间，让被试者有自由发挥的余地，对于评价者来说，重要的是善于观察。

观察可以从以下几个方面进行，如每个测评对象提出了哪些观点，与自己观点不同时是怎么处理，测评对象是否坚持自己认为正确的提议，他们提出的观点是否有新意，怎样说服别人接受自己的观点以及谁引导讨论的进行并进行阶段性的总结等。在这个过程中还可以看到每个人的领导能力如何，独立见解如何，能否倾听别人的意见，是否尊重别人，是否侵犯别人的发言权等。

三、管理游戏

做管理游戏是评价中心的常用方法。在这类活动中，小组成员各分配一定的任务，必须合作才能较好地完成它。有时引入一些竞争因素。通过被评价者在完成任务过程中表现出来的行为来测评应试者的素质。管理游戏中最常用的有两种，即小溪练习和建筑练习。

在小溪练习中，给被评价者一个滑轮及铁棒、木板、绳索等工具，要求他们把一根粗大的圆木和一块较大的岩石运到小溪另一边。这样的任务单靠个人的力量是无法完成的，而必须通过所有人员的协作努力才能完成。通过这项练习，评价人员可以在客观的情景下，有效地观察评价对象的领导特征、组织协调能力、合作精神、有效的智慧特征和社会关系特征等。

建筑练习，这是一项个人练习，包括一名被评价者和两个测评中心的辅助人员。这项练习要求被评价者使用木材建造一个很大的木头结构的建筑。在练习中，有两个“农场工人”A和B，帮助被评价人员一起来建造。这两个工人A和B是测评中心的人员，他们按照预定的目的和安排行事。A表现出被动和懒惰的特征，如果没有明确的指定命令，他就什么事也不干。B则表现好斗的和鲁莽的特征，采用不现实的和不正确的建造方法。A和B以各种方式干扰、批评被评价者的想法和建造方案。该练习的目的是考察个人的领导能力，更重要的是研究被评价者的情绪稳定状况。来自实践的一些研究报告表明，几乎没有一个被评价者能圆满地完成建筑任务，其中许多人变得易痛苦和心烦意乱，有些人宁愿自己单独工作而不愿使用或理睬助手，有些人则放弃了这个练习，还有一些人在这种环境下则想尽量努力工作，把任务完成得更好。

四、角色扮演

角色扮演（role playing）就是要求被评价者扮演一个特定的管理角色来处理日常的管理事务，观察他的表现，以了解其心理素质和潜在能力。比如，要求他扮演一名车间主任，让他在车间里指挥生产。

在测评中要强调了解被试者的心理素质，而不要根据他临时的工作意见作出评价，因为临时工作的随机因素很多，不足以反映一个人的真才实学。

有时可以由主试者主动给被试者施加压力，如工作时不合作，或故意破坏，以了解被试者的各种心理活动以及反映出来的个性特点。

角色扮演不仅仅用于员工招聘，也用于员工培训等。

阅读资料

诸葛亮的“七观法”

1）问之以是非而观其志。即通过问答来观察其对事物的判断力，来观察其志向。

2）穷之以辞辩而观其变。就是通过出其不意的问答来观察其应对突然问题或事件的应变能力。

3）咨之以计谋而观其识。就是指通过询问计谋来了解其学识的真伪、广窄等。

4）告之以祸难观其勇。这种方法是突然告诉一个人说大难降至，通过观察他的表现是否勇敢。

5）醉之以酒而观其性。俗话说“酒后吐真言”，也说“酒能乱性”，通过一起喝酒来观察其酒后的言论及真性情。

6）临之以利而观其廉。人性本有贪欲，但“君子爱财，取之有道”，自古以来，用金钱来考验人，使其面临财富，来有效观察其是否清正廉洁。

7）期之以事而观其信。信任是识人用人中最重要也是最难的一件事，古时敌军来降，便命其去“取某某人首级前来”，就是要让其表忠心诚信。

（资料来源：http://blog.hr.com.cn/）

小　结

甄选与测试工作是整个招聘过程的关键环节。当前使用得最广泛的、最主要的甄选与测试方法，是面试法、测试法及评价中心技术等。

面试，是一种经过精心设计，在特定场景下，通过与受聘者面对面的交谈与观察了解其有关信息的一种方式。

结构式面试指主试者事先拟好谈话提纲和提问要点，引导被试者在这个范围内回答问题和发表意见。

非结构式面试则事先不拟定谈话形式和内容的框架，以漫谈形式让被试者自由发挥。

压力面试是指向被试者提出意想不到的问题，或将被试者置于难堪的境地，目的在于观察其反应能力、承受能力和情绪控制能力。

行为描述面试就是要求被试者对过去的工作经历和某些行为进行描述，以判断被试者对所聘岗位的工作经验、办事能力、处事方式是否符合职位要求。

心理测验是对一组可观测的样本行为进行系统地测量，以推论人的心理特征。心理测验可以反映被测者的能力特征，预测其发展潜能，也可以测定求职者的人格品质及职业兴趣等。心理测验产生于对个别差异鉴别的需要，它广泛应用于企业、教育、行政管理人才的挑选与评价。

个性测验常用的主要有自陈量表和投射测试两类。

兴趣测验的主要目的是了解应聘者想做什么和喜欢做什么。

成就测验主要测评人的知识与技能，这是对认知活动结果的测评。

智力测验主要测评认知活动中较为稳定的行为特征，是对认知过程或认知活动的整体测评。

性向测验是用于测量从事某种工作所应具备的某种潜在能力的心理测试。

评价中心法是一种综合性的方法，它使用各种不同的技术对多个心理维度进行评定；

它是一种为组织判断和预测那些与组织的工作绩效目标相关联的个体行为，以评价被测者操作能力及管理素质为中心，所进行的一种标准化活动程序，是一种比较全面的测评方法。

评价中心法主要用来招聘管理人员，常用的方式主要有公文处理、无领导小组讨论、管理游戏、角色扮演等。

公文处理又称文件筐作业。在这种测评方式中，被评价者被安排处理某一日常工作中常常遇到的各种类型的公文。

所谓无领导小组讨论，就是指让一组被评价者（5～7 人）开会讨论一个问题，讨论前并不指定谁主持会议，在讨论中观察每一个人的发言，以便了解他的心理素质和潜在能力。

管理游戏中最常用的有两种，即小溪练习和建筑练习。

角色扮演就是要求被评价者扮演一个特定的管理角色来处理日常的管理事务，观察他的表现，以了解其心理素质和潜在能力。

练 习 题

一、名词解释

1．员工甄选　　2．面试

3．心理测验　　4．无领导小组讨论

二、填空题

1．面试的类型，从操作规范程度上划分，有________、________及________；从面试气氛设计上划分，有________和________。

2．个性测验常用的主要有________和________两类。

3．评价中心法主要用来招聘管理人员，常用的方式主要有________、________、________、________等。

三、单项选择题

1.（　　）是指向被试者提出意想不到的问题，或将被试者置于难堪的境地，目的在于观察其反应能力、承受能力和情绪控制能力。

A. 心理测验法　　B. 压力面试　　C. 结构式面试　　D. 非结构式面试

2.（　　）主要是针对特定领域为检测应试者对有关知识和技能的掌握程度而设计的，目的在于了解应试者“应知”、“应会”掌握的水平。

A. 个性测验　　B. 兴趣测验　　C. 成就测验　　D. 智力测验

3.（　　）是用于测量从事某种工作所应具备的某种潜在能力的心理测试。

A. 兴趣测验　　B. 性向测验　　C. 成就测验　　D. 智力测验

4.（　　）就是要求被试者对过去的工作经历和某些行为进行描述，以判断被试者对所聘岗位的工作经验、办事能力、处事方式是否符合职位要求。

A. 行为描述面试
B. 压力面试
C. 结构式面试
D. 非结构式面试

5.（　　）是把应试者置于模拟的工作情景中，让他们进行某些规定的工作或活动，考官对他们的行为表现做出观察和评价，以此作为鉴定、选拔的依据。

A. 面试法　B. 智力测验　C. 心理测验法　D. 评价中心法

四、多项选择题

1. 心理测验是对一组可观测的样本行为进行系统地测量，以推论人的心理特征。常用的心理测验方法有（　　）。

A. 个性测验
B. 角色扮演
C. 成就测验
D. 智力测验
E. 性向测验

2. 评价中心法主要用来招聘管理人员，常用的方式主要有（　　）。

A. 公文处理
B. 无领导小组讨论
C. 角色扮演
D. 智力测验
E. 性向测验

3. 面试的类型有（　　）。

A. 结构式面试
B. 非结构式面试
C. 压力面试
D. 行为描述面试
E. 无领导小组讨论

五、判断是非题

1. 甄选与测试工作是整个招聘过程的关键环节。（　　）
2. 员工招聘中的面试和普通的面谈是有很大区别的。（　　）
3. 结构式面试一般事先不拟定谈话形式和内容的框架，以漫谈形式让被试者自由发挥。（　　）
4. 成就测验的主要目的是了解应聘者想做什么和喜欢做什么。（　　）
5. 投射测验的缺点是，被试者在回答问题时容易受社会期望的影响或道德防御的限制，因而会影响测量的效度。（　　）
6. 智力测验的典型形式就是我们通常所说的考试。（　　）
7. 组织录用人员时，智商越高的人，对组织越有帮助。（　　）

六、简答题

1. 面试的主要类型有哪些？
2. 介绍几种应用比较广的心理测验方法。

七、论述题

试述评价中心法常用的方式。

八、案例分析

壳牌集团的招聘原则

壳牌公司是世界领先的国际石油企业，位居全球企业“500”强排名前列，是许多年轻人心目中的顶尖级外企典范。那么什么样的人才能加盟壳牌呢？壳牌招聘人才所关注的不仅仅是他适合某一项工作，更希望他在企业确确实实有发展前途，希望他有能力从现在的位置做起一步一步地向更高更宽的方向发展，做到经理甚至董事的位置。

壳牌是本着“发现我未来的老板”的态度来实施招聘的，希望招到的人才将来能够管理公司。那么什么样的人才有可能是壳牌未来的老板呢？系统地讲有三条招聘原则：分析和思维能力；人际关系能力；成就欲以及成就能力。

分析和思维能力如何，包括你对细枝末节的敏感性怎么样，是不是能够举一反三、高瞻远瞩，能不能从纷繁的信息中抓住最重要的，并对之进行分析、加工，获取有用信息并得出结论等。很多人存在误解，认为脑子聪明、IQ 高、思维能力就强。很多技术专才 IQ 非常高，但其综合分析能力却不一定符合壳牌的要求。

人际关系不单纯指与人如何相处，更在于能不能与人产生 1+1>2 的效果。一个人人缘好绝不是壳牌所说的人际关系。千万不要把人际关系等同于拉关系。以为能天天坐下来和人吃饭就是人际关系能力强。壳牌的人际关系是指你是不是尊重他人，你是不是理解他人，你在与人沟通时是不是能有效地倾听对方，并把自己的意见说出来，意见不一致时是不是能把不同意见综合，然后得到一个大家都比较满意的结果，是不是能说服他人，同时说服自己。在一个小团队里面是不是能够自然成为领导者。能不能跨越自己影响他人，建设性的合作与帮助。这里的人际关系同时也包括了团队之间的关系。

成就欲是一个人事业追求的前提。首先，你要有愿望成就一番事业，然后还要取决于你的成就能力。你是不是能清楚设立自己的目标，然后一步一步有的放矢地去完成。在实现过程中的心理素质，如坚持与意志力、决断力、面对压力时是否能够坚持得住，并能够说服大家。当然除了脑子聪明之外，精力还要特别充沛。因为只有这样才有可能最终完成自己的事业。有人觉得只要自己兢兢业业工作就是成就能力好，不是这样的，努力工作不等于成就能力。因为付出的努力不一定就有效。你要有勇气、有能力并且聪明地完成你的目标。壳牌追求的是内在的本质性的能力，并不介意员工是从何背景来的，在他们看来不同背景下碰撞出来的火花会更大一点、更亮一点。

壳牌是世界上最大的能源企业之一，作为一家大型的跨国公司，对于公司员工的素质有着严格的要求，对新招聘的员工要求具备“未来的老板的潜质”要求员工不仅能够有能力完成自己的本职工作，而且必须着眼于公司未来的发展。这些为公司长远目标的实现、战略意图的贯彻埋下了伏笔。

（案例来源：http://www.cnki.com.cn/Artic1el）

试分析　1. 壳牌公司三条招聘原则反映了企业什么样的招聘理念？

2. 壳牌的“发现我未来的老板”的招聘态度是否符合中国企业？

九、小组讨论

宝洁公司的校园招聘

宝洁公司的校园招聘值得称道。曾经有一位宝洁的员工这样形容宝洁的校园招聘："由于宝洁的招聘实在做得太好，即便在求职这个对学生比较困难的关口，自己第一次感觉自己被人当作人来看，就是在这种感觉的驱使下我应该说是有些带着理想主义来到了宝洁。"

（一）宝洁公司的校园招聘程序

1. 前期的广告宣传

派送招聘手册，招聘手册基本覆盖所有的应届毕业生以达到吸引应届毕业生参加其校园的招聘会的目的。

2. 邀请大学生参加其校园招聘介绍会

宝洁公司的校园招聘介绍会程序一般如下：校领导讲话，播放招聘专题片，宝洁公司招聘负责人详细介绍公司情况，招聘负责人答学生问，发放宝洁招聘介绍会介绍材料。

宝洁公司会请公司有关部门的副总监以上高级经理以及那些具有校友身份的公司员工来参加校园招聘会。通过双方面对面的直接沟通和介绍，向同学们展示企业的业务发展情况及其独特的企业文化、良好的薪酬福利待遇，并为应聘者勾画出新员工的职业发展前景。通过播放公司招聘专题片，公司高级经理的有关介绍及具有感召力的校友亲身感受介绍，使应聘学生在短时间内对宝洁公司有较为深入的了解和更多的信心。

3. 网上申请

从 2002 年开始，宝洁公司将原来的填写邮寄申请表改为网上申请。毕业生通过访问宝洁中国的网站，点击"网上申请"来填写自传式申请表及回答相关问题。这实际上是宝洁的一次筛选考试。

宝洁公司的自传式申请表是由宝洁总部设计的，全球通用。宝洁在中国使用自传式申请表之前，先在中国宝洁的员工中及中国高校中分别调查取样，汇合其全球同类问卷调查的结果，从而确定了可以通过申请表选拔关的最低考核标准。同时也确保其申请表能针对不同文化背景的学生仍然保持筛选工作的相对有效性。申请表还附加一些开放式问题，供面试的经理参考。

因为每年参加宝洁公司应聘的同学很多，一般一个学校就有 1000 多人申请，宝洁不可能直接去和上千名应聘者面谈，而借助于自传式申请表可以帮助其完成高质、高效的招聘工作。自传式申请表用电脑扫描来进行自动筛选，一天可以检查上千份申请表。宝洁公司在中国曾做过这样一个测试，在公司的校园招聘过程中，公司让几十名并未通过履历申请表这一关的学生进入到了下一轮面试，面试经理也被告之"他们都已通过了申请表筛选这关"。结果，这几十名同学无人通过之后的面试，没有一个被公司录用。

4. 笔试

笔试主要包括 3 部分：解难能力测试、英文测试和专业技能测试。

1）解难能力测试。这是宝洁对人才素质考察的最基本的一关。在中国，使用的是宝洁全球通用试题的中文版本。试题分为 5 个部分，共 50 小题，限时 65 分钟，全为选择题，每题5个选项。第一部分：读图题（约12题），第二和第五部分：阅读理解（约15题）；第三部分：计算题（约12题）；第四部分：读表题（约12题）。整套题主要考核申请者以下素质：自信心（对每个做过的题目有绝对的信心，几乎没有时间检查改正）；效率（题多时间少）；思维灵活（题目种类繁多，需立即转换思维），承压能力（解题强度较大，65分钟内不可有丝毫松懈）；迅速进入状态 （考前无读题时间）；成功率（凡事可能只有一次机会）。考试结果采用电脑计分，如果没通过就被淘汰了。

2）英文测试。这个测试主要用于考核母语不是英语的人的英语能力。考试时间为2个小时。45分钟的100道听力题，75分钟的阅读题以及用1个小时回答3道题，都是要用英文描述以往某个经历或者个人思想的变化。

3）专业技能测试。专业技能测试并不是申请任何部门的申请者都需经过该项测试，它主要是考核申请公司一些有专业限制的部门的同学。这些部门如研究开发部、信息技术部和财务部等。宝洁公司的研发部门招聘的程序之一是要求应聘者就某些专题进行学术报告，并请公司资深科研人员加以评审，用以考察其专业功底。对于申请公司其他部门的同学，则无须进行该项测试，如市场部、人力资源部等。

5. 面试

宝洁公司的面试分两轮。第一轮为初试，一位面试经理对一个求职者面试，一般都用中文进行。面试人通常是有一定经验并受过专门面试技能培训的公司部门高级经理。一般这个经理是被面试者所报部门的经理，面试时间大概在30～45分钟。

通过第一轮面试的学生，宝洁公司将出资请应聘学生来广州宝洁中国公司总部参加第二轮面试，也是最后一轮面试。为了表示宝洁对应聘学生的诚意，除免费往返机票外，面试全过程在广州最好的酒店或宝洁中国总部进行。第二轮面试大约需要60分钟，面试官至少是3人，为确保招聘到的人才真正是用人单位（部门）所需要和经过亲自审核的，复试都是由各部门高层经理来亲自面试。如果面试官是外方经理，宝洁还会提供翻译。

（1）宝洁公司的面试过程主要可以分为以下4大部分

1）相互介绍并创造轻松交流气氛，为面试的实质阶段进行铺垫。

2）交流信息。这是面试中的核心部分。一般面试人会按照既定8个问题提问，要求每一位应试者能够对他们所提出的问题作出一个实例的分析，而实例必须是在过去亲自经历过的。这8个题由宝洁公司的高级人力资源专家设计，无论您如实或编造回答，都能反映你某一方面的能力。宝洁希望得到每个问题回答的细节，高度的细节要求让个别应聘者感到不能适应，没有丰富实践经验的应聘者很难很好地回答这些问题。

3）讨论的问题逐步减少或合适的时间一到，面试就引向结尾。这时面试官会给应聘者一定时间，由应聘者向主考人员提几个自己关心的问题。

4）面试评价。面试结束后，面试人立即整理记录，根据求职者回答问题的情况及总体印象作评定。

（2）宝洁的面试评价体系

宝洁公司在中国高校招聘采用的面试评价测试方法主要是经历背景面谈法，即根据一些既定考察方面和问题来收集应聘者所提供的事例，从而来考核该应聘者的综合素质和能力。

宝洁公司的面试由8个核心问题组成：

1）请你举一个具体的例子，说明你是如何设定一个目标然后达到它。

2）请举例说明你在一项团队活动中如何采取主动性，并且起到领导者的作用，最终获得你所希望的结果。

3）请你描述一种情形，在这种情形中你必须去寻找相关的信息，发现关键的问题并且自己决定依照一些步骤来获得期望的结果。

4）请你举一个例子说明你是怎样通过事实来履行你对他人的承诺的。

5）请你举一个例子，说明在完成一项重要任务时，你是怎样和他人进行有效合作的。

6）请你举一个例子，说明你的一个有创意的建议曾经对一项计划的成功起到了重要的作用。

7）请你举一个具体的例子，说明你是怎样对你所处的环境进行评估，并且能将注意力集中于最重要的事情上以便获得你所期望的结果。

8）请你举一个具体的例子，说明你是怎样学习一门技术并且怎样将它应用于实际工作中。

根据以上几个问题，面试时每一位面试官当场在各自的“面试评估表”上打分：打分分为3等：1～2分（能力不足，不符合职位要求；缺乏技巧，能力及知识），3～5分（普通至超乎一般水准；符合职位要求；技巧、能力及知识水平良好），6～8分（杰出应聘者，超乎职位要求；技巧、能力及知识水平出众）。具体项目评分包括说服力/毅力评分、组织/计划能力评分、群体合作能力评分等项目评分。在“面试评估表”的最后一页有一项“是否推荐栏”，有3个结论供面试官选择：拒绝、待选、接纳。在宝洁公司的招聘体制下，聘用一个人，须经所有面试经理一致通过方可。若是几位面试经理一起面试应聘人，在集体讨论之后，最后的评估多采取一票否决制。任何一位面试官选择了“拒绝”，该生都将从面试程序中被淘汰。

6. 公司发出录用通知书给本人及学校

通常，宝洁公司在校园的招聘时间大约持续两周左右，而从应聘者参加校园招聘会到最后被通知录用大约有一个月左右。

（二）校园招聘的后续工作

发放录取通知后，宝洁的人力资源部还要确认应聘人被录用与否，并开始办理有关入职、离校手续。除此以外，宝洁校园招聘的后续工作还包括以下几方面。

1. 招聘后期的沟通

宝洁认为他们竞争的人才类型大致上是一样的，在物质待遇大致相当的情况下，“感情投资”便是竞争重点了。一旦成为宝洁决定录用的毕业生，人力资源部会专门派一名人力资源部的员工去跟踪服务，定期与被录用人保持沟通和联系，把他当成自己的同事来关怀照顾。

2. 招聘效果考核

在公司招聘结束后，公司也会对整个招聘过程进行一些可量化的考核和评估，考核的主要指标包括是否按要求招聘一定数量的优秀人才；招聘时间是否及时或录用人是否准时上岗；招聘人员素质是否符合标准，即通过所有招聘程序并达到标准；因招聘录用新员工而支付的费用，即每位新员工人均因招聘而引起的费用分摊是否在原计划之内。

（三）对宝洁公司招聘的评价

1. 宝洁公司招聘的特点

1）大多数公司只是指派人力资源部的人去招聘，但在宝洁，是人力资源部配合别的部门去招聘。用人部门亲自来选人，而非人力资源部作为代理来选人才。让用人单位参与到挑选应聘者的过程中去，避免了“不要人的选人，而用人的不参与”的怪圈。

2）科学的评估体系。与一般的国有企业不同，宝洁的招聘评估体系趋向全面深入，更为科学和更有针对性。改变了招人看证书，凭印象来判断的表面考核制度，从深层次、多方位考核应聘人，以事实为依据来考核应聘者的综合素质和能力。

3）富有温情的“招聘后期沟通”，使应聘学生从“良禽择木而栖”的彷徨状态迅速转变为“非他不嫁”的心态，这也是宝洁的过人之处。它扩展了传统意义上的招聘过程，使其不仅限于将合适的人招到公司，而且在招聘过程中迅速地使被录取者建立了极强的认同感，使他们更好地融入公司文化。

2. 宝洁公司的招聘中值得商榷的方面

1）宝洁公司招聘程序多，历时较长，最短也需要一个月左右。普遍来看，在学生有很多选择机会，又有尽快落实用人单位倾向的情况下，用人单位很容易因为决策缓慢而导致一些优秀的人才转投其他用人单位。

2）宝洁公司坚持每年只在中国少数几所最著名的大学招聘毕业生，但最著名的学校并不总是宝洁公司最理想的招聘学校。这些学校的毕业生自视颇高，进入公司之后再签约后出国留学时毁约事件经常发生；在进入公司后，又不愿承担具体烦琐的日常工作。这有碍于他们对基层工作的掌握和管理能力的进步，而且这些员工的流失率相比之下也颇高。

（案例来源：http://www.chinahrd.net）

讨论题 1. 你觉得宝洁公司的校园招聘到底有哪些值得称道的地方？

2. 对于宝洁公司的校园招聘，你觉得值得商榷的地方是什么？

十、模拟角色

松下公司招聘实录

宽敞肃静的天极网会议室里，人头攒动，《21世纪人才报》为松下举办的招聘会正在这里举行。一进大厅就可以看到醒目的条幅：“松下招聘专场”，经过简单的时间安排介绍，招聘会正式开始了。

主考官经过一小时的单独面谈后，大家都聚集在大会议室内。正式的现场模拟活动启动。

第一回合：简介

当记者踏进会议室时，活动已经开始。坐在会议室里大概有20名应聘者，他们正在进行着自我介绍，每个人以最简短的语言介绍自己，结束以后，主考官提出一个问题：“介绍完后，谁能记住其中三个人的名字?”这个时候，只有两个人举手，然后把三个人的名字报了出来。“谁能记住两个?”此时又有三个人举手。“谁能记住其中五个？”没有人再把手举起来。这一回合结束了。

但是记者却深深地被主考官吸引住了。这似乎不像是老调重弹的面试方式，其中充满了种种的杀机，关键要看应聘者是否有这样的素质。也许自我介绍是很多场合下使用的一种方式，但是又有多少人会记住刚才那个人说了什么，只是一心想着自己如何介绍自己更出色和吸引人。却不想，主考官要的就是这些反应。

第二回合：组织团队

当记者还在感叹不已时，下个环节又开始了。这个回合是要看大家的分工合作能力。

这个时候，大家被分为两组，在规定时间内，每个组要为自己的团队起一个名字，选一个队长，为自己谱一曲队歌，还要定出自己队伍的口号。看似简单的工作，却要甄别每个组合作的能力。这种游戏似乎让每个在场的人又回到了童年时代。第一小组有两个女生，第二组是清一色男生。

第一组按照分工，开始了行动，先是选出自己的团队的领导，然后讨论团队的名字，完全忘记了自己这个团队的人是来跟自己竞争职位的，而是融在了一起。一切定论后，开始探讨自己的队歌和口号。为了能够让自己的队歌和口号更动人，这个组的队长先让一个人负责开始思考，口号大家一起来商谈。一切定局后，他们还扯开了嗓子练习自己的队歌。在旁边观看的记者也被这种气氛感染了。这种众心一致的场景非常动人，况且是在招聘现场，而那些常规的面谈、考试程序都被抛到了九霄云外。在这里，他们好像就是同事，在做自己团队应该做的事情。

但是男性组似乎就有些令人诧异，他们两个一组，三个一伙地在探讨着各自的话题，也许他们讨论的是同样的话题，但是大家不是共同讨论，而是分散。记者唯一的感受：他们在面试，但是忘记了主考官要考的是什么，而恰恰是面试的东西：分工协作。直到主考官提醒他们为止。

正当第一组的人忘我地进行自己的队歌排练时，主考官拿出一张残缺的纸，问大家：“你们有谁注意到我的这张纸缺了一角?”

“我注意到了。”有几个人回答。

“我知道，因为你在面试我的时候把纸撕掉一角的。”其中一个男士说。

“那你们有没有注意在你们面试坐的椅子的腿边有个纸团，直到面试结束，都没有人把它拣起来。”鸦雀无声。

“好了，你们继续吧。”

整个会场被一组的歌声给渲染了，第二组的人也开始亮开了自己的嗓门。会场的气氛欢快愉悦，谁也不会想到这是在招聘，外面的人会以为这是在开文艺座谈会。

第三回合：建立团队

工作在主考官的带领下，紧张有序且乐趣盎然地进行着。

随后进入的现场模拟是建立自己的市场部的结构。根据市场的需求，制订出所需要的职位和职位功能，及适合这个职位的人所具有的素质。

看到他们的题目，记者想起自己在企业时所做的这个训练，即使工作了那么久，也很少有人知道自己所在职位的功能和所具有的素质。但是对企业来说，每个职位都要起到一颗螺丝钉的作用，否则就是资源浪费。所以，这些工作在招聘的时候就需要人力资源部经理要做好，其实也是对他们的一种考验。

这个模拟需要大量的纸，这时工作人员把纸分发到两个桌上，但被主考官阻止了，说：“今天的工作，都需要我来做，谁要什么东西也要跟我说，其他人不能多做。”

纸被收了回来。

主考官在题板上写了几个字：资源是有限的，资源是无限的。

这其中的道理，但愿他们都能明白。

讨论完毕，需要每个组的队长把自己的结构图画到题板上。但是他们不知道的是，只有一支笔，谁先走到题板前，谁就先得到在题板上板书自己结构图的机会。

靠近题板最近的第一组却错过了机会。只好退下来。

第一组的队长只好口述自己的结构图。但是第二组的人似乎并没有认真地听着对手的方案，他们也许认为是说给主考官听，跟他们没有任何关系。但是却不料，每一个细节都是主考官要考的内容，今天的场景完全打乱了他们的阵脚。其中一个面试的人对记者说，以前没有这样的场面，没有想到是一种做游戏的方式。而且，这个模拟游戏里，处处充满杀机，而且这些不经意的细节却关系到他们的命运。

“你们对第一组的机构有何问题?”主考官终于问到了他们没有想到的问题。

众人无言。

第四回合：挑选产品

主考官把三种产品给了两个团队，让他们选择自己的产品，他们用自己的市场眼光，挑选出一种对市场更有冲击力的产品。结果他们挑选的产品都是相同的。

随之让他们制订产品的方案。

两个组马上进入工作状态。

当他们聚精会神的做事时，主考官发布了一条新闻：翰林汇经过潜心研究，向市场推出一款软件，市场价是 1000 元，但是不久，清华同方推出同样功能的产品，市场价只有 725 元，所以，翰林汇的市场受到了重挫。为什么呢?

他的话让大家停顿了一下，但是他的话一结束，他们又回头研究自己的方案。

记者实在纳闷，为什么主考官在这个时候来打断他们的思路，而且是一个不相关的信息。为此记者问了主考官。

他说：“这个信息听起来是多余的，事实上，要看他们什么时候会意识到，他们的产品是相同的，现在他们两个组就犹如两个竞争对手，但是他们有没有注意对方在做什么?有没有观察邻桌在做什么？现在他们好像都没有这样做。因为你的市场方案是要根据市场的动态来做的，要时刻观察着竞争对手在做什么。”

记者恍然大悟。在记者的工作生涯中，经历过两个厂商的生死搏斗，现在想来，这种保持竞争的意识要时刻存在，特别是来应聘市场的人员。

佩服主考官的精明，但是也为这些人才们感到遗憾。

第五回合：市场推广

一套具体的市场推广方案，能体现一个市场人员应该具备的最基本的素质。也许今天的方案并不是很优秀，但是可以看出这个人的市场基本功、对他们来说是最重要的一个环节。

在他们策划方案的时候，他们两个组谁都没有去注意对方的动态，更别说主考官的行为了。

主考官在题板上写了一行字：游戏规则——制订者、执行者。而且把这行字圈了起来。

但是这行字在那里默默地被挂了半个小时，都无人问津，更别说看它一眼。

主考官实在看不下去了，就问了他们一个问题："你们当中有谁做过公关？"这个时候就有人零星地站起来说"我做过"。

"在公关当中，有没有人做过政府公关？"

"政府公关是要做的。"但是似乎底气不足。

然后又开始了谋划。

主考官无奈的摇了摇头，自言自语地说了一声："我尽力了。"

观察细节，不只是某个行业的从业人员应该具有的素质，而是在我们的生活中时刻要使用的。更何况是在应聘。难道这样轻松的环境使他们放松了警惕吗?

在这个游戏开始时，规则是由主考官制订了，可是却没有人理会主考官想要的是什么，他的规则是什么。做方案时依然，如果不知道这个市场的规则是什么，即使再漂亮的方案，如果不符合游戏的规则，照样行不通。

主考官的意旨不完全在漂亮的方案上，重要的是这个方案的思路和可执行的程度。

不管怎么样，直到上午的活动结束，都没有人去注意到竞争对手在做什么?也没有人关心松下这个外来企业在进入中国市场时所面临的政府公关。

第六回合：等待

时间在快乐且有压力的氛围中进行了一半。

12:00 到了，是大家午餐和休息的时候。主考官对他们说："12:00～13:00 是午餐时间，13:00 正式开始。"

但是他对下面的服务人员说："13:00～14:30 之间，不允许给他们水喝，谁问都说不知道。就让他们等。"

游戏更好玩了。

午饭回来后，看着一屋子坐着的人，一个都没有动，好像在等待着抽奖号码的公布。

第七回合：逐一面谈

14:30 终于到了。

等待的结果是再等待。当别的人被主考官叫去面谈时，他们剩下的还是等待。直到下午 17:00 才结束今天的招聘。气氛仍然很热烈，一整天的面试估计是前所未有的，但是这么长的时间，却没有任何一个人感到劳累，如果有的话，应该是这个主考官。

"这样的招聘会是我第一次遇到，感到在里面学到了很多东西，而且还交了这么多朋友。很幸运参加这样的招聘会。"一个即将离开现场的应聘者说。

（案例来源：http://women.sohu.com）

思考与模拟

1. 松下公司在这次招聘活动中采用了哪些方法？各种方法有什么优点和缺点？
2. 松下公司的人员招聘主要考察候选人哪些方面的素质？
3. 如果你参加了松下公司的招聘过程，你会怎么做？

第六章 员工培训

学习要求☞

重点掌握

- 员工培训的含义和意义
- 入职引导的含义和意义

掌握

- 员工培训的种类
- 员工培训的程序
- 培训效果四级评价模型

了解

- 入职引导方案的设计
- 培训的主要方法

第一节　员工培训的含义与意义

一、员工培训的含义

培训（training）是指组织通过教育、训练等方式向员工提供工作所必需的知识、技能、价值观、行为规范等方面内容的过程。在现实中，人们经常将培训与开发这两个概念联系在一起使用。开发（development）是依据员工需求与组织发展目标对员工进行的一种面向长远的人力资源投资活动。培训所关注的主要是如何为员工提供目前工作所需的知识、技能、价值观、行为规范等方面的内容；而开发所关注的更为长远，是对超出现在的工作范围的学习。培训和开发的目的是共同的，都是为了提高员工各方面的素质，提升员工的能力，实现员工与组织的同步成长。但有时候，培训与开发这两个概念并不区分。在本章中，也没有将这两个概念严格区分开来。

培训的目的不仅是使员工增加与工作有关的知识、技能，更重要的是将这些知识与技能转化成有利于组织目标实现的行为。

二、培训的意义

许多企业的经理认为，培训的意义在于：企业需要付出一定的成本，但未来将会取得巨大的收益。其实培训的意义要广泛得多。面对全新的环境和不断地变化，每个组织都必须不断进行培训。在互联网与信息爆炸时代，人们所面临的是一个全新的环境。无论是一般员工，还是管理者，都面临着“3C”，即 customer（消费者）、competition（竞争）、change（变化）的挑战。

企业进行培训的终极目的是增强企业的核心竞争力。

消费者或者顾客已成为市场的主角。绝大多数市场已是一个买方市场。消费者或者顾客成为市场的中心，他们要求得到更好的服务，提出更多的个性化需求。这对企业的每一位员工提出了更高的要求。如果企业对员工不进行有效的培训，就很难适应这种新的要求。

竞争在不断增强。就员工个人来说，不学习新的知识和新的技能，就会有被淘汰的风险，因此员工都有着强烈的学习欲望和需求。就组织来说，只有不断地对员工进行培训和开发，才能保持组织的竞争力。

变化在加快。消费者和竞争者都在不断发生变化。企业没有创新，就难于生存和繁荣。变化已是企业发展的永恒主题，如何适应这种变化的环境则是企业生存和发展的首要任务，而培训正在成为企业增强应变能力的必要手段。

培训是企业学习的基本手段，培训力就是竞争力。

1990 年美国麻省理工学院斯隆管理学院彼得·圣

吉（Peter Senge）出版了《第五项修炼——学习型组织的艺术与实务》一书，掀起了组织学习和创建学习型组织的热潮。所谓学习型组织（learning organization），就是指通过培养弥漫于整个组织的学习气氛、充分发挥员工的创造性思维能力而建立起来的一种有机的、高度柔性的、扁平的、符合人性的、能持续发展的组织。世界著名的企业，如美国的 AT&T、福特汽车、通用电气、摩托罗拉等都在积极创建学习型组织。“学习型组织是有能力不断适应和变化的组织。这种企业将培训看作是战略投资，而不是预算成本。”学习型组织的本质特征就是“善于不断学习”。这种组织强调“终身学习”，即组织中的所有成员都要养成终身学习的习惯，在组织中要有一个良好的学习气氛；强调“全员学习”，即组织的决策层、管理层、操作层都要全心投入学习；强调“全过程学习”，即学习必须贯彻于组织系统运行的整个过程之中。

阅读资料

麦当劳的人员培养计划

麦当劳 95%的管理人员要从员工做起。每年麦当劳北京公司要花费 1200 万元用于培训员工，包括日常培训或去美国上汉堡大学。麦当劳在中国有 3 个培训中心，教师都是公司有经验的营运人员。

许多企业的人才结构像金字塔，越上去越小。而麦当劳的人才体系则像圣诞树——只要你有足够的能力，就让你升一层，成为一个分枝，再上去又成一个分枝，你永远有升迁机会，因为麦当劳是连锁经营。

麦当劳北京公司总裁说：“每个人面前有个梯子。你不要去想我会不会被别人压下来，你爬你的梯子，争取你的目标。举个例子，跑 100 米输赢就差零点几秒，但只差一点点待遇就不一样。我鼓励员工永远追求卓越，追求第一。”

通过这样的人才培养计划，在麦当劳取得成功的人都有一个共同特点：从零开始，脚踏实地。炸土豆条、做汉堡包，是在公司走向成功的必经之路。最艰难的是进入公司初期，在 6 个月中，人员流动率最高，能坚持下来的一些具责任感、有文凭、独立自主的年轻人，在 25 岁之前就可能得到很好的晋升机会。

麦当劳实施一种快速的晋升制度：一个刚参加工作的年轻人，可以在一年半内当上参观经理，可以在两年内当上监督管理员。而且，晋升对每个人是公平的，既不作特殊规定，也不设典型的职业模式。每个人主宰自己的命运，适应快、能力强的人能迅速掌握各阶段的技能，自然能得到更快的晋升。而每一阶段都举行经常性的培训，有关人员必须获得一定的知识储备，才能顺利通过阶段性测试。这一制度避免了滥竽充数现象。这种公平竞争和优越的机会吸引着大批有能力的年轻人来麦当劳实现自己的理想。

首先，一个有能力的年轻人要当 4～6 个月的实习助理，期间，他以一个普通班组成员的身份投入到公司各基层岗位，如炸薯条、收款、烤生排等；他应学会保持清洁和最佳服务的方法，并依靠最直接的实践来积累管理经验，为日后的工作做好准备。

第二个工作岗位带有实际负责的性质：二级助理。此时，年轻人在每天规定的一段时间内负责餐馆工作。与实习助理不同的是，他要承担一部分管理工作，如订货、计划、排班、统计等。他必须在一个小范围内展示自己的管理才能，并在日常实践中摸索经验，协调好工作。

在8～14个月后，有能力的年轻人将成为一级助理，即经理的左膀右臂。此时，他肩负着更多更重要的责任，他要在餐馆中独当一面的同时，使自己的管理才能日趋完善。

一名有才华的年轻人晋升为经理后，麦当劳依然为其提供广阔的发展空间。经一段时间的努力，他将晋升为监督管理员，负责三四家餐馆的工作。

3年后，监督管理员可能升为地区顾问。届时，他将成为总公司派驻下属企业的代表，成为"麦当劳公司的外交官"。其主要职责是往返于麦当劳公司与各下属企业，沟通传递信息。同时，地区顾问还肩负着诸如组织培训、提供建议之类的重要使命，成为总公司在某地区的全权代表。当然，成绩优秀的地区顾问仍然会得到晋升。

麦当劳还有一个与众不同的特点，如果某人未预先培养自己的接班人，则在公司就无晋升机会。这就促使每个人都必须为培养自己的继承人尽心尽力。正因如此，麦当劳成了一个发现与培养人才的基地。可以说，人力资源管理的成功不仅为麦当劳带来了巨大的经济效益，更重要的是为全世界的企业创造了一种新的模式，为全社会培养了一批真正的管理者。

（资料来源：http://hr.cyol.com）

综上所述，可以将培训的意义归纳为以下几点：

1）有助于全体员工适应不断变化的外部环境，增强企业的应变能力和竞争力。所以一些有远见的企业已经或正在成为学习型组织。

2）能帮助员工提高工作所必需的知识、有关工作技能，以解决学能差距，适应工作的需要。

员工从事某项工作所表现出来的知识、技能及态度和组织的要求之间往往存在着差距，要拉近这其间的差距，就必须依赖于良好的训练与培训。这里所说的技能，包括解决问题的技能、沟通的技能、团队建设的技能等。而且，这种培训，不仅仅是针对新进员工，对于新进的员工培训是必不可少的。但是，现在由于变化的加快，组织对于员工的各方面的要求不断在提高。因此不断培训变得越来越重要。

学能差距是指工作中所需要的学识技能与员工所具有的学识技能两者之间的差距。

3）有助于帮助员工了解组织、了解组织不断变化的需求、了解工作的环境、了解越来越高的工作要求、了解企业的行为规范，使员工更加认同组织文化和组织目标。

4）有助于调和员工的信念和价值观，培养员工正确的职业观念。

5）能满足员工自我成长的需要。员工希望学习新的知识和技能，希望接受具有挑战性的任务，希望晋升，这些都离不开培训。实际上，培训是给予员工的一种最大的福利。

6）能提高企业绩效，增强企业的竞争力。员工通过培训，充分获取应具备的基本知识及技能，赋予其积极发展的动机，在工作中减少失误，生产中减少工伤事故，降低因失误造成的损失。同时，员工经过培训后，随着技能的提高，可以减少废品、次品，减少消耗和浪费，提高工作质量和工作效率，最终提高企业效益。

第二节　员工培训的种类

一、入职引导

（一）入职引导的含义与意义

一旦完成了员工的招聘和选拔后，对组织来说，接下来的主要工作就是对新员工进行入职引导。什么是入职引导，如何进行入职引导？现在各个企业，其人力资源部门都在进行着有关入职引导的工作，但普遍关心的问题是，这些入职引导方案具有较高的质量和效度吗？

入职引导微课

目前在我国的许多企业中，都专门设立了“入职引导员”。入职引导员的职责，主要包括为新来的员工介绍本企业和本部门的基本情况，讲解新来员工的工作内容和要求，帮助新员工了解、学习本企业有关规章制度、《员工手册》和《职务说明书》等资料。具体到新员工在试用期间任何有关办公和生活的具体事务，如确定办公座位、领取办公用品、使用办公设备、用餐、搭乘班车、基本福利等，都可以咨询入职引导员。那么，入职引导员是否能承担全部入职引导工作呢？

入职引导起源于 19 世纪德国的“师带徒”的培训方式。

在某些企业中，入职引导员大都是从普通职员中选拔，且需要通过资格考试。取得资格后，他们会被安排“一对一”带新人。入职引导员制度的产生，有利于沟通新老员工的关系。有人认为，这种制度能够让新人尽快地适应和熟悉工作环境，尽快地为单位创造价值。将这个岗位转化成企业培育新人的“成本”，体现了企业的智慧。但也有人持不同意见，认为专设入职引导员太浪费——这是人力资源的浪费，也不利于从小事着手培养员工的自主及适应能力，这还不如对新招聘的员工进行一次集中岗前培训；新人会受入职引导员一面之词的影响——入职引导员的存在会让新员工放不开，以后的工作可能会留下引导员的影子。

怎样来设计一份正规的入职引导方案？目前对企业来说，提供有效的入职引导方案的挑战是显而易见的。理想的入职引导方案应该能够向新员工提供他们需要的信息，帮助他们尽快适应组织。以下的案例值得我们仔细阅读。

阅读资料

丰田的"同化"

丰田汽车美国制造公司将员工导向培训计划称之为"同化"计划。这个计划包括公司福利这一类传统的内容，但更主要的目的是潜移默化地使丰田的员工接受该公司的质量意识、团队意识、个人发展意识、开发沟通意识以及相互尊重意识。这个计划为期四天，其主要内容可以总结如下：

第一天。上午6:30开始由公司主管人力资源的副总裁介绍本计划的梗概、致欢迎辞，详细介绍公司组织结构和人力资源部门情况。用一个半小时介绍丰田公司的历史和文化，用将近两个小时介绍雇员福利。然后再用两个小时介绍丰田公司质量意识和团队精神的重要性。

第二天。开始用两个小时进行"TMM倾听方法——沟通技巧技能训练"。在此过程中主要强调相互尊重、团队精神和开放交流的重要性。然后，将这几天其余的时间都用于讲解上网引导的一般性内容，包括安全，环境事务，丰田的生产体系以及公司的图书馆。

第三天。开始用两个半小时至三个小时进行沟通训练，内容是"TMM提问与反馈方法"。其余时间用于介绍丰田公司解决问题的方法，质量保证通报等。

第四天。上午召开团队精神研讨会，主要包括团队训练，丰田的提案制度，以及介绍丰田的团队成员活动协会。还要介绍一些作为团队的基本知识和技巧，如工作小组负责些什么，怎样作为一个小组共同工作。下午专门进行防火及灭火训练。

如期完成四天的上网引导（同化）社会化活动后，参加活动的雇员便潜移默化地接受了丰田的意识，尤其是它的质量使命，团队价值观，不断改进和解决问题的方式。这是赢得员工对丰田杞人忧天及其目标和价值观认同的重大步骤。

（资料来源：http://wlkc.gdqy.edu.cn/jpkc/portal/blob?key=4732476）

通过阅读以上案例，你应该大概了解了入职引导的基本含义和方法。

入职引导（entry guide）也称入职培训，是对新员工进行有关公司基本情况、工作群体以及工作内容的培训。入职引导是员工正式上岗前的必经流程，也是一种最常用的人力资源开发的方法之一。

怎样让新来的员工尽快融入到组织中来，怎样让新来的员工对组织有一个深刻的、良好的印象，进行入职引导是非常重要的。

对一个刚被录用到一个新的单位，即将成为该单位新的员工来说，新的工作和陌生的环境，压力肯定是很大的。为了在新的工作中获得成功，新员工必须建立新的人际关系并且学会新的行为和一些生活或工作习惯。对新环境的适应以及尽快建立起个人的信心，尽快发挥个人的能力和才华，这都需要入职引导。适应新组织的过程被称为组织的社会化（organizational socialization）。社会化是指个体获得团体所认同的社会行为，从而适应团体生活的过程。美国麻省理工大学斯隆商学院教授艾德佳·沙因（Edgar Henry Schein）认为，组织社会化是新进员工为适应组织角色所需要学习的内容和经历的过程。

新员工的成功社会化对于个人和组织来说都是至关重要的。乔恩·M.沃纳（Jon.M.Werner）等人认为，新员工的成功社会化其关键点在于：

- 新员工的满意度、绩效和对组织的认同感；
- 工作团队的满意度和绩效；
- 投资于新员工的启动成本（如招聘、甄选、培训，以及到员工能跟上正常的工作进度为止所需要的时间的机会成本）；
- 员工留在组织中的可能性；
- 如果他（她）离开组织，招募新员工的成本。

有的组织因为忽略了社会化的重要性，很少引导和同化新员工，使得新员工不得不自己来学习。怎样让新员工在组织中尽快进入角色，尽快融入组织中，使新员工产生归属感，树立个人自信心，这都需要组织进行入职引导。入职引导是人力资源管理不可忽视的一个重要内容。

归纳起来，入职引导的意义在于：

第一，入职引导有助于新员工尽快了解组织的基本情况、行为准则以及其他情况，使新员工融入到组织中，成为组织的一员。

第二，入职引导有助于新员工尽快熟悉工作环境、工作内容和基本技能与方法，使新员工能够尽快投入到工作中去。

第三，好的入职引导方案，可以使新员工尽快建立起个人的信心，发挥个人的能力和才华，尽早在工作中获得成功。

（二）入职引导方案的设计和实施

阅读资料

康佳集团的新员工入职培训

康佳集团新员工入职培训的最大特色是能够针对不同的新员工类型，规划出不同的新员工培训方案，而且，运用多种培训手段和培训方式来实施新员工培训。

例如，康佳集团针对新员工的学历、岗位及工作经验的不同，将新入职的员工分成一线员工入职培训、有经验的专业技术人员入职培训和应届毕业生入职培训三种类型，不同类型的培训内容和培训重点也各有不同。针对一线员工的入职培训，除了共同性的企业文化、人事福利制度、安全基本常识、环境与质量体系等内容以外，还规划了一线优秀员工座谈、生产岗位介绍、生产流程讲解、消防安全演练等课程，而且，还采用师带徒的方式，指定专人对新员工进行生活和工作方面的指导；对于有经验的专业技术人员的入职培训，除了共同性的必修内容外，更多的还增加了企业环境与生产线参观、企业历史实物陈列室讲解，集团未来发展规划、团队建设与组织理解演练、团队与沟通展能训练、销售与开发介绍及公司产品销售实践等课程；而对于应届毕业生的入职培训，除了一些共同的课程外，还针对其特点，安排有校友座谈、公司各部门负责人讨论、极限挑战、野外郊外等活动，同时，还规划有三个月生产线各岗位轮流实习、专业岗位技术实习等内容，采取导师制的方式，派资深员工辅导新员工进行个人生涯规划设计，并对整个一年的工作实习期进行工作指导与考核，使其能尽快熟悉企业，成为真正的企业人。

另外，针对企业用工的特点，康佳还配合人力资源部，对不定期招聘的单个新员工采取报到教育的方式，每一个新招聘的员工，不管是从何时进入企业，在办理入职手续之前，必须经过康佳学院的报到教育，有康佳学院指派专人进行个别的单独培训，培训时间安排为3小时，培训内容安排有作为一个新入职的员工必须掌握的内容，如上、下班时间与规定、公司基本礼仪、办公室规定、公司基本组织架构等，只有等新员工人数达到康佳学院规定的培训人数后，才针对新员工的类型，组织实施新员工入职培训。

通过不同形式、不同内容的新员工入职培训方案的实施，有效地贯彻了集团公司选才、用才、留才的人力资源宗旨，并且通过培训，缩短了新入职人员在公司实习过程，使部分有能力、有才干的人能够很快脱颖而出，成为公司的骨干，降低了招聘成本，规避了选才风险，成为公司人力资源管理中最为重要的一环。

（资料来源：中国人力资源开发网. http://www.chinahrd.net/）

对新员工的入职引导工作，绝非一个入职引导员岗位所能全部完成的工作。而一份好的入职引导方案，是开展入职引导的关键。目前很多企业，尤其是一些中小企业，往往忽略了入职引导方案的重要性。甚至有些企业，把这项工作全部寄托在入职引导员一个人身上。

入职引导的主要目标是：促使新员工认同企业提倡的价值标准和行为规范，培养新员工对企业的荣誉感和归属意识；让新员工通过入职引导掌握新工作岗位所必备的各种技能和基本的工作流程；帮助新员工进行个人职业规划、明确职业发展方向。

乔恩·M. 沃纳（Jon.M.Werner）等人认为，通常列举的入职引导方案的目标包括以下方面：

- 减少新员工的紧张感和焦虑感；
- 减少启动成本；
- 减少流动率；
- 减少新员工熟练工作所需要花费的时间（培训和进入状态的时间）；
- 协助新员工学习组织的价值观、文化和期望；
- 协助新员工学会适当的角色行为；
- 帮助新员工适应工作团队及其规范；
- 鼓励培养积极的态度。

入职引导方案通常包含公司的整体信息和职位的特殊信息两部分。

公司信息主要包括公司简介，公司基本的行为规范，公司使命的描述，公司的目标和战略、薪酬制度、公司福利，安全规定，劳工关系与健康保障等。职位的特殊信息主要包括部门或工作团队的职能，工作职责、规定、规则和规定，部门的概况和部门员工的介绍等。

根据以上入职引导方案，入职引导应该在两个不同的层次进行，从而一个组织中人力资源部门和新员工的直接管理部门通常都要承担相应的入职引导职责。人力资源部门负责发起和协调两个层次上的入职引导活动，对承担部门和职位入职引导的部门经理在程序上进行培训，进行企业整体入职引导。有些企业推行的“入职引导员制度，更多的应该承担在第二层次上的入职引导职责。

入职引导的方式灵活多样，可以采用专题讲座、典型报告、实地观摩、个别指导、个别谈心等形式，也可以发放员工手册，或者边实践边讲解等形式。在实践中，入职引导的形式多种多样，或者几种形式结合进行，这要根据各个企业的类型和职位的种类不同而不同。

阅读资料

组织入职引导计划的可能内容

（1）公司简介

✧ 欢迎辞

✧ 组建、成长、趋势、目标、重点和问题

✧ 传统、习俗、规范和标准

✧ 组织当前的具体职责

✧ 产品或服务及面向的顾客

✧ 产品或服务送达顾客的步骤

✧ 业务范围和活动的多样性

✧ 组织、结构及与企业分支机构之间的关系

✧ 主要管理人员的情况

✧ 社区关系、期望和活动

（2）主要政策和程序简介

（3）报偿

✧ 工资率和范围

✧ 加班

✧ 节假日报酬

✧ 不同班次的报酬差别

✧ 工资发放

✧ 扣除额：规定扣除与随机扣除，均有具体数额

✧ 购买破损产品权利及其花费

✧ 出差报销

（4）福利

✧ 保险

✧ 医疗

✧ 人寿

✧ 伤残

✧ 工伤赔偿

✧ 节假日

✧ 请假：本人生病、家庭成员生病、丧亲、产假、突发事件、休假延长

✧ 在职培训机会

✧ 咨询服务

✧ 娱乐和社会活动

✧ 企业提供给员工的其他服务

（5）安全和事故预防

✧ 突发事件数据卡的完成

✧ 健康和急救诊所

✧ 健身和娱乐中心

✧ 安全预防措施

✧ 危险上报

✧ 火灾预防与控制

✧ 事故程序与上报

✧ 体检要求

✧ 工作中酒精和药品的使用

✧ 税收减免的选择方案

（6）员工和工会关系
- ✧ 就业条款与条件回顾
- ✧ 任务分配、重新分配和晋升
- ✧ 试用期和期望的工作行为
- ✧ 生病和上班迟到上报
- ✧ 员工权利与责任
- ✧ 管理者与监督人员的权利
- ✧ 与监督人员和个人代表之间的关系
- ✧ 员工组织和选择自由
- ✧ 工会合同条款和（或）企业政策
- ✧ 监督和绩效评价
- ✧ 纪律和惩戒
- ✧ 申诉程序
- ✧ 雇用关系的终止（辞职、停职、解雇和退休）
- ✧ 人员记录的内容和测试
- ✧ 沟通：沟通渠道（自上而下和自下而上），提案制度，在公告牌上发布信息；共同分享新的看法
- ✧ 卫生与清洁
- ✧ 安全装备，标志和服装的使用
- ✧ 从企业的场地中拿入和拿出物品
- ✧ 现场政治活动
- ✧ 赌博
- ✧ 谣言的处理

（7）物质设施
- ✧ 设备的参观
- ✧ 食品服务
- ✧ 限定的用餐区域
- ✧ 员工入口
- ✧ 限定区域（如汽车禁止停区）
- ✧ 停车场
- ✧ 急救
- ✧ 休息室
- ✧ 日用品和设备

（8）经济因素
- ✧ 在作为实现平衡所要求的销售额内对挑选出的项目所规定的破损成本
- ✧ 边际利润
- ✧ 劳动成本
- ✧ 设备成本
- ✧ 缺勤、迟到和事故成本

部门和职位入职引导计划的可能内容

（1）部门职能
- ✧ 目标和当前的重点
- ✧ 组织和结构
- ✧ 运营活动
- ✧ 与其他部门的职能关系
- ✧ 部门内职务关系

（2）工作职责和责任
- ✧ 以当前工作说明书和预期结果为基础对工作进行详细说明
- ✧ 解释该工作为什么重要以及这些工作与部门内和企业内其他工作的关联
- ✧ 讨论共同问题以及怎样避免和克服这些问题
- ✧ 绩效标准和绩效评估的基础
- ✧ 日工作小时数和次数
- ✧ 加班要求
- ✧ 额外的职责分配（如变换职责以接替一个缺勤员工）
- ✧ 要求的记录和报告
- ✧ 检查使用的设备之后离开
- ✧ 对从哪里，怎样获得工具以及怎样保养和维修设备进行解释
- ✧ 能够获得的帮助的种类，什么时候和怎样请求帮助

（3）政策、程序、规则和制度
- ✧ 工作和/或部门的特有规则
- ✧ 突发事件的处理
- ✧ 安全预防和事故预防
- ✧ 危险和事故的报告

✧ 清洁标准和卫生状况（如大扫除）	（4）部门的参观
✧ 安全、盗窃问题和成本	✧ 休息室和淋浴室
✧ 与外部人员的关系（如司机）	✧ 火警盒和灭火器放置地点
✧ 在办公区吃东西、吸烟及嚼口香糖等	✧ 上下班计时钟
✧ 从办公区拿走物品	✧ 衣物柜
✧ 伤害控制（如对吸烟的限制）	✧ 准许的出入通道
✧ 上下班计时钟和记录卡	✧ 水源
✧ 休息时间	✧ 管理人员办公室
✧ 午饭时间	✧ 供应室和维修部
✧ 接打私人电话	✧ 卫生与安全办公室
✧ 对日用品和设备的使用	✧ 吸烟区
✧ 员工绩效的监控与评估	✧ 向与部门有关的员工提供服务的区域
✧ 工作招标和要求重新分配任务	✧ 急救箱
✧ 工作时间的用车	（5）部门员工介绍

（资料来源：劳诶德·拜厄斯，莱斯利·鲁. 2004. 人力资源管理. 北京：人民邮电出版社）

一个好的入职引导方案，应该主要从新员工的角度出发，而不是主要从公司的角度思考问题。新员工最需要什么？这是人力资源管理者必须思考的问题。乔恩·M. 沃纳等人指出，解决这个问题的一个好的途径是和圈内人（在职职工）进行对比，确定新员工所缺乏的东西。他们认为，圈内人拥有以下三种必要的要素：

- 准确的期望：一般来说，圈内人知道在他们所处的环境中可以期待什么，因此他们面临更少的意外情况。新员工的期望很可能和组织的实际情况有一定差异。
- 基础知识：当意外情况出现时，圈内人具有更加准确把握意外情况的基础知识（根据所处环境的历史和经验）。新员工通常缺乏这样的知识。
- 其他圈内人：圈内人可以通过和同事的比较来把握组织情况的判断和解释。然而，新员工还没有和圈内人建立很好的人际关系，因此他们不能够信赖也不能够通过这些圈内人的帮助理解组织的情况。

因此，新员工需要关于期望、角色、规范和价值观的准确信息，同时也需要获得有关培养个人技术、知识、能力和经验的帮助。只有具备了这些素质和经验才能有效地完成工作。

然而在现实的操作中，入职引导方案也会常常碰到问题。这些问题包括企业过多地重视文件资料；给予超负荷的信息；“唬人”的策略（过分强调失败的比率或职位的负面信息）；简单化的操作（如把入职引导方案仅仅限制在报到的第一天），等等。因此，好的入职引导方案必须建立在科学的需求分析基础上。

二、在职员工培训

从培训与工作的关系来划分，在职员工培训可分为在岗培训和脱产培训两种类型。

（一）在岗培训

在岗培训，是指员工在不脱离工作岗位的情况下，利用业余时间和部分工作时间参加的培训。在岗培训以不占有工作时间为原则，是企业应用最普遍的培训方式。有几种在职培训的方法可供选择：师带徒式的培训、岗位指导训练以及工作岗位轮换等。

（二）脱产培训

脱产培训是指员工离开工作岗位，去专门从事知识或技能的学习。它可以分为短期培训和长期培训两种。脱产培训可以在企业内部进行，但外派培训是脱产培训的重要形式。脱产培训往往是针对企业的战略和核心业务、价值观和关键知识、员工改善绩效所必需的基础知识和基本技能以及其他对企业运营产生重要影响的内容而进行的专项培训，如经理人员培训、核心业务培训、通用职业技能培训等。

第三节　员工培训的程序

培训是企业的一项投资活动，涉及企业的效益与成本问题，所以要精心设计与策划，把它作为一项系统工程，使培训活动与组织目标一致。面对组织外部和内部的不断变化，企业就必须进行相应的培训活动。员工培训的基本程序如图 6.1 所示。

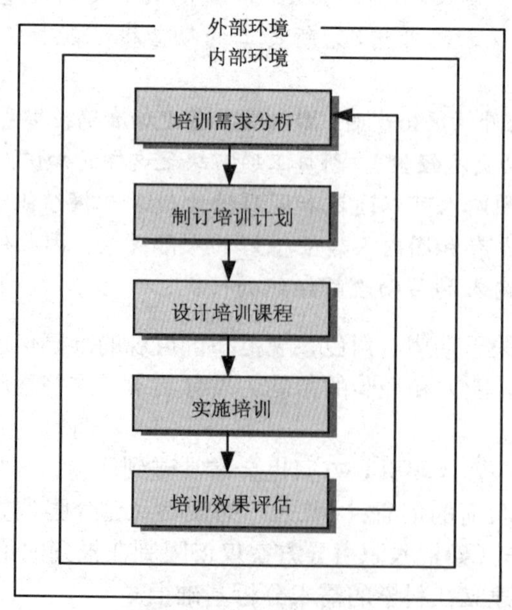

图 6.1　员工培训程序

下面就如何进行培训需求分析，如何制订培训计划、怎样设计培训课程，如何进行培训效果评估进行分析。实施培训，主要指根据培训计划，选择培训方法并进行培训的过程。具体的培训方法将在本章第三节中介绍。

一、培训需求分析

培训必须根据组织的目标要求来进行。组织要不要进行人员培训，如何进行人员培训，在什么时候要进行培训，针对什么人进行培训，都必须进行分析。培训需求分析，就是指组织为实现其目标要求，对组织的培训活动所进行的一种系统分析。具体讲，培训需求分析就是要明确培训的目的是什么，培训的对象是什么，培训的内容是什么，采用什么样的培训方式以及培训最终要达到什么样的效果。培训需求分析是确定培训目标、设计培训计划的前提，也是进行培训评估的基础，它是搞好培训工作的关键。那么如何进行培训的需求分析？从企业组织层面角度来看，培训需求要从组织、工作岗位以及个人三个层面进行分析。

（一）组织层面分析

培训需求分析是培训工作最关键和最基础的一项工作。

组织层面分析指的是确定组织范围内的培训需求，确保培训计划符合组织的整体目标与战略要求。企业组织层面的培训需求反映的是某一个组织的员工在整体上是否需要进行培训。涉及能够影响培训计划的组织的各个组成部分，包括对组织目标的检查、组织资源的评估、对组织的外部环境和内部环境进行分析等方面。如通过对组织外部环境和内部环境的分析，了解组织需要具备什么样能力的人才，与之相比组织中现有员工的差距在哪里，从而来确定组织是否需要进行培训，需要进行哪些方面的培训。对外部环境的分析，内容主要包括市场环境、竞争对手、政策环境以及企业所处行业的发展状况等。对组织内部环境的分析，内容主要包括组织运行的效率，如产品的质量、次品率、工作方法、人员流动、组织结构、部门间的协作、计划完成的情况等。

（二）工作岗位层面分析

工作岗位层面分析又称为作业层面分析，指的是确定各个工作岗位的员工达到理想的工作业绩所必须掌握的技能和能力。具体要分析两方面内容：第一，要分析员工完成工作与标准的差距及其原因；第二，要分析员工技能水平、差距及原因。工作岗位层次分析决定了培训的内容。

工作岗位层面分析的目的在于了解与绩效问题有关的工作的详细内容、标准和完成工作所应具备的知识、技能。工作岗位层面分析的结果也是将来设计和编制相关培训课程的重要资料来源。工作岗位层面分析是培训需求分析中最繁琐的一部分，但是，只有对工作进行精确的分析并以此为依据，才能编制出真正符合企业绩效和特殊工作环境的培训课程来。

（三）个人层面分析

个人层面分析是指将员工个人目前的实际工作绩效与企业的员工绩效标准进行比照，分析两者之间存在什么差距，来确定谁需要和应该接受培训以及培训的内容。个人层面分析的培训需求主要是为了将来评价培训的效果和评估未来培训的需要。

个人层面分析重点是评价员工实际工作绩效以及工作能力。所要评价的内容主要包括以下几项：

1）员工个人考核绩效记录，其内容包括员工的工作能力、平时表现、意外事件、参加培训的记录、离（调）职访谈记录等。

2）员工的自我评价，以员工的工作清单为基础，由员工针对每一单元的工作成就、相关知识和相关技能真实地进行自我评价。

3）知识技能测验。

4）员工态度评价等。

二、制订培训计划

培训是人力资源管理的一个重要的内容，对培训进行计划，有利于企业做好培训工作。培训计划是培训需求分析的结果。经过培训需求分析明确了企业培训需求以后，就可以制订一个比较具体的培训计划。另外，在制订培训计划时，也要参考企业的其他与培训有关的制度和规定。如有的企业有《培训制度》，有的企业根据ISO 9000的要求制定了标准的《培训程序》，这些都是制订培训计划的依据。一份具体的企业培训计划，内容应该包括培训目标、培训对象、培训内容、培训时间与地点、培训所需要的设施、培训方法、教材与有关资料、实施机构与培训教师等内容。

培训计划的作用就如同驾车外出旅行时常需的道路指南。

（一）培训目标

培训目标是培训活动的目的和预期成果。培训目标可以针对每一培训阶段设置，也可以面向整个培训计划来设定。在确定培训目标的过程中，需要注意的是目标的设立与评价标准密切相关，因此培训目标应该是可以衡量的。培训目标的设定应包括两个要素：一是操作，即员工在培训后要学会做什么；二是标准，只有规定了明确的标准，才能有效地测量培训结果。

（二）培训对象

培训对象是要确定培训谁的问题。确定被培训对象，除了那些普遍性的观念性培训外，企业必须经过一定的分析来确定被培训对象。具体要考虑以下这些因素：第一，一项培训所能容纳的人员数量；第二，一项培训的内容、培训时间以及所要解决的问题；第三，被培训的员工的潜力。这些因素中，第三点尤为重要。因为培训要花钱，这笔钱应当用在有一定潜力的人员身上，也就是说选择有可塑性的学员。这样就可以做到投资省、见效快。如果学员的可塑性较差，跟不上教学进度，不仅达不到培训的目的，而且对他的投资将大大增加企业的经济负担。

（三）培训内容

培训计划中必须介绍培训内容，也就是确定培训什么的问题。培训内容是很广泛的。不同的培训，由于其具体的目的不同，任务不同，培训的对象不同，培训的内容也就不同。笼统讲，培训可以是为了提高员工的专业技能而进行的培训，也可以是对员工进行企业文化的培训等。但培训内容的选择还必须要考虑以下几方面的因素：一是要和组织的目标相一致。只有能够为企业发展带来效益的培训内容才是可取的；二是必须具有由学到用的可转化性。企业对员工的培训与一般的学校常规教育有所区别。企业培训是以提高工作岗位的工作效率和水平，改进工作绩效为核心和直接目的的，因此，培训内容的选择应该侧重于那些能够指导工作实践或是具有可操作性的培训内容，关注培训与实践的结合。另外，出于培训对象的不同，具体培训内容的选择也应有所不同。对刚进企业的新员工来说，必须进行相应的入职引导。对于企业的在职员工来说，培训的主要目的是使他们能够不断地适应企业的发展变化以及知识与技术的更新，所以培训内容以传授本领域的新知识与新技术为主，以提高他们的能力，使他们能够适应更高层次的要求。培训的内容还应包括对改善他们的管理能力、人际沟通能力、心理素质、洞察力、团队精神、价值观等方面的内容。对专业技术人员的培训，则要更重视培养他们解决实际问题的能力和人际关系的处理能力。

有关入职引导的内容，已在本章第二节作了介绍。

（四）培训时间与培训场地

一份具体的培训计划，要有明确的培训时间和期限。培训的时间和期限，一般而言，可以根据培训的目的、培训的场地、培训教师、被培训者的能力及上班时间等因素而决定。针对在职员工的培训，一般以培训者的工作能力、经验为标准来决定培训期限的长短。培训时间的选定以尽可能不影响工作为宜。

培训场地的选用可以因培训内容和方式的不同而有区别，一般可分为利用内部培训场地及利用外面专业培训机构和场地等两种。

（五）培训方法

培训方法，就是确定如何培训等问题。选择哪些培训方法，是培训计划的主要内容之一，也是培训成败的关键因素之一。

（六）培训的实施机构与培训教师

从实施机构来看，可以有企业内部培训和企业外部培训两种。企业内部培训包括在企业内部场所或企业自

员工培训是人力资源外包的一项重要内容。参见第十二章人力资源外包的有关内容。

己租用的场地，由企业内部人员作为培训教师进行的培训以及聘请外部专家和学者根据企业要求在企业培训基地进行的培训。企业外部培训是指将员工培训外包给外部机构，包括由企业付费的学历教育。据一项对美国500家公司的调查表明，在人力资源的主要管理职能中外包程度较高的分别是福利、培训和工资发放，它们分别占所有被调查公司的75%、65%和62%，培训作为人力资源管理的一项重要内容，正呈现外包化趋势。在实施培训外包的过程中，企业的人力资源部门要参与培训计划的设计，并与承办培训的有关组织保持密切联系。

选择好培训教师对于培训的顺利进行非常重要，培训教师水平的高低决定了整个培训质量的好坏。培训教师来源基本上有两种途径：一是外部聘请；二是企业内部产生。培训教师的主要任务是：授课、参与培训课程设计与开发、学员培训的组织与考核等。如何选择培训教师，企业内部要有相应的选拔流程与管理制度，以保证培训教师队伍的高素质。企业可以从专业知识、专业经验、成就及表达能力四个方面进行认证与选拔。如果培训教师是企业内部产生的，可对培训教师的工作绩效每半年或一年考核一次，优胜劣汰。同时为支持和鼓励培训教师主动积极地开展培训工作，应给培训教师一定的时间从事培训课程设计与开发，并给予相应的费用。企业也应组织培训教师进行专业培训和技能训练，以不断提高培训教师的业务水平。国外一些企业的经验表明，聘请本企业各级管理人员当培训教师是一种行之有效的办法。因为企业管理人员掌握了培训方法就会更加关心职工，与他们共同工作，帮助他们进步，从而获得他们的信任和拥护。当然也可以聘请专职培训师或培训专家。

（七）培训设施与培训资料

这也是培训计划中应该介绍的内容。如一项具体的培训项目需要准备哪些设施，如教室、座位、音像等，同时也要明确使用的培训教材及其他有关资料。

三、培训课程的设计与开发

课程设计是培训的关键一步，它决定了课程的效果。培训课程设计的任务就是构建一门课程的形式与结构。它至少包含以下要素：目标、内容、教材、模式、策略、评价、组织、时间和空间。培训课程设计，就是根据培训的目的，对上述要素采取不同的方式，作出不同的处理。培训课程开发是一个包括对培训内容、培训方式、培训媒介、培训资源等一系列与培训有关的元素的开发。在培训市场上，有不同风格的培训师，也有不同种类的课程，有的课程是培训教师自己开发的，有的课程是从国外引进的，也有的课程是企业自行设计的。实际上，没有一个培训课程是适合所有公司的，因为培训课程是要针对企业的实际情况、人员素质和公司目标而制定的。引进国外的培训课程也不应该照本宣科。

培训课程设计的基本程序是：从培训需求分析出发，明确课程目标，根据目标要求，进行课程设计。其中包括：安排课程内容、确定教学模式、组织课程执行者、准备培训教材，选择课程策略，作为课程评价方案，预设分组计划、分配时间。初步设计完成之后，要进行论证，确定可行因素，否定不可行的部分。如果是一个多次执行的课程，每一次执行效果的评价要反馈到下一次的设计，作为一个环境的需求因素去考虑。

四、培训效果评估

培训效果评估是指企业在培训之后，通过一定的方法对培训效果进行分析和评价。培训评估是培训工作中不可缺少的重要环节。组织在重视员工培训的同时还要对培训的效果进行全面评估，以完善培训职能本身，使其真正成为一种创造价值的管理活动。培训效果有些是有形的、有些是无形的；有些是直接的、有些是间接的；有些是短期的，有些是长期的。因此如何评估培训效果，如何制订培训评估标准，是一个复杂的课题，是培训体系建设中最难的部分。培训效果评估的准则应该是：培训效果应在实际工作中（而不是在培训过程中）得到检验。培训效果要从有效性和效益性两方面进行评估。培训的有效性是指培训工作对培训目标的实现程度。培训的效益性则是指培训工作给公司带来了多少效益（包括经济效益和社会效益）。

培训效果评估是培训体系建设中最难的部分。

对于培训评估标准的研究，国内外应用得最为广泛的、最早的是由美国学者柯克帕特里克（Kirkpatrick）提出的培训效果四级评价模型。柯克帕特里克根据评估的深度和难度将培训效果分为四个递进的层次，简称为“4R”：①反应评估（reaction），评估学员的满意程度；②学习评估（learning），测定学员的学习获得程度；③行为评估（behavior），考察学员的知识运用程度；④成果评估（result），计算培训创出的经济效益。

（一）反应评估

“反应评估”就是针对学员对课程及学习过程的满意度进行评估。它要评价学员对整个培训过程的意见和看法，对培训计划是否满意、是否认为有价值，包括对培训的内容、培训教师的水平、培训的方式、教材、时间安排、环境设施等各方面的反应程度。

对这项指标的评价，最简单的方法就是询问一些学员：你感觉这次培训怎么样？但要防止以偏概全、不具有代表性等问题。因此可以采取更细致的评估方法，如问卷、面谈、座谈、电话调查等。表 6.1 列出了一份典型的反映评估问卷表。反映评估问卷一般在培训结束后就进行，也可以在几个星期后进行。

表 6.1　反映评估问卷示例

培训计划名称：
指导者：
日期：　　　　年　　月　　日
1．你如何评价整个培训计划？ □非常好　　□很好　　□好　　□一般　　□差 说明：

续表

2．会议设施、午餐安排等如何？ □非常好　□很好　□好　□一般　□差 说明：
3．将来你愿意参加同类计划吗？ □是　□不是　□不确定 说明：
4．该计划与你现在工作的相关程度有多大？ □在很大程度上相关　□在某种程度上相关　□几乎不相关 说明：
5．你如何评价培训教师的能力和风格？ □非常好　□很好　□好　□一般　□差 说明：
6．对未来培训计划的其他说明和建议：
签名（可选项）：

反映评估是最基本、最普遍的培训评估方式，它容易操作，方法简单，但它的缺点显而易见。例如，有的学员因为对培训教师有好感而给课程全部高分，或者因为对某个因素不满而全盘否定课程。通常来说，大多数学员都很感性，有时候往往会凭表面印象进行评价，而不会去仔细思考自己究竟从培训当中学到了些什么，面对这样的评估结果，显然很难真正知道通过培训，学员的知识、技能与态度与培训前相比到底有哪些改进与提高。另外，学员对于问卷表的填写也会有一定的随意性的。

学习评估主要是检查学员通过培训，掌握了多少知识和技能。

（二）学习评估

“学习评估”，就是指学员在知识、技能或态度等方面学到了什么，即针对学员完成课程后，所保留的学习成效进行评估。评估方法有考试、演示、讲演、讨论、角色扮演等多种方式。

这个层面的评估关心的是学员通过培训是否将掌握的知识和技能应用到实际工作中，能否提高工作绩效。此类评估可以通过绩效考核方式进行。

学习评估对学员和培训教师会有一定的压力，好处是学员和培训教师对培训会更加认真对待。但要注意测试方法的难度。对那些基于知识的培训（包括技能培训）采用考试的方式较好。

（三）行为评估

“行为评估”，就是指员工的工作行为方式有多大程度的改变，即针对学员回到工作岗位后，其行为或工作绩效是否因培训而有预期中的改变进行评估。可采取观察、主管的评价、客户的评价、同事的评价等方式。这个层面的评估可以直接反映课程的效果；可以使高层领导和直接主管看到培训的效果，使他们更支持培训。

（四）成果评估

这个层面的评估是一个企业组织培训的最终目的，也是培训评估最大的难点。

“成果评估”，就是针对培训的整体投资报酬率进行评估，通过如质量、数量、安全、销售额、成本、利润、投资回报率等可以量度的指标与培训前进行对照，看最终产生了什么成果。这个层面的评估首先需要时间，在短期内可能很难有结果的；其次，多因多果，简单的对比数字意义不大，你必须分辨哪些结果与你要评估的课程有关系，在多大程度上有关系。

随着我国企业对培训效果评估的日益重视，柯克帕特里克培训效果四级评价模型已成为我国企业培训效果评估的主要标准。但在相当多的企业，培训效果评估一般只停留在第一、二层次，而缺乏深层次（第三、四层次）的评估。

第四节 培训的方法

培训方法是指为了有效地实现培训目标而采用的手段和方法。培训方法必须与培训需求、培训课程、培训目标相适应。在培训中，可根据需要选择一系列培训方法，也可采取其中一两种方法为重点，多种方法变换组合的方式，使培训效果达到最理想的状态。同时，培训方法的设计也要注意员工知识层次和岗位类型。有效的培训方法是保证培训效果的重要手段，在培训过程中一定要注意选择恰当的培训方法。下面介绍几种常用的培训方法。

一、讲授法

讲授法常被用于一些理念性知识的培训。

讲授法属于传统模式的培训方式。它是指培训教师通过语言表达，系统地向员工传授知识，期望员工能记住其中的重要观念与特定知识的一种方式。讲授法是培训中最普遍、最常见的方法。

讲授法对培训教师的要求很高。要求培训教师具有丰富的知识、经验和技巧。有人认为，培训教师要有魅力，即100%理论知识＋100%实践经验＋100%技巧。在这里，技巧尤为重要。技巧主要包括表达能力、普通话水平、煽动水平、把握现场局势能力等。讲课针对性要强，要针对不同层次的学员进行不同的教案设计。应尽量配备必要的多媒体设备，电子讲稿要精心制作，图文并茂，尽可能运用一些音频与视频文件，以加强培训的效果，但运用要自然与得体，切忌过于花招。讲授过程中要有适当的时间与学员进行沟通和互动，如提问、讨论等。

讲授法的主要优点有：比较简单，易于操作；在相对较短的时间内能向一大批人提供大量的信息；适合于系统地进行知识的更新和传授。

二、案例教学法

案例教学法是把现实中的真实情景加以典型化处理，编写成供学员思考和决断的案例，让学员进行分析和评价，并提出解决问题的建议和方案，从而提高学员分析问题和解决问题能力的一种培训方法。案例分析的目的是为了提高学员分析问题和解决问题的技能。

MBA教学的主要授课方式就是案例学习。

案例教学法通常是向学员提供一则描述完整的经营问题或组织问题的案例，案例应具有真实性，不能随意捏造；案例可能是带有普遍意义的事件和情景，也可能是特殊的；案例既可能是提供成功的经验也可能是记载失败的教训，更多的可能只是截取实际工作中的某一片段，平铺直叙一种实际工作的场景，将问题活生生地摆在学习者的面前；案例要和培训内容相一致。

学员可以独立来完成对案例的分析，提出解决问题的方法；也可以以小组的形式来完成对案例的分析，提出解决问题的方法，随后，在集体讨论中发表自己小组的看法，同时听取别人的意见。讨论结束后，公布讨论结果，并由培训教师再对学员进行引导分析，直至达成共识。在案例教学中，学员也可以扮演案例中的角色，全体学员面对同一个案例，在培训教师的指导下，各抒己见，以引起争论。经过充分的讨论，取得可行的最佳方案。案例教学不是为了了解一项独特的经验，而是在于在自己探索和相互切磋怎样解决问题的过程中，总结出一套适合自己的思考与分析问题的逻辑和方法，学会如何独立解决问题，作出决策。

案例教学法对培训教师的要求也很高，其中案例的选择是关键，同时培训教师要有较高的主持能力和课堂气氛、节奏的把握能力。

案例教学法的优点很多。通过对现实案例的分析、总结、展望，提出个人的见解，开拓员工的思维，汇总员工的观点，更有利于员工站在理论的高度来看问题，容易使学员养成积极参与和向他人学习的习惯。在案例教学中，学员的参与性比较强，可以变学员被动接受为主动参与，将学员解决问题能力的提高融入到知识传授中。同时，由于案例教学方式生动具体，直观易学，学员的学习积极性大大提高，可以开发学员在有效沟通和积极参与方面的能力，对于员工的成长和开拓思维是非常有利的，使员工站在战略家、企业家的角度看问题，跳出原有的思维逻辑，更能融入企业的文化氛围。

案例教学法为哈佛首创，他们强调案例分析和决策理论。教授负责编选真实公司的案例，印发给学生。学生在课下阅读材料和参考资料。教授在课堂上不讲课，只简单介绍情况，主要让学生发言讨论。教授对学生发言的见解、风度、能力等作记分考核。讨论案例时，有关实际部门也派代表参加，由此可以达到三个目的：一是介绍本部门情况，等于为本部门做宣传，扩大影响；二是从学生中发现、了解人才、为本部门物色有才干的管理人员；三是从讨论中吸取一些有用的意见，参加的代表本身也进行了学习。研究生在两年学习期间，大约要讨论1000个案例。

三、角色扮演法

角色扮演法多用于人际关系能力的训练。

角色扮演法，指学员在特定的场景中或情境下扮演某些特定的角色并出场表演，模拟性地处理工作事务，从而提高处理各种问题的能力。这种方法比较适用于训练态度仪容和言谈举止等人际关系技能。如询问、电话应对、销售技术、业务会谈等基本技能的学习和提高。适用于新员工、岗位轮换和职位晋升的员工，主要目的是为了尽快适应新岗位和新环境。

培训教师要为角色扮演准备好材料以及一些必要的场景工具，确保每一事项均能代表培训计划中所教导的行为。角色扮演法应和讲授法结合使用，才能产生更好的效果。

角色扮演法的主要优点是：学员参与性强，学员与培训教师有较多的互动，可以提高学员参与培训的积极性；参加者能较快熟悉自己的工作环境，了解自己的工作业务，掌握必需的工作技能，尽快适应实际工作的要求；学员既能发挥个人的表演天赋，也能从角色的演练中获得实战经验和技巧，一方面发挥了员工的主观能动性，另一方面也会发现员工存在哪些尚待挖掘的潜质，以利于更好地开发员工的长处。

四、工作轮换法

这是一种在职培训的方法，指让员工在预定的时期内变换工作岗位，使其获得不同岗位的工作经验。在有些公司，通常会看到这样一个现象：一位经理前两年在公司的一个部门任职，而接下来的两年，却转入另一个部门任职，这就是我们所谓的“工作轮换”。它适用于大大小小的公司。

实行工作轮换，要考虑员工的个人能力以及他的需要、兴趣、态度和职业偏爱，从而选择与其合适的工作；工作轮换时间长短取决于培训对象的学习能力和学习效果，而不是机械的规定某一时间。由于此方法鼓励“通才化”，适合于一般直线管理人员的培训，不适用于职能管理人员。

工作轮换法的主要优点是：能丰富员工的工作经历，增进员工对各部门管理工作的了解，扩展员工的知识面。企业通过工作轮换能识别员工的长处和短处，了解员工的专长和兴趣爱好，从而更好地开发员工的长处。

五、工作指导法

这种方法是由一位有经验的技术能手或直接主管人员在工作岗位上对员工进行培训。如果是单个的一对一的现场个别培训，通常称之为学徒式培训。指导教师的任务是教给员工如何做，提出如何做好的建议。这种方法应用广泛，可用于基层生产工人。

阅读资料

联想集团对新员工的一对一培训

联想集团规定新员工在上岗之前，都要指定一对一的指导人。公司有一系列的规范来选择指导人，包括职位要求和资格认定及指导工作评价。在新员工报到前一周，各部门就要将名单报人力资源部，进行资格审查。新员工在没有指导人的情况下，该部门要暂缓进人计划，待有合格的指导人后方可进人。指导人负责带新人并考察新员工在试用期间的表现能力等，其作用一是代行人力资源部的考察职责，二是通过帮带行使部门职责。在这种体制下，新员工通过指导人的帮助，能够尽快进入角色。

六、视听技术法

就是利用现代视听技术（如幻灯、录像、电视、电影、电脑等工具）对员工进行培训。这种方法的关键是要根据培训目的选择好合适的视听教材，根据需要进行一定的考核，以达到培训的目的。

七、网上培训法

网上培训是培训发展的必然趋势。

网上培训法是一种基于网络的培训方式。现在在一些企业中，培训已从课堂移到了网络。企业通过内部局域网，将文字、图片及多媒体课件放在网上，形成一个虚拟课堂，供员工进行课程的学习。在有些较大的企业，还引进了双向视频（会议）系统，可以提供实时的远程（网上）培训。目前，随着互联网技术和信息技术的快速发展，越来越多的网络学习平台被开发，网络培训（E-learning）成为企业和员工培训的重要方法和途径。

阅读资料

思科的 E-learning 系统

思科始终把员工培训当作公司的头等大事，即使是在它独占鳌头的现在，其领导层依然为如何开展好员工培训、让员工越跑越快而殚精竭虑。公司的培训总体上分为管理培训、E-learning、销售培训、常用技能培训。E-learning 在公司的培训体系中，已显得越来越重要了。思科公司是一个生存在网上的公司，有非常发达的内部网，其中有一个庞大的 E-learning 系统。通过 E-learning，公司改变了对员工、渠道伙伴及客户的教育与培训方式。1999 年 11 月，公司初步推出了 E-learning 课程及远程实验室设备，为全面的 E-learning 方案打下基础。这个系统由以不同形式发送的学习内容、学习过程的管理以及学员与内部供应的开发者或专家共同参与的网上学习社区三个部分组成。思科的员工要求接受培训，可以在网上随时申请，人力资源部的培训计算机管理系统会将报名情况反馈给这个员工，同时也给他的主管抄送一个反馈，这些全是由计算机来完成的。思科还有一个 Video 教育学堂，员工可以从宽带网上接受这种多媒体教育。

（资料来源：http://www.bj.xinhuanet.com）

网上培训，信息量大，新知识、新观念传递优势明显，学员可以自我控制学习进度，使用灵活，符合分散式学习的新趋势，也是培训发展的必然趋势。

小　结

入职引导是对新员工进行有关公司基本情况、工作群体以及工作内容的培训。入职引导是员工培训的重要组成部分。

入职引导方案通常包含公司的整体信息和职位的特殊信息两部分。

入职引导的意义在于：

第一，入职引导有助于新员工尽快了解组织的基本情况、行为准则以及其他情况，使新员工融入到组织中，成为组织的一员。

第二，入职引导有助于新员工尽快熟悉工作环境、工作内容和基本技能与方法，使新员工能够尽快投入到工作中去。

第三，好的入职引导方案，可以使新员工尽快建立起个人的信心，发挥个人的能力和才华，尽早在工作中获得成功。

培训是指组织通过教育、训练等方式向员工提供工作所必需的知识、技能、价值观、行为规范等方面内容的过程。

培训的意义有：

1）有助于全体员工适应不断变化的外部环境，增强企业的应变能力和竞争力。

2）能帮助员工提高工作所必需的知识、有关工作技能，以解决学能差距，适应工作的需要。

3）有助于帮助员工了解组织、了解组织不断变化的需求、了解工作的环境、了解越来越高的工作要求、了解企业的行为规范，使员工更加认同组织文化和组织目标。

4）有助于调和员工的信念和价值观，培养员工正确的职业观念。

5）能满足员工自我成长的需要。

6）能提高企业绩效，增强企业的竞争力。

从培训与工作的关系来划分，在职员工培训可分为在岗培训和脱产培训两种类型。

培训需求分析，就是指组织为实现其目标要求，对组织的培训活动所进行的一种系统分析。

从企业组织层面角度来看，培训需求要从组织、工作岗位以及个人三个层面进行分析。

培训目标是培训活动的目的和预期成果。培训对象，是要确定培训谁的问题。培训计划中必须介绍培训内容，也就是确定培训什么的问题。一份具体的培训计划，要有明确的培训时间和期限、培训方法、培训的实施机构、培训教师、培训设施、培训资料等内容。

培训课程开发是一个包括对培训内容、 培训方式、培训媒介、培训资源等一系列与培训有关的元素的开发。培训课程设计的任务就是构建一门课程的形式与结构。它至少包含以下要素：目标、内容、教材、模式、策略、评价、组织、时间、空间。培训课程设计，就是根据培训的根本目的，对上述要素采取不同的方式，作出不同的处理。

培训效果评估是指企业在培训之后，通过一定的方法对培训效果进行分析和评价。柯克帕特里克根据评估的深度和难度将培训效果分为四个递进的层次：①反应评估：评估学员的满意程度；②学习评估：测定学员的学习获得程度；③行为评估：考察学员的知识运用程度；④成果评估：计算培训创出的经济效益。

培训方法是指为了有效地实现培训目标而采用的手段和方法。主要的培训方法有：讲授法、案例教学法、角色扮演法、工作轮换法、工作指导法、视听技术法、网上培训法等。

练 习 题

一、名词解释

1. 入职引导
2. 培训
3. 学习型组织
4. 反应评估
5. 学习评估
6. 行为评估
7. 成果评估

二、填空题

1．从培训与工作的关系来划分，在职员工培训可分为________和__________两种类型。

2．柯克帕特里克根据评估的深度和难度将培训效果分为四个递进的层次，即_________评估；_________评估；_________评估；_________评估。

三、单项选择题

1. 企业对新员工上岗前进行的培训称为（　　）。

A. 在岗培训　　B. 入职引导

C. 脱产培训　　D. 在职培训

2. 员工在不脱离工作岗位的情况下，利用业余时间和部分工作时间参加的培训称为（　　）。

A. 在岗培训　　B. 入职引导

C. 脱产培训　　D. 短期培训

3. 学员在特定场景中或情境下，模拟性地处理工作事务，从而提高处理各种问题的能力。这种培训方式是（　　）。

A. 案例教学法　　B. 角色扮演法

C. 工作轮换法　　D. 工作指导法

4. 培训需求分析中，（　　）层面的分析指的是确定员工达到理想的工作业绩所必须掌握的技能和能力，这个层次的分析决定了培训的内容。

A. 工作岗位层面分析　　B. 个人层面分析

C. 组织层面分析　　D. 培训课程分析

5. 工作轮换属于（　　）。

A. 在岗培训　　B. 入职引导

C. 脱产培训　　D. 短期培训

6.（　　）是一种传统的培训方法，它能在相对较短的时间内能向一大批人提供大量的信息；适合于系统地进行知识的更新和传授。

A. 案例教学法　　B. 讲授法

C. 工作轮换法　　D. 工作指导法

四、多项选择题

1. 培训需求分析要从（　　）层面进行。

A. 组织层面分析　　B. 工作岗位层面分析

C. 个人层面分析　　D. 工作绩效层面分析

E. 性别结构层面分析

2. 入职引导的意义主要在于（　　）。

A. 有助于新员工尽快了解组织的基本情况、行为准则以及其他情况

B. 有助于新员工尽快融入到组织中去

C. 有助于新员工尽快熟悉工作环境、工作内容和基本技能与方法

D. 有助于新员工及时纠正在工作中的缺点和问题

E. 可以使新员工尽快建立起个人的信心，尽早在工作中获得成功

3. 员工培训是指组织通过教育、训练等方式向员工提供工作所必需的（　　）等方面的内容的过程。

A. 企业文化　　B. 技能

C. 价值观　　D. 知识

E. 行为规范

五、判断是非题

1. 组织层面分析指的是确定组织范围内的培训需求，确保培训计划符合组织的整体目标与战略要求。（　　）

2. 柯克帕特里克提出的培训效果四级评价模型，将培训效果分为四个递进的层次，即反应、学习、行为、成果。（　　）

3. 岗前培训是指员工离开工作岗位，去专门从事知识或技能的学习。（　　）

4. 一个好的入职引导方案，应该主要从公司的角度出发，而不是主要从新员工的角度思考问题。（　　）

5. 员工培训是企业的一种投资行为，和其他投资一样，也要从投入与产出的角度考虑效益的大小。（　　）

六、简答题

1. 什么是入职引导？入职引导的意义是什么？
2. 员工培训的含义与意义是什么？
3. 培训计划都包括哪些内容？
4. 简述柯克帕特里克提出的培训效果四级评价模型的基本内容。

七、论述题

1. 如何设计入职引导方案？
2. 如何进行培训需求分析？
3. 怎样运用案例教学法进行培训？

八、案例分析

IBM公司“心力交瘁”课程与模拟角色

国际商用机器公司（International Business Machines Corporation，IBM）是一家拥有40万中层干部、520亿美元资产的大型企业，其年销售额达到500亿美元，利润为70多亿美元。它是世界上经营最好、管理最成功的公司之一。

在计算机这个发展最迅速、经营最活跃的行业里，其销量居世界之首，多年来，在《幸福》杂志评选出的美国前500家公司中一直名列榜首。

IBM公司追求卓越，特别是在人才培训、造就销售人才方面取得了成功的经验。具体地说，IBM公司绝不让一名未经培训或者未经全面培训的人到销售第一线去。销售人员们说些什么、做些什么以及怎样说和怎样做，都对公司的形象和信用影响极大。如果准备不足就仓促上阵，会使一个很有潜力的销售人员夭折。因此该公司用于培训的资金充足，计划严密，结构合理，一到培训结束，学员就可以有足够的技能，满怀信心地同用户打交道，不合格的培训几乎总是导致频繁地更换销售人员，其费用远远超过了高质量培训过程所需要的费用。这种人员的频繁更换将会使公司的信誉蒙受损失，同时，也会使依靠这些销售人员提供服务和咨询的用户受到损害。近年来，该公司更换的第一线销售人员低于3%。所以从公司的角度看，招工和培训工作是成功的。

IBM公司的销售人员和系统工程师要接受为期12个月的初步培训，主要采用现场实习和课堂讲授相结合的教学方法。其中，75%的时间是在各地分公司中度过的；20%

的时间在公司的教育中心学习。分公司负责培训工作的中层干部将检查该公司学员的教学大纲。这个大纲包括从公司中学员的素养、价值观念、信念原则到整个生产过程的基本知识等方面的内容。学员们利用一定时间与市场营销人员一起访问用户，从实际工作中得到体会。此外，还经常让新学员在分公司的会议上，在经验丰富的市场营销代表面前，进行他们的第一次成果演习，有时，有些批评可能十分尖锐，但学员们却因此增强了信心，并赢得同事们的尊敬。

该公司从来不会派一名不合格的代表会见用户，也不会送一名不合格的代表去接受培训，因为这不符合优秀企业的概念。

销售培训的第一期课程包括 IBM 公司经营方针的很多内容，如销售政策、市场营销实践以及计算机概念和 IBM 公司的产品介绍，第二期课程主要是学习如何销售。在课堂上，该公司的学员了解了公司有关后勤系统以及怎样应用这个系统。他们研究竞争和发展一般业务的技能。学员们在逐渐成为一个合格的销售代表或系统工程师的过程中，始终坚持理论联系实际的学习方法。学员们到分公司可以看到他们在课堂上学到的知识的实际部分。现场实习之后，再进行一段长时间的理论学习，这是一段令人“心力交瘁”的课程：紧张的学习每天从早上 8 点到晚上 6 点，而附加的课外作业常常要使学生们熬到半夜。

在商业界中，人们必须学会合理安排自己的时间，他们必须明白：“充分努力意味着什么？整个通宵是否比只学习到晚上 10 点好？”课程开始之前，像在学校那样，要对学员分班，分班时的考试是根据他们的知识水平决定的。经过一段时间的学习之后，考试便增加了主观因素，学员们还要进行销售演习，这是一项具有很高的价值和收益的活动。一个用户判断一个销售人员的能力时，只能从他如何表达自己的知识来鉴别其能力的高低，商业界就是一个自我表现的世界，销售人员必须做好准备去适应这个世界。

有时，学员们的所作所为还保留着某些学生气，他们对培训课程的某些方面感到不满，遇到这类情况，公司就会告诉他们：“去学校上学，你们每年大约要付 15 000 美元的学费。所以应当让我们决定什么是最好的。这就是经济规律，同时，也是你们学习经营的第一件事。”一般情况下，学员们在艰苦的培训过程中，在长时间的激烈竞争中迅速成长。每天长达 14～15 个小时的紧张学习压得人喘不过气来，然而，却很少有人抱怨，几乎每个人都能完成学业。

IBM 公司市场营销培训的一个基本组成部分是模拟销售角色。在公司第一年的全部培训课程中，没有一天不涉及这个问题，并始终强调要保证演习或介绍的客观性，包括为什么要到某处推销和希望达到的目的。

同时，对产品的特点、性能以及可能带来的效益要进行清楚的说明和演习。学员们要学习问和听的技巧以及如何达到目标和寻求订货等。假若用户认为产品的价钱太高的话，就必须先看看是否是一个有意义的项目，如果其他因素并不适合这个项目的话，单靠合理价格的建议并不能使你得到订货。

该公司采取的模拟销售角色的方法是，学员们在课堂上经常扮演销售角色，教员扮演用户，向学员提出各种问题，以检查他们接受问题的能力。这种上课接近于一种测验，可以对每个学员的优点和缺点两方面进行评判。

另外，还在一些关键的领域内对学员进行评价和衡量，如联络技巧，介绍与演习技能，与用户的交流能力以及一般企业经营知识等。对于学员们扮演的每一个销售角色和介绍产品的演习，教员们都给出评判。特别应提出的是 IBM 公司为销售培训所发展的具有代表性、最复杂的技巧之一就是阿姆斯特朗案例练习，它集中考虑一种假设的、由饭店网络、海洋运输、零售批发、制造业和体育用品等部门组成的、具有复杂的国际间业务联系。通过这种练习可以对工程师、财务经理、市场营销人员、主要的经营管理人员、总部执行人员等的形象进行详尽的分析。这种分析使个人的特点、工作态度，甚至决策能力等都清楚地表现出来。

由教员扮演阿姆斯特朗案例人员，从而创造出了一个非常逼真的环境。在这个组织中，学员们需要对各种人员完成一系列错综复杂的拜访，面对众多的问题，他们必须接触这个组织中几乎所有的人员，从普通接待人员到董事会成员。

由于这种学习方法非常逼真，每个“演员”的“表演”都十分令人信服。所以，每一个参加者都能像 IBM 公司所期望的那样认真地对待这次学习机会。这种练习的机会就是组织一次向用户介绍发现的问题，提出该公司的解决方案和争取订货的模拟用户会议。

（案例来源：http://www.cemtnet.com.cn）

试分析 根据本案例中 IBM 公司对员工进行的培训，论述培训对企业发展的重要性？

九、小组讨论

大通曼哈顿银行如何培训员工

美国大通曼哈顿银行被喻为培养和选拔职业商业银行员工的“摇篮”，这与它重视培训、重视人才有着密不可分的联系。

大通曼哈顿银行重视培训、重视人才的主要表现形式是在对教育费用的重金投入上。它们平均每年对教育经费的支付就达 5000 万美元。重金的投入加快了人才培训的步伐，也间接地加速了大通曼哈顿银行内部素质的提高。大通曼哈顿老总裁曾说过：企业的实力是一定要让人才队伍超前于事业发展，才能更快地适应国际金融市场并得以发展。

大通曼哈顿银行设置专门培训机构和专职人员，他们的人事管理部门下属的 1～5 个培训处都有足够的人员负责培训工作。大通曼哈顿银行的职员培训部门是由 83 个有经验的培训管理人员组成。他们的主要任务，一是为领导提供员工教育的有关信息，如本年度培养的具体人员和对其培训的基本项目，及其培训的结果，对各学员的心理素质的培训上他们尤为重视，每个学员都要在培训部门所设的各种各样的困境中，战胜并超越自我，最后才能真正占有一席之地；二是负责银行领导与员工之间的信息交流，培训部定期让员工与银行领导会面，把自己心理上的想法和愿望反馈给银行领导，这样直接地沟通了员工与领导之间的思想，并缩短了他们之间的距离，为日后工作的发展起了很重要的作用；三是根据银行领导或董事会的要求，组织员工撰写个人年度培训计划；四是组织落实各种培训工作，如他们的职工教育技能培训可分月进行，趣味性的培训每周两次。这种培训机构完成了银行的各种培训计划。

认真执行年度培训计划是大通曼哈顿银行每年必做的一项工作，银行要求全体员工每年要搞一个自我培训计划，并做到切实可行。如某员工在自我培训计划中这样写道：1～2 月，对银行内部的基本环境和结构做一次调查。2～3 月，对自身不足之处和对银行的不满之处做一个系统的总结。3～7 月，主要对自己不足之处加以改善。7～12 月，对银行的不足之处提出更好的建议。大通曼哈顿银行的培训计划，是在员工提出的新一年培训计划基础上，由总行制定，再由员工选择，如微机、写作、银行新业务等。然后，交员工所在部门审核并报上级部门。最后，由培训主管部门汇总、实施。

大通曼哈顿银行把培训与晋级、提升、奖金紧密结合。使用这种办法极大地调动了员工主动参加培训的积极性。在大通曼哈顿银行搞了一个员工鉴定表，每人每年都要填写一次，其中是否参加培训是重要一栏，这栏的好坏关系到将来提资晋职的机会，在这方面大通曼哈顿银行的员工深有体会。

大通曼哈顿银行还把培训与奖惩政策结合。在银行规定表上有这么一条：“凡无正当理由且多次拒绝参加培训者，银行予以解雇”，以此来推动全体员工参加培训的积极性。

培训工作需领导身体力行，在大通曼哈顿银行，这对每位领导来说已经是极为普通的事情。大通曼哈顿银行员工培训的成效与其领导带头参加培训是分不开的。在大通曼哈顿银行为了使高级主管了解新的信息，经常对他们进行快速培训；有时还要送到有关大学专门培训。大通曼哈顿银行每年也要抽出一部分时间培训银行领导等各级官员，该行教育工作主管曾把培训工作的主攻方向放在银行领导上。

银行为使基层工作人员迅速掌握计算机知识及其操作技能，曾多次举办短期电脑培训班，为了使员工都能写出简明、准确、有用的报告及信件，该行还专门举办写作技能培训班，在写作技能培训班中，有些经过培训一段时间后便能写出一篇文路清晰、语言准确和思想健康的好文章。这说明职工素质的提高使银行的形象也提高了一大步，这无疑是一种生动的广告技巧。

记得一个哲人说过，压力会使强者振奋，会使弱者消沉。大通曼哈顿银行的员工和领导无疑是属于前者。压力使银行的形象得到改变，赢得了储户的信任。压力也使他们的培训工作取得了突破。他们在干部教育上侧重经营能力的培训也是出于一种压力。由于美国政府对银行的管制很多，如银行拒绝贷款或存款都要向客户说明原因，因此，银行时常针对政府新出台的一些政策和法规相应地搞一些备忘录，同时召开分行业务主管参加总行负责人主持的专题研讨会，以提高干部的政策水平和经营能力。

大通曼哈顿银行要求技术性较强的工作岗位人员要具备大学以上学历。为此，有些员工积极申请参加学历或学位培训。银行负责支付全部费用，学习人员的工资照发。但规定，只能业余时间学习。建立这种“资助自我开发”制度，企业自然增加了部分开支，但从长远看至少有两大好处：一是公司规模扩大时职工可以内部流动，尽快投入较大的工作空间；二是在公司进行技术调整时下岗职工可以增加谋职机会。银行要求职工加强道德修养，鼓励职工在离开银行后继续成为对社会有益的人，并把类似的培训看作是企业对社会的一种回馈，这些经验受到了有关组织的重视。科技的更新，经济部门的不断调整，传统企业经营方式正在萎缩或消失，而另一种新的银行经营方式在不断地滋生，这就加大了人才的流动。有条件的企业为社会分担一部分职工再就业的预先培训，这就是大通曼哈顿银行之所以受到美国政府重视的原因之一。

大通曼哈顿银行的分支机构遍布世界各地，员工有8万多人。他们把在国外招来的新雇员调回国内进行两年岗前培训，并在会计、信贷等四个主要业务部实习半年，然后再派到其所在国家工作，这种做法受到银行领导的赏识，也受到这些新雇员的欢迎。一个企业不能故步自封，必须学习他人的长处，吸收外国的新知识更为重要。所以，大通曼哈顿银行的本地员工工作期满6年者就可前往国外分支机构考察。大通曼哈顿银行的老总们非常相信“百闻不如一见”这句话，他们说：让员工在国外住上一段时间，获得宝贵经验，自然而然就产生了国际性构想。职工有这样的构想，对企业将大有裨益。除此之外，本部每年又选派业绩较好的七八个分支机构的老板，前往日本东京的三菱和住友银行实习两个月，这个制度也广受员工好评。

银行业务最初是在荷兰，但经过数百年已逐渐从英国、美国、日本，普及到全世界。美国银行界的繁荣与进步一向傲视全球。因此，大通曼哈顿银行决定以最快的方式培养国际性的从业人员，每隔一两年，银行便派几名员工去日本实习，虽然志愿前往日本实习的员工很多，但银行培训部决不会批准一人独行，必须夫妻同行。银行培训部的理由是夫妻同行，一起学日文，以后回国内夫妻经常以日语交谈，那么所学的就不会忘记，反之只有丈夫一人学会日语，回国后找不到交谈对象，一番心血便白费了。银行进一步的计划是在荷兰以及世界各地普遍进行实际交流，这样一来可派员工到世界各地趁机学习一下法语、德语、西班牙语，那么无论哪一国的顾客，都能享受到大通曼哈顿银行的宾至如归的服务。

在岗位人员培训方面，大通曼哈顿银行多是由本行人员任教。只有在特殊情况下如培训中高级人员时，才请外面人员来行授课。培训时间一般都在晚上，聘请银行退休专家授课。

趣味性数学是大通曼哈顿银行专家们自编的一种现代化新型高科技产物，他们把枯燥无味的数学用动物画面或讲故事、说笑话的形式编入计算机中，然后反馈到学员的记忆库中，学生可以随意用计算机联动系统提出问题，师生注意双向交流，使得学习气氛活跃，学员主动参加，较好地理解和掌握了教学内容。

通常使学员培训处的专家们最头痛的事情，莫过于如何提高员工的学习积极性，而在大通曼哈顿的银行培训处，这种事却认为是很简单的。大通曼哈顿的银行培训专家们认为，只需让员工有使命感自然会充满干劲。办法是平常教导学员，怎么做才能对企业对国家有所贡献。培训处的学员有了前进的方向和目标，就会竭尽全力工作，企业也不愁培养不出人才了，翻开世界历史便可知道，一项工作如果对社会大众没有什么帮助，往往很难获得成功。另一方面，大通曼哈顿银行的培训组织让员工渴望通过自己的学习、工作，表达他们贡献社会的心愿，使单纯的为日后高薪收入而努力，更增加了一份责任感。

在大通曼哈顿一系列的计划中，其实主要的是使录用、培训、选拔、管理实现了一体化，统一由人力资源开发部门负责。银行提拔或变动员工工作的主要依据就是看培训后的工作业绩。大通曼哈顿银行久盛不衰，其主要原因就是从最基层抓起，从员工的培训选拔上抓起。

（案例来源：http://www.labournet.com.cn）

讨论题 1. 如何评价大通曼哈顿银行的培训观？

2. 你认为国内企业在培训方面还存在哪些问题？和国外著名企业相比主要差距在哪里？

十、模拟角色

员工培训值得吗？

青春化妆品公司是一家主要生产和经营化妆品和幼儿保健用品。在创办最初的十多年里，该公司每年以25%的速度迅速地发展，产品不但销往全国各省市，而且销往国外十多个国家和地区，成为一家国内外享有盛誉的化妆品公司。

员工培训值得吗？案例分析

公司销售部经理春花，参照国外的经验制定了有关销售人员的培训计划。计划规定对销售人员集中培训两次，一次是在春节期间，另一次为六月份最后一个星期，每次时间为3～5天。把所有的销售人员集中起来，听取有关国内外最新销售技术知识的讲座和报告，再结合公司的销售实际进行讨论。每次都聘请了一些专家顾问参加讲座和讨论。这样每年集中培训两次的费用不大，但培训收效却很大。

但是，近年来，由于化妆品市场的激烈竞争，公司的生意停滞不前，公司在经济上陷入了困难。为了扭转局势，总经理下令，要求各副总经理都要相应地削减各自负责领域的费用开支。

在这种情况下，负责销售的副总经理便找销售部经理春花商讨，他们两人在讨论是否应削减销售人员的培训问题上进行讨价还价。副总经理杨旭建议把销售人员原来一年两次的培训项目削减为一次。杨旭提出："春花，你知道，我们目前有着经济上的困难，一则希望通过裁减人员来缩减开支。你我都知道，公司的销售任务很重。目前40多位销售人员还转不过来，所以，人员不能裁减。那么剩下的一条路就是削减培训项目了。我知道，我们目前的销售人员大多数都是近几年招进来的大学毕业生，他们在学校里都已经学过关于销售方面的最新理论知识，他们中有些人对这种培训的兴趣也不很大。而少数一些销售人员，虽不是大学毕业，但他们都在销售方面有了丰富的经验了。因此，我认为，销售人员的培训项目是不必要的开支，可以取消或缩减。"

春花回答道："老杨，我知道，我们大多数销售人员都是近几年来的大学毕业生。但是，要知道，他们在大学里学的只是书本上的理论知识和抽象的概念，只有他们在第一线干一时期的销售工作以后，才能真正理解在学校里学习到的理论知识。再则，我们正处于由计划经济向市场经济的过渡阶段，我们对市场经济下进行销售的技术还了解很少，对国外销售方面最新技术知道了解更少。你是知道的，在培训中，我们让从学校出来的人与有经验的销售人员一起工作一段时期，他们实际销售工作中碰到许多具体的问题，在此基础上再参加我们的培训，一边听取有关最新销售技术知识的讲座和报告，一边结合我们公司的具体实际与专家们共同研讨。正是由于我们坚持不懈地进行了这种培训，我们才在国内和国际市场上扩大了我们的销售量，也才减少顾客对我们的抱怨，赢得了顾客的信誉。因此，我认为，我们决不能削减我们这个培训项目！”

“对不起，春花。总经理要我们必须缩减开支，我真的没有办法。我对你说了，我们销售任务很重，我们不能裁减销售人员，所以，我们只得下死心只有通过削减你的销售人员培训计划来缩减开支了。我决定，从明年开始，把每年两次的培训项目缩减为一次，总之，销售人员的培训削减 50%～60%。也许，待公司的经济好转以后，我们再考虑是否恢复增加销售人员的培训费用问题。”

（案例来源：http://www.icxo.com）

思考与模拟

1. 你是否同意在公司经济困难的情况下，人员的培训计划可以被挤掉？为什么？
2. 你有什么好方法能使这两个销售经理都感到满意？

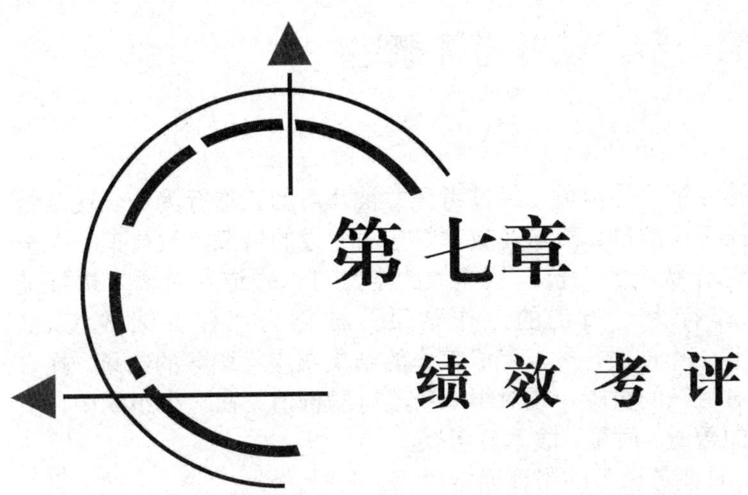

第七章

绩效考评

学习要求☞

重点掌握

- 绩效的概念及特点
- 绩效考评的概念及特点
- 绩效考评的作用
- 绩效考评程序
- 绩效改进的措施

掌握

- 绩效考评的原则
- 绩效考评的方法
- 绩效发展计划

了解

- 绩效考评的分类
- 绩效考评中常见的问题及防范

第一节 绩效考评概述

一、绩效的概念及特点

绩效（performance）也称业绩，是指员工经过考评并被认可的工作行为、表现及结果。对组织而言，绩效就是任务在数量、质量及效率等方面完成的情况，对员工个人来说，则是上级和同事对自己工作状况的评价。从绩效的定义可以知道，对员工进行绩效考评涉及工作结果和工作行为。员工的工作结果，被称为“任务绩效（task performance）”，它是指按照其工作性质，员工完成工作的结果或履行职务的结果。换言之，任务绩效就是组织成员对组织的贡献，或对组织所具有的价值。在一个组织中，员工绩效具体表现为完成工作的数量、质量、成本费用以及为组织作出的其他贡献等。对任务绩效的考评通常可以用质量、数量、时效、成本、他人的反应等指标来进行考量评估。员工的工作行为，被称为的“周边绩效，或者关系绩效（contextual performance）”，它是指影响员工完成某项工作结果的行为、表现和素质。就这个角度而言，绩效并不仅仅是指员工把工作做得怎样。某一员工即使把工作做好了或完成了某项既定的工作，但如果其在完成工作的过程中，并没有规范自己的行为，没有表现出良好的素养，那么综合起来考评，这个员工的绩效至少不能算好。对周边绩效的考评通常采用行为性的描述来进行评价。目前，越来越多的企业在绩效考评系统中同时包括任务绩效和周边绩效两部分。当然，在对每一类人员进行绩效考评时，每一部分所占的比重并不完全相同。一般来说，越是接近生产一线的职位，就越是强调“任务绩效”的所占的分量；越是接近管理的职位，特别是中高层管理职位，就越是注重“周边绩效”。

任务绩效是绩效考评最基本的组成部分。

绩效具有三个显著特点：

1）绩效的多因性。多因性是指绩效的优劣不是取决于单一的因素，而要受到主、客观多种因素的影响。如图 7.1 所示的工作绩效模型，列出了影响工作绩效的四种主要因素，即员工的激励、技能、环境与机会，其中前两者是员工自身的主观性影响因素，后两者则是客观性影响因素。

图 7.1 所示模型也可用如下函数来反映，即

$$P=F(S,\ O,\ M,\ E)$$

式中，P（performance）为绩效；S（skill）为技能；O（occasion）为机会；M（motivation）为激励；E（environment）为环境；F 为函数。

2）绩效的多维性。多维性是指绩效考评要从多种维度去分析与考评。例如，一名工人的绩效，除了产量指标完成情况外，质量、原材料消耗率、能耗、出勤，甚至团结、服从纪律等硬、软方面的表现，都需要综合考虑，逐一评估，尽管各维度可能权重不等，考核侧重点会有所不同。

3）绩效的动态性。动态性是指员工的绩效随着时间的推移会发生变化，绩效差的

可能改进转好，绩效好的也可能退步变差，因此管理者切不可凭一时印象，以僵化的观点看待员工的绩效。

总之，管理者对下级绩效的考察，应该是全面的、多角度的、发展的和权变的，力戒主观片面和僵化。

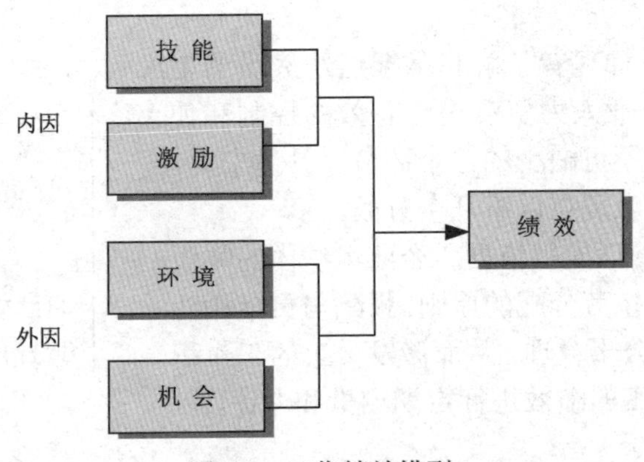

图 7.1 工作绩效模型

二、绩效考评的概念及特点

绩效考评微课

考评是考核和评价的总称。考核是为评价提供事实依据，只有基于客观的考核基础上的评价才是公平合理的。

绩效考核是应用科学的方法对员工业绩进行客观的描述过程。绩效评价是应用考核结果的描述，并根据工作说明书来确定员工业绩的高低，做出评价。绩效考评是指针对企业中每个员工所承担的工作，根据工作说明书，应用科学的定性和定量的方法，对员工的工作业绩，包括工作行为和工作效果，进行全面系统考察与评估的过程。绩效考评具有以下特点：

这是本章的重要概念。

1）绩效考评不是孤立的事件，它与企业的发展战略、组织结构、人力资源管理、经营管理息息相关。

2）绩效考评具有指向性，它的出发点和终点就是企业的整体绩效，是为了使企业更好地生存和发展。

3）绩效考评具有层次性和针对性，不同的岗位、不同的部门和不同的行业对绩效考评的标准、方式和内容是不同的。

4）绩效考评具有时限性，它要求在一段时间内，对考评做出明确的结论。考评既可以按照月度、季度、年度定期进行，也可以不定期进行。

5）绩效考评是一个过程，不是简单的行为，它是由诸多步骤共同组合而成的行为的集合。

6）实际管理过程中，对员工的绩效考评工作可以是正式的，也可以是非正式的。现代企业里，正式的绩效考评是必不可少的，非正式的考评评价也很重要。

根据企业实际情况，建立以绩效考评为中心的管理体系，企业需采用科学规范的绩效考评程序，选择最适合自身情况的考评制度、考评方法。有效的绩效考评会给企业日常管理工作带来巨大的好处。如果绩效考评运用得当，对企业每个员工都能提供有益的帮助。

三、绩效考评的作用

绩效考评可以使管理者了解和掌握组织成员的工作情况，有助于对企业人力资源进行有效的控制和使用，是人力资源管理不可缺少的一个环节。具体来说，绩效考评的作用主要表现在以下几个方面。

从绩效考评的作用可看出绩效考评在整个人力资源管理过程中的重要性。

1）为员工薪酬管理提供依据。企业组织内的物质利益的分配必须遵循按劳分配的原则，报酬与贡献相匹配，才能使员工感到公平合理，从而激发员工的工作积极性。这就需要对员工的绩效进行定期测量和考评，以获得必要的客观依据。

2）为员工的职务调整提供依据。员工的职务调整包括员工的晋升、降职、调岗，甚至辞退。绩效考评的结果会客观地对员工是否适合该岗位做出明确的评判。基于这种评判而进行的职务调整，往往会让员工本人和其他员工接受和认同。

3）为员工培训提供依据。有效的员工培训必须针对员工目前的行为、绩效及素质同其职务规范、组织发展要求方面的差距进行，以确定培训目标、内容及方式。通过绩效考评，可以发现员工的长处与不足、优势与劣势，从而根据员工培训的需要，制定具体的培训措施与计划。

4）为上级和员工之间提供一个正式沟通的机会。考评沟通是绩效考评的一个重要环节，它是指管理者（考评人）和员工（被考评人）面对面的对考评结果进行讨论，并指出优点、缺点和需改进的地方。利用这个沟通机会，管理者可以及时了解员工的实际工作状况及深层次的原因，员工也可以了解到管理者的管理思路和计划。考评沟通促进了管理者与员工的相互了解和信任，提高组织工作效率。

5）能帮助和促进员工自我成长。员工在工作中取得成绩和进步，通过绩效考评，得到组织的承认和主管的肯定，可以更好地激励其发挥技能和潜力。员工如存在不足和缺点，通过绩效考评，能促使其清醒认识自己的差距，可以起到鞭策作用。

6）为企业组织决策提供参考依据。通过绩效考评，可以了解生产、供应、销售、财务等各种职能部门情况与问题，从而为组织的有关决策提供参考依据。

四、绩效考评的分类

绩效考评种类和方法是多种多样的，现从不同的角度把绩效考评分为以下几种类型。

（一）根据考评的目的划分

根据考评的目的划分，可以分为例行考评、晋升考评、评定职称考评、转正考评、培训前考评及对新员工的考评等。

（1）例行考评

一项主要工作结束，或按一定的期限结束后（如每年年终，或学校一个学年）都要进行考评。主要是考评工作人员在这一个时期或者对一项任务完成的情况。

（2）晋升考评

考评的目的是为了晋升，在晋升前考评其本人的素质及由素质结构中了解其是否具备晋升上一级职位的能力。考评的结果作为是否晋升的依据。

（3）评定职称考评

考评的目的是评定工作人员的职称。考评其是否具备某一技术职称应有的条件和水平。

（4）转正考评

一般大、中专院校毕业的学生或新参加工作的工作人员，用人单位都规定一定时间的试用期，试用期满进行考评，考评的结果作为是否转正的依据。

（5）培训前考评

考评的目的是决定职工是否送到某一层次水平的机构去进行学习。如送到高等院校去进修，那首先就要考评他是否具备进高等院校的文化基础；送到国外去深造，就要考评其外语水平以及其他必备的条件等。

（6）对新员工的考评

对新员工的考评主要是考评其是否适合在某个职位中工作。

（二）根据考评的内容划分

根据考评的内容划分，可以分为素质考评、能力考评、实绩考评及综合性考评等。

（1）素质考评

素质考评包括政治素质、智力素质、知识素质、心理素质、身体素质等。

（2）能力考评

能力包括的范围很广，任何一个工作人员都不可能具备全面的能力，总是在某些方面比较突出，而另外一些方面比较弱。能力考评的目的是为了发现每一个工作人员在各种能力的长处和短处，以便扬长避短，充分发挥每一个工作人员的专长。

相对业绩考核而言，素质考评侧重对人综合素质的评估，作为一种前馈控制的管理手段，不仅是对业绩考核的一个补充，同时能更有效地提高企业绩效管理水平。

（3）实绩考评

这是对工作人员完成工作状况的检查。一个人素质的高低，能力的大小，总是通过工作实绩表现出来。在一般情况下，工作人员的素质高、能力小，实绩就会好些，绩效就会多些，反之就会差些、少些。

（4）综合性考评

综合性考评是把素质、能力、实绩三者结合起来，进行全面的考评，这种考评可以使我们对一个工作人员有个全面的认识。

（三）根据考评的时间划分

根据考评的时间划分，可以分为定期考评和不定期考评两种。

（1）定期考评

定期考评是按照一定的时间和既定的考评项目进行考评。可分为年考评、半年考评、季考评、月考评等。

（2）不定期考评

不定期考评一般是根据工作需要，或者为了某种特殊的目的而进行临时性的考评。如职工调离原职位时进行鉴定式的考评，树立先进典型人物而进行的考评等。

（四）根据考评的对象划分

根据考评的对象划分，可以分为对职工的考评，对领导的考评（领导干部中又可以分为高层领导和中层领导），对科技人员的考评。考评的对象不同，标准和要求就有所不同。

（五）根据考评的主体划分

根据考评的主体划分，可以分为自我考评，即对自己作出评价；同事考评，即同事之间作出评价；专家考评，即请专家作出评价，评定职称时往往采取专家考评，根据被考评者的情况由专家作出评价鉴定；上级考评，即由上级来进行考评；下级考评，即发动被考评者的下属作出评价等。

（六）根据考评的组织形式划分

根据考评的组织形式划分，可以分为集中考评、分散考评和集中与分散相结合的考评等三种。

（1）集中考评

集中考评是国家主管部门或单位的人力资源部门实行的统一领导、统一考评指标、统一时间进行的考评。这种考评对于有关部门了解职工队伍的现状是有好处的。但各单位、各部门的情况不同，考评的指标往往不具体，针对性不强，过于一般化。

（2）分散考评

分散考评是由各单位各部门自行组织考评。各单位各部门可以根据实际情况需要拟定考核指标和具体要求，这样得到的资料比较具体、实际、生动，有利于各单位有针对性地采用实施措施，提高工作效率。但各单位的考评指标不统一，国家人事部门很难获得全面统一的考评资料。

（3）集中与分散相结合的考评

集中与分散相结合的考评是指考评的指标由国家人事部门统一制定，考评步骤与考评时间统一，而每个考评的具体要素，考评的具体安排，由各单位根据具体情况自行安排。这样集合了集中与分散考评的优点，既有统一性的一面，又有灵活性的一面。这是目前比较流行的考评组织形式。

（七）根据考评标准的设计方法划分

根据考评标准的设计方法划分，可以分为绝对标准考评和相对标准考评两种。

（1）绝对标准考评

绝对标准考评即按照同一标准尺度，去衡量相同职务的工作人员，它可以明确地判断工作人员是否符合职位要求以及符合的程度。

（2）相对标准考评

相对标准考评即不按照统一的考评标准，而是根据同一部门或小组内同类人员相互比较作出评价。它可以确定同一小组内（或科室内）人员的优劣顺序，但不能准确地把握工作人员与职位要求之间的符合程度。

五、绩效考评的原则

国内外许多企业的实践都证明，绩效考评是人力资源领域最棘手的问题。它往往需要投入较大的精力、物力和财力，但不一定能达到预期的效果。根据国内外企业管理的实践，绩效考评应坚持以下一些原则。

1. 客观性原则

客观性原则是一个最基本的考核原则，一方面在考评方式的设定和标准的选取方面要保证客观性，也就是说考评方法的选择和使用要尽量与被考评目标的实际情况相符；另一方面，在考评结果的讨论和分析上也要做到与实际考评结果应有的结论相一致，既不能任意夸大或贬低考评结果的实际意义，也不能肆意歪曲考评的结果。进行客观考核，才能做到绩效考评的全面、准确，员工才对结果认可，从而最大限度地调动员工的积极性和主动性，取得良好的考评效果。

考评要客观地反映员工的实际情况，避免由于光环效应、新近性、偏见等带来的误差。

2. 公平、公开的原则

绩效考评的过程和结果要对被考评对象进行公开，应该最大限度地减少考核者和被考核者双方对考评工作的神秘感，绩效标准和水平的制定是通过协商来进行的，考核结果公开，使考评工作制度化。同时考核的公开也保证了考评的公平性，既保证考评过程中有群众的监督，也有助于不断提高考评的质量。

公平性就是指对于同一岗位的员工要使用相同的考评标准。

3. 经常化原则

对于组织而言，绩效考评不是进行一次就可以一劳永逸的事情，员工工作质量的改进和工作效率的提高是一个永不停止的过程。这就要求企业对员工的绩效考评要合理地选择考评周期，通过经常性的定期考评，发现一些潜在问题，同时挖掘个人和组织的潜在优势，提高组织的竞争力。

4. 全面性原则

全面性原则是指绩效考评过程中对被考评对象的分析要从多方面收集信息，全面看待一名被考核对象，进行综合考评。考评渠道要多样化，考评结果要全面化，形成全方位、多渠道、多层次的立体考评体系。

5. 及时反馈原则

绩效考评的结果如果不及时加以反馈，将失去考评的现实意义。在考评之后，进行面谈讨论，把结果及时反馈给被考核者，同时听取被考核者的意见及自我评价情况，在此基础上形成改进的方案，达到考评的最终目的。如果被考评对象不能接受考评的结果，管理者应进一步分析其中的原因，找到解决的办法。

6. 敏感性原则

敏感性原则也称区分性原则，是指考评的结果应当能够有效地对员工的工作效率高低予以区分。如果考评体系不能有效区分绩效不同的情况，优、劣不能区分，无疑会使懒惰怠工者受到纵容，这必然会挫伤员工的工作积极性。

第二节　绩效考评的程序

绩效考评应按照规范合理的程序进行，以确保考评的科学性和有效性。一般而言，员工绩效考评要经历制定绩效考评计划、确定绩效考评的标准和方法、选择考评人员、考评实施、绩效考评反馈和考评结果运用等六个阶段，如图 7.2 所示。

绩效考评程序是本章的核心内容。

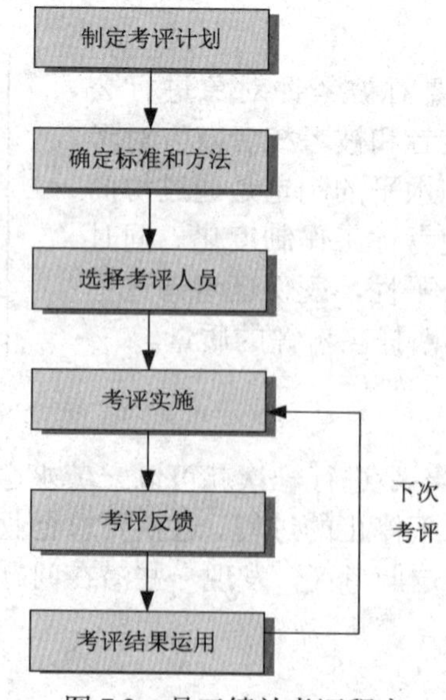

图 7.2　员工绩效考评程序

一、制订绩效考评计划

为了保证绩效考评的顺利进行，必须事先制定考评工作计划，在明确考评目的的前提下，根据目的的要求选择考评的对象、内容和时间等。

（一）明确考评的目的和对象

绩效考评的目的不同，其考评的对象也不同。例如，为评职称而考评，对象是专业技术人员；而评选先进、决定提薪奖励的考评，则往往在全体员工的范围内进行。

（二）选择考评内容和方法

根据不同的考评目的和对象，重点考评的内容也不同。例如，为发放奖金的考评，应以业绩为主，按业绩的高低发放奖金以鼓励员工提高绩效，着眼点是当前行为；而提升职务的考评，既要考核成绩，更要注意其品德及能力，着眼点是发展潜力。

人员绩效考评的内容是十分复杂的，一般来说，员工的工作绩效评价大致可以分为德、能、勤、绩四个方面。

1）德。德是指人的政治素质、道德素质、心理素质和思想作风等。它决定着一个人的行为方向——为了什么人生目的而奋斗，决定着行为的强弱——为达到目的所做的努力程度，决定着行为的方式——采取什么手段达到目的。德的标准不是抽象的、一成不变的，在不同的历史时期，不同的行业，不同的层次对德有不同的标准。

2）能。能是指人的能力，是指认识世界和改造世界的本领，指人完成各项工作的能力。人的能力是人的各种素质相互作用的结果，不是抽象和孤立存在的。因此，对能力的考评应以素质考核为依据，结合他在工作中的种种具体表现来判断其能力。一般来说，能力包括一个人的动手操作能力、认识能力、思维能力、研究能力、创新能力、口头表达能力、文字表达能力、组织指挥能力、协调能力、综合分析能力、自学能力、决策能力等。对不同的职位、不同层次的员工，对其能力的要求各有侧重，进行考评时，应加以区别对待。

3）勤。勤是指人的勤奋敬业精神。主要表现在员工的工作积极性、主动性、创造性、努力程度以及出勤率等方面。出勤率高是勤的一种表现，但不能简单地理解为勤就是出勤率高。如果是“出勤不出工”，“出工不出力”，那么这种出勤就不是勤的表现。因此，对勤的考察不仅要有量的衡量，如出勤率，更要有质的评价，即是否以满腔的热情，积极主动地投入到工作中去，考勤的重点应该考核其敬业精神。

工作业绩包括完成工作的数量、质量、经济效益和社会效益。

4）绩。绩是指员工的工作业绩。工作业绩包括完成工作的数量、质量、经济效益和社会效益。数量多、质量好、效益好是对员工业绩的要求。对不同的职位，考核的侧重点应有所不同，但效益应该是处于中心地位的。在考查“绩”时，不仅要考核员工的工作数量和质量，更应该考核其工作满足社会需要所带来的经济效益和社会效益，也即工作的社会价值。

员工绩效考评的内容也可以分为以下三个方面：

1）业绩考评。主要是评定员工的工作业绩。

2）态度考评。从工作态度方面把握其工作完成过程。

3）能力考评。评定员工在何种条件下达到了企业所期待的技能水平。

考核的方法与考核的内容是相互关联的，要根据不同的考评内容确定有效的考评方法。有关绩效考评的方法问题将在本章第三节中介绍。

（三）要根据不同的考核目的、对象和内容，确定考评时间

要根据不同的考核目的、对象和内容，确定考评时间，例如，思想品德及工作能力，是不会迅速改变的，因此，考评间隔期可长一些，一般是一年一次；工作态度及工作业绩则变化较快，间隔期应短些。生产、销售人员的勤、绩可每月考评；而专业技术人员、管理人员的工作短期内不易见效，一年一次考评为好。

二、确定绩效考评的标准和方法

（一）确定考评标准

绩效应以完成工作所达到的可接受的条件为标准，不宜定得过高。由于绩效标准是考评评判的基础，因此，必须客观化、定量化，具体做法是将考评要素逐一分解，形成考评的评判标准。考评标准包括绩效标准、行为标准及任职资格标准。任职资格标准也称职务规范或岗位规范。确定考评标准与前述的考评内容有类似之处。

1）绩效标准。例如，对生产人员的定额要求、对独立核算单位的利税指标等。

2）行为标准。例如，要求服务员热情待客，不得与顾客争吵；采购员不得收受回扣等。

3）任职资格标准。例如，某装饰公司设计部经理岗位，其任职资格如表 7.1 所示。

表 7.1　某装饰公司设计部经理任职资格

条件	最低要求
学历方面	装饰设计专业本科以上学历，或具有实际设计经验的同等学历
知识方面	必须具备从事经理业务的良好知识；非常熟悉公司的政策；必须理解接受公司的目标、标准
能力方面	强有力的领导品质；有分析、解决问题的能力；良好的沟通及人际交往能力，勤奋实干，综合素质高
经验方面	有 2～3 年以上的设计部管理经验

（二）选择或设计考评方法

根据不同考评目的，选择、设计不同的考评方法。考评方法的选择、设计首先要解决的问题是考评需要掌握哪些信息，从何处获取这些信息，以及采用何种方法收集这些信息。通常采用的收集、记录考评信息的方法有：考核记录、工作日志、生产报表、备忘录、现场视察记录、事故报告、交接班记录等以及收集各种统计账目和有关会计核算资料。

三、选择考评人员

在员工绩效考评过程中，对考评人员的基本要求有以下几个方面。

1）考评人员应该有足够长的时间和机会观察员工的工作情况。

2）考评人员有能力将观察结果转化为有用的评价信息，并且使得绩效考评可能出现的偏差最小化。

3）评价人员有动力提供真实的员工绩效考评结果。不管选择谁作为考评人员，如果考评结果的质量和考评人员的奖金能够结合在一起，那么考评人员都会更有动力去做出精确和客观的评价。

一般而言，员工在组织中的关系是上有上司，下有下属，周围有自己的同事，组织外部还可能有客户，因此对员工工作绩效进行考核的候选人有以下几种类型。

1. 员工的直接上司

在某些情况下，直接上司熟悉员工工作，而且有机会观察员工的工作情况。同时，直接上司能够比较好地将员工的工作与部门或整个组织的目标联系起来，他们也对员工进行奖惩决策。所以，直接上司是最常见的考评人员。但缺点是如果单纯依赖直接上司的考评结果，那么直接上司的个人偏见、个人之间的冲突和友情关系可能会损害评价结果的客观公正性。

2. 员工的同级同事

员工的同事能够观察到员工的直接上司无法观察到的某些方面。特别是在员工的工作指派经常变动，或是员工的工作场所与主管的工作场所是分离的时候，主管人员很难观察到员工的工作情况。如推销工作，可以通过书面报告的方式来了解员工的工作业绩，也可以采用同事评价。在采用团队合作的组织中，同事评价尤为重要。

3. 员工的下级职员

下级职员的评价有助于主管人员的个人发展，因为下级人员直接了解主管人员的实际工作情况、信息交流能力、领导风格、平息个人矛盾的能力与计划组织能力。上下级之间的相互信任是运用好下级评价方法的基础，在通常情况下，下级评价方法只是作为整个评价系统的一部分。一般而言，由于下属和同事能够从与主管人员不同的角度观察员工的行为，因此，他们能够提供更多的关于员工的信息。但要注意的是，如果员工认为自己的主管有可能了解每个人的具体评价结果，那么他们就可能对自己的上司给予过高的评价。

4. 员工的自我评价

员工的自我评价能够减少员工在评价过程中的抵触情绪，在工作评价和员工个人工作目标结合在一起时很有意义。但自我评价的问题是自我宽容，常常与他人的评价结果不一致，因此比较适合于个人发展用途，不适合于人事决策。不难发现，有效的工作规范和员工与主管人员之间良好的沟通是员工自我评价发挥积极作用的前提。此外，经验表明，员工和主管人员双方关于工作业绩衡量标准的看法越一致，双方对评价结果的结论越一致。

5. 客户的评价

有些情况下，客户可以为个人与组织提供重要的工作情况反馈信息。虽然客户评价的目的与组织的目标可能完全不一致，但是客户评价结果有助于为晋升、工作调动等大事决策提供依据。

6. 外界人事专家或顾问

人事专家有较好的理论修养，又有考评方面的专门技术和经验，并且他们无个人的利害关系，因而考评较公允，对各部门所用的方法与标准也较一致，具有可比性，所以考评专家往往会受到员工和上级的欢迎，但聘请专家参与考评成本较高，而且专家对被考评专业可能不在行。

近年来，美国的很多企业开始实行所谓的360度评价，即综合自己、上司、下属和同事的评价结果对员工的工作业绩作出最终的评价。这些业绩考评的信息来源在评价员工业绩的不同侧面时具有不同的效力，因此，将它们综合起来无疑可以得到一个最全面的结论，但是实践证明，360度的业绩考核方法只有在那些开放性高、员工参与气氛浓和具备活跃的员工职业发展体系的组织中才能够取得理想的效果。

阅读资料

GE公司的“360度评价”

美国通用电气公司（GE）何以成为世界实力最雄厚的跨国企业之一，在很大程度上这要归功于韦尔奇独特有效的经营管理方式。

“360度评价”是通用电气的一大特色，每个员工都要接受上司、同事、部下及顾客的全方位评价，每个部门每年都要界定出20%的优秀人员，70%的表现普通人员以及10%的后进人员，业绩差的员工便会被公司无条件辞退。为了使通用电气这个美国老式的大企业在国际市场竞争中具有更强竞争力，韦尔奇曾进行了600多次兼并行动，一次为使公司商务业务集中而“精简”了10万多名职工。此外，为了将财力、物力和精力集中投入具有发展前途的行业和产品生产中，韦尔奇曾卖掉了被看成是通用电气公司心脏和灵魂的计算机集成电路以及电视机等经营项目。因此在有些人看来，韦尔奇是一个无情的管理者，他的一些行为近乎残忍，令人不解和愤慨。

然而，韦尔奇正是从战略角度思考，从员工和公司的切身利益出发，经过深思熟虑作出了这些决策。他在回忆录中对“360度评价”进行了深入分析，韦尔奇认为区别是一个企业生存发展的根本要素，也是经营管理的重要理念。对员工进行分类，便于管理者对他们区别对待、对症下药，奖励表现优秀者并委以重任，积极鼓励表现普通者并帮助他们迅速提高，而对于表现不佳者，辞退其实有利于他们抓紧时间重新自我定位，找到合适的岗位。员工在分享公司的收益增长中体会到韦尔奇“道是无情却有情”的独特管理经营方式，一年内员工奖金增长幅度可以达到150%，即使本人职位不提升，工资增长幅度也会高达25%，优先认股权发放范围也由只限于高级职员扩大到专业雇员总数的1/3。

韦尔奇虽然大权在握，但绝非是一个孤高自傲的独裁者，他经常突然视察工厂和办公室，安排与比他低好几级的经理共进午餐；他向从直接的汇报者到小时工人等几乎所有的员工发出手写体便条，给人以一种亲切和自然感；他凭外貌就能叫出公司至少 1000 人的名字，并且清楚地知道他们各自的职务。这一切都意味着他对一个庞大的企业王国的领导和影响滴水不漏，深入而全面。

（资料来源：王薇. 2004. 2004美国“头号经理”光彩依旧. http://www.cnhan.com）

四、考评实施

考评实施是指对员工的工作绩效考核、测定和记录。这一阶段的主要任务是了解被考评者的工作行为和工作结果的实施情况。在了解实际情况的过程中，一定要实事求是、全面准确地收集反映员工工作绩效的有关资料。主要做好以下工作。

1. 收集信息资料

收集信息资料是考评实施阶段的中心工作。应根据考核目的确定需要哪些信息，从何处获得这些信息，采用何种方法收集这些信息。不同的考评人员提供的信息来源对人力资源管理中的各种目标具有不同的意义。不同的评价标准，所得到的员工业绩考核信息对人力资源管理中的各项目标也具有不同的意义。

收集信息的方法一般有：

1）生产记录法。就是对生产、加工、销售、运输、服务的数量、质量、成本等，按制度规定填写原始记录和统计数据。

2）考勤记录法。这是最常用的方法，就是把每个员工的出勤、缺勤的情况及其原因如实地记录下来。

3）定期抽查法。就是按照规定的时间，定期抽查生产、加工、服务的数量、质量等，并由专人记录抽查情况。

4）问卷调查法。设计和发放调查问卷，指定专人对收集上来的问卷进行汇总和分类，逐项进行记录。

5）减分抽查法。按职位要求规定应遵守的项目，制定对违反规定者的减分方法，定期进行登记。

6）关键事件法。这种方法对优秀行为和不良行为分别予以记录，所收集的事件资料都是明确而容易观察且对绩效好坏有直接关系的，收集并整理后，加以分类和记录。

2. 分析评价

根据考评目的、对象、选定的方法以及收集的信息进行分析评价工作。分析评价是一个由定性到定量再到定性的过程，其过程一般是：

1）等级评定。对员工每一个评价项目，如工作质量、出勤、协作精神等方面评定等级，一般可分为五级。五等级划分一般可按下表尺度进行，如表 7.2 所示。

表 7.2　五等级评定

等　级	优　秀	良　好	中　等	合　格	不合格
表　现	非常出色	比组织期望水平高	达到组织期望水平	比组织期望水平低，但不妨碍业务	水平低，已妨碍业务
以出勤为例	全勤无迟到	几个月无迟到	每月允许迟到 1～2 次	每月迟到 3～4 次	每月迟到 5 次以上

2）评价项目的量化。为了将不同性质的项目综合，就必须分别予以量化。即赋予不同评价等级以不同数值。赋值的方法很多，以五等为例，如 5 分为优秀，4 分为良好，3 分为中等，2 分为差，1 分为很差等。

3）同一项目不同考核结果的综合。有时同一项目由若干人对某一员工同时进行考评，但得出的结果不一定相同。为综合这些考评的意见，可采用算术平均法或加权平均法综合。例如对某一科长的工作能力的考核分值（5 分为满分）为：上级评分为 5 分，下级评分为 3 分；相关的两个部门，一个评为 4 分，另一个评为 2 分。按算术平均综合为（5＋3＋4＋2）/4＝3.5；若考虑到上级意见更为重要，权数为 2，其他权数为 1，则加权平均为：（5×2＋3＋4＋2）/5＝3.8 分。其结论不完全一样。

4）不同项目考核结果的综合。在评价一个员工总体能力时，则要将其知识、判断能力、社会交际力等综合起来考虑。又如要决定一个员工是否提薪时，要将其工作成绩、工作态度、工作能力等综合起来看。这里也须将各个项目分配权数，进行综合评定。确定各个考核项目的权数值主要根据考核的主要目的、阶层、具体职务而定。考核的目的不同，同一项目在整个评价体系中的地位不同，其权数值也不同；具体职务不同，同一要素其地位也不同。

五、绩效考评反馈

绩效考评反馈是指将考评结果通过一定的方式反馈给被考评者。考评结果只有被员工理解和认同，才能促进员工改进工作业绩，为此必须进行考评结果的沟通。其中考评反馈是关键环节，需要掌握相应的方法和技术。

（一）考评反馈的意义和方式

考评反馈最重要的作用，是使考评结果得到确认，让员工接受考评结果。为此，考评者需要找到合适的反馈渠道与方式。

1. 反馈的意义

考评反馈的意义体现在三个方面。

第一，考评者与员工共同确认考评结果。员工接受考评结果是其绩效改进的基础。

第二，考评者发现考评过程中存在的问题，即时纠正考评中的误差。

第三，促进绩效改进。整个绩效考评过程都是一个沟通的过程，绩效目标的制定、绩效考评的实施等，都离不开考评者与被考评者之间的反馈沟通。

2. 反馈的方式

绩效反馈的方式可以分为正式和非正式、定期和非定期的。具体有以下几种方法。

1）正式的工作总结。总结一段时间以来的工作目标、工作进程、出现的问题、需要提供的支持与帮助、设备仪器的使用需求状况、培训需求状况等。

2）员工和主管面谈。这种面谈非常灵活，可以是工作间隙的面谈，也可以是专门安排的面谈，定期或非定期的都可以。通过这种方法，可以及时准确地掌握员工的绩效动态，是绩效反馈的主要方法。

3）非正式的走动管理。走动管理是指主管人员在员工工作期间不时地到员工的座位附近走动，与员工进行交流，解决员工提出的问题。主管人员对员工的及时问候和关心，即使不能解决工作中的难题，也足以使员工感到压力减轻，感受到鼓舞和激励。

4）工作空隙时间的沟通。主管人员可以利用各种各样的工作间隙与员工进行沟通，例如与员工共进午餐，在喝茶的时候聊天等。通过这种非正式的、轻松的聊天方式，可以发现员工不愿吐露的绩效问题。

（二）考评反馈的面谈

主管与员工的面谈是绩效反馈的主要方式。为确保反馈面谈的效果，需要主管与员工在面谈前做好充足准备。绩效考评面谈表如表 7.3 所示。

1. 面谈的作用

1）对被评价者的表现达成一致看法。通过面谈，告知被考核者最终的评价结果；预测可能产生的影响（如提升、加薪、换岗等）；接受被考核者的质疑和申述；如果有必要，调整和修正绩效评价成果。

2）使员工认识自己的成就和优点，分析造成差距的原因；制定消除和克服差距的工作计划；协商下一个绩效考评周期的目标和绩效标准。

3）通过面谈，可以将上一个绩效考评循环的绩效考评目标设计合并进行，使绩效计划更有的放矢、绩效考评更加连贯。

总之，有效的反馈面谈可以使员工相信绩效考核的公平、公正和客观性。

实践中要做好绩效考评面谈的准备工作。

2. 面谈的准备

在进行绩效反馈面谈之前，主管人员和员工都要做好准备，以保证面谈取得良好的效果。

表 7.3　某公司绩效考评面谈表

部门		职位		姓名	
考核日期	年　月　日				
工作成功的方面					
工作中有哪些需要改善的地方					
是否需要接受一定的培训					
本人认为自己的工作在本部门和全公司中处于什么状况					
本人认为本部门工作最好、最差的分别是谁？全公司呢					
对考核有什么意见					
希望从公司得到什么帮助					
下一步的工作和绩效的改进方向					
面谈人签名			日期		
备注					

说明：

1）绩效考评面谈表的目的是了解员工对绩效考评的反馈信息，并最终提高员工的业绩。

2）绩效考评面谈应在考评结束后一周内由上级主管安排，并报人力资源部备案。

就主管而言，针对员工的绩效考评结果，结合员工的特点，事前要语聊到员工可能会对哪些内容有疑问，哪些内容需要向员工做特别说明。

员工也要做好相应准备，包括收集证明自己绩效的资料，准备提出的问题，制定未来的改进计划。

六、考评结果运用

绩效考评并不是最终目的，因此要特别重视考评结果的运用。在绩效考评过程中获得的大量有用信息可以运用到企业人力资源管理的各项活动中去。绩效考评结果主要有两方面作用：一是确定员工的报酬，包括工资、奖金和工作晋升。这是对于员工贡献的经济回报依据。二是改进员工的工作，包括解决绩效问题，采取改进措施。这是为了提高员工价值所进行的人力资源开发。

（一）员工绩效改进

绩效改进是考评结果最重要的应用。绩效改进是指通过确认员工实际工作表现与绩效目标的差距，分析产生差距的原因并制订相应的绩效改进计划来提高员工绩效水平的过程。

在绩效考评中越来越重视绩效改进。

1. 绩效诊断与分析

绩效诊断与分析是绩效改进过程的第一步，也就是绩效改进最基本的环节。绩效诊断与分析有以下两个关键步骤。

第一步是通过分析考核结果，找出关键绩效问题。关键绩效问题是通过对比诊断和分析标准之间的差距得出来的。

第二步是分析问题产生的原因。在绩效考评中，判断绩效问题的依据在于确认问题不是产生于客观原因，而是产生于主观原因。

在绩效问题原因分析中，要特别注意不负责任的情况。其典型表现有：不努力保证合理品质；影响其他员工负面态度；违反企业伦理或工作原则；不认同公司价值体系；其他行为不当的情况，如经常迟到、缺席等。对于这类员工，要采取断然措施，包括辞退。

2. 绩效改进措施

在进行绩效诊断分析的时候，重点在于帮助员工改进绩效。通常采用以下几个步骤。

第一步，主管人员与员工沟通。让员工认识到绩效问题的存在及其影响以及不改正绩效问题产生的后果。目的是使管理者和员工在绩效问题上达成共识。

第二步，分析绩效问题的原因。问题的原因是多方面的，可能是能力的原因，也可能是态度的问题，还可能是条件不够等原因。

第三步，确定绩效改善的目标。主管人员必须知道员工努力的方向。

第四步，共同探讨可能的解决途径。主管人员和员工要商定如何推进绩效改进过程，让员工了解必须对自己的行为负责。

第五步，鼓励员工已经取得的进步。任何改善都是渐进的过程，当员工行为有所改善时，主管人员应该及时进行认可和称赞。

（二）绩效发展计划

个人发展计划是根据员工特点制订的能力与素质改进计划，是绩效改进的重要途径。员工的个人发展计划，通常在主管人员帮助下由员工自己制订，并与主管人员讨论，达成一致意见。主管人员应承诺提供员工实现计划所需的可能帮助。

1. 个人发展计划的内容

个人发展计划通常包括以下内容。

1）有待发展的项目，通常指的是工作能力、方法、习惯等有待提高的方面。

个人发展计划要符合组织发展目标。

2）发展这些项目的原因，这种原因通常是由于在这方面的水平比较低而工作又需要在这方面表现出较高的水平。

3）目前的水平和期望的水平，绩效改进计划应该有明确的目标，在制订个人发展计划时，要指出需要提高的项目目前表现的水平和期望达到的水平。

4）发展这些项目的方式，将某种待发展的项目从目前水平提升到期望的水平可能有多种方式，例如，培训、自学、他人帮助改进等。

5）设定达到目标的期限，预期在多长时间内能够将有待发展的项目提升到期望的水平，支出评估的期限。

2. 个人发展计划的制订

一般地，制订个人发展计划要经历以下过程。

1）员工与主管人员进行绩效评估沟通和绩效诊断。在主管人员的帮助下，员工认识到自己在工作中哪些方面做得好，哪些方面做得不好，认识到目前存在的差距。

2）员工和主管人员就员工绩效方面存在的差距分析原因，找出工作能力、方法或者工作习惯等方面有待改善的方面。这一阶段可以对绩效诊断与分析中的绩效改进初步策略进行调整与修正。

3）员工和主管人员根据未来的工作目标的要求，选取员工在工作能力、方法或者工作习惯等中最需要改善的方面，作为个人发展项目。

4）双方共同制定具体行动方案，确定个人发展项目的期望水平、目标实现期限以及改善的方式。必要时确定过程中的检查计划，以便分步骤地达到目标。

5）列出改善个人发展项目所需的资源，并指出哪些资源需要主管人员提供帮助。

（三）考评结果在人力资源管理中的应用

绩效考评的作用很多方面体现在考评结果的应用上。

从人力资源管理的各个环节看，绩效考评的结果可以应用于招聘、人员调配、薪酬分配、员工培训与开发、员工职业生涯规划。

1. 绩效考评应用于衡量招聘结果

招聘和甄选的最终目标是选择顺应组织发展和职位需要的任职者。招聘是否有效，要通过新员工在一段时间内的绩效考评结果来衡量。如果绩效考评令人满意，说明招聘工作比较成功；反之，就要进一步寻找原因。

2. 绩效考评为人员调配提供依据

绩效考评的结果为员工晋升、调整、淘汰提供决策支持。如果员工绩效较出色，可以考虑让其承担更多的责任；如果员工的绩效较差，可以考虑通过职位调整改善他的绩效水平；如果经过多次工作调整，绩效结果仍不能令组织满意，就要考虑将其解聘。

3. 绩效考评为薪酬分配提供依据

将绩效考评的结果应用于薪酬发放，可以强化薪酬的激励作用。目前很多组织倾向于将薪酬与绩效挂钩，挂钩的方式主要有两种：第一，绩效与一次性的绩效工资或奖金的发放对接；第二，绩效与固定工资基数的调整对接。

4. 绩效考评应用于员工的培训与开发

绩效考评的结果可以加深组织对员工能力、素质水平的认识，尤其是员工的劣势与不足。据此，人力资源部门可以制定更有针对性的员工培训计划，帮助员工弥补不足、提升绩效；另一方面，绩效考评的结果也可用于衡量培训的有效性。如果通过系统的培训，员工的绩效有所提升，说明培训是有效的；如果绩效没有得到提升，则培训可能是低效甚至是无效的。

5. 绩效考评应用于员工职业生涯发展规划

员工职业生涯规划是组织根据员工当前的绩效水平，与员工协商制定长期的工作绩效改进计划和职业发展路径的过程。通过绩效考评的结果，主管人员和员工都可以清晰地认识到员工的优势和不足，经过沟通和讨论，员工便能更加了解工作目标、明确自身的发展路径。

第三节 绩效考评的方法

绩效考评方法多种多样，各种方法都有其优点和局限性，有其特定的范围。考评方法的选用要从企业组织的类型、工作的性质及考评对象的特点等方面来考虑。如果考评方法不当，再理想的考评量表也只是个花架子，不但达不到考评的目的，还会产生副作用。

下面介绍的是一些常用的考评方法。

一、主观考评法

主观考评法是当绩效指标难以量化时采用，没有准确的标准，主要依赖于考评者经验判断。

（一）自我与他人评价法

自我与他人评价法是实际工作中常用的考评方法。

自我与他人评价法，是指在工作人员的考核评价过程中，首先由被考评者本人对自己在某一时期内，如一年或半年的工作表现情况进行自我对照性的总结和评价，其次由他人对被考评者作出评价意见。所谓自我对照进行评价，是指被考评者对照自己工作岗位职责说明书的要求进行自我对照总结（目前在我国常把这种对照性的总结和自我评价称为述职报告），在此基础上，同一小组人员进行民主评价。所谓他人，一般是指被考评者的直接上级领导，根据自己对被考评者的了解，对被考评者自我评价提出意见，再由上一级主管人根据被考评者的自我评价和其上级领导人的意见，提出最后的评价意见。运用这种方法最重要的是制定合理的工作岗位职责说明书（也叫岗位工作说明书），或者制定合理的定量和定性的评价标准。在考核评价过程中，经过自我评定，直接上司评价，再由上一级主管评价，即完成对一般职工的考核评价的全过程。他人（即直接上级领导和上一级主管）的评价意见都要反馈给被考评者（即贯彻考核结论向本人公开的原则）。如被考核者对上级的评价有意见，可以在考核评价表上说明自己的意见。如果被考评人对直接领导或上一级主管的考核评价有很大意见时，也可以直接向总部评审委员会或最高领导申诉。

采用自我与他人评价法的好处，首先是被考核者通过自我考核评价，可以看到自己工作成绩和存在问题；其次，小组民主评议中可以当面听取他人对自己的意见和看法，有利于自己发扬成绩和明确今后努力方向；再次，领导的考核评价向本人公开，贯彻了民主的原则。一般来说，只要制定的考核评价标准科学合理，这种方法的考核评价准确性较高。但是这种方法在自我考核评价时也会出现一些夸大优点或缩小缺点的弊端，以及在小组评价中出现“情面”带来的偏差，这是应加以注意的问题。

（二）序列比较法

序列比较法是对相同职务员工进行考核的一种方法。序列比较法的做法是：首先确定若干考评要素，再根据每一要素来确定这一组被考评者在组中的排序，最后综合各要素的考评成绩，得出最终总序列数和成绩，总序列数越小成绩越好，如表 7.4 所示。

表 7.4 序列比较

评定要素 / 序列数 / 被考核者	工作态度	工作数量	工作质量	业务水平	组织能力	表达能力	团结协作	身体状况	总序列数	总成绩
李××	1	1	2	2	1	1	3	3	14	优
赵××	3	2	3	1	2	2	1	5	19	优
钱××	2	4	1	3	3	6	2	7	28	良
王××	6	3	5	4	4	4	5	4	35	良
周××	4	5	4	5	5	5	4	2	34	良
陈××	8	7	6	7	7	7	6	1	49	中
罗××	7	8	7	8	8	8	8	6	60	中
何××	5	6	8	6	6	3	7	8	49	差

注：本例总序列数 20 以下者评定为优秀，21～35 者评定为良好，36～49 者评定为中等，50 以上者评定为差。

序列法的优点是比较简单易行，缺点是一次考评的人数不宜过多，而且这一方法只适用于考评从事同一职务或同类职务的工作人员，否则没有可比性。

与序列比较法相仿，它也是对相同职务员工进行考核的一种方法。所不同的是，它是对员工进行两两比较，任何两位员工都要进行一次比较。

（三）成对比较法

成对比较法是根据考评要素，把所有的被考评者分别按两两一组的方法进行比较，并判断优者和劣者。如优者为 1 分，劣者为零分，然后综合其结果，得出最终的序列和成绩。现举例如下：假设这一被考核小组为 6

人，分别排在表上，如表 7.5 所示。

表 7.5 成对比较表

姓名	A	B	C	D	E	F	总分	成绩
A	×	1	1	0	1	1	4	良
B	0	×	1	0	1	1	3	良
C	0	0	×	0	1	1	2	中
D	1	1	1	×	1	1	5	优
E	0	0	0	0	×	0	0	差
F	0	0	0	0	1	×	1	中
合计							15	

进行两两比较，如第 1 行，某 A，A 与 A 的相比较，即自己与自己比较用×代替；A 与 B 相比较，A 优于 B，所以在第 1 行空格内打 1 分，在第 1 列 B 的空格内打 0 分；接着 A 与 C 相比较，A 优于 C，在第 1 行打 1 分，在第 1 列 C 的空格内打 0 分。由此类推：A 与小组所有的人相比完后，轮到 B 与所有的人相比较，因为 A，B 在第一轮中已比较过了，所以从 B 与 B 开始比，B 与 B 比较用×代替，B 与 C 比较，B 优于 C，在第二行 B 的空格内打 1 分，在第 2 列 C 的空格内打 0 分。一直到所有的人都两两比较完毕，然后从每例计算每个人的总分。本列 A 为 4 分，B 为 3 分，C 为 2 分，D 为 5 分，E 为 0 分，F 为 1 分。然后，确定成绩的优劣。

这个方法的优点是准确性较高，而且考评者在考评过程中很难预先判断每个被考评者的最终成绩，因此，可以避免考评者的主观影响。但这种方法的缺点是一次考评的人数有限，手续繁琐，工作量大。

（四）比例控制法

由于其他的考评方法对各等级人数比例的分配无任何限制，因此在考评实践中常会发现实际的考评结果往往出现失控的“偏态”现象，“好的”、“优的”等级偏多，不好的一个也没有。为了控制这种现象，人们提出了比例控制评估方法。所谓比例控制法，又称强迫分布法，即在绩效考评开始之初，对不同等级的人数有一定的比例限制。一般来说，各个等级的比例分布接近正态分布的情况，如表 7.6 的范例所示。

比例控制法适合相同职务员工较多的情况。

表 7.6 比例控制分布情况

等级	卓越	优秀	良好	需改进	不足
分配比例	5%	20%	50%	20%	5%

这种考评方法的优点是既拉开了被考评对象之间的等级差距，便于相对比较，又可

以有效控制各等级的人数分布，保持人配合理，避免盲目考评与失控现象。缺点是使绩效水平相近的员工因为比例限制而被划分到不同的等级中去，从而产生考评的偏差。

当然各种等级比例的强制规定需要根据组织整体绩效或部门绩效水平作出相应地调整，既依据考核期内组织总体的绩效水平来确定该组织或部门不同等级的人数比例。整体绩效好，则考评优等的人数比例相应增加，如表 7.7 所示，这是部门整体绩效评估为优秀时不同等级比例的分布情况。如表 7.8 所示，这是当部门整体绩效评估为基本合格时，各类等级比例的分布情况。

表 7.7　部门绩效为优秀的比例分布情况

等级	卓越	优秀	良好	需改进	不足
分配比例	10%	25%	55%	10%	0%

表 7.8　部门绩效为基本合格的比例分布情况

等级	卓越	优秀	良好	需改进	不足
分配比例	0%	10%	35%	45%	10%

这种与组织的整体绩效相联系的比例控制方法，可以克服评估者的主观偏见而造成的评估误差问题。同时，突出了集体观念，把每个人的绩效评估与整个集体的绩效评估联系起来。此外，这种方法也充分体现了总体宏观控制。具体评估自主灵活的特点。不足之处是可能把领导者的错误决策而导致的整体绩效下降的责任分摊到每个员工身上。

二、客观考评法

客观考评法是根据客观标准对员工的行为进行评价的方法。其实质是对员工的行为按照评价的标准给出一个量化的分数或者程度判断，然后再对员工的各个方面的得分进行加总，得到一个员工绩效的综合评价结果。它体现了客观性、全面性的原则。

（一）量表评定法

量表评定法是考评者根据设计的等级考评量表对被考评者进行考评的方法。这种方法从定性和定量两个方面进行考评，适用于被考评者人数不等的考评工作。其具体方法是：先设计等级考评量表，列出考评的绩效因素，再根据被考评者的真实情况对照每一绩效因素，将被考评者分成若干等级并给出分数。如表 7.9 所示，考评者对被考评者进行等级评定和打分，最后加总得出总的考评结果。

运用量表评定法进行绩效考评，可实现量化考评，可操作性较强，其缺点是容易出现主观偏差，等级宽泛，难以把握尺度。对考评量表的设计，特别是维度的选用和确定需要较多的前期准备工作，要针对被考评者的实际情况来确定。

表 7.9 员工绩效考评量表示例

员工姓名：______________ 职务：______________ 考评日期：______________

工作部门：______________ 工号：______________ 考评人：______________

工作绩效维度	绩效等级				
	优：5 分	良：4 分	中：3 分	差：2 分	很差：1 分
工作质量					
工作数量					
组织能力					
工作态度					
创新意识与行为					

考评人意见：______________

员工意见：______________

人力资源部门审核意见：______________

考评人签名：______________ 员工签名：______________

负责人签名：______________

优：完成任务特别杰出

良：完成任务较好

中：基本完成任务

差：勉强完成任务

很差：不能完成任务

（二）分定考评法

分定考评法是运用定量的方法，对各项考评指标进行计算，并根据计分的多少来评定考评结果。这种方法比较科学合理，适合全面综合性的考评。这种方法的基本原理是分类、分级、定时和定量。

分定考评法较费时。

分类，就是按工作人员从事的工作性质进行分类。

分级，就是按工作人员所担任的职务进行分级。

定时，就是对工作人员进行定期考评。

定量，就是按照事先规定的考评项目，凭考绩计分，可用百分制、百分比、累加和、平均值等表示，一般采用百分制。每一单独项目的考绩和所有项目的总考绩，均用百分制计分，单项考评成绩乘以此项的百分比系数，即为该项考绩的有效分值，各项有效分值的累加之和，即为有效总分值。表 7.10 就是一种分定考评法的设计示例。

表 7.10 分定考评法设计示例

考评要素	考评项目具体标准要求	百分比系数/%		总计
德	1）政治思想表现：模范执行党的路线、方针、政策和党委的决议	40	25	100%
	2）道德品质：为人正派，办事公道，坚决抵制不正之风，模范遵守法律，法规	30		
	3）组织纪律：模范遵守单位各项规章制度，任劳任怨服从领导	30		
能	1）业务水平：精通本职业务，有较丰富的工作经验	45	25	

续表

考评要素	考评项目具体标准要求	百分比系数/%		总计
能	2）管理能力：办事能力强，能独立实施工作计划，能指导、帮助他人开展工作	30		
	3）思维及表达能力：思维清楚、表达准确，条理清晰，简练通顺	25		
勤	1）工作态度：热爱本职工作，责任心强，工作主动刻苦，肯钻研业务，敬业精神好	60	20	100%
	2）出勤情况：能出满勤并模范执行请假制度	40		
绩	1）工作效率：工作效率高，各项任务能按时完成，工作质量优	30	30	
	2）工作成绩：超额、圆满完成各项任务，工作成绩显著	50		
	3）工作对比：与同事相比成绩突出，与上年相比有显著进步	20		

分定考评法，适合于考评各类工作人员，如科技人员、管理人员、工程技术人员、情报资料人员、党政干部等，需要注意的是对不同的考评对象，其考评内容的设计，考评的侧重点，以及计分标准、评分办法等，应有所不同。该方法的不足之处是计算繁琐。

例如：某甲本年度考评结果是：

德：1）为 80 分，2）为 78 分，3）为 85 分。

能：1）为 90 分，2）为 80 分，3）为 85 分。

勤：1）为 75 分，2）为 85 分。

绩：1）为 85 分，2）为 90 分，3）为 85 分。

计算结果：

德的得分为：80×40%＋78×30%＋85×30%＝80.9 分。

能的得分为：90×50%＋85×25%＋85×25%＝87.5 分。

勤的得分为：75×60%＋85×40%＝79 分。

绩的得分为：85×30%＋90×50%＋85×20%＝87.5 分。

总分为：80.9×25%＋87.5×25%＋79×20%＋87.5×30%＝83.84 分。

结论：某甲本年度考核的成绩为 83.84 分。

100分为满分，90分以上为优秀，90分以下（不含90）至80分以上（含80）为良好，80以下70以上（含70）为中等，70以下60以上（含60）为合格，60以下（不含60）为不合格（本例某甲本年度考评总成绩为83.84分，应评为良好）。

（三）关键事件法

关键事件法是主管对下属与工作相关的优秀事件和不良行为进行记录，并在预定的时间内进行回顾考评的一种方法。在运用关键事件法时，负责考评的主管人员将每一位员工在工作活动中所表现出来的非同寻常的良好行为或不良行为记录下来，形成一个书面报告，然后在每半年左右的时间里，主管人员和员工根据所记录的特殊事件面对面地讨论员工的工作绩效。关键事件法一般与其他方法结合使用，作为其他方法的一种补充。

关键事件法的记录为考评者向被考评者解释绩效考评结果提供了一些确切的依据，通过对关键事件的记录可以使管理人员得出有关被考评者的长处与不足，在对被考评者进行反馈时，不但有具体事实做支持而易于接受，也有利于以后的改进。但是由于这种方法得到的工作报告是非结构化的，在衡量指标上缺乏统一的规范，而且是对不同员工的不同工作侧面进行描述，无法在员工之间，团队之间和部门之间进行工作情况的比较，因此容易产生评价误差。

三、目标管理法

目标管理法（management by objectives，MBO）也称工作成果评价法，按照员工的工作成果进行考评的方法。其过程是：先由主管人员和下属共同协商制定员工在一定的时期内需达到的绩效目标及检验目标的标准；经过贯彻执行后，在规定期末，主管人员和下属双方共同对照既定目标、检验目标的标准，考评下属的实际绩效，找出成绩和不足；然后双方本着合作互利、发扬优点克服缺点的原则，制定下一阶段的绩效目标。实施这种评价方法的过程非常类似于主管人员和下属签订一个合同，双方规定在某一个具体的时间达到某个特定的目标。员工的绩效水平就根据届时这一目标的实现程度来评定。

目标管理是常用的管理方法。

目标管理法不是用来衡量员工的工作行为的，而是用来衡量每位员工为组织成功所做的贡献大小。因此，实施目标管理法的关键是目标的制定，而且这一目标必须是可以衡量和观测的。目标制定要符合“SMART”原则，其含义如下：

S（specific）：表示目标是具体的、明确的。

M（measurable）：表示目标可以用数量、质量和影响等来衡量的。

A（attainable）：表示通过主管人员和下属双方协商的目标是可达到的。

R（realitic）：表示设定的目标应与单位和员工的实际需要相符合的。

T（time-based）：表示目标是有时间要求的。

如表 7.11 所示是某家电产品销售公司的销售员工在应用目标管理法时的业绩考评表，表中的数据是假设的。

表 7.11 销售人员业绩考核

序 号	目标项目	本月目标	实际完成情况	绩效差距/%
1	微波炉销量/台	100	110	110
2	电冰箱销量/台	60	50	83
3	电视机销量/台	80	75	94
4	新发展的批发客户/个	5	4	80
5	顾客抱怨/次数	10	7	70
6	销售分析报告/篇数	4	4	100

目标管理法的优点非常明显，主要有：第一，由于考评的目标明确、将下属的目标融进组织目标之中、个人目标与组织目标有机结合，因而能激励员工忠于职守、努力工

作；第二，员工的目标是本人参与设定，在实现业绩目标后，员工会有一种成就感；第三，由于主管人员和下属共同讨论和制定下属的绩效目标和经验目标的标准，这样，有助于发挥下属的自主性和创造性，促进员工的自我发展；第四，促进良性沟通，加强上下级之间的联系。

其他考评方法如360度考评方法等可参考有关书籍。

目标管理法作为一种现代管理的绩效考评方法也有一定的局限性：目标管理多用于短期目标，对有些工作难以设定短期目标的就不适用；适用于从事工作独立性强的人员考评，如管理人员、专业技术人员以及销售人员等，而对从事常规水平的工作人员并不适用，如流水线上的工人；在一些情况下员工在设定目标时偏宽松；一些管理者也对“放权”存在抵触情绪。

在实际运用中，绩效考评方法在整个绩效考评中只是一个基本条件，而有关各方在评价中的相互信任、管理者和员工态度、考评目的、频率、信息来源及人员培训等各种因素对于整个绩效考评的成败都是非常关键的。每种绩效考评方都有各自的优点和使用局限性。应根据各自的特点来选择适当的考评方法，以保证绩效管理实施的正确性和有效性。

第四节　绩效考评中常见的问题及防范

绩效考评是人力资源管理活动中的一项系统工作，在具体的实施过程中都会遇到各种问题，从而影响了绩效考评的准确性与合理性。

一、绩效考评中的问题

（一）考评本身方面的问题

考评本身方面的问题有以下几点。

1）考评标准不严谨。当考评项目设置不严谨、考评标准说明不清时，人们打分时必然有一定的任意度，这会导致考评结果的不正确。

2）考评内容不完整。在考评体系当中，如果考评内容不够完整，尤其是关键指标有缺失，不能涵盖主要内容，自然不能正确评价员工的真实的工作绩效。

绩效考评是人力资源管理实际操作中很难把握的问题。

3）考评方法选择不当。如前所述，绩效考评方法有很多种，每种方法都有一定的适用范围与优缺点。因此，在考评工作当中如果对考评方法选择不当，也会使考评结果产生偏差。

4）考评结果的反馈方式不当。现代人力资源管理中的绩效考评应该是一个开放的系统，这种开放性意味着整个考评过程应该是上下级之间的双向交流的互动过程。绩效考评的最终目的不仅仅是为了制定各项人事决策，更重要的是肯定员工的优点，激发员工向上的精神，帮助员工找到不足，以明确其今后自我改进的方向。因此，如果不能把考评结果以适当的方式反馈给被考评者本人，绩效考评本身就失去了意义，更谈不上考评目的的实现。久而久之，员工对考评失去兴趣，将其视为流于形式的一项活动。

（二）考评人员方面的问题

考评人员方面的问题有以下几点。

1）晕轮效应。晕轮效应（halo effect）也称“光环效应”，是指考评者在对被考评者进行评价时，对被考评者的某种要素评价较高或较低，将导致对其所有的其他要素也评价较高或较低。例如，某信息系统经理认为某计算机程序员在开发新软件方面是部门最好的，如果仅仅基于这种印象之上就给予这名程序员在决策和同事合作及领导潜质等方面高等级评定，那么晕轮效应就发生了。

当认知者对一个人的某种特征形成好或坏的印象后，他还倾向于据此推论该人其他方面的特征，这就是晕轮效应。晕轮效应是一种“以偏概全”的评价倾向，严重者可以达到“爱屋及乌”的程度。

2）宽容或苛刻倾向。宽容倾向指考评中所做的评价过高。苛刻倾向指考评中所做的评价过低。误差的原因主要是缺乏明确、严格、一致的判断标准，不同的考评者掌握的评分标准各不相同，而往往依据自己的经验。在评价标准主观性很强、并要求评价者与员工讨论评价结果时，很容易出现宽容倾向，评价者不愿意因为给下属过低的评价而招致其不满并在以后的工作中变得不合作；当评价者采用的标准比组织制定的标准更加苛刻时，则会出现苛刻倾向。

3）居中倾向。居中倾向也称平均倾向或调和倾向，是指大多数员工的考评结果都居于“平均水平”的同一档次，并往往是中等或良好水平。与宽容或苛刻倾向相反，考评者不愿意给员工们“要么优秀、要么很差”的极端评价，无论员工的实际表现如何，统统给中间或平均水平的评价。这种“平均主义”评价几乎是无用的，它不能区分下属。这样，对于制定有关薪酬、晋升、培训或者某些应该被反馈给被考评者的人力资源决策，基本不能提供任何信息。

4）近因效应。近因效应是指考评者只看到考评期末一小段时间内的情况，而对整个考评期间的工作表现缺乏了解和记录，以“近”代“全”，使考评结果不能反映整个考评期内的员工绩效表现的合理结果。产生这种情况的原因，通常是因为考评者对被考评者近期表现印象深刻，或者被考评者在临近评价时有意表现自己以留下较好印象所致。

个体对最近获得的信息留下清晰印象，其作用往往会冲淡过去所获得的有关印象，这就是近因效应。

5）对照效应。对照效应是指由于考评者对某一员工的评价受到之前的考评对象的结果的影响，而使该员工的绩效考评结果有误差。在通常情况下，如果考评人员前面所考评的几个员工表现较差，那么一般员工就会显得比较突出；相反，如果之前考评的员工表现优秀，那么一般员工就会显得较差。例如，当一名普通员工的绩效在一名杰出员工的绩效之后被立即评价时，主管可能会给这名普通员工的打分为“中等以下”或者“较差”。对照效应是一种很难消除的考评问题。

6）首因效应。首因效应也称优先效应，是指考评者通常会根据所获得的关于被考评者的最初信息来评价其绩效的好坏，之后与最初判断相吻合的信息就容易被接纳，而相反的信息往往容易被忽略不计。例如，考评者与被考评者初次见面时，后者给前者留下了极好的印象，在考评过程中，即使发现被考评者有缺点或错误，也会找出理由为其开脱；相反，如果被考评者给考评者留下的是不好的印象，那么在考评中，后者就容易发现前者的缺点，而忽略其优点。

首因效应指当人与人接触进行认知的时候，首先被反应的信息，对于形成人的印象起着强烈的作用。简单地说，首因效应就是人对他人的第一印象。

7）感情效应（emotion effect）。人与人之间的感情有好有坏，在考评过程中，考评人员也容易受到感情因素的影响。通常，考评人员倾向于根据被考评者与自己的感情的好坏程度，过高或过低地评价员工。采用基于事实（如工作记录）的客观考评方法，由多人组成考评小组进行考评，有助于减少感情因素所导致的考评误差。

8）偏见误差。偏见误差是由于考评者对被考评者的某种偏见而影响对被考评者的正确评价而造成的误差。例如，有研究表明，在员工绩效考评中存在这样一种趋势，即老年员工（60岁以上者）在“完成工作能力”和“工作潜力”等方面所得到的评价一般都低于年轻员工。此外，由于种族和性别而导致的偏见也会对考评结果有影响，如另一项研究显示，高绩效的男性员工所得到的评价显著地高于高绩效女性员工所得到的评价。员工过去的绩效状况也有可能会影响其当前所得到的评价。偏见误差是绩效考评中常见的问题，需要对考评者进行考评培训，以消除或减少偏见对考评结果的影响。

二、防范绩效考评问题的措施

为了使以上问题对绩效考评的影响减少到最低程度，保证考评过程和结果的准确、合理，需采取如下措施。

1. 采用客观性考评标准

在绩效考评中，要尽量采用客观性的考评标准。用于考评绩效的标准，必须与工作密切相关的。以工作说明书为依据制定考评项目和标准，是一个简便有效的方法；如没有工作说明书，必要时可以进行专门的工作分析来确定工作信息，制定考评标准。

需要注意的是，一些主观性较强的品质因素（如主动性、热情、忠诚和合作精神）虽然很重要，但它们难于界定和计量，容易产生歧义。除非这些因素与被考评者的工作密切相关并且能够清晰地定义，否则在评价时应当尽量少采用。

2. 合理选择考评方法

每一种考评方法都有其优点和不足，应该根据组织的实际情况予以取舍，形成有效的方法组合。正确选择考评方法的原则是：根据考评的内容和对象选择不同的考评方法，使该方法在该次考评中具有较高的信度和效度，能公平地区分工作表现不同的员工。

信度（credibility）是指测验结果的可靠性、稳定性，即测验结果是否反映了被测者的稳定的、一贯性的真实特征。

效度（validity）是指所测量到的结果反映所想要考察内容的程度。

3. 由了解情况者进行考评

绩效考评工作应当由能够直接观察到员工工作的人承担，甚至由最了解员工工作表现的人承担。一般情况下，绩效考评的主要责任人是员工的直接上司。这是因为，直接上司在观察员工的工作绩效方面处于最有利的位置，而且也是他应该承担的责任。但是，直接上司不可能对下属的所有工作全部了解，他在评价下属时可能会强调某一方面而忽视其他方面，因此，考评者还应当包括考评对象的同事、下属和本人，以避免这一问题。

4. 对考评者进行相关的培训

对考评者进行培训，是提高考评科学性的重要手段。通过培训使考评者对上述几种在绩效考评过程中容易出现的问题以及正确的做法都有清楚的了解，这样有助于在实际工作中避免问题的出现。

5. 以事实材料为依据

在考评工作中，每一项考评的结果都必须以充分的事实材料为依据，如用具体事例作为评分的理由。这可避免凭主观印象考评和由晕轮效应、偏见误差等所产生的问题。

6. 公开考评过程和考评结果

绩效考评必须公开，这不仅仅是考评工作的民主化的反映，也是组织管理科学化的客观要求。考评结果做出以后，要及时进行考评沟通，让员工了解自己的考评结果，也使管理者了解下级工作中的问题及意见。

7. 进行考评面谈

绩效考评不仅仅是考核员工过去的表现，而且要在考评的基础上帮助员工开发工作潜力。绩效考评面谈，将考评的结果反馈给员工本人，将其优点、长处告知本人，有利于激发其向上的动机；而告知本人存在的不足，可以使其明确自己需要完善和改进的地方，也可以使其认识到加强学习参加培训的必要性。为了使绩效考评面谈能顺利地进行，需要注意有关面谈的技巧。经常采用的面谈技巧有以下几点。

1）做好绩效考评面谈的准备工作。

2）面谈中要创造良好的面谈气氛。

3）要开诚布公地对待员工，鼓励员工说话。

4）要仔细聆听被考评者的陈述。

5）避免与员工冲突，妥善处理员工的对抗情绪。

6）把握面谈结束的时机与方式。

8. 设置考评申述程序

要设立一定的程序，处理员工因认为对其评价结果不正确和不公平所提出的申诉，以从制度上促进绩效考评工作的合理化。处理考评申诉，一般由人力资源部门负责。

小　结

员工的工作绩效是指员工经过考评并被认可的工作行为、表现及结果。对组织而言，绩效就是任务在数量、质量及效率等方面完成的情况，对员工个人来说，则是上级和同事对自己工作状况的评价。绩效具有多因性、多维性和动态性等三个显著特点。

绩效考核是应用科学的方法对员工业绩进行客观的描述过程。绩效评价是应用考核结果的描述，并根据岗位工作说明书来确定员工业绩的高低，做出评价。绩效考评是指针对企业中每个员工所承担的工作，根据岗位工作说明书，应用科学的定性和定量的方法，对员工的工作业绩，包括工作行为和工作效果，进行全面系统考察与评估的过程。

绩效考评可以使管理者了解和掌握组织成员的工作情况，有助于对企业人力资源进行有效的控制和使用，是人力资源管理不可缺少的一个环节。

根据国内外企业管理的实践，绩效考评应坚持客观性原则，公平、公开原则，经常化原则，全面性原则，及时反馈原则和敏感性原则。

绩效考评应按照规范合理的程序进行，以确保考评的科学性和有效性。一般而言，员工绩效考评要经历制定绩效考评计划、确定绩效考评的标准和方法、选择考评人员、考评实施、绩效考评反馈和考评结果运用等六个阶段。

绩效考评方法多种多样，各种方法都有其优点和局限性，有其特定的范围。考评方法的选用要从企业组织的类型、工作的性质及考评对象的特点等方面来考虑。如果考评方法不当，再理想的考评量表也只是个花架子，不但达不到考评的目的，还会产生副作用。

主观考评法是当绩效指标难以量化时采用，没有准确的标准，主要依赖于考评者经验判断。主观考评法包括自我与他人评价法、序列比较法、成对比较法和比例控制法等。

客观考评法是根据客观标准对员工的行为进行评价的方法。其实质是对员工的行为按照评价的标准给出一个量化的分数或者程度判断，然后再对员工的各个方面的得分进行加总，得到一个员工绩效的综合评价结果。客观考评法包括量表评定法、分定考评法和关键事件法。

目标管理法是按照员工的工作成果进行考评的方法。其过程是：先由主管人员和下属共同协商制定员工在一定的时期内需达到的绩效目标及检验目标的标准；经过贯彻执行后，在规定期未，主管人员和下属双方共同对照既定目标、检验目标的标准，考评下属的实际绩效，找出成绩和不足；然后双方本着合作互利、发扬优点克服缺点的原则，制定下一阶段的绩效目标。

绩效考评是人力资源管理活动中的一项系统工作，在具体的实施过程中都会遇到各种问题，从而影响了绩效考评的准确性与合理性。绩效考评中的问题主要有考评本身中的问题和考评人员方面的问题。解决这些问题需要采取相应的措施。

练习题

一、名词解释

1．绩效　　2．绩效考评
3．序列比较法　　4．绩效改进
5．比例控制法　　6．关键事件法
7．目标管理法　　8．考评面谈
9．晕轮效应　　10．首因效应
11．绩效考评反馈

二、填空题

1．绩效具有__________、__________和动态性等三个特点。

2．__________是绩效考评的一个重要环节，它是指管理者（考评人）和员工（被考评人）面对面的对考评结果进行讨论，并指出优点、缺点和需改进的地方。

3．一般而言，员工在组织中的关系是上有上司，下有下属，周围有自己的同事，组织外部还可能有客户，__________是最常见的对员工进行考评的候选人。

4．__________是根据考评要素，把所有的被考评者分别按两两一组的方法进行比较，并判断优者和劣者。

5．__________是主管对下属与工作相关的优秀事件和不良行为进行记录，并在预定的时间内进行回顾考评的一种方法。

6．__________是指由于考评者对某一员工的评价受到之前的考评对象的结果的影响，而使该员工的绩效考评结果有误差。

7．__________是考评结果最重要的应用。

三、单项选择题

1．一名工人的绩效，除了产量指标完成情况外，质量、原材料消耗率、能耗、出勤，甚至团结、服从纪律等硬、软方面的表现，都需要综合考虑，逐一评估，这体现了绩效的（　　）的特点。

A．多因性　　B．多维性
C．动态性　　D．不确定性

2.（　　）是绩效考评中比较简单易行的一种综合比较的方法。

A．序列比较法　　B．成对比较法

C．比例控制法　　D．关键事件法

3.（　）优点是既拉开了被评估对象之间的等级差距，便于相对比较，又可以有效控制各等级的人数分布，保持人配合理，避免盲目考评与失控现象。缺点是使绩效水平相近的员工因为比例限制而被划分到不同的等级中去，从而产生评估的偏差。

A．目标管理法　　B．比例控制法

C．关键事件法　　D．量表评定法

4.（　）是指考评者在对被考评者进行评价时，对被考评者的某种要素评价较高或较低，将导致对其所有的其他要素也评价较高或较低。

A．居中倾向　　B．晕轮效应

C．对照效应　　D．近因效应

5．管理人员、专业技术人员以及销售人员等比较适合采用（　）进行绩效考评。

A．直接指标法　　B．成绩记录法

C．目标管理法　　D．分定考评法

6．绩效考评是对员工（　）进行全面系统的考察和评估过程。

A．工作行为　　B．工作效果

C．工作效率　　D．A 项和 B 项

7．在使用绩效考评的关键法时，（　）。

A．考评者要记录并观察员工工作中的关键事件

B．关键事件只能作为衡量员工的辅助证据资料

C．考评者无需考虑行为的情景

D．考评者要对人不对事

8．目标管理法能使员工的（　）有机结合。

A．个人目标与组织目标　　B．努力目标与组织目标

C．努力目标与集体目标　　D．个人目标与集体目标

9.（　）是考评结果最重要的应用。

A．绩效计划　　B．绩效改进

C．绩效考评　　D．绩效面谈

四、多项选择题

1．绩效的多因性是指绩效的优劣不是取决于单一的因素，而要受到主、客观多种因素的影响，即（　）。

A．激励　　B．技能

C．环境　　D．机会

E．过程

2．组织在利用目标管理法进行绩效考评，在制定绩效目标时，（　）。

A．由员工的上司为员工制定个人目标

B．目标可以用数量、质量和影响等来衡量的

C．设定的目标应与单位和员工的实际需要相符合

D．表示目标是有时间要求的

E．目标一旦制定，就不能再修改，要保持它的一致性

3．绩效标准是绩效考评的基础，必须（　　）。

A．精确化　　B．简易化

C．定量化　　D．客观化

E．主观化

4．绩效反馈的具体方式主要有（　　）。

A．正式的工作总结　　B．员工和主管面谈

C．非正式的走动管理　　D．工作空些时间的沟通

E．主管向上级汇报

5．以下关于绩效考评结果应用的说法正确的是（　　）。

A．可以根据结果帮助员工制定绩效改进计划

B．可以作为员工晋升的依据

C．可以据此给员工发放奖金

D．工作分析方法的选择

E．可以应用于员工的培训与开发

6.（　　）是指考评者在对被考评者进行评价时，对被考评者的某种要素评价较高或较低，将导致对其所有的其他要素也评价较高或较低。

A．居中倾向　　B．晕轮效应

C．对照效应　　D．近因效应

E．目标一旦制定，就不能再修改，要保持它的一致性

7. 防范绩效考评问题时，应尽量做到（　　）。

A．采用主观性的考评标准

B．合理选择考评方法

C．公开考评过程和考评结果

D．进行考评面谈

E．以事实材料为依据

五、判断是非题

1. 在考虑影响员工绩效的多维因素的时候，最好赋予各个维度相同的权重，这样才会更全面地进行考评。（　　）

2. 目标管理法是按照员工的工作行为进行考评的方法。（　　）

3. 绩效考评只能由员工的主管对其进行考评。（　　）

4. 绩效面谈过程即主管评价下属业绩好坏的单向沟通过程。（　　）

5. 考评方法的准确性是选择考评方法时应该考虑的唯一因素。（　　）

6. 在绩效考评中，判断绩效问题的依据在于确认问题不是产生于主观原因，而是产生于客观原因。（　　）

7. 员工的绩效随着时间的推移会发生变化，绩效差的可能改进转好，绩效好的也可

能退步变差，这就因为绩效具有动态性的特点。（　　）

8. 一般来说，越是接近生产一线职位的员工，考评时越是强调“任务绩效”的分量；越是接近管理职位的员工，特别是中高管理层，考评时就越注重“周边绩效”。（　　）

六、简答题

1. 简述绩效考评的特点。
2. 简述绩效考评的原则。
3. 选择考评人员有哪些基本要求？
4. 绩效反馈的意义。
5. 绩效面谈的作用。
6. 绩效考评结果在人力资源管理中的应用。
7. 简述目标管理法。
8. 简述防范绩效考评问题的措施。
9. 常用的绩效考评面谈技巧有哪些？
10. 常用的绩效考评方法有哪些？

七、论述题

1. 试述员工绩效考评的程序。
2. 试述绩效考评中的问题。
3. 试述员工绩效改进。

八、案例分析

通达公司员工的绩效考评

通达公司，成立于20世纪50年代初，目前公司有员工1000人左右。总公司本身没有业务部门，只有一些职能部门。总公司下有若干子公司，分别从事不同的业务。

绩效考评工作是公司重点投入的一项工作，公司的高层领导非常重视，人事部具体负责绩效考评制度的制定和实施。人事部在原有的考评制度基础上制定了《中层干部考评办法》。在每年年底正式考评之前，人事部又出台当年的具体考评方案，以使考评达到可操作化程度。

通达公司员工的绩效考评案例分析

公司的高层领导与相关职能部门人员组成考评小组。考评的方式和程序通常包括被考评者填写述职报告、在自己单位内召开全体员工大会进行述职、民意测评（范围涵盖全体员工）、向科级干部甚至全体员工征求意见（访谈）、考评小组进行汇总写出评价意见，并征求主管副总经理的意见后报公司总经理。

考评的内容主要包含3个方面：被考评单位的经营管理情况，包括该单位的财务情况、经营情况、管理目标的实现等方面；被考评者的德、能、绩及管理工作情况；下一步工作打算，重点努力的方向。具体的考评细目侧重于经营指标的完成、政治思想品德、对于能力的定义则比较抽象。各业务部门（子公司）都在年初与总公司对于自己部门的任务指标进行了讨价还价的过程。

对中层干部的考评完成之后，公司领导在年终总结会上进行说明，并将具体情况反馈给个人。尽管考评的方案中明确说考评与人事的升迁、工资的升降等方面挂钩，但最后的结果总是不了了之，没有任何下文。

对于一般员工的考评则由各部门的领导掌握。子公司的领导对于下属业务人员的考评通常是从经营指标的完成情况来进行的；对于非业务人员的考评，无论是总公司还是子公司均由各部门的领导自由进行。至于被考评人员来说，很难从主管处获得对自己业绩有关评估的反馈，只是到了年度奖金分配时，部门领导才会对自己的下属做一次简单排序。

（案例来源：劳动和社会保障部中国就业培训技术指导中心．2002．企业人力资源管理人员．北京：中国劳动社会保障出版社）

试分析 1. 绩效考评在人力资源管理中有何作用？这些作用在通达公司是否有所体现？

2. 通达公司的绩效考评存在哪些问题？如何才能克服这些问题？

九、小组讨论

一次不成功的绩效反馈面谈

2007 年年底的一个周三下午，安徽合肥高新区某 IT 公司销售部员工张三被其主管销售部赵经理请到了二楼会议室。张三进门时，看见赵经理正站在窗户边打手机，脸色不大好看。约五分钟后，赵经理匆匆挂了电话说：“刚接到公司一个客户的电话……前天人力资源部长找我谈了谈，希望我们销售部能带头实施面谈。我本打算提前通知你，好让你有个思想准备。不过我这几天事情比较多，而且我们平时也常沟通，所以就临时决定今天下午和你聊聊。”

等张三坐下后，赵经理接着说：“其实刚才是蚌埠的李总打来电话，说我们的设备出问题了。他给你打过电话吧？”张三一听，顿时紧张起来：“经理，我接到电话后认为他们自己能够解决这个问题，就没放在心上。”张三心想：这李总肯定向赵经理说我的坏话了！于是变得愈加紧张，脸色也变得很难看。

“不解决客户的问题怎么行呢？现在市场竞争这么激烈，你可不能犯这种低级错误呀！这件事等明天你把它处理好，现在先不谈了。”说着赵经理拿出一张纸，上面有几行手写的字，张三坐在对面没看清楚。赵经理接着说：“这次的绩效考评结果我想你也早就猜到了，根据你的销售业绩，你今年业绩最差。小张呀，做市场是需要头脑的，不是每天都出去跑就能跑到业务的。你看和你一起进公司的小李，那小伙子多能干，你要向他多学着点儿！”张三从赵经理的目光中先是看到了批评与冷漠，接着又看到了他对小李的欣赏，张三心里感到了刺痛。

“经理，我今年的业绩不佳，那是有客观原因的。蚌埠、淮南等城市经济落后，产品市场还不成熟，跟江、浙地区不能比。为了开拓市场，我可费了很多心血才有这些成绩的。再说了，小李业绩好那是因为……”张三似乎有满肚子委屈，他还想往下讲却被赵经理打断了。

“小张，你说的客观原因我也能理解，可是我也无能为力，帮不了你啊！再说，你来的比他们晚，他们在江、浙那边已经打下了一片市场，有了良好的基础，我总不能把别人做的市场平白无故地交给你啊。你说呢？”赵经理无奈地看着张三说。

“经理，这么说我今年的奖金倒数了？”张三变得沮丧起来。

正在这时销售部的小吴匆匆跑来，让赵经理去办公室接一个电话。赵经理匆匆离去，让张三稍等片刻。于是，张三坐在会议室里，心情忐忑地回味着经理刚才讲过的话。大约过了三分钟，赵经理匆匆回到了会议室坐下来。

“我们刚才谈到哪儿了？”赵经理显然把话头丢了。张三只得提醒他说到自己今年的奖金了。

“小张，眼光要放长远，不能只盯着一时的利益得失。今年业绩不好，以后会好起来的。你还年轻，很有潜力，好好干会干出成绩来的。”赵经理试图鼓励张三。

“我该怎么才能把销售业绩做得更好呢？希望经理你能多帮帮我呀！”张三流露出恳切的眼神。

“做销售要对自己有信心，还要有耐心，慢慢来。想当年我开辟南京市场时，也是花了近一年的时间才有了些成效。那个时候公司规模小，总经理整天带着我们跑市场。现在我们已经有了一定的市场占有率了，公司知名度也有所提高，应该讲现在比我们那时候打市场要容易些了。”

张三本正打算就几个具体的问题请教赵经理时，赵经理的手机突然响了，他看了一眼号码，匆忙对张三说：“我要下班接儿子去了，今天的面谈就到这里吧，以后好好干！”说罢匆匆地离开了会议室，身后留下了一脸困惑的张三……

（案例来源：http://www.chinahrd.net）

讨论题 1. 为什么销售部赵经理与其下属张三的绩效反馈面谈让张三一脸的困惑呢？

2. 如何使绩效面谈更有效？

十、模拟角色

“一刀切”凉了谁的心

2004年1月1日，东北某城市民营企业A公司的总经理张迈克早早地就来到了公司，显得特别兴奋。他年前去了一趟北京，参加了一次企业绩效考评方法学习班，听完后热血沸腾，决心要在公司里按标准实行这一制度。一大早，他就约好了人力资源部的李部长，想一起研究下公司在新的一年里绩效考评的问题，以实现公司业务更快地增长。A公司主营电梯生产，虽成立仅4年，却已经在当地做到前列。由于公司所在的行业竞争激烈，企业想进一步发展越来越困难。员工在企业的快速成长中赚了一些钱，多数员工产生了“够吃就行”的想法。现在公司的经营业绩能够维持生存，但却缺少核心竞争力，而且同行业的竞争者快速逼近，让公司领导有一种强烈的危机感。

李部长到来后，张经理阐述了自己的想法，把从北京带回来的材料交给了李部长，并叫他尽快拿出一套绩效考评方案。张经理强调绩效考评一定要统一标准，一视同仁，叫所有的员工都服气。李部长是一位做事雷厉风行的人，很快与副部长设计了一套绩效考评制度。重点内容如下：

人力资源部平时对员工的出勤、奖惩等情况进行整理统计，年底由员工向公司提供总结报告并公开述职，然后由员工所在部门的全体人员和其他部门的代表对员工进行民主评议，外部门的代表由人力资源部在公司内随机抽取确定，本部门和外部门人员打分分数按 6∶4 的比例加权汇总，最后计算出个人平均成绩。民主评议的内容是依：德、能、勤、绩四个方面内容细化延展成考量的 10 项指标，主要内容及分配如下：

各部门考评后根据分数可将员工划定三类：优（比例为 20%）、良（比例为 70%）、差（比例为 10%）。公司对得优、良者适当奖励，对得差者适当处罚。

人力资源部设计这套考评办法用了 10 天时间，然后全员讨论。由于总经理的支持，大家又都觉得很新鲜，全员讨论只用了一周时间就获得了通过，尤其是很多想做事的人踌躇满志，认为机会来了。

2004 年 12 月 27 日，试行了一年的绩效考评制度有了说法，人力资源部李部长被张经理叫去，布置考评 2004 年全员绩效，由人力资源部落实完成，涉及有关高层领导和各部门负责人全力配合。考评工作从 2005 年 1 月 4 日开始到 1 月 31 日结束。

经过近一个月的考评后，人力资源部发现了一个怪现象：对员工的考评结果没有体现出真实的工作水平。经过民主评议，原先工作比较出色和积极的职工考评成绩却常常排在多数人后面，一些工作业绩并不出色但错误很少的人却又排在了前面。还有就是一些管理干部对考评结果大排队的方法不理解甚至有抵触心理。

问题最后反映到张迈克这里，2005 年 2 月 1 日，张经理决定亲自请一些人来深入了解一些实际情况。

首先找到财务部刘经理，她说道，财务部门工作基本上都是按照规范和标准来完成的，平常填报表和记账等都要万无一失，怎么能要求具有创新能力？如果没有这项内容，评估我们是按照最高成绩打分还是按照最低成绩打分？另一个问题，在本次考评中沿用了传统的民主评议的方式，让其他人员为财务人员打分。因为我们财务工作经常得罪人，让被得罪的人评估我们财务，这样公平吗？

售后服务部潘经理明显有备而来，他说，我认为本次考评方案需要尽快调整，因为它不能真实地反映我们的实际工作状况，例如我们售后服务部主要负责公司电梯设备的维护管理工作，全部门总共只有 20 个人，却管理着全国近 200 台电梯的日常维护管理工作，为了确保它们安全无故障地运行，我们主要工作就是按计划到基层各个点上检查和抽查设备维护的情况。在日常工作中，我们不能有一次违规和失误。但是在考评工作业绩时需要打分，我们的考评就只有合格和不合格之说，怎么给分？

又了解了几位员工，对此考评方案也都有看法，张迈克确实感觉到了当初设计绩效考评方案的草率，但当初大家都同意的，问题究竟出在哪里呢？

（案例来源：李显东，马文颖．2005．“一刀切”凉了谁的心．人力资源，6）

思考与模拟 你认为 A 公司绩效考评的问题出在哪里？如果你是该公司的人力资源部门负责人，你将会采用哪些解决办法？

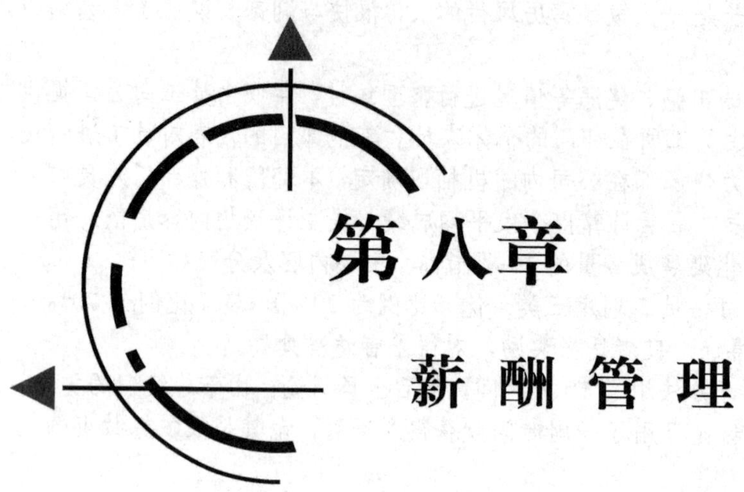

第八章 薪酬管理

学习要求☞

重点掌握

- 薪酬的概念及构成
- 薪酬管理的原则
- 薪酬设计的基本程序
- 影响福利的因素

掌握

- 薪酬的功能
- 影响薪酬水平的因素
- 常用的工资制度
- 奖金的特点

了解

- 薪酬管理的内容
- 福利的类型
- 奖金激励的形式
- 自助式管理

第一节　薪酬管理概述

一、薪酬的概念及构成

（一）薪酬的概念

薪酬微课

薪酬（compensation）含有劳动补偿、等价交换的意思，是指组织对员工所做的贡献，包括他们实现的绩效、付出的努力、时间、学识、技能和经验等所付给的相应的酬劳或回报。薪酬的概念有广义和狭义之分。广义的薪酬是指经济类报酬和非经济类报酬两种，如图 8.1 所示。经济类报酬是指能够直接或间接地以货币的形式表现和衡量的各种报酬，包括员工的工资、津贴、奖金、成就工资和各种福利等。非经济类的报酬是指员工因为参加组织的工作而获得各种机会、工作自由度、满足感和成就感等。狭义的薪酬仅指经济类的报酬，本章所涉及的内容主要是指狭义的薪酬概念。

在实际生活和工作中人们往往忽视非经济类报酬。

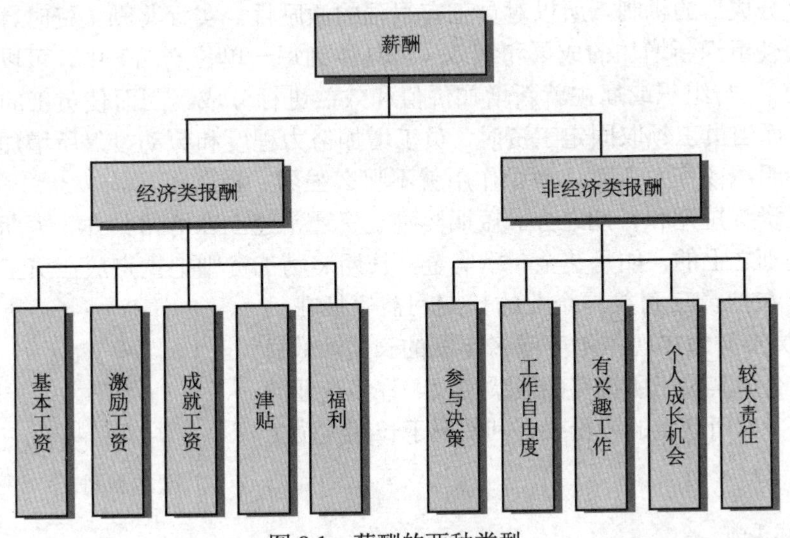

图 8.1　薪酬的两种类型

在这里需要特别注意与薪酬概念相近的另一个概念：工资。多年来，人们一直认为工资就是薪酬，将两者经常混为一谈。事实上，工资与薪酬是有一定区别的。我国劳动部在《关于贯彻执行〈中华人民共和国劳动法〉若干问题的意见》中把工资定义为：劳动法中的“工资”是指用人单位依据国家有关规定或劳动合同的约定，以货币形式直接支付给本单位劳动者的劳动报酬，一般包括计时工资、计件工资、奖金、津贴和补贴、延长工作时间的工资报酬以及特殊情况下支付的工资等。工资是依照国家有关规定和合同要求，以货币形式直接支付的报酬形式，其内涵小于薪酬，工资仅是薪酬的一个组成部分。

（二）薪酬构成

薪酬包括以货币直接支付的工资和间接以货币支付的福利两个部分，即有基本工资、奖励工资、成就工资、津贴以及福利几种基本形式。

1. 基本工资

基本工资是以员工劳动的熟练程度、复杂程度、劳动强度、责任大小、工作环境等为依据，并考虑员工的工龄、学历、职务和技能等因素，按照员工实际完成的劳动定额、工作时间或劳动消耗而支付的劳动报酬。基本工资是劳动者在一定组织中就业就能拿到的固定数额的劳动报酬，它的常见形式为小时工资、月薪和年薪等。基本工资是员工从雇主方获得的较为稳定的货币性经济报酬，它既为员工提供了基本生活保障，又往往是其他可变薪酬计划的主要依据之一。

2. 奖励工资

奖励工资又叫可变薪酬、激励薪酬或奖金，是薪酬体系中与绩效直接挂钩的部分，即工资中随着员工工作努力程度和工作绩效的变化而变化的部分。由于奖励工资的核心是运用了“分成”的机制，所以对员工有很强的激励性。实行奖励工资时，员工从经过自己努力而使组织新增加的成果和绩效（可具体到每一单位产品）中，可以拿到相应的报酬（好处），与组织或雇主就新增加价值和效益进行分成，因而使员工的劳动积极性得到激励。而当员工领取固定工资时，员工增加努力程度和劳动投入所增加的工作产出价值全部归组织或雇主所有，激励作用就不那么强烈、持久了。

奖励工资有短期和长期之分。短期奖励工资通常建立在非常具体、短期就能衡量的绩效目标基础之上的，如月奖金、季奖金。长期奖励工资则把重点放在员工多年努力的成果上，旨在把员工利益与企业的长期利益“捆在一起”，鼓励员工努力实现跨年度或多年度的长期绩效目标。如有的公司其员工所拥有的股票期权，许多企业的高管和高级专家所获得的股份或红利都属于长期奖励工资范畴。

注意成就工资与奖励工资的区别。

3. 成就工资

成就工资是指当员工的工作卓有成效，为组织做出重大贡献后，组织以提高基本工资的形式付给员工的报酬。成就工资与奖励工资的相同之处在于它们都取决于员工的努力及对组织的贡献和成就。不同之处在于成就工资是对员工过去一个较长时间的成就的“追认”，它通常表现为基本工资的增加，是永久性的，而奖励工资是一次性的。

4. 津贴

津贴是指根据员工的特殊劳动条件和工作特性以及特定条件下的额外生活费用而支付的劳动报酬，其作用在于鼓励员工在苦、脏、累、险等特定岗位工作。习惯上把属于生产性质的称为津贴，属于生活性质的称作补贴。津贴大体上可分为工作津贴和地区性 津贴两大类。其中工作津贴主要有特殊岗位津贴、特殊劳动时间津贴、特殊职务津贴等；地区性津贴主要有艰苦偏远地区津贴和地区生活津贴。

5. 福利

福利是指企业等用人单位为改善与提高员工的生活水平，增加员工的生活便利度而对员工予以免费给付的经济待遇。福利主要包括员工保险（医疗保险、人寿保险、养老金、失业保险等）、休假（带薪节假日等）、服务（员工个人及家庭享受的餐饮、托儿、培训、咨询等服务）等。福利的主要费用是由雇主或用人单位支付，有时也需要员工个人承担一些项目的部分费用。近 20 年中，福利的成本一直增长很快，在员工薪酬中的比重和地位日益重要。福利一方面为员工提供了“以后的钱”，对其未来生活和可能发生的不测事件提供了保障；另一方面又可减少企业的现金支出，享受一定的税收优惠，还可以使员工享受到较低价格的服务或产品。

二、薪酬的功能

薪酬的功能可以从组织和员工两个方面来考察。

> 薪酬的功能与人力资源管理的总体功能是一致的，也就是能吸引和激励企业所需的人力资源。

（一）薪酬对组织的功能

1. 增值功能

薪酬既是组织使用劳动力的成本，也是用来交换劳动者劳动的一种手段，同时也是一种活劳动投资，它能够给组织带来预期的大于成本的收益。正是这种收益的存在，成为组织使用劳动力、投资劳动力的动力机制。

2. 激励功能

薪酬不仅代表一定的物质利益，而且还代表着一个人的身份和地位。因此，公平合理的薪酬能够调动员工的积极性，激发他们的潜力，促进他们的工作效率，增强他们的凝聚力和归属感。同时，较高的、具有竞争力的薪酬可以吸引企业所需要的各类高素质的人力资源，充分满足企业发展对各类高层次员工的需求。

3. 配置功能

薪酬是一种重要的管理要素，从追求物质利益的角度看，人们一般会愿意到薪酬较高的地区、部门、岗位工作。因此，科学合理的确定薪酬结构和薪酬水平，可以引导组织内的员工向合理的方向流动，最大限度地做到适人适位，促进人力资源的有效配置。

4. 协调功能

薪酬既通过其水平的变动，将组织目标和管理者的意图传递给员工，促进个人行为与组织行为融合；又通过合理的薪酬差别和结构，化解员工之间的矛盾，协调人际关系。

（二）薪酬对员工的功能

1. 劳动力再生产保障功能

员工通过劳动换取薪酬，以满足个人和家庭的基本生活需要。

2. 价值实现功能

薪酬不仅决定员工的物质生活条件，也是一个人社会地位的决定因素。一般来说，薪酬是员工工作业绩的显示器，也是对员工工作能力和水平的承认，是对个人价值实现的回报。同时，高薪还是晋升和成功的信号，它反映了员工在组织中的相对地位和作用，使员工产生满足感、成就感，能激发员工更大的工作热情。

3. 满足保障功能

合理的薪酬能增强员工对组织的信任感和归属感，增强对预期风险的心理保障意识和安全感，这些直接关系到一个组织能否吸引、保持高素质员工队伍，能否有效调动员工积极性的大局。

三、薪酬管理的内容

薪酬管理（compensation management）是为了实现组织目标，发挥员工的积极性并促进其发展，将员工的薪酬与组织目标有机结合的一系列管理活动。

薪酬管理关系到人力资源管理的成败。

一般来说，组织的薪酬管理必须达到如下目的。

1. 维系和促进组织的可持续发展

薪酬管理要保证组织生产经营活动的完成，要协调好组织的人际关系，提高员工的组织凝聚力，进而达到维系和促进组织可持续发展的目的。

2. 强化激励作用

在组织的分配中，要注重薪酬制度设计对员工有较大的激励作用，以发挥员工的积极性、创造性和增强员工的责任感，促进经济效益的提高。这要求管理者注意加强工资核算，加强人力资源管理各环节的工作水平，精心研究和制定薪酬分配方案。

3. 有利于稳定员工队伍，吸引高素质的人才

薪酬管理要有利于调动管理人员、技术人员的积极性，有利于稳定员工队伍，吸引高素质的人才。在许多现代组织中，人力资源被看作最重要的财富；在人力资源中，人才又是最为珍贵、创造效益极大和非常稀缺的资源。这要求用人单位更加仔细地研究管

理人员、技术人员的工资方案，并及时反馈，及时进行调整。

薪酬管理的内容主要包括以下几个方面。

（1）薪酬计划管理

薪酬是组织人工成本的主要组成部分，因而组织每年应根据人力资源计划制定企业薪酬总额预算，以有效地对人工成本进行控制。制定薪酬计划时可制作薪酬计划表，以便于统计分析。

（2）薪酬结构管理

薪酬结构管理是指一个组织中各种工作之间报酬水平的比例关系，包括不同层次工作之间报酬差异的相对比例和不同层次工作之间报酬差异的绝对水平。薪酬结构应随行业、企业和岗位特征的不同而变化，通过薪酬要素和比率的选择，将组合出不同的薪酬结构。不同的薪酬结构，在支付相同的人工成本的前提下，将产生不同的激励效果，因而，薪酬结构的有效管理将提高所支付人工成本的使用效率。

在实际工作中，薪酬结构管理往往容易被忽视。

（3）薪酬水平管理

薪酬水平管理是薪酬管理的核心内容，薪酬水平的高低直接影响到组织吸引、保留和激励人才，但每个组织（企业）都有人工成本控制问题，组织（企业）需同时考虑员工薪酬水平的外部竞争力和组织人工成本承受力。因而，组织应经常关注市场薪酬水平的变化，结合组织的实际情况进行薪酬水平的调整。

（4）薪酬日常管理

薪酬方案确定后，薪酬的日常管理将是一项长期的工作，组织招聘员工、员工岗位异动都将面临薪酬确定问题，另外，员工年度考评后，部分员工的薪酬将进行异动，而薪酬的核算和支付将是一项经常性的工作。薪酬的日常管理主要有以下几项工作。

1）员工的工资定级，包括新进人员的工资定级和换岗人员的工资定级。

2）员工工资异动，包括自然变动和考评异动。

3）员工工资、福利支付。

四、薪酬管理的原则

有效的薪酬可以将员工的利益与组织的目标和发展前途有机结合起来，并且薪酬管理是政策性很强的工作，因此，在实际工作中必须遵循以下基本原则。

1. 合法性原则

为了维持社会经济持续稳定的发展，为了维护员工的利益，各国政府都制定了一系列法规，直接或间接地控制员工的薪酬状况。在我国，有关薪酬的法律法规，是劳动法体系的重要组成部分。人力资源管理的一项重要工作，就是运用法律规范，协调企业生产经营过程中的薪酬关系，维护企业和员工的合法权益。

2. 公平性原则

薪酬分配是否合理的一个重要标准是看其是否公平。薪酬管理的公平体现在外部公平和内部公平两个方面。

1）外部公平是指企业的薪酬水平与劳动力市场中的薪酬水平相当。在劳动力市场中，员工的薪酬水平是由劳动力市场的供求状况决定的，而市场正是通过薪酬的上下波动，把人力资源合理地配置于各行业和各企业之中。因此，企业如不根据劳动力市场的薪酬水平进行薪酬管理，就很难吸引和留住自己所需要的员工。

2）内部公平是指同一企业中每个人所得的工资与其他人所得的工资相比，应该公平合理。既包括同种职位、同等绩效下薪酬是相等的，也包括不同职位、不同绩效下的薪酬是不等的。员工的工资差异要根据工作的复杂程度、技能水平、责任大小、贡献多少而定，通过这种差异体现公平原则。

除了这两个方面的公平，还有自身公平问题。

3. 效益性原则

企业作为一个独立的经济实体，必然要追求利润最大化，必然会进行劳动力的成本控制，力图用较少的投入获得较大的产出。在实际工作中，员工薪酬分为两个部分：一是与企业效益不挂钩的基本薪酬，二是与企业效益挂钩的绩效薪酬。前者一般计入成本，后者可以从利润中提取。企业为了控制人工成本，使薪酬更具有激励性，可在基本薪酬的基础上，利用与利润挂钩的绩效评估指标建立薪酬制度，使员工与企业形成利益共同体。企业生产经营好时，大家分享利润；企业生产经营差时，大家共担风险。

4. 激励性原则

激励性原则是指在企业内部各类、各级职务的薪酬水准上，适当拉开差距，体现出按贡献分配的原则，才能激励员工掌握新知识，提高业务水平，提高工作能力，创造出更好的业绩。在竞争日趋激励的今天，企业薪酬管理的目的，已不能仅局限于维持企业的正常工作，而是要极大地调动员工的工作积极性，激发员工的潜在能力，使员工和企业真正成为命运共同体，从而提高企业的竞争能力。因此，员工薪酬制度的设计或调整，一定要注重激励因素，遵循激励原则。

5. 相符性原则

相符性原则是指在薪酬管理中，必须注意货币薪酬与实际薪酬相符。所谓货币薪酬，是指员工通过工作获取的货币收入。实际薪酬是指员工用所得货币能够实际买回的消费品和服务。通常情况下，员工的货币薪酬水平并不完全等于其实际购买水平，真正表现员工薪酬水平的是实际薪酬。为了维持员工的实际生活水平不断提高，组织要随着社会消费品物价指数的变化，相应地调整员工的货币薪酬水平。

五、影响薪酬水平的因素

影响薪酬水平的因素可以从组织外部、组织内部因素两个方面进行分析。

（一）组织外部的因素

1. 政府的法规和政策

在市场经济条件下，政府对组织薪酬水平的干预，主要通过政策和法规来进行。如规定员工的最低工资、规定员工工资奖金和税收、规定员工工资的分配原则、规定员工的节假日加班工资等，来间接地影响企业的薪酬水平。组织确定薪酬必须遵守政府的有关政策法规。

2. 劳动力市场供求状况

劳动力市场供求状况的变化，将会导致组织员工薪酬水平的变化。因为，如果劳动力市场上可供组织使用的劳动力小于组织需求，组织会采取提高薪酬的办法来满足组织对劳动力的需求；反之，组织则会采取降低薪酬的办法来减少劳动力成本。因此，组织确定员工薪酬水平时，必须对劳动力市场做分析和预测，力求使组织的薪酬水平适应劳动力市场的供求状况。

3. 行业平均薪酬水平

由于历史的、自然的和竞争的原因，在同一行业的劳动力市场上，会有一个平均的薪酬水平。组织确定薪酬水平时，必须参照这个行业薪酬水平，否则，高于这个水平会增加企业的劳动力成本；低于这个水平时，会招不到组织所需要的员工。

4. 当地居民生活水平

当地居民生活水平高，会导致员工对薪酬水平期望的提高，同时生活水平高，可能意味着物价指数的上涨水平。为了保证员工实际生活水平不受或少受物价影响，组织往往不得不适当提高薪酬水平。因此，组织薪酬水平的确定必须考虑当地居民生活水平。

（二）组织内部的因素

1. 组织的发展目标

组织在确定员工薪酬水平时，必须以组织的发展目标为根本出发点，确保组织发展目标的实现。因此，对于实现组织目标所需要的各类高素质的人力资源，必须在薪酬水平和薪酬政策上有所倾斜，从而保证组织能够吸引并留住这些人力资源，使他们为实现组织发展目标作贡献。

2. 组织的生产经营状况和经济实力

一般生产经营处于上升期，利润丰厚、资本雄厚的组织，薪酬水平往往比较高；否则薪酬水平就比较低。总之，组织在确定薪酬水平时，必须根据自己的经济实力，量入为出，适当控制劳动力成本，使产品具有竞争力，改善生产经营状况，从而增强企业的经济实力，这又反过来会为企业提高薪酬水平提供物质基础。

3. 组织的经营理念和文化

企业管理层对员工本性和价值的认识，员工对薪酬差距的认同，基本薪酬和绩效薪酬的比例，工资、奖金和福利的比例等，都和企业的经营理念和文化有关。因此，企业在确定薪酬时，必须考虑到企业经营理念的变化和文化的沉积，立足于效率优先，兼顾公平，让绝大多数员工通过薪酬收入，不仅获得物质上的满足，同时获得心理上的满足。

4. 劳资双方的谈判和协议

在薪酬谈判及签订有关协议时，劳资双方在每一轮谈判中所提出的薪酬水平主张，都会影响实际薪酬水平的确定。其主要影响因素有物价指数、组织经济效益、利润增加程度、劳动力市场价位、劳动关系双方对比以及竞争状况等。

5. 员工的劳动和绩效差别

不同的劳动岗位和职务，在劳动强度、劳动条件、危险性质、所需知识技能、劳动熟练程度方面具有不同的要求。那些在工作评价等级较高的岗位上工作的员工，薪酬水平一般较高；反之则较低。在绩效考核中，绩效突出的员工会有较高的薪酬水平，反之则薪酬水平较低。

实际上人们往往会更多地关注员工的劳动和绩效的差别。

第二节 薪酬设计的基本程序

薪酬设计的程序微课

制定科学合理的薪酬是人力资源管理的一项重要工作，必须依据一定的原则，按一定的步骤进行，一般来说，可以分为制定薪酬原则和策略、工作分析与评价、薪酬调查、薪酬定位、薪酬制度结构的确定、薪酬分级和定薪、薪酬制度实施和修正七个基本环节完成，如图 8.2 所示。

一、制定薪酬的原则和策略

制定组织薪酬原则和策略，是组织人力资源管理的重要组织部分，也是组织文化的一个组成部分，对以后

第二节是本章的核心内容。

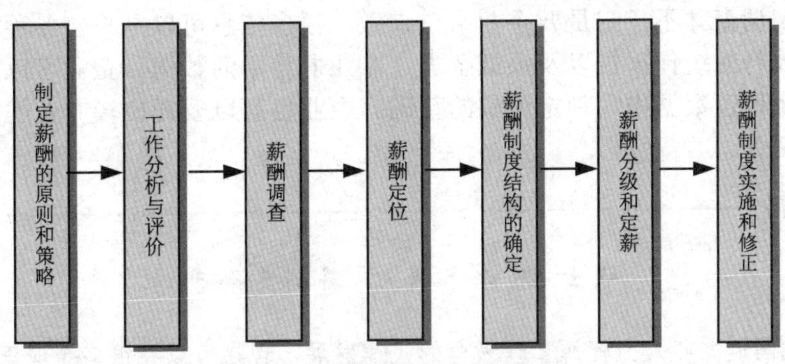

图 8.2 薪酬设计的基本程序

的各个环节具有重要的指导作用。它包括对员工本性的认识，对员工总体价值的评价，对管理人员、高级管理骨干、专业技术人才和营销人才所起作用的价值估计等组织核心价值观。组织要在薪酬原则和策略的指导下制定工资分配政策，如工资等级之间拉开差距的分寸标准，工资、奖金、福利的分配依据及比例标准等。

二、工作分析与评价

这部分内容已在第三章中专门介绍了。

工作分析与评价，是制定科学合理的薪酬制度的前提和依据。通过工作分析与评价，能够明确岗位的工作性质、所承担责任的大小、劳动强度的轻重、工作环境的优劣以及劳动者所应具备的工作经验、专业技能、学识、身体条件等方面的具体要求。同时，根据工作分析所采集的数据和资料，采用系统科学的方法，对组织内各个层次和职别的工作岗位的相对价值做出客观的评价，并依据岗位评价的结果，按照各个岗位价值的重要性由高至低进行排列，以此作为确定组织基本薪酬制度的依据。

工作评价的目的在于明确每个岗位的相对价值。根据对岗位系统科学的评价确定各岗位的薪酬等级。

三、薪酬调查

薪酬调查也是解决外部公平性问题的有效方法。

例如“前程无忧”是一家在全国拥有 26 家分公司的跨国企业，能够为企业提供客观的薪酬调查报告。

薪酬调查的目的主要是建立企业合理的薪酬构成，根据市场薪酬给付水平确定企业薪酬水平的市场定位，重在解决薪酬的对外竞争力问题。企业在确定工资水平时，需要参考劳动力市场的工资水平。对某职位的薪酬调查在确定员工的薪酬时起着关键的作用。薪酬调查是企业通过调查当地或同一行业中其他企业中相同或相似工作的薪酬水平，同本企业的现行薪酬水平相比较，进而依据本企业的其他条件，来调整薪酬结构，以保证企业的竞争地位。对很多企业来讲，某职位的薪酬就是在市场调查的基础上来进一步确定的。薪酬调查并不一定是要企业亲自来做，很多信息可以是来自各种商业机构、专业协会、政府的统计报告以及报纸杂志、专业书籍中的数据。企业可以用各种直接或间接的薪酬调查数据作为制定薪酬的基础。企业也可以委托比较专业的咨询公司进行这方面的调查。

阅读资料

硕士HR比本科HR薪酬高两千

随着我国近些年人力资源管理教育的飞速发展，现在可以在很多企业里看到科班出身的HR，这些“新生代”HR们掌握了各种先进的人力资源管理技术，并且学历越高的HR掌握的技术就可能越多越精。他们在企业管理中发挥着越来越重要的作用。

从中国人力资源开发网（www.ChinaHRD.net）此次调查的结果来看，不同学历的HR薪酬差距比较大。“大专以下”学历的HR平均月薪为2017元；“大专”学历的HR月薪为2517元；“本科”学历的HR月薪为3431元；而“硕士”学历的HR月薪则为5386元（见图8.3）。

（资料来源：黄钦东．2004．2004中国HR薪酬调查报告．http://www. chinahrd.net/）

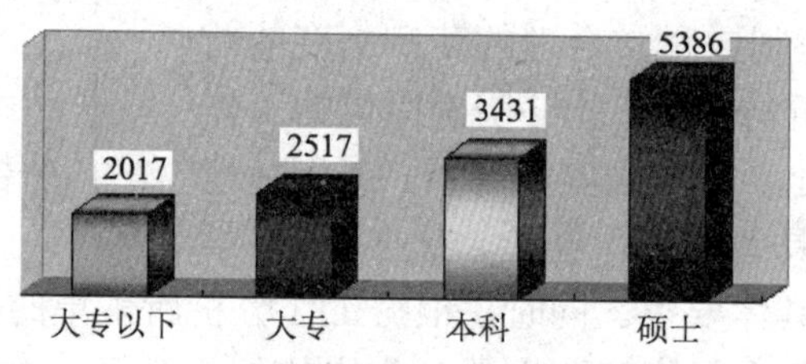

图8.3 中国不同学历HR薪酬比较

薪酬调查可按如下步骤进行。

（一）选择调查对象

薪酬调查的对象，最好是选择与自己有竞争关系的企业或同行业的类似企业。可以从以下的企业中进行选择：同行业中相同类型的其他企业；其他行业中有相似工作的企业；录用同类员工，可构成竞争对象的企业；工作环境、经营策略、薪酬与信誉均符合一般标准的企业；与本公司距离较近，在同一劳动力市场录用员工的企业。在这些企业中，由于不同类型的企业对所要调查的工作支付的薪酬是不同的，因此要对这些企业的性质、规模大小、新成立还是存在已久等信息进行选择。薪酬调查的数据，要有上年度的薪资增长状况、不同薪酬结构对比、不同职位和不同级别的职位薪酬数据、奖金和福利状况、长期激励措施以及未来薪酬走势分析等。

（二）确定薪酬调查的内容

一般来说，企业薪酬调查的内容主要包括以下五个方面：薪酬内容（基本工资、职务津贴、奖金和各种福利保险费用的比率）；其他企业的基本工资的情况；除基本工资以外津贴、奖金、福利的给付情况；其他与薪酬有关的项目；调查的是资深员工还是新进员工的薪酬水平，是平均薪酬水平还是最高的薪酬等。

（三）实施调查

企业可以在取得其他被调查企业的支持的前提下，采取电话调查、发放调查问卷或是访谈等方式进行数据调查；或者也可以通过咨询公司和调查公司来实施调查。一份好的市场调查数据要能保证数据的代表性和质量。

（四）调查资料的整理与统计

在薪酬调查完毕之后，根据收集到的数据进行分析统计和整理。调查资料的价值不仅仅体现在数据的多少，关键在于调查者从获得的信息中得到的启示，必须对调查资料进行各种数据的计算、统计，并根据资料的统计结果针对企业的经营情况、职位职能等具体情况进行对比分析，整理出各公司的工资曲线，以直观地反映某家公司的薪酬水平与同行业相比处于什么位置，而不能只是抽象和单纯地比较数据。

四、薪酬定位

在分析同行业的薪酬数据后，需要做的是根据企业状况选用不同的薪酬水平。影响公司薪酬水平的因素有很多。从公司外部看，国家的宏观经济、通货膨胀、行业特点和行业竞争、人才供应状况甚至外币汇率的变化，都对薪酬定位和工资增长水平有不同程度的影响。在公司内部，盈利能力和支付能力、人员的素质要求是决定薪酬水平的关键因素。同产品定位相似的是，在薪酬定位上，企业可以选择领先策略或跟随策略。

五、薪酬结构的设计

通过工作分析与评价，可以得到表明每一岗位在本组织的相对价值。岗位工作的完成难度越大，对组织的贡献也越大，其重要性也就越高，这也意味着它的相对价值越大。通过薪酬调查，以及组织的实际情况，可以确定本组织各级员工的薪酬水平，规划各个职级的薪酬幅度、起薪点和顶薪点等关键性指标。要将工作的相对价值转换成实际薪酬需要进行薪酬结构设计。所谓薪酬结构是指一个企业的组织机构中各项工作的相对价值及其对应的实付薪酬之间保持何种关系。也就是说，根据工作评价后得到了各岗位之间的相对价值，将其转换成具体的薪酬数额，明确各岗位的相对价值与实付薪酬对应的数值关系。这种关系不是随意的，是以服从某种原则为依据，具有一定规律，通常这种关系用“工资（薪酬）结构线”来表示。它可以更直观、更清晰地显示出组织内各岗位工作的相对价值与其对应的实付薪酬之间的关系。

以工作评价所获得的表示各个职位的相对价值点数（分数）为横坐标，实付薪酬值为纵坐标形成的曲线就是薪酬结构线。典型的薪酬结构线如图 8.4 所示。

对薪酬结构线的理解，是本章的难点。

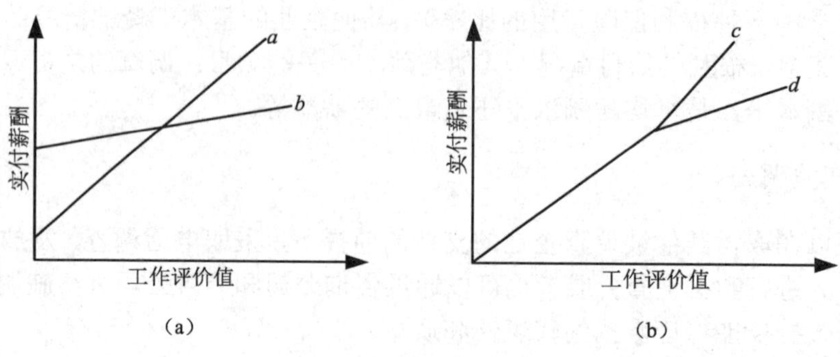

图 8.4 典型的薪酬结构线

理论上，薪酬结构线可呈任何一种曲线形式，但实际上它们多呈直线或若干直线段构成的一种折线形式。这是因为薪酬结构首先考虑到内部公平性，使组织内部各工作岗位的薪酬是按某种一致的分配原则确定的，也即等价交换原则，谁的贡献大，对组织的价值越高，所获得的报酬越多，由于报酬与贡献成正比关系，而正比的关系是线性的，其对应关系线便会呈直线形式。

图 8.4（a）中的 *a*、*b* 两条线都是单一的直线，说明采用直线的企业的所有职位都是按统一的原则来确定薪酬值的，即薪酬值正比于职位的相对价值。但 *a* 与 *b* 的倾斜度不同，*a* 的斜率较大，说明这个企业偏向拉大不同贡献员工之间的收入差距；而 *b* 则斜率较小，较平缓，说明这个企业偏向于照顾大多数，不希望收入过于悬殊。图 8.4（b）中的 *c*、*d* 则都是折线，在前面一段两者重合，到后面则倾斜度不一样，*c* 斜率增大，而 *d* 的斜率减小，说明前者可能是认为自某一级别以上的员工属企业骨干和精英，对企业的成败的影响很大，是企业最宝贵的人才，故应加大报酬以激励他们的积极性。后者则可能着眼于不使高层骨干太脱离群众，以减少中、下层员工的不平衡感和抱怨，对高层骨干则通过加强教育、启发自觉以及非工资形式的奖励来补偿。

薪酬结构线的另一种用途是用来检查薪酬制度的合理性，作为改进薪酬的依据。如图 8.5 所示，就必须对岗位薪酬偏低和偏高的情况进行调整。

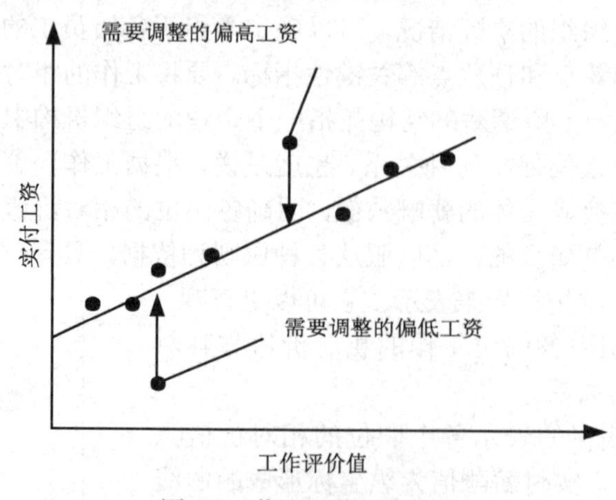

图 8.5 薪酬调整示意图

六、薪酬的分级与定薪

从薪酬结构线可以看到每一个职位（岗位）的相对价值就对应一个薪酬额，这在理论上是合理的，但在实际操作中，如果企业采用这种方式来计算和发放薪酬，那么会给薪酬管理带来很大的困难和混乱，所以，在实际管理中，企业根据已确定的薪酬结构曲线，将众多类型的职位薪酬归并组织成若干等级，形成一个薪酬等级系列，这一步骤其实已成为整个薪酬制度建立过程中不可少的环节。这样经过工作评价而获得的相对价值相近的一组职位，便可编入同一等级，简化了管理。薪酬分级示意图如图 8.6 所示。

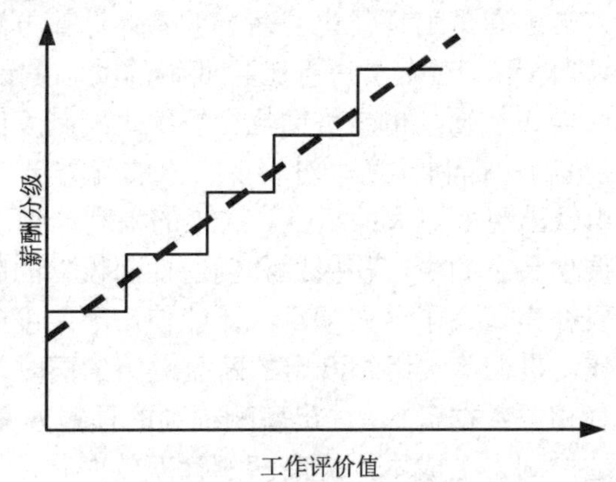

图 8.6　薪酬分级示意图

薪酬分级的数量不能过多，也不能太少，级数过多会增加工作的复杂程度；级数太少则使相对价值相差很大的岗位（职位）处于同一薪酬等级即无区别，起不到激励作用。实践中，有的企业薪酬等级系列中只有 4～5 级，也有的级数为此几倍。一般薪酬等级为 10～15 级比较合适。

在图 8.6 中每一薪酬等级只有一个单一的薪酬值，但在实践中，则是给每一等级都规定一个薪酬变化范围，或称为薪幅，其下限为等级起薪点、上限为顶薪点，图 8.7 为

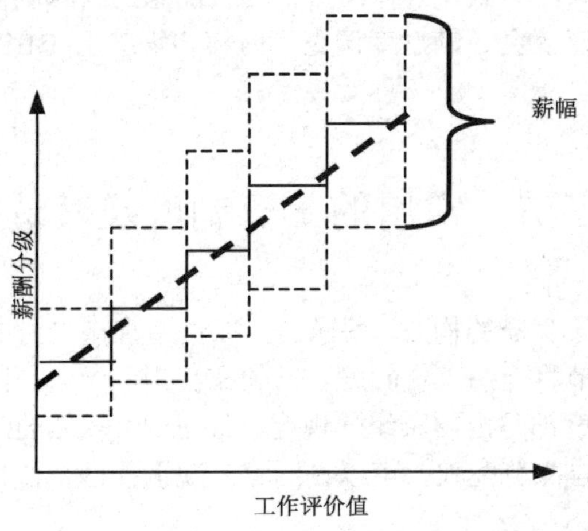

图 8.7　薪酬分级和薪幅示意图

薪酬分级和薪幅示意图。薪幅的设定给薪酬管理工作增加了主动性，在人才招聘时，提高一定幅度的薪酬可以招到急需人才；对富余人员调整薪酬到薪幅的低点一般不会引起太大的反感。

七、薪酬制度的实施与调整

在薪酬制度确定之后，应当完成如下工作，才能保证其得以贯彻实施。

1）建立工作标准与薪酬的计算方式。依据工作分析和过去的原始记录，制定工作标准，明确具体的工作流程和程序，以及工作的数量和质量要求，而这些标准和要求应当是公平合理的。同时，必须向员工解释说明薪酬的具体计算方法和结算方式。

2）建立员工绩效管理体系，对全员进行工作业绩的动态考评。员工绩效管理制度是建立员工激励制度的前提和基础，也是贯彻执行组织薪酬制度的基本保障。

3）通过有效的激励机制和福利计划，对表现突出的优秀员工进行必要表彰和物质鼓励，以鞭策员工对组织做出更多更大的贡献。员工的福利计划以及必要的服务、保障措施是为了最大限度地调动员工的生产积极性和创造性而设立的制度，这些福利性的项目是企业薪酬制度的重要补充，有了这些项目，才能使薪酬制度的组合更加完美。

在完成上述各项工作，贯彻落实组织既定的薪酬政策的同时，组织的人事部门，还需要认真地统计记录各种相关数据资料，提出薪酬福利的预算方案，定期进行复核检查，并采用必要的措施有效地控制人工成本，提高薪酬管理效率。

在执行薪酬制度的过程中，可能遇到很多问题，其中最主要的是薪酬的调整和薪酬总水平的控制。薪酬调整的依据主要来自三个方面：一是员工的意见和建议；二是组织的环境变化；三是组织经营战略的调整。对薪酬总水平的控制首先要对其进行预算。目前，大多数企业是财务部门在做预算，为准确起见，最好同时由人力资源部做此测算。有时财务部门并不清楚具体工资数据和人员变动情况。人力资源部需要建好工资台账，并设计一套比较好的测算方法。

从本质意义上讲，劳动报酬是对人力资源成本与员工需求之间进行权衡的结果。世界上不存在绝对公平的薪酬方式，只存在员工是否满意的薪酬制度。人力资源部可以利用薪酬制度问答、员工座谈会、满意度调查、内部刊物甚至 BBS 论坛等形式，充分介绍公司的薪酬制定依据。

第三节　常用的工资制度及其选择

在本章第一节介绍了薪酬的构成，薪酬包括以货币直接支付的工资和间接以货币支付的福利两个部分。本节将介绍工资制度。过去在我国，无论是国家政府机关，还是企业、事业单位，工资制度都是由国家统一规定。经过 20 多年的改革，企业（或一些事业单位）已经获得内部自主分配权，可以在国家宏观调控的范围内，根据自身情况，选择最适合的工资制度。

一、常用的工资制度

工资制度也叫工资制，是指组织对报酬分配标准和分配形式的规定。按照不同的分配标准或分配形式，工资制度可以有多种形式。常用的工资制度分为绩效工资制、工作工资制、能力工资制和组合工资制四大类。

（一）绩效工资制

绩效工资制的特点是员工的薪酬主要根据其近期劳动绩效来决定，员工的薪酬随劳动绩效量的不同而变化，并不是处于同一职务（或岗位）或者技能等级的员工都能保证拿到相同数额的劳动薪酬。计件工资、销售提成工资、效益工资等的薪酬结构都属于绩效工资制。

工资制度有不同的分类。

1. 计件工资制

计件工资是以员工完成的合格产品或工作量以及事先规定的计件单价计算出的薪酬。员工的计件工资的多少取决于员工完成的合格产品数量或工作量，还取决于计件单价的高低，即

员工计件工资＝产品量（工作量）×计件单价

计件单价是员工每完成一个合格产品或工作量能得到的薪酬，计件单价的制定可以有两种方法。

1）计件单价＝单位时间岗位工资标准/该岗位单位时间的产量定额。

例如，某岗位的小时工资标准为50元/小时，该岗位小时产量定额为2个/小时，其计件单价＝50/2＝25（元/个）。

2）计件单价＝单位时间工资标准×单位产品的工时定额。

例如，某岗位的小时工资标准为50元/小时，生产一个产品的工时定额为0.5小时/个，其计件单价＝50×0.5＝25（元/个）。

如果说员工所在的部门、班组是集体劳动生产产品或提供服务，那么需要采用集体计件，集体计件单价的计算为

集体计件单价＝该部门、班组所有员工单位时间岗位工资标准之和
÷该部门、班组单位时间的产量定额

或

集体计件单价＝该部门、班组所有员工单位时间岗位工资标准之和
×该部门、班组单位产品的工时定额

计件工资的优点是简单易行，分配方法透明。由于计件工资的多少完全取决于员工的能力和工作态度，而且每个员工都可以对自己付出的劳动和能够获得的薪酬心中有数，所以有很强的激励作用。

计件工资的适用范围和对象：适用于生产目的是提高产量，而且生产有连续性和稳定性，员工或部门/班组的产量或工作量可以计量，企业有科学的定额等制度的

企业。

2. 销售提成制

销售提成制是根据员工所销售产品的数量和事先确定的销售单位产品可以得到提成金额或提成比例计算出来的，提成金额或提成比例的高低取决于商品销售的难易程度，难销售的商品提成多一些，反之则会少一些。

销售提成制的适用对象是销售人员。

（二）工作工资制

工作工资制的特点是员工的薪酬主要根据其所担任职务（或岗位）主要重要程度、任职要求的高低以及劳动环境对员工的影响等来决定。薪酬随着职务（或岗位）的变化而变化，岗位工资制、职务工资制等的薪酬结构都属于工作工资制。

岗位或职务等级工资制是按照岗位或职务规定工资标准的一种工资制度。它根据各岗位或职务的重要性、责任大小、技术复杂程度等因素，按照岗位或职务评价高低规定统一的工资标准，由岗位或职务等级表、工资标准等组成。通常，在同一岗位或职务内，要划分出若干等级。

岗位或职务等级工资制适合于专业化程度较高、分工较细、工种技术比较单一的产业或企业。它的优点是能够把工资与岗位劳动更密切地结合起来，体现不同岗位的工作性质、责任、技术、劳动强度、劳动条件、工作标准等方面的差别，体现同工同酬的公平分配制度。员工要在某一岗位任职就必须达到该岗位的任职要求。

岗位或职务等级工资制的缺点是岗位不变，工资就不能改变，不随企业效益和技术水平的变化而变化；同时，岗位或职务工资标准只对岗位不对人，也就是说，没有考虑同一岗位等级上的员工由于经验、技术熟练程度的差别，更没有考虑他们所付出的努力和所做出的业绩，所以，这种工资制度不利于调动员工的积极性。

（三）能力工资制

能力工资制的特点是员工的薪酬主要根据员工所具备的工作能力与潜力来确定。

能力工资制的特点是员工的薪酬主要根据员工所具备的工作能力与潜力来确定。职能工资、能力资格工资及我国过去实行的技术等级工资等的薪酬结构都属于能力工资制。在这里主要介绍技术等级工资制。

技术等级工资制是根据劳动复杂程度、繁重程度、精确程度和工作责任大小等因素划分技术等级，按等级规定工资标准的一种工资制度。它由工资等级表、技术等级标准和工资标准三项组成。在技术等级工资制中，用来确定各工种起点等级、最高等级的等级线叫工种等级线。工种等级线的起点、终点和等级线的幅度取决于该工种技术、责任、劳动强度等因素，如表 8.1 所示。而该工种的技术等级标准则是指不同工种、同一工种应该达到的技术水平和劳动技能的标准，包括应知、应会、工作实例。

应知：规定该等级工人应该具备的文化技术理论知识。

应会：规定该等级工人应该具备的技术操作能力和实际经验。

工作实例：规定该等级工人应该能够完成的典型的工作实例。

技术等级工资制的适用范围和对象：技术复杂程度高、劳动熟练程度差别大、工作物等级不同的工种。

表 8.1 工资等级

工资等级	1	2	3	4	5	6	7
等级线	锻工、钳工 电工、机修工 吊车司机						

（四）组合工资制

组合工资制的特点是将薪酬分解成几个组成部分，分别依据绩效技术和培训水平、职务（或岗位）、年龄和工龄等因素确定薪酬额。组合薪酬结构使员工在各方面的劳动付出都有与之对应的薪酬，某员工只要在某一个因素上比别人出色，都能在薪酬上反映出来。岗位技能工资制、薪点工资制、岗位效益工资制、结构工资制以及目前我国公务员实行的职级工资制等的薪酬结构都属于组合工资制。

1. 岗位技能工资制

岗位技能工资制是根据按劳分配原则，以劳动技能、劳动责任、劳动强度、劳动条件等基本要素的岗位评价为基础，以岗位和技能工资为主的企业基本薪酬制度。它由岗位工资与技能工资两个单元组成。

岗位工资（又称职务工资），是根据员工所在岗位或担任职务的责任大小、劳动强度高低、劳动条件好坏等因素来确定。

技能工资，是根据员工的劳动技能水平来确定。

岗位技能工资制的优点是：员工的工资水平与岗位的要求、工作性质、员工本人的实际技术水平及工作能力挂钩，更全面地体现按劳分配和效益公平的原则，促进员工学习技术和钻研业务的积极性和主动性，提高员工的岗位责任感。岗位技能工资制的不足之处是没有与员工的工作绩效和企业的效益挂钩，岗位工资与技能工资所占的比例难以确定。

2. 薪点工资制

薪点工资制是用点数和点值来确定员工的工资，即员工的工资由薪点数乘以点值确定。企业工资标准表不是用金额表示，而是用薪点数表示。薪点工资制是一种用量化考核方法确定员工实际薪酬的分配形式。

目前很多组织采用薪点工资制。

点值取决于企业、所在部门的经济效益，薪点数的决定在各企业、各类员工有所不同，有的企业或员工主要取决于岗位点数，有的企业或员工主要取决于技能或能力点数，有的企业或员工主要取决于员工的个人贡献点数，还有的企业取决于岗位点数、技能点数、个人绩效点数、工龄点数、基本生活保障点数的综合或部分点数之和。

3. 结构工资制

结构工资制又称为多元化工资、组合工资、分解工资，它将构成工资标准的诸因素按其作用的差别划分为几个部分，并分别规定工资数额，构成劳动者的全部薪酬。

结构工资通常由四个部分组成。

1）基本（基础）工资。它是保障职工最基本生活部分，维持劳动力再生产所必需的工资。

2）职务（岗位、技术）工资。它是结构工资中最重要部分，是按照各个不同职务（岗位）的业务技术要求、劳动条件、责任大小等因素来确定的。

职务工资，是按照工作人员的职务、技术人员的职称和责任的大小等因素划分等级确定其工资标准。

技术工资，是根据工作人员掌握的技术复杂程度、熟练程度，按技术等级确定其工资标准。

岗位工资，是根据工作人员从事劳动的难易程度、劳动环境优劣等因素划分等级确定其工资标准。

职务（岗位、技术）工资，是随着职工的工作岗位、担任的职务、技术业务水平的变动而变动。有的企业还把它同企业经营效益联系起来。其主要职能之一是促进职工学习，不断提高业务技术水平。

3）年功工资（工龄）。主要是考虑职工的工龄，它是企业、单位对职工随着工作年限的自然增长而积累的劳动贡献的报酬，它的职能是保障职工生活水平逐年有相对稳定的提高。在我国年功工资可以准许随职工的调动带到其他岗位。

4）奖励工资（效益工资）。属于超额劳动报酬的部分，主要是指奖金等，是根据企业经营的好坏、个人业绩的优劣来确定的，它按照职工超额劳动的多少来定。

结构工资各部分占工资总量的比重以及等级的划分，目前并无统一规定，各企业、单位可根据实际情况，自行确定。

结构工资制是在我国改革开放后出现的一种比较好的工资制度，考虑的因素比较全面，其主要优点是有以下几点。

1）较好地体现工资的几种不同的功能。把物化的、流动的、潜在的三种劳动形态都考虑进去了。职务、学历、工龄等主要反映劳动的潜在形态；劳动态度、劳动条件等主要反映劳动的流动形态；劳动成果、贡献大小、工龄（积累贡献）主要反映劳动的物化（凝固）形态。而职工的基本工资则是劳动者的基本生活需要。结构工资全面地反映这些因素，并且选取较为合理的比例。

2）有利于实行工资的分级管理，从而克服“一刀切”的弊病，有利于克服平均主义。

目前，我国薪酬制度的改革热点是劳动分红、员工持股计划、年薪制、股票期权等。

3）能够适应各企业的特点。

各种制度各有其特点，不同的企业需根据不同的情况来选择。目前，我国薪酬制度的改革热点是劳动分红、员工持股计划、年薪制、股票期权等。

二、选择最适合的工资制度

不同的企业有不同的薪酬制度，在不同的薪酬制度下，员工的薪酬构成不同，薪酬构成的不同体现了企业对员工的不同方面的认可度，如岗位等级工资制，体现了企业认为员工所承担的岗位不同，对企业的贡献价值不同。在选择最适合的工资制度时，一般考虑以下因素。

1）企业的盈利水平。若盈利水平低可考虑用操作简单的薪酬制度，如职务等级工资制；若盈利水平高，可考虑采用结构工资制。

2）企业所处行业的发展进度。若行业发展进度快，则采用岗位技能工资制比较适合。若行业发展速度缓慢，可考虑采用结构工资制。

3）企业规模。若企业规模小，则不适合采用太复杂的薪酬制度。

4）薪酬管理成本。选择薪酬制度时要综合考虑薪酬管理的成本，还包括机会成本。

第四节 奖金激励

奖金是指组织根据员工的工作绩效或工作目标的完成情况而支付的报酬。奖金是薪酬体系中与绩效直接挂钩的部分。奖金管理的重点，是在预算的约束下，如何加强对于员工的引导和激励作用。

一、奖金的性质

奖金是对于员工特殊贡献所支付的劳动报酬，通常与业绩挂钩，具有针对性和不稳定性。因此，可以利用奖金的特点，具体灵活地调动员工的积极性。主要特点有以下几点。

由于奖金的特点，奖金越来越得到企业管理层和员工的重视。

1）较强的针对性和灵活性。奖金有较大的弹性，他可以根据工作需要，灵活决定标准、范围和奖励周期等，有针对性地激励某项工作的进行；也可以抑制某些方面的问题，有效地调节企业生产过程对劳动的数量和质量的需求。

2）弥补基本工资制度的不足。任何工资形式和工资制度都具有功能优点，也都存在功能缺陷。例如，计时工资主要是从个人技术能力和实际劳动时间上确定劳动报酬，难以准确反映经常变花的超额劳动；计件工资主要是从产品数量上反映劳动成果，难以反映优质产品、原材料节约和安全生产等反面的超额劳动。这些都可以通过奖金形式进行弥补。

3）较强的激励功能。在这种工资制度和工资形式中，奖金的激励功能是最强的，这种激励功能来自依据个人劳动贡献所形成的收入差别。利用这种差别，使员工的收入与劳动贡献联系在一起，起到奖励先进，鞭策后进的作用。

4）将员工贡献、收入及企业效益三者有机结合。奖金不具有保证企业员工基本生活需要的职能，它既随着企业的经济效益而波动，又能体现个人对企业效益的贡献。例如，当企业经营效益好的时候，企业和员工的总体奖金水平都提高，但个人奖金不一定与总水平同步提高，因为每个人的贡献是有差异的；反之，企业经营效益不变，总体收入水平下降，但贡献大的员工奖金收入不一定会下降，甚至会脱离总体奖金水平而提高。

有效的奖金激励体系通常有两个基本要求。第一个要求涉及评估员工业绩的过程和方法。如果激励体系以业绩为基础，那么员工必须能够感受到他们和其他员工的业绩被正确与公正的评估。显然，绩效的衡量有难有易。例如，销售员的业绩比较容易衡量；而中层管理人的业绩就很难衡量了。业绩衡量的一个关键问题是管理层的可信度。如果员工不信任管理层，那么就很难建立有效的业绩评估体系。第二个要求是奖金激励必须以业绩为基础。员工必须确信他们的劳动付出与所得薪酬之间的关系。奖金激励体系能够以多种方式进行分类。

二、个人奖励计划

个人奖励计划是奖励员工达到了与职位有关的绩效标准，如质量、生产率、顾客满意度、安全性以及出勤率等。绩效标准可以是一个，也可以综合几个标准，但最重要的是该标准能够实际反映员工的工作绩效。

常见的个人奖励计划有五种。

（一）计件制

计件制是企业根据员工单位时间产量与客观生产标准相比较的结果，来对员工进行奖励的一种个人奖励计划。通常有三种形式，即简单计件制、多计件制和差别计件制。

注意与本章第三节所讲的绩效工资制的区别与联系。

1）简单计件制是依据事先确定的单件计酬率与个人超额完成的件数乘积而得到的。

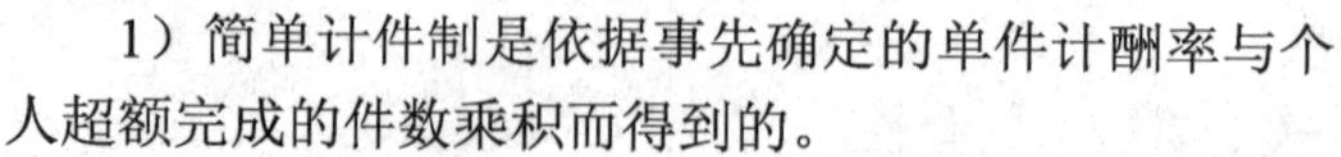

2）多计件制则将单件计酬率分为若干个等级，等级越高，相应的单件计酬率也越高。

3）差别计件制是根据员工完成标准的情况下有差别地给予计件薪酬。

（二）计时制

计时制是根据单位产量的时耗来计发薪酬的形式。计时制也有多种衍生形式，如标准工时制、哈尔西奖金制、罗恩制。

1）标准工时制以节约工作时间的多少来计算应得的奖金。

2）哈尔西奖金制的特点是员工与公司分享成本节约额，通常是五五分账，若员工在低于标准时间内完成工作，可以获得的奖金是其节约下来的工时薪酬的一半。

3）罗恩制是依据节约的工作时间占标准工作时间的百分比确定的，奖金随着节约时间的增多而提高，但平均每超额完成一个标准工时的奖金额会递减，即节约的工时越多，员工的奖金水平将越低于工作超额的增长幅度。

（三）佣金制

佣金制是销售职位普遍使用的一种奖励制度，它是按照销售数量或是销售额的一定比率来计算奖金的。随着佣金制的不断发展，逐渐演变出三种形式，即单纯佣金制、混合佣金制和超额佣金制。

1）单纯佣金制是指销售人员的收入完全来自佣金，所获得的佣金等于销售量与佣金率的乘积。

2）混合佣金制是指销售人员的薪酬包括基本工资和佣金两部分，这种形式尤其适合一些销售难度较大的行业。

3）而一些相对较为稳定的行业则可以采用超额佣金制，此时销售人员获得的不是全部佣金，而是扣除了既定额度后的差额。

（四）管理奖励计划

管理奖励计划，是在经理达到或超过其部门有关销售、利润、生产或其他方面的目标时对经理进行奖励。与以上个人奖励计划不同，管理奖励计划通常要求达到多个复杂的目标。例如，根据管理奖励计划，经理如果增加了市场份额或在不影响产品数量和质量的前提下降低了预算，就可以得到一笔奖金。

（五）行为鼓励计划

行为鼓励计划是奖励员工符合公司利益的具体行为成就。例如，良好的出勤率或安全记录等。如果员工依照公司规定保持良好的出勤或安全记录就可以得到一笔奖金。值得一提的是如果员工为公司介绍新客户或举荐公司急需的人才时，同样也可以得到奖金。

个人奖金激励计划的优点是：个人奖励计划降低了监督成本，能够更好地预测和控制劳动力成本，而且较易操作，易于沟通。同时个人奖励性薪酬不累加到员工的基本薪酬中。个人奖励计划的缺点是：由于现代企业中职位性质的不断变化，一些职位很难再以物质产出的方式区分员工的个人绩效。此外个人奖励计划可能会导致员工只做有利于其获得报酬的事情，不利于员工个人技能的发展。

三、团队奖励计划

团队奖励计划奖励的是员工的集体绩效，而不是每个员工的个人绩效。当团队的所有成员都为实现目标作出了贡献的时候，团队奖励最有效。团队奖励计划可以分为两种，即基于团队的奖励计划和收益分享计划。

（一）基于团队的奖励计划

基于团队的奖励计划即当团队达到了某一特定目标后，团队中的每位成员都可以分享到团队所得的现金奖励。薪酬分配的方法可以有多种。

当团队成员可以观察到成员之间贡献或绩效之间的差异时，可以采用平等分配薪酬的方法，以便于增强团队成员之间的合作。

当企业为避免“大锅饭”现象的发生，力图激励团队中贡献较大的成员，则可以采用一部分薪酬支付基于员工个人绩效，一部分基于团队绩效的分配方法。

当企业假定较高基本薪酬的员工对团队贡献较高时，则可以根据每位成员的基本薪酬与团队全体成员总体的基本薪酬之比差异性的分配薪酬。

（二）收益分享计划

收益分享计划（gain sharing plan）又叫生产率奖励、小组奖励和业绩奖励，是指一种把一个部门或单位，由于生产率的提高而得到的奖励计划。他根据企业绩效的改善，包括生产率提高、顾客满意度增加、成本的降低等给团队中的员工支付奖金。收益分享计划是20世纪30年代兴起于国外的一种团队激励薪酬计划。近年来，伴随着组织变革和薪酬实践的发展，收益分享成为一种典型的团队绩效薪酬形式。目前在企业中使用最为普遍的，同时也是最重要的收益分享计划有斯坎伦计划、拉克收益分享计划以及改进生产盈余计划。

收益分享计划强调企业的团队精神、员工参与度。

1. 斯坎伦计划

斯坎伦计划的特点在于强调员工参与，它相信如果员工提出了企业的目标，那么在工作中就能自我管理、自我控制，并相信如果给予员工工作机会，员工就会愿意接受并主动承担责任。在斯坎伦计划中以某一时期的斯坎伦比率作为基期标准，当由于员工的建议而导致生产成本的降低，即当期斯坎伦比率低于基期标准时，节省下来的资金即在员工中进行分配。斯坎伦比率及产品的销售价值公式为

$$斯坎伦比率＝劳动力成本/产品的销售价值$$

$$产品的销售价值＝销售收入＋库存商品价值$$

2. 拉克收益分享计划

与斯坎伦计划相同，拉克收益分享计划也强调员工参与并采用现金激励来鼓励员工参与。但不同的是，它以产品销售价格与成本价格之间的附加值来衡量生产率。拉克比率公式为

$$拉克比率＝[净收入－（原材料＋供应物及提供服务的成本）]/计划参与者的总雇用成本$$

3. 改进生产盈余计划

改进生产盈余计划旨在用更少的劳动小时制造出更多的产品，其重点是激励员工完成绩效目标。改进生产盈余计划是基于劳动小时率公式计算出来的。通过分析历史财务数据以确定标准，并根据标准来确定完成一件产品所需要的劳动小时数，然后用标准劳动小时与实际劳动小时的比率来衡量生产率。

改进生产盈余计划特别制定了一条回购规定，即因生产率的提高而发的奖金有一个最高限额，如果生产率提高所产生的奖金金额超过了这个最高限额，超出的部分就由公司储存起来。如果生产率的提高使奖金重复超过最高限额，公司可以一次性向员工付款购回生产率超过限额的部分。付款金额通常等于储存起来的金额。然后公司就可以调整生产率标准，把生产率水平的标准提高。

团队奖励计划的优点是在绩效考核标准的制定上，比个人奖励计划要相对简单，同时团队奖励计划可以使企业员工产生较强的团队凝聚力。但这类奖励计划的主要缺点是它导致了优秀员工的流动，由于在团队奖励计划下较容易产生“搭便车效应”，在这种情况下就会使那些为企业做出巨大贡献的员工产生不公平感，从而离开企业。

四、短期奖励计划

（一）绩效加薪

绩效加薪即将基本薪酬的增加与员工的绩效评价等级联系在一起的短期奖励计划。通常是在年度绩效评价结束时，企业根据员工的绩效评价结果以及事先确定好的绩效加薪规则，确定员工在第二年可以得到的基本薪酬，绩效加薪所产生的基本薪酬增加额具有累积作用。

（二）一次性奖金

一次性奖金即在绩效评价结束后，根据员工的年度绩效评价结果一次性给予员工一定数量的奖金，同时不累积加入员工的基本薪酬。对于企业来说，一次性奖金的优势十分明显：一方面在保持绩效和薪酬挂钩的情况下减少了因基本薪酬的累加效应所引起的固定薪酬成本的增加；另一方面可以保障企业各等级薪酬范围的固定性，不至于出现大量超过薪酬范围之外的员工。但对于员工而言，一次性奖金相对于绩效加薪的优势要少很多，从长期来看，员工实际上得到的奖金数额肯定要比普通绩效加薪情况下少得多。如果企业长期以一次性奖金代替基本薪酬的增加，就有可能导致员工的消极行为。

（三）月/季度奖金

月/季度奖金是根据月或季度绩效评价结果，以月度绩效奖金或季度绩效奖金的形式对员工的业绩加以认可。这种月度或季度绩效奖金一方面与员工的基本薪酬有较为紧密的联系，往往采用基本薪酬乘以一个系数或百分比的方式来确定；另一方面，又具有类似一次性奖金的灵活性，不会对企业形成较大的成本压力。在实际执行过程中，员工个人的绩效奖金往往还与其所在的部门绩效及个人的绩效挂钩。企业在计算员工的奖金时可以采用以下公式。

1. 部门季度奖金总额的计算

部门季度奖金总额＝企业季度奖金基准×（部门 i 季度奖金基准额
×部门 i 季度绩效考核系数）÷Σ（部门 i 季度奖金基准额
×部门 i 季度绩效考核系数）

2. 员工季度奖金的计算

员工季度奖金＝部门季度奖金总额×（员工季度奖金基准额
×员工季度绩效考核系数）÷Σ（员工 i 季度奖金基准额
×员工 i 季度绩效考核系数）

（四）特殊绩效奖励计划

特殊绩效奖励计划是为了奖励那些绩效超出预期水平很多的个人及团队，在绩效加薪额外给予必要的奖励。与基于员工工作行为以及工作结果的全面评价的绩效加薪不同，特殊绩效奖励计划具有非常高的灵活性，他可以对那些出人预料的各种各样的单项高水平绩效表现——如开发新产品、开拓新市场予以奖励。特殊绩效奖励计划提高了薪酬的灵活性和自发性，为企业提供了一种让员工感受到自己的重要性和价值的机会。

五、长期绩效奖励计划

长期绩效奖励计划是指绩效衡量周期在一年以上的对既定绩效目标达成提供奖励的计划。之所以要将衡量周期界定在一年以上，是因为企业的许多重要战略目标都不是在一年以内能够完成的，长期绩效奖励计划的支付通常是以三到五年为一个周期。长期绩效奖励计划强调长期规划和对企业未来可能产生影响的那些决策，有助于企业招募、保留和激励高绩效的员工，为企业的长期资本积累打下良好的基础。

长期奖励计划的主要形式包括现股计划、期股计划以及期权计划。所谓现股计划是指通过企业奖励的方式直接赠与或是参照股票的当前市场价值向员工出售股票，但这种计划同时规定员工在一定的时期内必须持有股票，不得出售；期股计划规定，企业和员工约定在将来某一时期内以一定的价格购买一定数量的公司股票，购股价格一般参照股票的当前价格确定，该计划同时也对员工在购股后出售股票的期限作出规定；期权计划与期股计划类似，但是也存在一定的区别，在这种计划中，企业给予员工在将来某一时期内以一定价格购买一定数量公司股票的权利，但是员工到期时可以行使这种权利，也可以放弃这种权利，行权价一般参照股票的当前市场价格确定，该计划同样要对员工购股后出售股票的期限作出规定。

第五节　福　　利

福利（benefits）是薪酬构成中的一个重要组成部分，它是组织为员工生活提供方便与保障，提高员工工作生活质量，增加员工归属感与组织凝聚力的重要手段。

一、福利的重要性

现代组织越来越重视福利的重要作用，针对不同的组织采用的福利形式也是多种多样。福利对组织的发展具有许多重要意义，主要有以下几点。

1）吸引优秀员工。优秀员工是组织发展必不可少的资源，随着人们生活水平的不断提高，仅仅依靠高工资吸引优秀人才，很难达到目的。现在许多企业家认识到，良好的福利有时比高工资更能吸引优秀员工。

2）增加员工满意感，提高组织的业绩。良好的福利使员工无后顾之忧，使员工提高对组织的满意感，达到与组织荣辱与共，从而全身心投入工作，为提高组织的经营业绩奠定良好的基础。

3）降低员工流动率。员工流动率过高必然会使组织的工作受到一定损失，而良好的福利会使许多可能流动的员工打消流动的念头。

4）增强组织凝聚力。组织的凝聚力由许多因素组成，但良好的福利无疑是一个重要的因素，因为良好的福利体现了组织高层管理者“以人为本”的经营思想。

二、影响福利的因素

影响组织中员工福利的因素很多，主要有以下几种因素。

1）高层管理者的经营理念。有的管理者认为员工福利能省就省，有的管理者认为福利只要合法就行，有的管理者认为员工福利应该尽可能好，这都反映了他们的经营理念。

2）政府的政策法规。许多国家和地区的政府都明文规定，组织员工应该享受哪些福利。一旦组织不为员工提供相应的福利就算犯法。

3）工资的控制。由于所得税等原因，一般组织为了控制成本，不能提供很高的工资，但可以提供良好的福利，这也是政府所提倡的措施。

4）医疗费的急剧增加。由于种种原因，近年来世界各地的医疗费都大福增加。员工一旦没有相应的福利支持，如果患病，尤其是危重病人，往往会造成生活困难。

5）竞争性。由于同行业的类似企业都提供了某种福利，迫于竞争的压力，企业不得不为员工提供该种福利，否则会影响员工的积极性。

6）工会的压力。工会经常会为员工福利问题与资方谈判，有时资方为了缓解与劳方的冲突，不得不提供某些福利。

三、福利的类型

发展福利事业，目的在于提高员工的全面“生活质量”，具体的福利形式和内容花样繁多，国内外较流行的主要有社会保险，带薪休假福利，服务设施以及各种津贴等项目。可把福利分为社会福利和个人福利两大类。

（一）社会福利

社会福利，指国家强制性规定的为员工提供的法定福利。包括各种法定社会保险项目、公休和法定假日、带薪休假及地方政府规定的其他福利项目。

社会福利部分将在第十章详细论述。

1. 法定社会保险

法定社会保险包括养老保险、失业保险、工伤保险、医疗保险和生育保险等，企业必须按照员工工资的一定比例为员工缴纳保险费。

养老保险是国家为保障劳动者离退休后基本生活的一种社会保障制度。养老保险基金由企业缴纳的基本养老保险费和个人缴纳的基本养老保险费构成。企业缴纳的基本养老保险费按本企业职工工资总额和当地政府规定的比例在税前提取。企业还可以根据其自身经济能力，为本企业员工建立补充养老保险，所需费用从企业自有资金中的奖励、福利基金内提取。

失业保险是劳动者由于非本人原因失去工作，中断收入时，由国家和社会依法保证其基本生活需要的一种社会保障制度。我国现行的失业社会保险制度是按照 1998 年 12 月 26 日发布的《失业社会保险条例》执行的失业保险金的来源。企业按本单位工资总额的 2%缴纳社会保险费，员工按本人工资的 1%缴纳失业保险费，政府提供财政补贴。

工伤保险是国家对因工负伤、致残、死亡而暂时或永久丧失劳动能力的劳动者及其供养亲属提供经济帮助的一种社会保险制度。工伤保险包括两大类：一类是因突发性事故而导致的伤残和职业病；另一类是因工作本身的性质而导致的职业病。职工工伤实行“无责任补偿”的原则，按照保障生活、补偿损失和康复身体的原则确定保险待遇。工伤保险费由企业按照职工工资总额的一定比例缴纳，职工个人不缴纳工伤保险费。目前我国的工伤社会保险按照原劳动部 1996 年发布的《企业职工工伤保险试行办法》执行。

医疗保险制度是解决员工生病之后的治疗和生活保障。我国实行基本医疗保险费用由用人单位和职工个人按照工资收入的一定比例共同缴纳，企业缴费率为职工工资总额的 6%左右，个人缴纳额为其工资收入的 2%左右。对于一些非基本医疗服务，则通过补充医疗保险、商业医疗保险等途径解决。

生育保险是在劳动者因生育而导致劳动暂时中断时，由国家和社会给予物质帮助的法定社会保险制度。我国生育保险待遇主要包括两项：一是生育津贴，用于保障女职工产假期间的基本生活需要；二是生育医疗待遇，用于保障女职工怀孕、分娩期间以及职工实施节育手术时的基本医疗保健需要。

2. 公休假日和法定假日

目前我国实行每周休息两天公休日制度，同时规定了元旦、春节、国际劳动节、国庆节、端午节、中秋节等为法定休息日。在公休日和法定节假日加班的员工应享受相当于基本工资双倍或三倍津贴补助。

3. 带薪休假

带薪休假是指员工工作满一定的时期后，可以带薪休假一定的时间。我国《劳动法》第 45 条规定：“国家实行带薪休假制度。劳动者连续工作一年以上的，享受带薪休假。”

4. 地方政府规定的其他福利项目

在中央政府的法定福利项目之外，各地地方政府根据本地区特殊情况相应规定的福利项目，如住房公积金等。

（二）个人福利

这是企业在国家法定之外的向员工提供的其他福利项目，由于不具有强制性，因此没有统一的标准，各企业往往根据自己的具体情况灵活决定。具体包括以下几种。

1）交通津贴。为员工的交通费提供补助，弥补员工在交通方面的支出。

2）节日津贴。目前，大多数企业借节假日为员工提供一些实物货币的补助，提高员工的整体福利水平。

3）住房津贴。企业一般为员工提供住房津贴，改变过去将员工住房全包下来的状况，协助其在尽可能短的时间内，拥有自己的住房。在一些外资企业中，还为员工提供购买住房贷款担保的福利政策。

4）其他津贴。企业根据自身的特点，还为员工提供一些其他的津贴项目，如服装津贴、洗理津贴、水电津贴、取暖津贴、子女入托津贴等。

5）带薪休假。是企业在员工非工作时间里按工作时间发放工资的福利称为带薪休假福利。由于现代生活的节奏加快，生活压力较大，因此员工希望能够得到更多的休闲时间以放松身心。带薪休假福利就成为非常受员工欢迎的一项福利，同时，带薪休假为员工提供了从容休息的机会，使员工能够恢复旺盛的精力投入到工作中来，因此企业也愿意为员工提供这种福利项目。

四、自助式福利

企业发放福利的本意是为了更好地提高员工的士气，激励员工更加努力的工作。然而福利发放不当，却会引起相反的作用，伤害员工的感情。福利只有针对员工的需要才能起到激励作用。目前，有一些企业采用自助式福利形式。

所谓自助式福利，也称弹性福利，是指由员工自行选择福利项目的福利管理模式。其做法是由企业提供一份供员工选择的福利清单，让员工自己选择，各取所需。允许员工在一定范围之内，在企业指定的多项福利计划中选择，具有一定的灵活性，使员工更有自主权。现有的自助式福利主要包括附加型自助福利、核心加选择型福利、自助福利账户、福利“套餐”和浮动福利制等类型[1)]。

自助式福利更好地满足了员工的差别性需要，增强了福利的激励效果。但自助式福利也存在一些不足：首先是自助福利的设计比较复杂，承办人增加了负担，也会增加行政费用。其次，自助式福利会使企业成本上升。再次，部分员工在选择福利时，因没有仔细了解该项目的内容，结果选择了对其不实用的项目而造成浪费等。

小　结

薪酬是指组织对员工所做的贡献，包括他们实现的绩效、付出的努力、时间、学识、

1）钱振波．2004．人力资源管理．北京：清华大学出版社．

技能和经验等所付给的相应的酬劳或回报。薪酬包括以货币直接支付的工资和间接以货币支付的福利两个部分，即有基本工资、激励工资、成就工资、津贴以及福利几种基本形式。

薪酬的功能可从组织和员工两个方面来考察。薪酬对组织的功能包括增值功能、激励功能、配置功能和协调功能；薪酬对员工的功能包括劳动力再生产保障功能、价值实现功能和满足保障功能。

薪酬管理是为了实现组织目标，发挥员工的积极性并促进其发展，将员工的薪酬与组织目标有机结合的一系列管理活动。薪酬管理的内容包括薪酬计划管理、薪酬结构管理、薪酬水平管理和薪酬日常管理。

薪酬管理必须遵循合法性、公平性、效益性、激励性和效益性原则。

影响薪酬水平的因素可以从组织外部、组织内部因素两个方面进行分析。组织外部因素有：政府的法规和政策、劳动力市场供求状况、行业平均薪酬水平和当地居民生活水平；组织内部因素有：组织的发展目标、组织的生产经营状况和经济实力、组织的经营理念和文化、劳资双方的谈判和协议、员工的劳动和绩效差别。

制定科学合理的薪酬是人力资源管理的一项重要工作，必须依据一定的原则，按一定的步骤进行，一般来说，可以分为制定薪酬的原则和策略、工作分析与评价、薪酬调查、薪酬定位、薪酬制度结构的确定、薪酬分级和定薪、薪酬制度实施和修正七个基本环节完成。

工资制度也叫工资制，是指组织对报酬分配标准和分配形式的规定。按照不同的分配标准或分配形式，工资制度可以有多种形式。常用的工资制度分为绩效工资制、工作工资制、能力工资制和组合工资制四大类。

奖金是指组织根据员工的工作绩效或工作目标的完成情况而支付的报酬。奖金是薪酬体系中与绩效直接挂钩的部分。奖金管理的重点，是在预算的约束下，如何加强对于员工的引导和激励作用。奖金激励计划包括个人奖励计划、团队奖励计划、短期奖励计划和长期绩效奖励计划。

福利是薪酬构成中的一个重要组成部分，它是组织为员工生活提供方便与保障，提高员工工作生活质量，增加员工归属感与组织凝聚力的重要手段。

练 习 题

一、名词解释

1．薪酬
2．基本工资
3．奖金
4．成就工资
5．津贴
6．福利
7．薪酬管理
8．薪酬结构
9．薪酬结构线
10．技术等级工资制

11．结构工资制　　12．薪点工资制
13．岗位技能工资制　　14．自助式福利
15．管理奖励计划　　16．收益分享计划

二、填空题

1．________是依照国家有关规定和合同要求，以货币形式直接支付的报酬形式，其内涵小于薪酬，是薪酬的一个组成部分。

2．一般来说，________是员工工作业绩的显示器，也是对员工工作能力和水平的承认，是对个人价值实现的回报。

3．薪酬分配是否合理的一个重要标准是看其是否________。

4．________是指一个企业的组织机构中各项工作的相对价值及其对应的实付薪酬之间保持何种关系。

5．________是企业通过调查当地或同一行业中其他企业中相同或相似工作的薪酬水平，同本企业的现行薪酬水平相比较，进而依据本企业的其他条件，来调整薪酬结构，以保证企业的竞争地位。

6．________是薪酬构成中的一个重要组成部分，它是组织为员工生活提供方便与保障，提高员工工作生活质量，增加员工归属感与组织凝聚力的重要手段。

7．________是指组织根据员工的工作绩效或工作目标的完成情况而支付的报酬。

8．长期奖励计划的主要形式包括现股计划、________以及期权计划。

三、单项选择题

1．企业一般给销售人员实行的是（　　）。

A．能力工资制　　B．绩效工资制
C．计件工资制　　D．职务工资制

2．以下关于企业薪酬的错误说法是（　　）。

A．薪酬调查的目的主要是建立企业合理的薪酬构成，根据市场薪酬给付水平确定企业薪酬水平的市场定位
B．薪酬是为企业提供劳动而得到的货币和实物报酬的总和
C．岗位评价是对岗位价值的判断，进而纳入薪酬等级
D．薪酬调查的目的是给企业确定具有竞争力的薪酬水平以招到最好的人才

3．社会福利的实施对象是（　　）。

A．劳动者　　B．社会贫困者
C．军人及其家属　　D．全体居民

4．关于薪酬管理原则，说法不正确的是（　　）。

A．分配结果均等　　B．对外具有竞争力
C．对内分配公正　　D．适当拉开薪酬差距

5．某企业的发展战略是维持企业不至于倒闭，那么应采用的薪酬原则是（　　）。

A．支付高于市场工资水平的工资

B．支付略低于市场工资水平的工资

C．高薪吸引人才

D．拉大薪酬差距

6．计件工资的特点是（　　）。

A．适用管理人员

B．工资的多少取决于员工的能力和工作态度

C．薪点工资制作用不大

D．员工的工资取决于员工的考勤

7．岗位工资制员工的薪酬取决于（　　）。

A．岗位评价点数　　B．工资标准

C．计件单价与工作量　　D．点数和点值

8．关于斯坎伦计划的陈述，哪一个是错误的（　　）。

A．斯坎伦计划是一种团队奖励计划

B．斯坎伦计划强调员工参与

C．斯坎伦计划以产品销售价格与成本价格之间的附加值来衡量生产率

D．斯坎伦比率等于劳动力成本与产品销售价值的比率

9．短期奖励计划不包括（　　）。

A．一次性奖金　　B．期权计划

C．绩效加薪　　D．月/季度奖金

10．以下不属于奖金的是（　　）。

A．效益工资　　B．技能工资

C．业绩工资　　D．佣金

11．（　　）又被称为可变工资，是薪酬体系中与绩效直接挂钩的部分，即工资中随着员工努力程度和工作绩效的变化而变化的部分。

A．基本工资　　B．奖励工资

C．成就工资　　D．津贴

四、多项选择题

1．计件工资制主要适用于（　　）。

A．生产的目的是提高产量

B．生产具有连续性和稳定性

C．员工人员多易集中管理

D．员工或班组的产量易计算

E．企业有科学的劳动定额

2．在薪酬调查时一般选择（　　）企业。

A．竞争对手　　B．同行业同地区企业

C．国外企业　　D．刚成立的管理不规范的企业

E．市场水平比较高的企业

3. 同一企业内部不同员工薪酬水平不同，是由于（　　）因素的影响。

A. 员工的绩效　　B. 员工的岗位

C. 员工的能力　　D. 工会的力量

E. 员工的工龄

4. 长期绩效奖励计划包括（　　）。

A. 一次性奖励　　B. 现股计划

C. 期股计划　　D. 月奖金

E. 期权计划

5. 收益分享计划不包括（　　）。

A. 斯坎伦计划　　B. 拉客收益分享计划

C. 改进生产盈余计划　　D. 行为鼓励计划

E. 管理奖励计划

6. 常见的个人奖励包括（　　）。

A. 计件制　　B. 计时制

C. 佣金制　　D. 技术奖励计划

E. 行为鼓励计划

五、判断是非题

1. 不同的薪酬制度有不同的适用对象和范围，企业关键是要选择与企业发展战略、实际情况相适应的薪酬制度。（　　）

2. 企业的工资总额是企业为了保证其薪酬管理制度的灵活性而自行规定的，因此，工资总额在不同的企业间没有可比性。（　　）

3. 用人单位支付给劳动者的工资不得低于单位所在行业的最低工资水平。（　　）

4. 企业的薪酬制度反映了该企业的价值观，企业价值观对企业的薪酬管理有重大的影响作用。（　　）

5. 销售人员提成工资的多少取决于提成率和销售收入。（　　）

6. 服装津贴、洗理津贴、水电津贴、取暖津贴、子女入托津贴等属于员工的个人福利。（　　）

7. 企业的薪酬管理受政府的法规和政策的约束。（　　）

六、简答题

1. 简述薪酬的功能。

2. 简述薪酬管理的原则。

3. 什么是薪酬水平？影响薪酬水平的因素有哪些？

4. 简述薪酬调查的程序。

5. 简述防范绩效考评问题的措施。

6. 简述计件工资制。

7. 简述结构工资制的优点。

8. 简述福利的重要性？影响福利的因素有哪些？

七、论述题

1. 试述薪酬设计的一般程序。
2. 试述组合工资制。

八、案例分析

合资公司的薪酬设计案例分析

某公司是一家合资公司，公司成立于 1995 年，目前是中国最重要的中央空调和机房空调产品生产销售厂商之一，有员工 300 余人，在全国有 17 个办事处，随着销售额的不断上升和人员规模的不断扩大，企业整体管理水平也需要提升。

公司在人力资源管理方面起步较晚，原有的基础比较薄弱，尚未形成科学的体系，尤其是薪酬福利方面的问题比较突出。在早期，人员较少，单凭领导一双眼、一支笔倒还可以分清楚给谁多少工资，但人员的激增，只靠过去的老办法显然不灵，这样做带有很大的个人色彩，公平性、公正性、对外的竞争性就更谈不上。于是他们聘请普尔摩公司就其薪酬体系进行系统设计。

普尔摩公司管理顾问经过系统的分析诊断，认为该公司在这方面存在的主要问题有：一是薪酬分配原则不明晰，内部不公平。不同职位之间、不同个人之间的薪酬差别，基本上是凭感觉来确定。二是不能准确了解外部特别是同行业的薪酬水平，无法准确定位薪酬整体水平。给谁加薪、加多少，老板和员工心里都没底。三是薪酬结构和福利项目有待进一步合理化。固定工资、浮动工资、奖金的比例到底如何？如何有效地设立保险和福利项目？这需要细化。四是需要建立统一的薪酬政策。

普尔摩公司管理顾问认为：解决薪酬分配问题，需要一系列步骤：首先需要有职位说明书以作为公司人力资源管理的基础；其次，在职位说明的基础上，对职位所具有的特性进行重要性评价，普尔摩公司依据国际上被广泛使用的权威评估方法之一对该公司的职位等级进行评定，最终形成公司职级图；再次，公司委托专门的薪酬调查公司就同行业、同类别、同性质公司的薪酬水平进行调查，获得薪酬市场数据；另外，依据公司职级图、薪资调查的数据，公司的业务状况以及实际支付能力，对公司的薪酬体系进行设计，此项工作内容包括制订薪酬结构、制订不同人员的薪酬分配办法和薪酬调整办法、测算人力成本等。最后形成公司可执行、公布的薪酬政策。

经过双方的紧密配合以及积极务实的工作方法，该公司领导对最终形成的方案十分满意，因为他们再也不用为每月发工资的这件事头疼了，薪酬分配政策的公平性，也消除了员工之间的猜疑，增强了其工作热情。

（案例来源：http://www.cnpension.net/index_lm/2008-08-22/484828.html）

试分析 1. 根据案例谈谈薪酬设计的步骤有哪些？

2. 请问案例中所提到的职位说明书与薪酬管理有什么关系？

九、小组讨论

IBM的薪酬管理

IBM是一个让所有员工坚信不疑的游戏规则。干得好加薪是必然的。IBM的薪酬管理非常独特和有效，能够通过薪酬管理达到奖励进步和督促平庸的目的。

每年年初IBM的员工特别关心自己的工资卡，自己去年干得如何，都可以通过工资卡涨幅体现出来。IBM的薪酬构成里面不会有学历工资和工龄工资，工作时间长短和学历高低与薪酬没有必然联系。在IBM，学历是一块很好的敲门砖，但决不会是获得更好待遇的凭证。

IBM推出个人业绩评估计划，从三个方面来考察员工工作的情况：第一是致胜。胜利是第一位的，首先你必须完成你制定的计划，无论过程多艰辛，达到目的是最重要的。第二是执行。执行是一个过程量，反映了员工的素质，执行能力需要无止境地修炼。业绩不光决定薪酬，还影响晋升。第三是团队精神。在IBM埋头做事不行，必须合作。

在IBM，每一个员工工资的涨幅取决于个人业务承诺计划的完成程度。每个IBM的员工都有个人业务承诺计划。到了年终，直属经理会在军令状上打分，直属经理当然也有个人业务承诺计划，上头的经理给他打分，谁也不特殊，都按这个规则走。IBM的每一个经理掌握一定范围的打分权利，他可以分配他领导的那个团队的工资增长额度，他有权利规定如何分配额度，具体到每一个人给多少。

IBM，酬薪政策精神是通过有竞争力的策略，吸引和激励业绩表现优秀的员工继续在岗位上保持高水平。个人收入视工作表现、相对贡献、所在业务单位的业绩表现以及公司的整体薪酬竞争力而进行确定。

员工对薪酬劳动制度有任何问题，可以询问自己的直属经理，进行面对面沟通或向人力资源部查询。一线经理提出薪酬调整计划，必须得到上一级经理认可。

IBM的工资与福利项目如下：

基本月薪：是员工基本价值、工作表现及贡献的认同。

综合补贴：对员工生活方面基本需要的现金支持。

春节奖金：农历新年之前发放，使员工过一个富足的新年。

休假津贴：为员工报销休假期间的费用。

浮动奖金：当公司完成既定的效益目标时发放，以鼓励员工的贡献。

销售奖金：销售及技术支持人员在完成销售任务后的奖励。

奖励计划：员工由于努力工作或有突出贡献时的奖励。

住房资助计划：公司拨出一定数额存入员工个人账户，以资助员工购房，使员工在尽可能短的时间内用自己的能力解决住房问题。

医疗保险计划：员工医疗保险及年度体检的费用由公司解决。

退休金计划：积极参加社会养老统筹计划，为员工提供晚年生活保障。

其他保险：包括人寿保险、人身意外保险、出差意外保险等多种项目，关心员工每时每刻的安全。

休假制度：鼓励员工在工作之余充分休息，在法定假日之外还有带薪年假、探亲假、婚假、丧假等。

员工俱乐部：公司为员工组织各种集体活动，以加强团队精神，提高士气，营造大家庭气氛，包括各种文娱活动、体育活动、大型晚会、集体旅游等。

（案例来源：伍爱．2005．人力资源管理．广州：暨南大学出版社）

讨论题

1．IBM 薪酬管理的特色是什么？

2．你认为 IBM 的薪酬管理有什么优点？

3．你认为 IBM 的薪酬管理在哪些方面还可以进一步提高？

十、模拟角色

加薪的权衡

你是今年提升的部门经理，你的手下有 8 名直接向你负责的主管级干部。年底快到了，公司指示：按照政策，可以给他们加薪，但最多每月加薪总额不得超过 1 400 元（人均 175 元）。负责人事工作的副经理提醒你要注意尽量不要使人力成本过高。他要你拟定对每个人该不该加和加多少的计划，报他审批后，明年元月起执行。你知道他一般总是照批不误，不大会修改你的意见的，你意识到他们 8 个人的眼光都紧盯着你，因为你第一次做年末加薪的决策，会成为今后的先例，而部门的加薪又没有明确的标准。这 8 名部下的个人表现和基本特点如下所述：

1）谭亚明，现月薪 1650 元。他算不上是干得出色的人，别人也觉得老谭工作不怎么样。不过他管的那个小组可是最难办的一个，组员们业务水平低，活又脏又累。没了老谭，一时很难找到谁愿意和能顶替他去干这项活。

2）彭炳昆，现月薪 1870 元。此人至今单身，生活上又不拘小节。总的说来，工作达不到主管要求的标准，他出过的一些漏洞人人皆知。

3）陈常全，月薪 2050 元。最能干的部下之一，不过其他人显然都不太同意此看法。他岳父家很富，所以不缺钱花，好像用不着再给他多加什么钱了。

4）戴定涛，月薪 1890 元。儿子是弱智，母亲又多病，妻子不久前下了岗，所以特需要多点薪水。他也应算是你手下最强的人之一，但别人并不这样认为，他们常传说一些有关老戴工作绩效的带讥讽性的事作为笑料。

5）贾丽莉，月薪 1960 元。此人一直干得很出色。因为她的活颇为棘手，她的绩效给人印象特别深。同事们因为她工作出色，都挺尊敬她。她比好些同事更需要多点钱用，因为她家境不好。

6）傅有模，月薪 1810 元。他的表现令人惊喜，工作突出，而且被部门中的人看成是最好的人之一。这出乎你的意料，因为老傅举止比较散漫，对加薪和提级都无所谓。

7）高正注，月薪 1710 元。印象中此人的工作只是勉强过得去而已，可在征询别人意见时，却意外发现，大家对他的工作评价甚高。不久前刚离婚，一个人带两个孩子，还要养活年迈的父母，生活艰难，极需加薪。

8）韩达光，月薪1750元。私下了解到这人是个花钱能手，有些随意挥霍。分配给他的任务是比较轻松容易的，印象中干得并不特别好，所以在听见有几个人认为他是本部门最优秀的工作者时，颇感惊讶。

（案例来源：http://www.hr.com.cn）

思考与模拟 作为部门经理，你必须分别给他们做出加薪决策：加还是不加？如果加，加多少元？要写出具体数字，并考虑好决策依据。

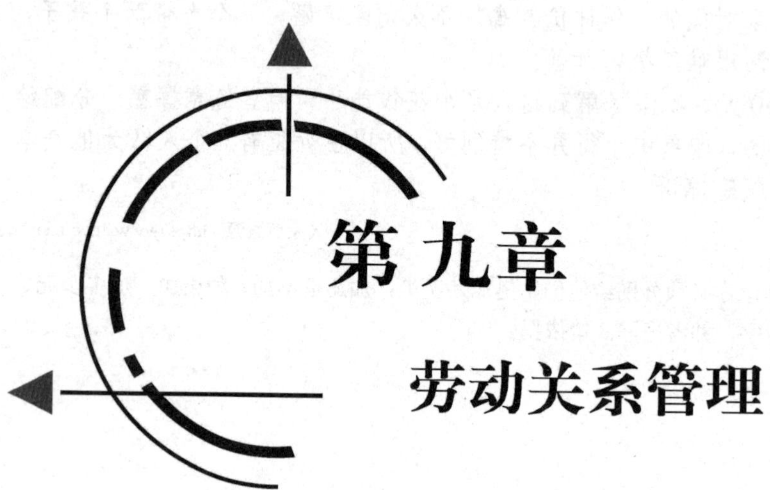

第九章 劳动关系管理

学习要求☞

重点掌握

- 劳动关系的概念及法律特征
- 劳动合同的概念
- 劳动合同的订立原则
- 劳动争议的概念及处理原则
- 劳动争议的处理程序

掌握

- 劳动合同的内容
- 劳动合同的类型

了解

- 劳动关系的分类
- 劳动合同的解除
- 改善劳动关系的途径

第一节　劳动关系概述

一、劳动关系的概念、内容和分类

（一）劳动关系的概念

劳动关系（labor relations）是指劳动者和用人单位在从事劳动过程中所建立的社会经济关系的总称。它是现代社会生产和生活中人们相互之间最重要的关系之一。劳动关系的双方当事人是劳动者和用人单位。劳动者既可以是个人，也可以是集体——工会。《中华人民共和国劳动法》（以下简称《劳动法》）就是用以调整劳动者同用人单位之间所产生的劳动关系以及规定双方行为的一种法律规范。我国《劳动法》还规定国家机关、事业组织、社会团体和与之建立劳动合同关系的劳动者之间的关系，依照《劳动法》执行。

劳动关系是本章的重要概念。

（二）劳动关系的内容

劳动关系依据劳动法律、法规确立和调整，形成劳动法律关系。法律关系的构成要素是主体、客体和内容。同样，劳动法律关系的构成要素也是主体、客体和内容。

劳动法律关系的主体包括劳动者、劳动者的组织（工会、职代会）和用人单位。

劳动法律关系的内容是指主体双方依法享有的权利和承担的义务。劳动法律关系主体的任何一方既是权利主体，又是义务主体，而且双方的权利和义务是相对应的，一方的权利即为另一方的义务，一方的义务即为另一方的权利。

（1）劳动者的权利和义务

我国《劳动法》第三条规定，我国劳动者的基本劳动权利有：

1）享有平等就业和选择职业的权利。

2）享有获得劳动报酬的权利。

3）享有休息、休假的权利。

4）获得劳动安全卫生保护的权利。

5）接受职业技能培训的权利。

6）享有社会保险和福利的权利。

7）提请劳动争议处理的权利。

8）法律规定的其他劳动权利。

根据我国《劳动法》第三条的规定，我国劳动者同时还有以下的义务：

1）完成劳动任务的义务。

2）提高职业技能的义务。

3）执行劳动安全卫生规程的义务。

4）遵守劳动纪律和职业道德的义务。

（2）用人单位的权利和义务

由于劳动关系双方的权利和义务是相对应的。因此，劳动者的权利就是企业、事业单位、国家机关、社会团体及个体经济组织等用人单位的义务；劳动者的义务则是企业、事业单位、国家机关、社会团体及个体经济组织等用人单位的权利。为了强调用人单位的义务，我国《劳动法》第四条特别规定："用人单位应当依法建立和完善规章制度，保障劳动者享有劳动权利和履行劳动义务。"

劳动法律关系的客体是指主体的权利和义务共同指向的事物，如劳动时间、劳动报酬、安全卫生、劳动纪律、福利保险、教育培训、劳动环境等。在我国社会主义制度下，劳动者的人格和人身不能作为劳动法律关系的客体。

（三）劳动关系的分类

按实现劳动过程的方式来划分，劳动关系分为两类：一类是直接实现劳动过程的劳动关系，即用人单位与劳动者建立劳动关系后，由用人单位直接组织劳动者进行生产劳动的形式，当前这一类劳动关系居绝大多数；另一类是间接实现劳动过程的劳动关系，即劳动关系建立后，通过劳务输出或借调等方式由劳动者为其他单位服务实现劳动过程的形式，这一类劳动关系目前居少数，但今后会逐年增多。

按劳动关系的具体形态来划分，可分为常规形式，即正常情况下的劳动关系；停薪留职形式；放长假的形式；待岗形式，下岗形式；提前退养形式，应征入伍形式等。按用人单位性质分类，可分为国有企业劳动关系、集体企业劳动关系、三资企业劳动关系、私营企业劳动关系等。

按劳动关系规范程度划分，可分为规范的劳动关系（即依法通过订立劳动合同建立的劳动关系）、事实劳动关系（是指未订立劳动合同，但劳动者事实上已成为企业、个体经济组织的成员，并为其提供有偿劳动的情况）和非法劳动关系（如：招用童工和无合法证件人员；无合法证、照的用人单位招用劳动者等情形）等。

二、劳动关系的法律特征

《劳动法》所规定的劳动关系，主要有以下三个法律特征。

1）劳动关系是在现实劳动过程中所发生的关系，与劳动者有着直接的联系。

2）劳动关系的双方当事人，一方是劳动者，另一方是提供生产资料的劳动者所在单位，如企业、事业单位、机关团体和政府部门等。

3）劳动关系的一方（劳动者）要成为另一方（所在单位）的成员，并遵守单位内部的劳动规则以及有关制度。

三、正确处理劳动关系的意义

正确处理与不断改善劳动关系，是人力资源管理部门的重要工作任务，处理劳动关系的具体意义表现为：

1）处理好劳动关系，可以保障企业与员工的互相选择权，通过适当的流动实现生产要素的优化配置。

2）处理好劳动关系，能够保障企业内部各方面的正当权益，可以调动各方面的积极性。

3）改善企业内部劳动关系，创造心情舒畅的工作环境，确保企业经营的顺利进行和劳动生产率的提高。

四、改善劳动关系的途径

改善劳动关系需长时间地努力。

1）健全法律法规。劳动争议的产生在很大程度上是因为相关法规不健全。当企业各方因利益冲突而产生矛盾时，常常无法可依，无所适从。所以应通过完善法律法规，明确企业各方的权、责、利，并在法律的基础上加以调整。

2）发挥工会及企业党组织的作用。工会与企业党组织可以代表职工与企业协调劳动关系，兼顾职工与企业的利益，避免矛盾激化。

3）推行现代管理手段。在长期的改革和管理实践中，我国许多企业积累了不少行之有效的管理方法，例如，全面质量管理、员工建议制度、发明奖励制度、目标管理制度等。一般说来，这些管理方法是主张员工与组织合作的，是对员工才能和地位的承认，有利于提高员工的主人翁意识。

4）提高员工的“工作—生活”质量是改善劳动关系的根本途径。主要内容包括参与职务设计和全面管理，周期性安排“培训—工作—休息”，满足个人的特殊要求，使职工在工作中感觉到生活的真正意义。

第二节 劳动关系的建立与终止

一、劳动关系的建立

根据《中华人民共和国劳动合同法》（以下简称《劳动合同法》）第七条的规定，用人单位自用工之日起与劳动者建立劳动关系。该法第十条第一款和第三款规定，建立劳动关系应当签订书面合同。用人单位和劳动者在用工之日前签订合同的，劳动关系自用工之日为标志。双方可以按照约定享受权利和履行义务，接受劳动法律、法规的约束。因此，劳动合同的签订对劳动关系的正常建立是必不可少的。

新《劳动合同法》2008年1月1日起施行。

（一）劳动合同的主要内容

劳动合同微课

劳动合同又称为劳动契约或劳动协议，它是劳动者与用人单位确立劳动关系、明确双方权利和义务的协议。为确保劳动者和用人单位双方的合法权益不受侵犯，我们首先需要明确劳动合同的主要内容，即劳动合同的主要条款，其中包括法律规定的必备条款和双方约定的可备条款。

1. 必备条款

“劳动合同”是本章重点内容，也是“人力资源管理”的重要内容。

1）用人单位的名称、住所和法定代表人或者主要负责人以及劳动者的姓名、住址和居民身份证或者其他有效证件号码。为了明确劳动合同中用人单位和劳动者的主体资格，确定劳动合同的当事人，劳动合同中必须具备这些内容。

2）劳动合同期限。即双方当事人相互享有权利、履行义务的时间界限，一般由劳动者的工作岗位、工作内容、劳动报酬等因素决定。同时，它会影响劳动关系的稳定性。合同期限不明确，则无法确定合同何时终止，如何给付劳动报酬、经济补偿等，从而引发争议。因此，一定要在劳动合同中加以明确双方签订的是何种期限的劳动合同。

3）工作内容和工作地点。所谓工作内容，是指劳动法律关系所指向的对象，即劳动者具体从事什么种类或者内容的劳动，这里的工作内容是指工作岗位和工作任务或职责。这一条款是劳动合同的核心条款之一，是建立劳动关系的极为重要的因素。它是用人单位使用劳动者的目的，也是劳动者通过自己的劳动取得劳动报酬的缘由。劳动合同中的工作内容条款应当规定的明确具体，便于遵照执行。如果劳动合同没有约定工作内容或约定的工作内容不明确，用人单位将可以自由支配劳动者，随意调整劳动者的工作岗位，难以发挥劳动者所长，也很难确定劳动者的劳动报酬，造成劳动关系的极不稳定，因此是必不可少的。工作地点是劳动合同的履行地，是劳动者从事劳动合同中所规定的工作内容的地点，它关系到劳动者的工作环境、生活环境以及劳动者的就业选择，劳动者有权在与用人单位建立劳动关系时知悉自己的工作地点，所以这也是劳动合同中必不可少的内容。

4）工作时间和休息休假。工作时间是指劳动时间在企业、事业、机关、团体等单位中，必须用来完成其所担负的工作任务的时间。一般由法律规定劳动者在一定时间内（工作日、工作周）应该完成的工作任务，以保证最有效地利用工作时间，不断的提高工作效率。这里的工作时间包括工作时间的长短、工作时间方式的确定，如是 8 小时工作制还是 6 小时工作制，是日班还是夜班，是正常工时还是实行不定时工作制，或者是综合计算工时制。休息休假是指企业、事业、机关、团体等单位的劳动者按规定不必进行工作，而可以自行支配的时间。休息休假的权利是每个国家的公民都应享受的权利。我国《劳动法》第三十八条规定：“用人单位应当保证劳动者每周至少休息一日。”休息休假的规定根据劳动者的工作地点、工作种类、工作性质、工龄长短等的不同而各有不同。

5）劳动报酬。是指劳动者与用人单位确定劳动关系后，因提供了劳动而取得的报酬。劳动报酬是满足劳动者及其家庭成员物质文化生活需要的主要来源，也是劳动者付出劳动后应该得到的回报。劳动报酬主要包括以下几个方面：①用人单位工资水平、工资分配制度、工资标准和工资分配形式；②工资支付办法；③加班、加点工资及津贴、补贴标准和奖金分配办法；④工资调整办法；⑤试用期及病、事假等期间的工资待遇；

⑥特殊情况下职工工资的（生活费）支付办法；⑦其他劳动报酬的分配办法。劳动合同中有关劳动报酬条款的约定，要符合我国有关最低工资标准的规定。

6）社会保险。社会保险是政府通过立法强制实施，由劳动者、劳动者所在工作单位或社区以及国家三方面共同筹资，帮助劳动者及其亲属在遭遇年老、疾病、工伤、生育、失业等风险时，防止收入的中断、减少和丧失，以保障其基本生活需求的社会保障制度。社会保险由国家成立的专门性机构进行基金的筹集、管理及发放，不以赢利为目的。一般包括医疗保险、养老保险、失业保险、工伤保险和生育保险。

7）劳动保护、劳动条件和职业危害防护。劳动保护是指用人单位为了防止劳动过程中的安全事故，如矿井作业可能发生瓦斯爆炸、建筑施工可能发生高空坠落等事故，采取各种措施来保障劳动者的生命安全和健康。劳动条件，主要是指用人单位为使劳动者顺利完成劳动合同约定的工作任务，为劳动者提供必要的物质和技术条件，如必要的劳动工具、机械设备、工作场地、劳动经费、辅助人员、技术资料、工具书以及其他一些必不可少的物质、技术条件和其他工作条件。职业危害是指用人单位的劳动者在职业活动中，因接触职业性有害因素如粉尘、放射性物质和其他有毒、有害物质等而对生命健康所引起的危害。

2. 可备条款

对于某些事项，法律不做强制性规定，由当事人根据意愿选择是否在合同中约定，劳动合同缺乏这种条款不影响其效力。这些条款称为法定的可备条款。法定可备条款是指法律明文规定的劳动合同可以具备的条款。

1）试用期。试用期是指对新录用的劳动者进行试用的期限。用人单位与劳动者可以在劳动合同中就试用期的期限和试用期期间的工资等事项作出约定，但不得违反《劳动合同法》第十九条、第二十条以及第二十一条的有关试用期的规定。

2）培训。培训是按照职业或者工作岗位对劳动者提出的要求，以开发和提高劳动者的职业技能为目的的教育和训练过程。企业应建立健全职工培训的规章制度，根据本单位的实际对职工进行在岗、转岗、晋升、转业培训，对新录用人员进行上岗前的培训，并保证培训经费和其他培训条件。职工应按照国家规定和企业安排参加培训，自觉遵守培训的各项规章制度，并履行培训合同规定的各项义务，服从单位工作安排，搞好本职工作。

3）保守商业秘密。商业秘密是不为大众所知悉，能为权利人带来经济利益，具有实用性并经权利人采取保密措施的技术信息和经营信息。在激烈的市场竞争中，任何一个企业生产经营方面的商业秘密都十分重要。因此，用人单位可以在合同中就保守商业秘密的具体内容、方式、时间等，与劳动者约定，防止自己的商业秘密被侵占或泄露。

4）补充保险。补充保险是指除了国家基本保险以外，用人单位根据自己的实际情况为劳动者建立的一种保险，它用来满足劳动者高于基本保险需求的愿望，包括补充医疗保险、补充养老保险等。补充保险的建立依用人单位的经济承受能力而定，由用人单位自愿实行，国家不作强制的统一规定，只要求用人单位内部统一。用人单位必须在参加基本保险并按时足额缴纳基本保险费的前提下，才能实行补充保险。

5）福利待遇。随着市场经济的发展，用人单位给予劳动者的福利待遇也成为劳动者收入的重要指标之一。福利待遇包括住房补贴、通信补贴、交通补贴、子女教育等。不同的用人单位福利待遇也有所不同，福利待遇已成为劳动者就业选择的一个重要因素。

社会生活千变万化，劳动合同种类和当事人的情况也非常复杂，法律只能对劳动合同的条款进行概括，无法穷尽劳动合同的所有内容，当事人也可以根据需要在法律规定的可备条款之外对有关条款作新的补充性约定。

（二）劳动合同的类型

根据《劳动合同法》第十二条，劳动合同分为固定期限劳动合同、无固定期限劳动合同和以完成一定工作任务为期限的劳动合同。

1）固定期限劳动合同。指用人单位与劳动者约定合同终止时间的劳动合同。劳动合同期满，劳动关系即告终止。如果双方协商一致，还可以续订劳动合同，延长期限。固定期限的劳动合同可以是较短时间的，如半年；也可以是较长时间的，如10年。

2）无固定期限劳动合同。是指用人单位与劳动者协商一致，约定无确定终止时间的劳动合同。有下列情形之一，劳动者提出或者同意续订、订立劳动合同的，除劳动者提出订立固定期限劳动合同外，应当订立无固定期限劳动合同：①劳动者在该用人单位连续工作满 10 年的；②用人单位初次实行劳动合同制度或者国有企业改制重新订立劳动合同时，劳动者在该用人单位连续工作满 10 年且距法定退休年龄不足 10 年的；③连续订立二次固定期限劳动合同，且劳动者没有《劳动合同法》第十九条和第四十条第一项、第二项规定的情形，而续订劳动合同的。用人单位自用工之日起满一年不与劳动者订立书面劳动合同的，视为用人单位与劳动者已订立无固定期限劳动合同。

订立无固定期限劳动合同后，劳动者可以长期在一个单位或部门工作。但无固定期限合同并非“铁饭碗”、“终身制”，只要出现《劳动合同法》规定的情形，不论用人单位还是劳动者，都有权依法解除劳动合同。

3）以完成一定工作任务为期限的劳动合同。是指用人单位与劳动者约定以某项工作的完成为合同期限的劳动合同。某一项工作或工程开始之日，即为合同开始之时，此项工作或工程结束，合同即告终止，如完成某项科研任务、承包工程项目、季节性的临时用工等。合同双方当事人在合同履行期间建立的是劳动关系，劳动者要加入用人单位的工会，遵守用人单位的内部规章制度，享受用人单位的工资福利和社会保险等待遇。这种劳动合同实际上属于固定期限的劳动合同，只不过表现形式不同。

阅读资料

大学生“零工资”就业需谨慎

2006 年，某网站公司来了一名刚刚毕业的大学生小李，她表示愿意“零工资”试用网络编辑的岗位。公司出于小李的诚恳，便答应了她的请求，但要求其签订了一份协议：乙方李某在甲方某网站从事网络编辑工作，不发工资，试用期三个月。

然而，出于同情，公司并未真的按照协议所规定的“零工资”进行操作，每月给小李800元的伙食费和交通补助。两个月后的一天，小李不小心滑倒，脚腕骨裂，治疗费和医药费花费5000多元。期间，公司老板中间去看望了一次，并给予了1000元的营养补助。小李痊愈后，拿着诊断书和治疗费用单要求公司报销，被拒绝。事后，小李找到当地劳动争议仲裁委员会申请仲裁。公司老板拿出最初签订的协议，以图证明公司与该学生之间并非雇用关系。但是，仲裁机关认定该协议无效。公司除了赔偿该学生相关医药费外，还要为其补交三个月的社会保险。根据劳动关系的判断标准，实习生的身份是学生，与实习单位不存在劳动关系，而已经毕业的大学生是自然人，企业要按照《劳动合同法》的规定向其支付报酬。由此，“零工资”的劳动合同是无效的。

（资料来源：孙健敏．2009．人力资源管理．北京：科学出版社）

（三）劳动合同的订立原则

按照我国《劳动法》的规定，劳动合同双方在订立以及变更合同时应当遵循平等自愿、协商一致、不得违反国家法律和行政法规的基本原则规定。劳动合同订立的这一原则，是劳动合同订立的指导方针，应当贯穿于劳动合同订立的全过程，具有普遍约束力。这是衡量当事人双方订立的劳动合同合法性、有效性的依据。

1）平等自愿原则。“平等自愿”是订立劳动合同的核心原则，平等是指在订立劳动合同的时候，双方当事人之间地位完全平等。地位平等，表现在订立劳动合同的双方当事人都是以劳动关系主体资格出现的，互不隶属，各自独立，订立劳动合同的内容要依照法律的规定，一方不能强迫另一方接受自己的条件。自愿，是指订立劳动合同的双方当事人，以各自的起初意志表示自己的意愿。

2）协商一致原则。“协商一致”即劳动者个人和用人单位双方互相协商各项内容，在双方达成一致意见的情况下，确定合同的各项条款。我国正在推行集体合同制度，从业者在利益一致、对于劳动合同内容要求一致的情况下，由工会负责人或者其他人作为其代表，与用人单位方面进行集体协商。

3）依法订立原则。依法订立原则体现在五个方面。

第一，订立劳动合同的目的必须合法。当事人不得以订立劳动合同的合法形式掩盖不法意图和不法行为的内容，达到不良企图的目的，例如，有的犯罪分子利用“订立合同雇用时先交押金”等来诈骗钱财。

第二，订立劳动合同的主体必须合法。当事人双方必须具有法律、法规规定的主体资格。作为用人单位，必须是依法成立的企业、事业单位、国家机关、社会团体和个体经营户等用人单位；作为劳动者，必须是具有劳动权利能力和劳动行为能力的公民。

第三，订立劳动合同的内容必须合法。劳动合同程式条款都不能违反国家法律、法规和政策的规定，不得分割国家利益和社会公共利益。

第四，订立劳动合同的形式和程序必须合法。

第五，订立劳动合同的行为必须合法，不得有强迫和欺骗行为。

二、劳动关系的终止

劳动关系的终止通常涉及劳动合同的终止或解除。从狭义上讲，劳动合同终止是指劳动合同的双方当事人对合同所规定的权利和义务都已经完全履行，且任何一方当事人均未提出继续保持劳动关系，因而终止劳动合同的法律效力。劳动合同终止之后，双方不再执行原劳动合同中约定的事项，但是，如用人单位在劳动合同终止前拖欠劳动者的工资，劳动合同终止后劳动者仍可依法请求法律救济。广义的劳动合同终止包括劳动合同的解除。劳动合同解除是指劳动合同订立后，尚未全部履行权利和义务之前，劳动者和用人单位由于某些原因而提前结束劳动关系的行为，如劳动者单方主动提出解除劳动合同。

本节“劳动关系的终止”指的是广义的劳动合同终止。

（一）劳动合同终止与解除的区别

首先，从特征来看，劳动合同终止主要取决于法律上规定的合同终止条件或当事人双方共同约定的事由，其自治程度多一点，一般是可以预见的；而劳动合同解除更取决于当事人是否主动提出解除劳动合同，只是一种可能性，一般不可预见，在解除劳动合同时受法律约束的程度较高，并体现了对劳动者的倾斜保护。

其次，从劳动关系结束的条件来看，劳动合同终止是依法定或约定履行完双方的权利和义务后自然终止的；而劳动合同的解除是指劳动合同当事人在没有履行完劳动合同的情况下，劳动合同订立时所依据的情形因某种主观或客观的原因发生了重大变化，致使原来的劳动关系无法维持下去。

最后，从法律后果来看，除用人单位被依法宣告破产或被吊销营业执照之外，劳动合同终止时用人单位不需要支付经济补偿金；而劳动合同解除后，用人单位除进行损害赔偿外，一般还必须向劳动者支付经济补偿金。

（二）劳动合同终止的条件

1）劳动合同期满。主要适用于固定期限劳动合同和以完成一定工作任务为期限的劳动合同。劳动合同期满后，除依法续订和依法延期的情况以外，劳动合同自然终止，双方的权利和义务结束。根据劳动保障部规定，劳动合同的终止时间，应当以劳动合同期限最后一日的24时为准。

2）劳动者开始依法享受基本养老保险待遇。不管劳动者是否达到退休年龄，只要其开始享受基本养老保险待遇，劳动合同即终止。如提前退休或因病完全丧失劳动能力而享受基本养老保险待遇的情形。

3）劳动者死亡，或者被人民法院宣告死亡或者宣告失踪。在这种情况下，劳动合同的一方主体客观上丧失劳动能力，无法履行劳动合同，因此劳动合同终止。

4）用人单位被依法宣告破产。根据《企业破产法》的规定，用人单位一旦被依法宣告破产，就进入破产清算程序，用人单位的主体资格即归于消灭，因此劳动合同归于终止。

5）用人单位被吊销营业执照、责令关闭、撤销或者用人单位决定提前解散。这四种情况均会导致用人单位的劳动合同主体资格的消灭，因此劳动合同归于终止。

6）法律、行政法规规定的其他情形。为了保持劳动合同终止制度的统一性和排除劳动合同终止的地方独特性等情况，《劳动合同法》没有授权地方政府制定劳动合同终止制度。

（三）劳动合同解除的条件

1. 用人单位单方面解除劳动合同的条件

用人单位可以因为劳动者的因素而解除劳动合同，也可以因为外部因素而解除劳动合同，但两种情况下都必须满足一定的条件。

有关劳动合同解除条件可看有关新《劳动合同法》的解读读本。

1）劳动者因素导致的用人单位单方解除劳动合同。根据《劳动合同法》第三十九条的规定，劳动者有下列情形之一的，用人单位可以解除劳动合同：①在试用期间被证明不符合录用条件的；②严重违反用人单位的规章制度的；③严重失职，营私舞弊，给用人单位造成重大损害的；④劳动者同时与其他用人单位建立劳动关系，对完成本单位的工作任务造成严重影响，或者经用人单位提出，拒不改正的；⑤因本法第二十六条第一款第一项规定的情形致使劳动合同无效的；⑥被依法追究刑事责任的。

2）用人单位因客观情况变化而解除劳动合同。根据《劳动合同法》第四十条的规定，有下列情形之一的，用人单位提前 30 日以书面形式通知劳动者本人或者额外支付劳动者一个月工资后，可以解除劳动合同：①劳动者患病或者非因工负伤，在规定的医疗期满后不能从事原工作，也不能从事由用人单位另行安排的工作的；②劳动者不能胜任工作，经过培训或者调整工作岗位，仍不能胜任工作的。不能胜任工作是指不能按要求完成劳动合同中约定的任务或者同工种、同岗位人员的工作量。但是用人单位不得故意提高定额标准，使劳动者无法完成工作；③劳动合同订立时所依据的客观情况发生重大变化，致使劳动合同无法履行，经用人单位与劳动者协商，未能就变更劳动合同内容达成协议的。如自然条件、企业迁移、被兼并、企业资产转移等，使原劳动合同不能履行或不必要履行的情况。

2. 用人单位不得解除劳动合同的规定

《劳动合同法》第四十二条规定，劳动者有下列情形之一的，用人单位不得依照本法第四十条、第四十一条的规定解除劳动合同：①从事接触职业病危害作业的劳动者未进行离岗前职业健康检查，或者疑似职业病病人在诊断或者医学观察期间的；②在本单位患职业病或者因工负伤并被确认丧失或者部分丧失劳动能力的；③患病或者非因工负伤，在规定的医疗期内的；④女职工在孕期、产期、哺乳期的；⑤在本单位连续工作满十五年，且距法定退休年龄不足五年的；⑥法律、行政法规规定的其他情形。用人单位不得解除劳动合同的规定包含两方面的含义：一是这些规定禁止的是用人单位单方解除劳动合同，并不禁止劳动者与用人单位协商一致解除劳动合同；二是这些规定表明，即使劳动者具备了本条规定的六种情形之一，用人单位仍可以根据本法第三十九条的规定解除。

3. *劳动者单方面解除劳动合同的条件*

根据《劳动合同法》第三十七条规定，劳动者提前30日以书面形式通知用人单位，可以解除劳动合同。劳动者在试用期内提前3日通知用人单位，可以解除劳动合同。同时，《劳动合同法》第三十八条规定，用人单位有下列情形之一的，劳动者可以解除劳动合同：①未按照劳动合同约定提供劳动保护或者劳动条件的；②未及时足额支付劳动报酬的；③未依法为劳动者缴纳社会保险费的；④用人单位的规章制度违反法律、法规的规定，损害劳动者权益的；⑤因本法第二十六条第一款规定的情形致使劳动合同无效的；⑥法律、行政法规规定劳动者可以解除劳动合同的其他情形。用人单位以暴力、威胁或者非法限制人身自由的手段强迫劳动者劳动的，或者用人单位违章指挥、强令冒险作业危及劳动者人身安全的，劳动者可以立即解除劳动合同，不需事先告知用人单位。这两条规定赋予劳动者单方解除劳动合同的权利。《劳动合同法》除了规定劳动者提前30日以书面形式通知用人单位以外，没有对劳动者的单方面解除权作出其他任何限制性规定。与前面的用人单位单方解除权相比，法律赋予用人单位的单方解除权比赋予劳动者的单方面解除权要小得多、弱得多。

第三节　劳动争议的处理

一、劳动争议概述

（一）劳动争议概念

劳动争议又称劳动纠纷或劳资纠纷，是指劳动关系双方当事人在实现劳动权利和履行义务的过程中发生的纠纷。由于劳动关系当事人双方有各自的利益目标，在劳动过程中必然会出现利益分配不均衡，或实际的利益受侵犯，或感觉上的利益受侵犯。这就决定了劳动争议的不可避免性。

本节可参考经济法有关内容。

劳动争议的当事人是指劳动关系当事人双方——职工和用人单位（包括自然人、法人和具有经营权的用人单位），即劳动法律关系中权利的享有者和义务的承担者。

（二）劳动争议的范围

劳动争议的范围，在不同的国家有不同的规定。根据我国《企业劳动争议处理条例》第二条规定，劳动争议的范围是：

1）因企业开除、除名、辞退职工和职工辞职、自动离职发生的争议。

2）因执行国家有关工资、保险、福利、劳动保护的规定发生争议。

3）因履行劳动合同发生的争议。

4）法律、法规规定应当依照本条例处理的其他劳动争议。

判断是否属于劳动争议，有两个衡量标准，一是看是否是劳动法意义上的主体，二是看是否属于关于劳动权利和义务的争议。

（三）劳动争议的分类

根据发生劳动争议的人数和组织形式，可以划分为以下两类。

1）个别劳动争议。个别劳动争议是指职工一方为单个劳动者时与用人单位的争议。

2）集体劳动争议。集体劳动争议是指职工一方达到法定的集体争议的人数，争议的标的相同，并以集体选出的代表提出申述的劳动争议。发生集体争议时，劳动者一方通常由工会作为代表，如果没有工会，则由员工推举代表。

二、处理劳动争议的原则

根据我国《劳动法》第七十八条规定："解决劳动争议，应当根据合法、公正、及时处理的原则，依法维护劳动争议当事人的合法权益"，人力资源部门在处理劳动争议时应当遵循下述原则。

1）在查清问题的基础上，依法处理劳动争议原则。劳动争议处理机构应当对争议的起因、发展和现状进行深入、细致的调查，在查清问题的基础上，依据《劳动法》法规、规章和政策作出公正处理。达成的调解协议、作出的裁决和判决不得违反国家现行法规和政策规定，不得损害国家利益、社会公共利益或他人合法权益。

2）当事人在法律上一律平等原则。这一原则包含两层含义：一是劳动争议双方当事人在处理劳动争议过程中的法律平等，平等地享有权利和履行义务，任何一方都不得把自己的意志强加于另一方；二是劳动争议处理机构应当公正执法，保障和便利双方当事人行使权利，对当事人在适用法律上一律平等，不得偏袒或歧视任何一方。

3）着重调解劳动争议原则。我国《劳动法》规定："在用人单位内，可以设立劳动争议调解委员会"。"劳动争议发生后，当事人可以向本单位劳动争议调解委员会申请调解"，调解不成再申请仲裁。还规定：调解原则适用于仲裁和诉讼程序，即在进入到劳动争议仲裁程序和劳动争议程序时，依然首先进行调解。

4）及时处理劳动争议的原则。处理劳动争议，还应遵循及时处理的原则，防止久调不决。劳动争议案件具有特殊性，它关系到职工的就业、报酬、劳动条件等切身利益问题，如不及时迅速地予以处理，势必影响职工的生活和生产秩序的稳定。所以，《劳动法》规定，提出仲裁要求的一方应当自劳动争议发生之日起 60 日内向劳动争议仲裁委员会提出书面申请。仲裁裁决一般应在受到仲裁申请的 60 日内作出。

三、处理劳动争议的机构

我国目前处理劳动争议的机构为：劳动争议调解委员会、地方劳动争议仲裁委员会和地方人民法院。

1. 劳动争议调解委员会

企业可以设立劳动争议调解委员会（以下简称调解委员会），委员会由下列人员组成：职工代表、企业代表、企业工会代表。企业劳动争议调解委员会是负责调解本企业内部劳动争议的群众性组织。

2. 劳动争议仲裁委员会

劳动争议仲裁委员会是劳动行政主管部门设立的，它主要职责是处理劳动争议和办理仲裁委员会日常事务。仲裁委员会调解、裁决劳动争议，实行仲裁员、仲裁庭制度。仲裁委员会组成人员必须是单数，由劳动行政部门的代表、同级工会和企业代表组成，主任由劳动行政主管部门的负责人担任。

3. 地方人民法院

人民法院是国家的审判机关，同时也担负着处理劳动争议的职责。劳动争议当事人对仲裁委员会的裁决不服、进行起诉的案件，人民法院应予以受理。

四、劳动争议处理的程序

处理劳动争议的程序一般是：当用人单位与劳动者发生劳动争议后，当事人双方应当协商解决。不愿协商或者协商不成的，可以向本企业劳动争议调解委员会申请调解，调解不成的，可以向劳动争议仲裁委员会提出仲裁申请。当事人也可以不经过企业劳动争议调解委员会调解，直接向劳动争议仲裁委员会申请仲裁，但不能直接向人民法院起诉。只有对劳动争议仲裁委员会的仲裁结果不服的，才可以向人民法院起诉。

（一）劳动争议协商

劳动争议协商是指由劳动关系双方采取自治的方法解决纠纷，由职工代表和雇主代表出面，根据双方集体协议，组成一个争议处理委员会，就工资、工时、劳动条件等工人提出的争议内容，双方相互协商，达成协议，以和平手段解决争议。

劳动争议发生时，由劳动关系当事人进行协商，是妥善解决劳动争议最直接、最有效的方法，因为劳动争议问题正是发生在他们之间。这些问题如果能够得到解决，所得到的都是双方基本满意或可以接受的结果。

实际上，解决劳动争议最常见的方法就是当事人双方的协商。许多企业会出现各种各样的争议，这些争议，其中一种情况，要么是职工对企业的制度不理解，要么是对企业的要求看法片面，要么对问题带有个人情绪。这些通常都需要企业的人力资源管理部门、工会或行政部门代表企业对员工进行耐心的说服和教育，使他们改变认识，正确理解企业的制度要求。另一种情况则是企业制定的制度存在问题，或者在制度执行过程中有不公正的做法。制度存在问题通常表现为同样的争议不断重复出现，这就要对制度进行修改。执行制度不公正则问题会表现在某些部门，这就需要对部门主管进行考察和对主管的不恰当做法进行及时纠正。当事人协商的做法可以把矛盾消灭在萌芽状态，是企业解决劳动关系矛盾最普遍的方法。

（二）劳动争议调解

劳动争议调解是指第三者介入劳动争议，促使当事人达成和解协议。当劳动关系双方对争议无法达成一致意见时，就需要由企业劳动争议调解委员会扮演中立角色进行调解。当然，有时是当争议出现时，员工直接要求调解委员会进行调解，这时，就要进入调解程序。

劳动争议调解委员会所进行的调解活动是群众自我管理、自我教育的活动，具有群众性和非诉讼性的特点。劳动争议调解委员会调解劳动争议的步骤如下。

1）申请。指劳动争议当事人以口头或书面方式向本单位劳动争议调解委员会提出调解的请求。申请是自愿的。

2）受理。指劳动争议调解委员会接到当事人的调解申请后，经过审查，决定接受申请的过程。受理包括三个过程：第一，审查，即审查发生争议的事项是否属于劳动争议；第二，通知并询问另一当事人是否愿意接受调解，只有双方当事人都同意调解，调解委员会才能受理；第三，决定受理后及时通知当事人做好准备，并告之调解时间、地点等事项。

3）调查。经过深入调查研究，了解情况，掌握证据材料，弄清争议的原委以及调解争议的法律政策依据等。

4）调解。调解委员会召开准备会，统一认识，提出调解意见，并找双方当事人谈话和召开调解会议。调解一般包括调解准备、调解开始、调解实施、调解终止几个阶段。调解的期限是 30 天，即调解劳动争议，应自当事人申请之日起 30 日内结束；到期未结束的，视为调解不成。

5）制作调解协议书。经过调解，双方达成协议，即由调解委员会撰写调解协议书。

（三）劳动争议仲裁

仲裁也称公断，是一个公正的第三者对当事人之间的争议作出评断。当企业调解委员会对劳动争议调解不成时，可以由争议当事人一方或双方在其权利被侵害之日起 60 日内，以书面形式向当地劳动行政部门的劳动争议仲裁委员会提出申请。仲裁委员会应当自收到申诉书之日起 7 日内做出是否受理的决定。

阅读资料

劳动争议仲裁申诉申请书

申诉申请人：××（市）××房地产有限公司

住址：××市××路××号

法定代表人：刘×× 电话：×××××××××

被申诉人：张××

申请要求：

1. 裁决被申诉人支付申诉人培训费35万元。

2. 被申诉人承担仲裁费用。

理由与事实：

1998年10月，申诉人与被申诉人签订一份《员工培训协议书》，合同约定由申诉人联系美国××大学房地产开发学院，选送被申诉人前往进修学习并支付一切费用，学成必须为公司服务8年。2000年10月被申诉人学成回国后，未到本公司就业，而是到香港驻内地某公司工作，现根据合同要求被申诉人赔偿35万元的损失。

此致

××市劳动仲裁委员会

申诉人：××（市）××房地产有限公司

2001年11月8日

附件：协议一份。（略）

出国证书一套。（略）

费用支出票证。（略）

（资料来源：http://www.xici.net）

仲裁委员会在处理劳动争议时，当事人可以委托一至二名律师或者其他代理人参加仲裁活动。

仲裁庭审理劳动争议案件应当先行调解（这时，当事人双方也可以自行和解），在查明事实的基础上促使当事人双方自愿达成协议。对于调解达成协议的，仲裁庭根据协议内容制作出调解书，调解书自送达之日起具有法律效力。调解未达成协议或者调解书送达前当事人反悔的，仲裁庭应当及时裁决。仲裁庭处理劳动争议，应当自组成仲裁庭之日起60日内结束。

仲裁庭做出裁决后，应制作仲裁裁决书。当庭裁决的，应当在7日内发送裁决书。

（四）劳动争议诉讼

劳动争议诉讼是人民法院按照民事诉讼法规的程序，以劳动法规为依据，按照劳动争议案件进行审理的活动。当事人如果对仲裁裁决不服，自收到裁决书之日起15日内，可以向人民法院起诉。劳动争议当事人必须经过劳动争议仲裁委员会才能向地方人民法院提起上诉。人民法院受理程序按照《民事诉讼法》规定进行，它包括劳动争议案件的起诉、受理、调查取证、审判和执行等一系列诉讼过程。

阅读资料

有关劳动争议的法律法规

《中华人民共和国劳动法》第九十八条规定：用人单位违反本法规定的条件解除劳动合同或者故意拖延不订立劳动合同的，由劳动行政部门责任改正；对劳动者造成损害的，应当承担赔偿责任。

劳动部《关于发布〈违反中华人民共和国劳动法行政处罚办法〉的通知》（1994 年 12 月 26 日劳部发〔1994〕532 号）第十六条规定：用人单位未按《劳动法》规定的条件解除劳动合同或者故意拖延不订立合同的，应责令期限改正；逾期不改的，应给予通报批评。

因未签劳动合同而解除劳动关系所发生的争议，有关部门应受理并追究用人单位的经济赔偿和赔偿责任。

小　结

劳动关系是指劳动者和用人单位在劳动过程中产生的社会关系。劳动关系的双方当事人是劳动者和用人单位，劳动者既可以是个人，也可以是集体——工会。劳动关系依据劳动法律、法规确立和调整，形成劳动法律关系。劳动法律关系的构成要素是主体、客体和内容。

劳动合同又称为劳动契约或劳动协议，它是劳动者与用人单位确立劳动关系、明确双方权利和义务的协议。为确保劳动者和用人单位双方的合法权益不受侵犯，我们首先需要明确劳动合同的主要内容，也即劳动合同的主要条款，其中包括法律规定的必备条款和双方约定的补充条款。

劳动关系的终止通常涉及劳动合同的终止或解除。从狭义上讲，劳动合同终止是指劳动合同的双方当事人对合同所规定的权利和义务都已经完全履行，且任何一方当事人均未提出继续保持劳动关系，因而终止劳动合同的法律效力。广义的劳动合同终止包括劳动合同的解除。劳动合同解除是指在劳动合同订立后，尚未全部履行权利和义务之前，劳动者和用人单位由于某些原因而提前结束劳动关系的行为，如劳动者单方主动提出解除劳动合同。

劳动争议又称劳动纠纷或劳资纠纷，是指劳动关系双方当事人在实现劳动权利和履行义务的过程中发生的纠纷。由于劳动关系当事人双方有各自的利益目标，在劳动过程中必然会出现利益分配不均衡，或实际的利益受侵犯，或感觉上的利益受侵犯。这就决定了劳动争议的不可避免性。劳动争议的当事人是指劳动关系当事人双方——职工和用人单位（包括自然人、法人和具有经营权的用人单位），即劳动法律关系中权利的享有者和义务的承担者。我国目前处理劳动争议的机构为：劳动争议调解委员会、地方劳动争议仲裁委员会和地方人民法院。

练 习 题

一、名词解释

1．劳动关系
2．劳动合同
3．劳动争议
4．劳动争议协商
5．劳动争议调解
6．劳动争议仲裁
7．劳动争议诉讼

二、填空题

1．__________是指劳动者和用人单位在从事劳动过程中所建立的社会经济关系的总称。

2．__________是指劳动合同订立后，尚未全部履行权利和义务之前，劳动者和用人单位由于某些原因而提前结束劳动关系的行为。

3．实际上，解决劳动争议最常见的方法就是__________。

三、单项选择题

1．劳动合同的法定内容不包括（　　）。

A．试用期限　　B．劳动合同期限
C．劳动保护和劳动条件　　D．劳动报酬

2．劳动关系当事人为明确劳动关系特定的权利义务，在平等自愿、协商一致的基础上达成的契约称为（　　）。

A．劳动合同　　B．专项协议
C．必备条款　　D．可备条款

3．劳动合同的终止符合的法定条件不包括（　　）。

A．劳动合同期限届满
B．劳动合同双方当事人在劳动合约中约定的终止条件出现
C．劳动者死亡
D．劳动者没有达到法定退休年龄

4．劳动者解除合同，应提前（　　）日以书面形式通知用人单位。

A．15　　B．30
C．60　　D．90

5．（　　）是依据法律规定劳动合同双方当事人必须遵守的条款，不具备此类条款，劳动合同不能成立。

A．必备条款　　B．可备条款

C．专项协议　　　　　　　　　D．必备条款和可备条款

6．调解委员会调解劳动争议的期限为（　　）天，到期未结束的视为调解不成。

A．60　　　　　　　　　　　B．15

C．30　　　　　　　　　　　D．90

7．劳动争议当事人从知道或应当知道权利被侵害之日起，应在（　　）内向劳动争议仲裁委员会提出申诉。

A．15 天　　　　　　　　　　B．30 天

C．60 天　　　　　　　　　　D．1 年

8．劳动争议仲裁委员会应当自收到当事人的仲裁申请之日起（　　）日内，作出受理或不受理的决定。

A．7　　　　　　　　　　　　B．5

C．3　　　　　　　　　　　　D．10

四、多项选择题

1．关于劳动合同终止的说法，正确的是（　　）。

A．劳动合同期限届满，劳动合同终止

B．劳动者受伤，劳动合同终止

C．劳动者达到法定年龄，劳动合同终止

D．经双方当事人双方协商一致，劳动合同终止

E．发生了自然因素和不可抗力

2．劳动合同的解除包括（　　）情况。

A．员工严重失职、营私舞弊

B．劳动者不能胜任工作

C．女职工在孕期、产期、哺乳期

D．被依法追究刑事责任

E．经济性裁员

3．属于劳动者应当履行的义务是（　　）。

A．完成劳动义务　　　　　　B．完成劳动任务

C．提高职业技能　　　　　　D．遵守劳动纪律和职业道德

E．参与公司法律法规的制定

4．劳动者的基本权利包括（　　）。

A．享受技能培训的权利

B．休息休假的权利

C．提高职业技能

D．完成劳动任务

E．取得劳动报酬的权利

五、判断是非题

1．劳动合同的必备条款和可备条款都不可缺少。（　　）

2．建立劳动合同的目的在于劳动过程的实现，而不是劳动成果的给付，它是确立劳动关系的法律凭证。（　　）

3. 劳动者在该用人单位连续工作满 8 年的，可以订立无固定期限劳动合同。（　　）

4. 订立无固定期限劳动合同后，劳动者可以长期在一个单位或部门工作，无固定期限合同也就是终身雇用制。（　　）

5. 未依法为劳动者缴纳社会保险费的情况下，劳动者可以单方面提出解除劳动合同。（　　）

6. 解决劳动争议最常见的方法就是通过法院协商解决。（　　）

六、简答题

1．根据《劳动法》，订立和变更劳动合同应该遵循哪些原则？

2．劳动关系的法律特征有哪些？

3．简述劳动争议处理应遵循的原则。

4．简述劳动争议调解委员会调解劳动争议的步骤。

七、论述题

1．试述改善劳动关系的途径。

2．试述劳动合同必须具备的内容。

八、案例分析

日立数据："永久合同"照样可以解除

7 月 15 日，北京东城法院宣判京城首例无固定期限劳动合同解雇案。法院认为，日立数据以姜甜（化名）违反公司规章制度为由解除劳动合同并无不妥。2005 年，姜甜入职日立数据，第二年 10 月与公司签订无固定期限劳动合同，职务是商务经理。2007 年起其年基本工资为 40.7 万元，目标奖金为 4.7 万元。今年 3 月，公司与姜甜解除劳动合同。姜甜认为，日立数据是在无事实依据和法律依据情况下突然解除劳动合同的。日立数据称：姜甜的工作范围包括数据录入，但她在该项工作中经常出错，随后表示停止数据录入工作并多次拒绝参加 PIP（职业培训提升计划）。至今年 3 月，因姜甜拒绝录入工作已 2 个多月，公司不得不另行招人填补空缺。此案经审理，法院驳回了姜甜的全部请求。

（案例来源：http://www.pdldxh.cn）

试分析　为什么公司可以解除姜甜的无固定期限合同？

九、小组讨论

李明的上诉会赢吗?

李明，1984 年 10 月 12 日出生，2004 年 6 月 28 日，被某市交通局招聘为临时工，负责打字以及其他一些秘书性质的工作。双方约定：合同为不定期合同；工作内容为打字员和其他行政秘书工作；工资为每月 800 元，每月的 31 日为发工资的日子；试用期为 2004 年 6 月 28 日至 12 月 31 日，试用期内每月工资为 600 元。2004 年 8 月，由于连日降雨，道路被冲毁，交通、通信中断，交通局的局长去道路抢修现场了，李明在办公室听电话。一会儿，上级有新的指示，并且报告了进一步的天气状况和各部门的配合工作，给交通局分配了保证救灾物资运输车顺利通过的紧急任务，因为交通局的主要领导都不在，因此李明只好自己骑着自行车，冒雨往指挥现场赶。因雨大路滑，不小心摔倒了，造成右腿大腿骨折，倒在地上不能动，等到有其他人来的时候，他才把重要指示告诉他人转告给交通局局长。由于时间耽搁了，在交通指挥和调度上出现了一些差错，局长因此受到了批评，局里作出了将李明辞退的决定。李明认为自己是在工作时间内受的伤，要求交通局承担医疗费用。交通局认为是他自己摔伤的，而且在合同的试用期内，交通局有任意辞退工作人员的权利。2004 年 9 月，李明将交通局告上法庭。

交通局在答辩书中称：自己属于具有法人资格的国家机关，国家机关工作人员不适用《劳动法》，当初与李明签订的一纸文书只不过是为了让李明更明确自己的工作而写的。李明认为自己的骨折是在工作时间内发生的，并且自己已经与交通局签订了劳动合同，因此应当根据合同的约定，适用《劳动法》，由交通局支付自己的医疗费。

（案例来源：张佩云．2004．人力资源管理．北京：清华大学出版社）

讨论题

1．交通局与李明签订的合同是否适用《劳动法》？效力如何？
2．李明受伤，交通局是否要承担医疗费用？作为劳动合同，本案例中的合同有何不当之处？

十、模拟角色

用人单位单方变更劳动合同的行为是否有效?

李某应聘到某销售公司工作，并签订了 2 年的劳动合同。该劳动合同约定，李某担任销售主管，月工资为 6000 元。因市场形势不好，公司与李某协商将其工资调整为 5000 元，李某未提出异议。随着该公司产品在市场中占有份额的进一步减少，公司决定进行组织结构调整，李某被公司安排做销售代表，但李某提出不能降低工资待遇，公司不同意李某所提要求，李某随后一个星期没有到公司上班，公司以李某旷工为由解除了劳动合同。李某不服，申诉至劳动争议仲裁委员会，要求补发降低的工资并支付 25%的赔偿金；同意解除劳动合同，但要求公司支付解除劳动合同的经济补偿金。李某认为，本人不能提供正常劳动的直接原因是市场变化带来的公司结构调整，经营风险应由公司承担，公司认为李某旷工的理由不成立。公司认为，调整李某的工作岗位，是企业用人自主权的体现，拒不服从安排并不来上班，属旷工行为。劳动争议仲裁委员会审理后裁决:公司以旷工为由作出解除劳动合同的决定是错误的。公司应向李某支付解除劳动合同的经济补偿金，驳回其他申诉请求。

（案例来源：http://www.china.com.cn/chinese/law/1273514.htm）

思考与模拟 如何看待劳动争议仲裁委员会的裁决？

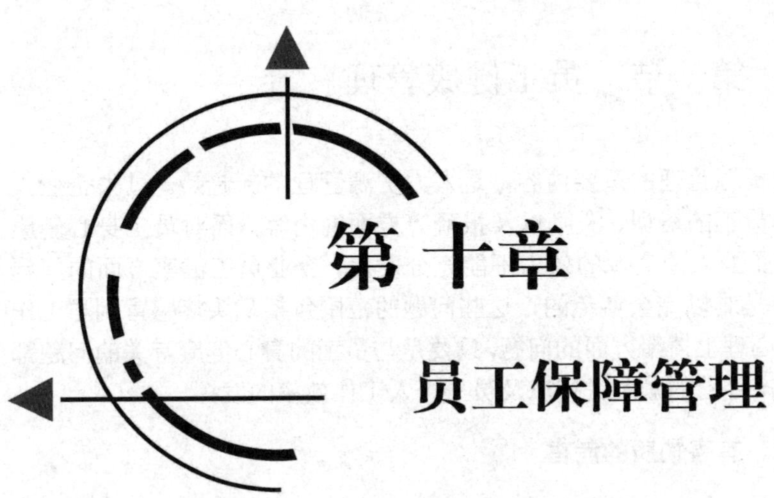

第十章 员工保障管理

学习要求☞

重点掌握

- 劳动保护的概念及内容
- 社会保障制度的概念
- 社会保险的概念及特征

掌握

- 劳动保护任务
- 安全管理的内容
- 社会保险的内容

了解

- 员工健康管理的内容
- 劳动保护的内容
- 安全管理的措施

第一节　员工健康管理

健康管理是企业人力资源管理的重要内容，是人力资源管理的新趋势。过去企业人力资源管理的重点集中于员工的培训、激励以及报酬等方面的内容，而对员工身心健康的管理则不够重视，致使企业人力资源的效力不能充分发挥。企业员工健康方面的问题是多种多样的，并且有些是难以完全避免的，这些问题的范围包括从头疼感冒到与工作本身有关的重大疾病以及心理上情绪方面的问题，只要是与员工的身心健康有关的问题都可能影响到企业的正常生产经营的顺利进行以及员工个人工作效率的发挥。

一、劳动生产过程中有毒、有害物质的危害

劳动生产过程中的有毒有害的物质是员工产生职业中毒和职业病的主要根源，常见的有化学品中毒、铅中毒、二氧化碳中毒、食物中毒、物理因素、生物因素、劳动强度过大、劳动时间过长、劳动环境差等都会使员工的身心健康受到危害。

当这些化学的、物理的、生物的、劳动安排上的、环境条件的因素的作用达到一定强度，并持续一定时间，就会造成劳动者患上急性或慢性的功能性疾病或器质性病变，也即是常说的职业病。由于职业性危害是伴随着职业而存在，在目前科学水平的条件下，一般来说很难完全消除，但可以预防和治疗，要采取综合性措施预防和及时治疗。

由于职业中毒和职业病的事例时有发生，这方面问题越来越得到社会和政府的重视。

1）强化安全监督部门的监察，保障劳动者的生产环境符合安全卫生标准。改进劳动制度严格按国家规定的制度工作时间安排劳动，对某些岗位（如喷漆工、电镀工等工种）实行轮换工作制，避免一个人长期在有毒有害的岗位上工作。

2）积极采取技术措施。如合理规划厂区，建筑符合标准的厂房，优化工作环境的通风条件，对于空气含毒量大的场所，可以加设机械排风装置，进行局部通风；对于尘源、毒源和热源在可能条件下，使之与职工隔离；加强密闭设备管理，防止有毒物质的泄露；采用新技术改造旧设备，实事求是地对设备进行更新换代，提高有危害性岗位的自动化程度，从根本上消除职业病的根源。

3）医疗措施，从以预防为主的方针出发，向劳动者宣传如何进行自我保护，按期对在有危害岗位上工作的员工进行职业病检查，一旦发现，予以及时治疗。

4）开展群众性的卫生和健身活动。搞好厂区、车间和个人的清洁卫生，开展多种业余性的群众体育健身活动，以增强员工的体质。

二、视屏健康问题

在现代信息社会，视频显示终端广泛运用于各种职业和领域，由此产生了所谓视屏健康问题。美国有一项调查表明，47%～76%的员工都因为长时间盯着电脑屏幕工作而对身体产生了某些影响，如眼睛疲惫等问题。而医学专家更是警告，在视屏后面还隐藏

着许多长期隐忧，如长时间坐着敲键盘，易诱发肩周炎、颈椎病，所以要重视和预防。

关于视屏健康问题，相关的研究也正在进行之中，但专家们普遍认为只要采用合理的办公设施，辅以健康常识的宣传，许多视频显示终端带来的问题都可以大大减少。根据有关研究对视屏健康问题提出以下建议。

1）工作时间内安排工作人员短暂休息。

2）电脑桌应有足够的灵活性，以适应员工的个性工作。如使用可移动键盘，可转动升降的靠背，可调节转动方向的LCD显示屏。

3）设计合理的照明系统，避免反光、背影的出现。

4）给员工一个缓解视觉紧张的室内或室外场景。

5）调整电脑桌与座椅的高度，使员工工作时保持正确的操作姿态（肘部与桌面成水平状）。

6）屏幕应与眼睛保持13～18英寸的距离，打印机不要摆放在眼睛水平线以上。

三、工作压力大与紧张情绪问题

在现代社会中，人们更加关心员工的精神健康。因为生产效率的提高在很大程度上取决于企业员工的奉献和投入，而员工则认为企业应对与工作相关的精神问题负责。而事实上，工作压力大造成紧张的精神失调，已成为发展最快的职业病。工作压力大，使员工精神高度紧张的因素是很多的，如环境因素导致压力大而使精神高度紧张，这主要有工作节奏加快、工作变更快、工作的不稳定性带来的失业威胁、上司明主作风差、武断独行，上下班的交通不顺畅，时间过长，客户的数量与特质，工作场所的噪音超标等。另外是个人因素产生的工作压力。世界上没有完全相同的两个人会对同一工作有完全相同的感受，有些人喜欢接受挑战和压力，有些人则不然；同样，不同的人会有不同的抱负、忍耐力、自尊、身体健康状况、工作方式和生活方式、家庭问题等。这些都会影响到人们对工作压力的感受。当然，如果压力与紧张情绪足够严重，而且持续的时间很长，就会有害。紧张过度容易引发酗酒，或服用其他药品，旷工或恶劣的工作表现，甚至导致员工整体健康水平下降。越来越多的迹象表明，工作压力大、精神高度紧张会引起肠胃病、胃溃疡、背部及胸口疼、高血压、心脏病、精神衰弱、中风、肺气肿、肝硬化、癌症等，所有这些都与严重的、长时间的工作压力以及精神紧张有关。健康水平的下降和心理的扭曲，不仅造成员工及其家庭的巨大的痛苦，也给社会和企业带来重大损失，如增加事故发生率，降低了工作绩效，使员工产生不公平感，也增加医疗健康费用的支出等，企业应对员工的身心健康问题给予足够的重视，缓解员工过大压力和精神紧张的问题，应做好以下几项工作。

1）追求并重视员工的意见，使员工对自己的工作有更多的控制权。并且加强沟通。创造一种把焦虑和紧张保持在一个可以接受的水平上的企业文化。

2）向员工提供完成目前和将来工作必需的培训，并为员工个人发展提供条件。对于个人目标和组织目标给予同样重视，培养每个人的团队精神，并使其了解自己的工作与他人工作间的联系。

3）允许员工自由地与同事之间谈论工作事宜，设法减少工作期间的个人冲突。

4）尽量维护和提高员工的工资福利水平，建立一种公平的报酬制度，提供有竞争力的个人度假、疗养、社会保险、福利等，把员工的业余生活搞得生动有趣、丰富多彩，这些都有助于缓解工资压力和紧张情绪。

5）保证工作岗位人手充足，经费预算到位。确保工作岗位与人的匹配，若工作能力与岗位不匹配很容易产生工作不堪重负。同时允许员工更多地支配工作，也可以在一定程度上减缓工作压力。

6）减少惩罚，承认和奖励员工所做出的贡献。

7）建立符合人类工程学原理的工作环境，适合人类生理学原理的工作条件（如照明、通风、桌椅的质量与设置等），能提高生产（工作）效率并防止出现健康障碍与工作有关的紧张情绪。

8）建立员工健康的政策措施，如严格执行国家规定的劳动时间和节假日时间（每日工作 8 小时、每周工作 40 小时等），严格执行加班加点大审批制度；建立健康保障体系，以促进员工的身心健康。

阅读资料

诺华：全方位的健康管理

和很多公司一样，出于强身健体的考虑，诺华制药公司为员工组织各种俱乐部、出游和健身活动，在具体做法上也和别的合资公司大同小异。

诺华的薪酬福利经理罗向荣介绍说，为增进员工间的了解，充分放松身心，诺华每年都会组织一次 TEAM BUILDING。它类似于国内流行的拓展训练，但又不完全相同，它是在轻松的游戏中有意识地穿插诺华特有的文化和思想。很多项目是人力资源部门根据公司的情况自行设计的，一些难度较大的项目也是人力资源部出思想，由外面的拓展公司量身设计，因此非常具有诺华特色。

也许是行业使然，诺华公司的很多产品经理都是医生出身，有着丰富的医疗保健知识。他们在关注自身健康的同时，也常常用讲座的形式将经验分享给大家。还向员工发放资料，有时还配以检查。诺华例行年度体检，在基本医疗保险之外，还为员工及其家属购买补充医疗保险，以备在员工及其家属生病时能得到相应的经济补偿。也为员工购买了国际 SOS 的紧急救援服务，员工在海外一旦出现紧急的健康问题，都能在最短的时间内得到国际专业医疗机构的救治。

另外，诺华将及时的沟通作为排解员工压力和心理问题的有效途径。因为员工分布在全国 108 个城市，除利用网络这个有效的沟通工具外，公司也非常注重创造机会跟员工作面对面的沟通，及时了解员工的困难、问题和心理动向。人力资源部还给部门经理作沟通培训，使每个部门经理能够与下属做有效沟通，发现问题，及时调整。公司的高级管理层也时常利用出差的机会到各地了解员工情况。公司通过国际 SOS 24 小时的健康热线为员工提供全天候的心理帮助，员工及其家属随时可用匿名的方式电话咨询，从专业的大夫那里获得心理健康常识和实际的心理帮助，这样更加有利于保护隐私权。

（资料来源：www.china91.com）

第二节　劳动保护与安全生产

一、劳动保护

劳动保护制度是国家对劳动者在生产过程中安全和健康的保护，是企业在生产经营过程中消除伤亡事故、职业病等采取的综合措施，以保护企业人力资源，从而提高企业经济效益。劳动保护是一项针对劳动者在劳动过程中可能会遇到的不安全、不卫生的因素采取各种技术的、组织的措施加以预防和保护的长期性工作，涉及国家、社会与企业，运用多学科的知识、方法和手段，是人力资源管理的一个重要组成部分。

（一）劳动保护的含义

劳动保护是指为了保护劳动者在劳动生产过程中的安全与健康，做好预防和消除工伤事故，防止职业中毒和职业病、改善劳动条件和劳动环境等方面所进行的工作和所采取措施的总称。

劳动保护是人力资源保护中最核心的保护，也是满足职工的安全需要，激发其劳动热情的必要条件，因此，做好劳动保护工作具有十分重要意义。

劳动保护是人力资源保护中最核心的保护。

在当今世界上，劳动保护是每个人国家，特别是正在进行工业化的国家所面临的一大社会问题。联合国国际劳工局对劳动保护的特别关注，表明这个问题的重要性和紧迫性正在被越来越多的人所认识。早在 1974 年，由联合国国际劳工局召开的第五十九届国际劳工大会通过决议，向世界呼吁：改善职工劳动场所及其邻近的环境物质条件，确保职工在劳动过程中的安全；运用人体工程学的原理，使机器设备及其操作程序适应劳动者的身体、生理和心理特点，改善劳动条件和劳动组织（包括对各种职业的内容进行合理的设计），以防止由于劳动过程的高速和单调而产生的紧张和烦躁情绪；尊重劳动者的人格和权力，使职工及其组织能够参与有关改善劳动环境、劳动条件和劳动组织的决策。

（二）劳动保护的任务

劳动保护是一项综合性的工作，我国一直把劳动保护作为一项基本国策，而且制定了一系列的法规条例，以确保劳动保护工作的落实。劳动保护工作是一项系统工程，必须从立法、实施、管理、监督、科研、宣传教育等方面进行综合的研究解决。劳动保护工作要适应社会主义市场经济建设的需要，全面落实“安全第一，预防为主”的方针。劳动保护和安全生产应是企业行为，是企业人力资源保护的重要环节，其具体任务是：

1）保证安全生产，不断改善劳动条件，减少和消除劳动中的不安全、不卫生因素，满足员工安全与健康的需要。

2）加强技术改造，使不安全的有害健康的作业实现安全化，使繁重的体力劳动变为机械化、自动化，做到文明生产。

3）实现劳逸结合，规定员工的工作时间、休息时间和休假制度，有劳有逸，保证劳动者有适当的休息时间和休假日数，保证劳动者的休息和娱乐。

4）根据女职工的生理特点，对女职工实行特殊保护。由于生理特点和敏感性，女职工患病率比男职工高，特别是在经期、孕期、产期、哺乳期，敏感性和患病率比平时更高，女职工的健康关系到下一代的人口素质。因此对女职工的特殊保护具有更大的意义。

5）组织好工伤救护，保证劳动者一旦发生工伤事故能立即得到救护和良好的治疗。

6）做好职业中毒和职业病的预防工作和救治工作。

（三）劳动保护的内容

劳动保护的内容，一般包括三个方面：安全生产技术、劳动卫生与健康、劳动保护制度。

《中华人民共和国安全生产法》对生产经营单位的安全生产保障、从业人员的权利和义务、安全生产的监督和管理等问题，都进行了规定。

1. 安全生产技术

安全生产技术是为了消除生产中引起伤亡事故的潜在因素，保证员工在生产中的安全，在技术上采取的各种措施的综合，它主要解决防止和消除突然事故对于员工安全的威胁方面的问题。不同行业经常注意解决安全技术问题是不相同的，但其主要内容包括以下几个方面。

1）机器设备的安全。它主要是避免在使用过程中发生事故伤害员工。因此要安装安全保护装置，同时要加强对设备的维修工作，以保证设备的安全运行。

2）电器设备的安全。它主要是保证电器设备的安全运行，防止火灾和触电事故。因此电器设备要有可熔保险器和自动断开开关；电动工具在使用前必须采取保护性接地措施，必须有良好的绝缘性；高压线经过的地方，必须有安全设施和警告标志等。

3）对接触化学物质者的安全保护措施。有许多化学物质作用于人体的皮肤、黏膜、中枢神经、呼吸器官、血液等会引起中毒和伤害，必须有针对性的保护措施。

4）动力锅炉的安全。主要是防止锅炉爆炸事故的发生。因此，锅炉要有压力表、水位表和安全阀门等装置，要加强保养和检修等工作。

5）厂房建筑物的安全。要求厂房建筑物坚固、防火，特别是有天车和锻锤及震动较大设备的厂房更要求坚固。对冶金、化工企业的设备和厂房要求有较好防火、防爆性能等。

6）对井下和高空作业还要做好安全作业的准备，防止事故的发生。

2. 劳动卫生

劳动卫生是指在劳动生产中为了改善劳动条件，避免有毒有害物质危害职工健康，防止发生职业中毒和职业病而采取的技术措施。它主要是解决对职工健康的威胁问题。

预防职业病和职业中毒的措施主要有以下几方面。

1）改进生产工艺，实现生产过程的机械化、自动化。

2）合理设置预防毒害的设备和防护装置等。

3）组织安全卫生监督网强化监察，保障劳动者的生产环境符合安全标准和卫生标准，搞好厂区和车间的清洁卫生。

4）加强医疗预防措施。按期普查，以预防为主，对患职业病的职工及时治疗。

5）加强个人防护措施。坚持使用个人防护用品，如电焊的面罩、在有毒场所作业使用的防毒面具、防电离辐射的防护服装等。

6）改进工艺，采用新技术，将有毒有害因素与操作者隔离，尽量采取仪表控制区，远距离操作，采用通风、回收、净化的方法防尘防毒，采用合理的厂区规划与恰当的照明等。

7）改进劳动制度，有的岗位可以采取轮换制形式。

8）加强体育健身，增强员工的体质。

3. 劳动保护制度

员工的安全和健康，不仅同安全生产技术以及劳动卫生有关，也同劳动保护制度有关。因此，建立和正确执行科学合理的劳动保护制度也是劳动保护的一个重要内容，它一般包括两个方面。

1）生产行政管理方面的制度，如安全生产责任制度、安全教育制度、安全生产的监督检查制度、工伤事故的调查分析处理制度、加班加点的审批制度、卫生保健制度、劳动用品发放制度以及特殊保护制度等。

2）生产技术管理的制度，如设备的维护检修制度、安全操作规程等。

安全生产技术、劳动卫生与健康、劳动保护制度是相互联系的，在实践中应根据实际情况，结合起来进行工作。

4. 女工保护

参看《女职工劳动保护特别规定（草案）》(2012)。

为保护女职工的身体健康，法律规定禁止安排女职工从事矿山井下作业；不得安排女职工在经期从事高处、高温、低温、冰水作业和国家规定的第三级体力劳动强度的劳动；不得安排女职工在怀孕期间从事国家规定的第三级体力劳动强度的劳动；对怀孕 7 个月以上的女职工，不得安排其延长工作时间和夜班劳动；女职工在产期内，享受一定时期的生育假和生育待遇，女职工生育享受不少于 98 天的产假；不得安排女职工在哺乳（含人工喂养）未满 1 周岁的婴儿期间从事国家规定的第三级体力劳动强度的劳动和哺乳期禁忌从事的其他劳动，不得安排其延长工作时间。

二、员工的安全管理

员工的安全管理，直接关系到员工的生命安危，应该受到企业管理者特别是高层管理者的重视。工伤事故从客观上来讲，只要安全管理得当是可以避免的。

阅读资料

近年来我国安全事故频发

20 世纪 90 年代之后，随着工业化、城市化进程加快和社会生产规模急剧扩大，我国开始进入新一轮事故高发期，事故死亡人数连年增加，2002 年达到 139 393 人的历史最高点。经过各级政府部门的努力和相关政策法规的出台，2003～2006 年事故死亡发生的起数和死亡人数均有所下降。2006 年全国共发生各类事故 627 158 起，死亡 112 822 人。就矿山安全事故而言，2006 年矿山共发生死亡事故 2456 起，死亡 3818 人，安全事故造成损失惨重。

（资料来源：www.ytsafety.gov.cn）

（一）发生安全事故的主要原因

1. 不安全的工作条件

企业存在不安全的工作条件，是造成事故发生的重要原因之一。如防护装置不当的设备、机器本身有缺陷以及超负荷生产等，都会造成事故。照明与通风系统没有达到标准，也属于不安全的工作条件。人们称之为高危地带的一些工作区域产生不安全的可能性更大，如电动工具、飞轮、吊车、锅炉、压力容器、过道、梯子、扶梯和脚手架，它们是工业事故的常见祸首。高危地带属天然的工作条件，应特别加以重视。

2. 与工作相关的不安全因素

1）工作性质。有些工作本身就具有较大的危险性，如长途运输汽车司机比一般在车间工作的工人出现事故的概率要大；煤矿工人的安全度本身就比较低等。又如高压、高温、有害、有毒、操作复杂的工作岗位等。

2）工作现场的心理状态不佳是事故产生的间接因素。不佳的心理状态，很容易使员工采用危险的工作方式。如企业要求员工加快完成任务，否则会受到处罚，员工心理不平衡，开快车造成事故的发生；又如员工对上司不满，对薪酬及生活环境不满意，现场主管从不提及注意安全事项等，都极容易诱发事故。

3）工作时间过长，员工疲劳程度增加也会导致事故的发生。如长途运输汽车司机，长时间开车，特别是在夜间，又没有适当的休息，疲劳过度就容易出事故等。

3. 员工本身的不安全行为

员工的不安全行为主要表现为两个方面。

1）不认真的工作态度。如在工作时间不专心工作，喜欢开玩笑、争吵、打闹、恶作剧，或者乱放工具，乱丢原材料，不遵守操作规程等极易引发人为事故。

2）个人特质。个人的特质也是产生不安全行为的一个原因。如有冒险性格员工，常常喜欢人为地将操作安全设施去掉，或进行重新调整，以追求一种冒险的快感，或者追求一种快节奏的工作速度而产生安全事故。此外，员工的视力、理解能力、职业兴趣、年龄等的不适应性，也都容易产生安全事故。

（二）安全管理的措施

在生产劳动过程中，有些安全问题虽然很难避免，但是可以预防的。可采取如下安全措施。

1. 加强生产设备的安全防护

生产设备是劳动者主要的劳动工具，是对其进行安全防护和消除工伤事故的主要措施之一。如隔离装置、保护装置、警告装置，在容易出事故的地方设置标志牌，改善劳动环境和劳动条件等。

2. 改善生产工艺

在生产工艺方面不断地进行改革，使操作简单化，减少操作人员紧张情绪，防止疲劳。对于机器设备运转中存在的危险作业，应加强技术改造力度，进行工艺改革，谋求机器设备性能和自动化程度的提高，从而达到降低危险性的目的。

3. 加强设备管理

机器设备在使用前应按照有关部门的标准要求和规定进行预防性试验，合格后才能准予使用。同时，应做好机器设备的维护保养与计划检修，防止设备老化而发生意外事故。在安全生产技术的改进过程中，应对整个工作的所有方面加以考察，不断发现薄弱环节，并加以消除，提高工作整体的安全性。

4. 技术性方面的措施

安全生产科技的创新，是安全管理卓有成效的物质保证，只有积极推广新技术、新设备、新工艺、新材料，才能彻底改变安全管理处于被动的“事故追究型”模式。不同的行业安全技术问题是不相同的，但就其常规而言，安全的技术性措施不利主要表现在以下方面：机器设备的安全、电器设备的安全、动力锅炉的安全、厂房建筑物的安全等。

5. 工程性措施

工作计划和员工的工作方法都对安全产生影响，将两者结合起来考虑的措施首推安全工程学，运用安全工程学知识，合理地设计工作环境、工作流程以适应员工生理、心理上的需要，也能有效地预防事故的发生。

6. 员工个人方面的措施

强化员工的安全意识，加强对安全的教育培训，新员工上岗前必须进行一定时间的安全教育，每个月或每季都要进行安全检查。通过检查发现隐患时可以通过现场事例进行教育，同时表彰安全工作做得好的个人和单位。

7. 组织与制度方面的措施

1）组织方面的措施。企业应建立一个安全管理系统，由企业各部门各层次组成的安全委员会，由企业的最高层直接领导。这是安全管理得以成功的基本保证，因为只有企业的高层领导者介入了安全委员会的管理活动，才可能树立安全委员会在企业中的地位，才能确保在各种会议或是生产计划中优先考虑安全管理问题，新员工接受完整的安全教育培训的可能性才会更大，安全委员会进行安全检查，提出的改进建议才会真正得到贯彻落实。安全委员会首先要使安全成为工作现场中每一个员工都关注的问题，让员工的安全意识达到规定的标准要求，同时，要求各级管理部门承担提供和保持合适的安全标准这一特定职责。这样一来从上到下，人人皆知关心安全生产，身体力行地关注安全，使企业的安全工作形成一个有机的安全工作系统，从组织上保证安全生产的顺利进行。

2）制度方面的安全措施。安全管理的制度措施，如安全生产责任制度、安全隐患责任追究制度、安全教育制度、安全监督检查制度、工伤事故调查分析处理制度、加班加点审批制度、劳动保护用品发放制度，以及属于生产技术管理方面的安全操作规程、设备的维护检修制度等。安全管理制度应采取以预防为主的方针，才能形成有效的事故防范机制。

第三节　社会保障和社会保险

一、社会保障

（一）社会保障的含义

社会保障（social security）是现代国家最重要的社会经济制度之一，是一种公共福利事业和社会救助体系，其目的是保障社会成员在遇到风险和灾难时，可以通过国家和社会的力量得到基本的物质保证。社会保障是国家和社会采取的保护弱者，维护社会公正，以达到社会和谐与社会安全的制度与措施。社会保障是国家的职责，通过政府对社会消费资源的再分配，分流社会风险，保证每个社会成员的基本生活，消除贫困。归纳起来，所谓社会保障，是指国家为了保持经济发展和社会稳定，对公民在年老、疾病、伤残、失业、生育、遭遇灾害、面临生活困难时，由政府和社会依法给予物质帮助，以保障公民的基本生活需要的制度。宪法规定：“中华人民共和国公民在年老、疾病、或者丧失劳动能力的情况下，有从国家和社会获得物质帮助的权利。”社会保障制度是具有强制性的范畴的，是各用人单位进行人力资源管理时必须执行的内容。

社会保障制度的具体内容可参考有关书籍。

（二）社会保障制度的意义

现阶段，我国正处于社会主义初级阶段，人民的收入水平和生活水平依然很低，很难独立应对各种风险。由此建立和完善社会保障制度，对稳定改革发展大局，保证国家的长治久安，构建和谐社会都有着极为重要的意义。

1）社会保障可以有效地防范和应对社会风险。由于社会资源分配结构的不完善、市场经济、个人能力差异等诸多因素的存在，社会成员不可避免地会遇到各种生存与发展的风险。所以，社会有必要通过社会保障体制，确保每一个社会成员有一个合理的基本生活水平，有效地应对社会风险。

2）社会保障可以有效地促进社会的团结与合作。人总是社会的人，只有在社会合作中，才能得到生存和发展。每一个社会成员对社会负有一定的责任，同样社会对于每一位社会成员也有着不可推卸的责任和义务，特别是对于处在困境中的社会成员，有义务使之共享由社会发展所带来的益处。社会保障有助于减少社会成员、社会群体之间的隔阂，最大限度地消除社会的离心因素，增强人们对社会的普遍认同，形成社会群体、社会成员之间相互信任的风气，进而提升社会的相互合作与相互依赖的程度，增强社会的整合性。

3）社会保障可以有效地激发社会活力。社会成员潜能开发的如何，将直接影响到整个社会持续性发展的动力，同时也事关这个社会发展的整体质量。马克思和恩格斯认为，社会发展的最为重要的目标，是要使每一位社会成员获得自由而全面的发展。通过社会保障，可以消除社会成员的种种后顾之忧。

4）社会保障可以有效地保证社会成员未来生存与发展的基本水准。社会保障不仅具有当前的意义，而且具有长时效的意义。从某种意义上讲，社会保障是一种预先的制度安排。它不仅可以有效地解决处境不利的社会成员当前的困难，而且可以有效地增强社会成员解决未来困难的能力。所以，社会保障对于保持与促进长远的社会和谐，具有不可忽视的重大作用。

二、社会保险

社会保障作为一种国家制度或社会政策，一般包括社会保险、社会福利、社会救济、社会优抚和安置及社会服务等几方面的内容。从用人单位的角度看，社会保障主要是社会保险。

（一）社会保险的含义

社会保险（social insurance）是根据国家法律规定筹集保险基金，对劳动者在年老、患病、生育、负伤、残疾和失业的情况下，由于暂时或永久失去劳动力，或暂时失去工作而给予物质帮助的一种社会保障制度。

理解上述含义，要注意以下两点。

1）社会保险的目的不是普遍减少人们的消费支出或解决一部分人的一时性困难，而是保证劳动者在暂时或永久丧失劳动能力情况下的基本生活权利能够得到保障。

2）社会保险的物质帮助形式，不是设施、补贴、救灾物资，而主要是货币。

（二）社会保险的特征

社会保险具有强制性、保障性、福利性和社会性四大基本特性。

1）强制性。社会保险由国家立法强制实行，不由被保险人自行确定是否参加及选择参加的项目。在这里，人们的认识程度，是否感兴趣等心理因素是不起作用的。被保险人要依据国家法律规定的保险金额缴纳保险金，不能自行选择缴费标准。同时，被保险人所在单位也要按规定的比例缴纳保险金。一经国家立法确定保险范围，管理社会保险的专门机构与被保险人之间即建立保险关系，不必订立保险契约，保险责任也即时开始，不管被保险人和用人单位是否按时缴纳保险费。当然，对迟缴保险金者，规定要缴纳滞纳罚金，从而使被保险人的基本权利切实有保障。而一般的商业保险不具备强制性的基本特征，不由国家法律强制人们参加，而是由被保险人自愿，并自愿选择保险类别和缴费标准，社会保险的强制性，对于使用劳动力的单位同样具有法律约束作用，即社会组织必须依法为职工缴纳社会保险费，履行维护职工基本权利的责任。

2）保障性。实施社会保险的根本目的，就是保障人们的基本生活，以便从根本上稳定社会秩序。工业化、都市化带来了一系列的社会和经济问题，其中最大的问题莫过于劳动者一旦丧失收入，生活陷入贫困。社会保险的根本立足点，就是对劳动者收入安全起到保障作用。社会保障的水平，应该能够维持一般的社会水平，这里讲的保障性，是从社会的角度，不是只保障少数人，也不是一时一事的保障，它应该至少对某些劳动群体提供保障。其保障水平应对物价、工资、生产水平的变化作出反应。

3）福利性。社会保障不能赚钱盈利，必须是用最少的花费，来解决社会保险问题。这是社会保险的基本要求和基本出发点。福利性的表现除了保险费要根据基本生活的需要确定外，还表现在这种保险经费来自政府、社会组织、个人三方面。由于费用是各方面分担的，个人的负担就不会重。国际劳工大会规定，社会保险费个人最多只能负担一半，这是极限。在我国，用人单位是社会保险基金的主要缴纳者。同时，参加社会保险的手续比较简便，社会保险机构不需花大量人力、物力去按人进行成本核算，因此可以节省业务费用，保证保险费用的低廉。应为社会保险是由政府指定的非经营的机构管理。

4）社会性。社会保险的社会性应从两方面理解。一方面是社会保险的范围一般比较广泛，保险对象包括社会上的不同层次、不同行业的劳动者，而且由于各种保险计划是针对劳动者一生中必然会发生的事件而设，因而具体享受待遇的被保险人在社会上为数众多；另一方面，社会保险实质是由政府举办，由社会专门机构管理的，体现政府社会保障的重要制度。需要明确的是，虽然社会保险的社会性要求在全社会普遍实施保险，使全社会成员都得到保护。但是，由于资源有限，上述要求只有逐步实现。

（三）社会保险的内容

从世界范围来看，社会保险制度一般由以下制度组成：如养老保险制度、疾病保险制度、生育保险制度、伤残保险制度、死亡保险制度、失业保险制度、医疗（或健康）保险和供养直系亲属保险制度、家属津贴制度等。在社会保险集体事业方面还有疗（休）

养院、养老院、工伤康复院（中心）等社会保险事业。

我国的社会保险包括五大内容：养老保险、医疗保险、失业保险、工伤保险和女性员工的生育保险，在缴费时一般实行“五保合一”的办法。

1. 医疗保险

医疗保险是指当个人生病或非因工负伤时，由国家和社会给予一定的经济补偿与医疗服务的一种社会保障制度。医疗保险的根本功能，是使受到疾病侵害的人力资源的工作能力得到恢复。医疗保险通常是由国家建立基金，实施强制执行制度，我国的保险费用由用人单位和个人共同缴纳。医疗保险能够将集中在个体身上的由疾病风险所导致的经济损失分摊给所有参加保险的社会成员，并将集中起来的医疗保险资金用于补偿由疾病所带来的经济损失。

医疗保险的根本功能，是使受到疾病侵害的人力资源的工作能力得到恢复。

我国现行的企业职工基本医疗保险制度，覆盖了城镇所有用人单位及职工，并实行社会统筹和个人相结合的原则。

2. 失业保险

所谓失业保险，是国家和社会为保证劳动者在等待重新就业期间的基本生活而给予的一种物质帮助制度。实行这种保险，可以较好地维持人力资源的工作能力，在社会有需求时能够马上就业和投入使用。通过建立失业保险基金，使人力资源在职业中断期间从国家和社会得到必要的经济帮助，有利于很好地维持其工作能力，进而通过转业培训、生产自救、职业介绍等途径为其重新实现就业创造条件。

我国现行的失业保险制度，覆盖了城镇所有企业事业单位及其职工，包括国有企业、城镇集体企业、外商投资企业、城镇私营企业和城镇其他企业及其职工、事业单位及其职工。

3. 养老保险

养老保险，亦称“老年保险”或“年金保险”，是指劳动者在达到国家规定的解除劳动义务的劳动年龄界限，或在年老丧失劳动能力的情况下，能够依法获得经济收入、物质帮助和生活服务的社会保险制度。可以说，养老保险是对人力资源过去劳动的承认，同时表现了对人力资源的人文关怀。

养老保险可分为基本养老保险、补充养老保险和个人储蓄养老保险，国际社会通常称之为养老保险的第一支柱、第二支柱和第三支柱。基本养老保险是由国家立法强制实行的政府行为，全体劳动者都必须参加。补充养老保险金是在国家法律、法规和政策的指导下，在企业和职工已经参加基本养老保险的前提下，由企业或单位与职工视企业经营状况，通过民主协商，自主确定是否参保和确定保险水平，自行选择经办机构。个人储蓄性养老保险金完全是一种个人行为，公民和劳动者均可按照自己的意愿决定是否投保以及投保的水平和选择经办机构。这里所阐述的养老保险主要是指基本养老保险，建立养老保险制度，通过社会统筹的方式统筹基金，参与国民收入的再分配，解决劳动者的养老问题，对均衡地区之间、企业之间的经济负担，调节劳动者之间的收入分配差距，实现互助互济、缩小贫富悬殊、保障劳动者的基本生活，促进社会稳定等方面，都具有积极作用。

4. 工伤保险

工伤保险又称职业伤害保险，是指职工在工作中因工作原因受到事故伤害或者患职业病，由社会保险经办机构对其本人或供养亲属给予物质帮助和经济补偿的一项社会保险制度。中华人民共和国国务院 2003 年颁布的《工伤保险条例》对工伤保险的范围、工伤保险基金、工伤认定、劳动能力鉴定、工伤保险待遇、监督管理和法律责任等都作了明确规定。条例规定，各类企业、有雇工的个体工商户都应当为本单位全部职工或者雇工缴纳工伤保险费，中华人民共和国境内的各类企业职工和个体工商户的雇工，均有依照本条例的规定享受工伤保险待遇的权利；工伤保险基金由用人单位缴纳的工伤保险费、工伤保险基金的利息和依法纳入工伤保险基金的其他资金构成；工伤保险费根据以收定支、收支平衡的原则，确定费率，用人单位缴纳工伤保险费、职工个人不缴纳工伤保险费；职工因工作遭受事故伤害或者患职业病进行治疗，享受工伤保险待遇；职工住院治疗工伤的，其所在单位按照本单位因公出差伙食补助标准的 70%发给住院伙食补助费，经医疗机构出具证明，报经办机构同意，工伤职工到统筹地区以外就医的，所需交通、食宿费用由所在单位按照本单位职工因公出差标准报销。

5. 生育保险

生育保险是指女性员工生育子女时所花费的生育手术费、住院费等费用的补偿，还包括对女性员工在规定的生育假期内因未从事劳动而不能获得工资收入的补偿。

生育是人口的再生产，属于社会事务范畴。按照以往我国的做法是，女职工生育费都有所在企业负担，实际上是让少部分女工集中的企业承担起大部分社会事务的负担，不利于企业的公平竞争。在市场经济条件下，企业有了较充分的用人自主权，有的企业会认为企业自行负担“产假工资”较多，因而拒绝招用女职工，这在无形中加大了妇女就业的难度。因此，建立女职工生育保险制度，建立用人单位均衡费率负担的生育保险基金，使女职工在规定的生育假期内，不再从本单位领取工资，而从基金中按标准领取生育费用。

小　结

员工的健康管理是企业人力资源管理的一个方面。企业员工健康方面的问题是多种多样的，并且有些是难以完全避免的，主要包括劳动生产过程中的有毒有害物质的危害、视屏健康问题、工作场所的暴力问题、工作压力大——紧张情绪问题等。

劳动保护制度是国家对劳动者在生产过程中安全和健康的保护，是企业在生产经营过程中消除伤亡事故、职业病等采取的综合措施，以保护企业人力资源，从而提高企业经济效益。劳动保护，是指为了保护劳动者在劳动生产过程中的安全与健康，做好预防和消除工伤事故，防止职业中毒和职业病、改善劳动条件和劳动环境等方面所进行的工作和所采取措施的总称。劳动保护的内容，一般包括三个方面：安全生产技术、劳动卫生与健康、劳动保护制度。

社会保障制度，是指国家为了保持经济发展和社会稳定，对公民在年老、疾病、伤残、失业、生育、遭遇灾害、面临生活困难时，由政府和社会依法给予物质帮助，以保障公民的基本生活需要的制度。社会保障作为一种国家制度或社会政策，一般包括社会保险、社会福利、社会救济、社会优抚和安置及社会服务等几方面的内容。从用人单位的角度看，社会保障主要是社会保险。从用人单位的角度看，社会保障主要是社会保险。我国的社会保险包括五大内容：养老保险、医疗保险、失业保险、工伤保险和女性员工的生育保险，在缴费时一般实行“五保合一”的办法。

练 习 题

一、名词解释

1．劳动保护　　2．社会保障制度

3．医疗保险　　4．失业保险

5．养老保险

二、填空题

1．社会保险具有__________、保障性、福利性和社会性四大基本特征。

2．_________是指在劳动生产中为了改善劳动条件，避免有毒有害物质危害职工健康，防止发生职业中毒和职业病而采取的技术措施。

3．我国的社会保障项目，包括社会保险、_________、社会救济、社会优抚和安置及社会服务等几方面的内容。

4．我国的社会保险包括________、医疗保险、失业保险、工伤保险和女性员工的生育保险等五大内容。

三、单项选择题

1．女职工生育享受不少于（　　）日的假期。

A．90　　B．60

C．120　　D．200

2．对怀孕（　　）以上的女职工，不得安排延长工作时间和夜班劳动。

A．7 个月　　B．8 个月

C．9 个月　　D．10 个月

3．社会保险就是保障人们的基本生活，以便从根本上稳定社会秩序，指的是社会保险具有（　　）的特征。

A．强制性　　B．保障性

C．福利性　　D．社会性

4．社会保险关系的主体不包括（　　）。

A．国家

B．社会保险的管理和经办机构

C．用人单位

D．工会

5．电气设备的安全属于（　　）。

A．安全生产技术　　B．劳动卫生与健康

C．劳动保护制度　　D．安全管理制度

6．（　　）承担缴纳社会保险的义务，是社会保险基金的主要缴纳者。

A．国家

B．用人单位

C．社会保险的管理和经办机构

D．劳动者及其家庭

7．我国的社会保险包括五大内容：（　　）、医疗保险、失业保险、工伤保险和生育保险。

A．养老保险　　B．就业保险

C．生活保障　　D．社会救济

8．（　　）又称职业伤害保险，是指职工在工作中因工作原因受到事故伤害或者患职业病，由社会保险经办机构对其本人或供养亲属给予物质帮助和经济补偿的一项社会保险制度。

A．工伤保险　　B．医疗保险

C．教育保险　　D．大额保险

四、多项选择题

1．关于女职工的特殊保护，说法正确的是（　　）。

A．禁止安排女职工从事矿山井下工作

B．女职工可以享受 98 天产假

C．女职工在怀孕期间，不得安排其从事国家规定的第三级体力劳动强度的劳动

D．可安排女职工在哺乳未满 1 周岁的婴儿期间从事国家规定的第三级体力劳动强度的劳动

E．以上都不正确

2．社会保险具有（　　）等特征。

A．强制性　　B．保障性

C．福利性　　D．社会性

E．经济性

五、判断是非题

1．工伤保险费根据以收定支、收支平衡的原则，确定费率，用人单位缴纳工伤保险费、职工个人不缴纳工伤保险费。（　）

2．社会保险的物质帮助形式，可以是设施、补贴、救灾物资，也可以是货币。（　）

3．劳动保护，是指为了保护劳动者在劳动生产过程中的安全与健康，做好预防和消除工伤事故，防止职业中毒和职业病、改善劳动条件和劳动环境等方面所进行的工作和所采取措施的总称。（　）

4．对某些岗位（如喷漆工、电镀工等工种）实行轮换工作制，避免一个人长期在有毒有害的岗位上工作。这种做法是合理的。（　）

5．社会保障是一种公共福利事业和社会救助体系，其目的是保障社会成员在遇到风险和灾难时，可以通过国家和社会的力量为其提供基本的物质保证。（　）

六、简答题

1．简述发生安全事故的主要原因。
2．简述社会保障的意义。
3．简述社会保险的含义。
4．简述社会保险具有的特征。
5．简述劳动保护的内容。
6．简述缓解员工过大压力和精神紧张问题的措施。

七、论述题

1．论述安全管理的内容。
2．论述社会保险的内容。

八、案例分析

可以用高薪取代职工的养老保险吗？

某外商独资公司，高薪聘用了一位博士毕业生赵某，担任副总经理。当时，在谈到工资待遇时，公司说："董事会给你定的工资为 1.2 万元。不过，我们是一家外资公司，之所以工资定得这么高，是因为除了工资以外，再没有其他福利待遇了。像什么医药费报销、养老等问题都得自己解决，公司概不负责。"听了这话，赵博士心里盘算开了："这个公司给我的工资的确是够多的，可就是将来万一得了什么大病，或者老了怎么办呢？"但他转念又一想："我刚 30 多岁，一般也不会有什么大病，至于养老问题，现在考虑还为时过早。倒不如趁年轻多挣些钱，实惠。"工作以后，赵博士为了解除自己的后顾之忧，每月从工资中拿出 1000 元，向保险公司投

以用高薪取代职工的养老保险吗？案例分析

了一份养老保险。这样一来，他在这家公司工作，也觉得踏实多了。几个月后，由于赵博士与董事长在公司的经营管理等重大问题上，产生了分歧，被董事长炒了“鱿鱼”。赵博士不服，双方为此打到了劳动争议仲裁委员会。

在劳动争议仲裁委员会，赵博士提出公司未给他缴纳养老保险的问题，他认为，这是侵犯他合法权益的行为。但公司认为不为你缴纳养老保险，是事先跟你讲好的。你既然干了，就说明咱们的协议已经达成，你现在无权反悔。再说，你不是自己已经向保险公司投了养老保险了吗？

（案例来源：http://www.laborhr.com）

试分析 1. 该外商公司能以高薪来取代职工的养老保险吗？

2. 赵博士自己向保险公司投保的养老保险，能代替社会保险中的养老保险吗？

九、小组讨论

××工艺玩具厂发生特大火灾事故

×年×月×日，某港商独资工艺玩具厂发生特大火灾事故，死亡84人，伤45人，直接经济损失达260余万元（时价）。

该厂厂房是一栋三层钢筋混凝土建筑。一楼为裁床车间，内用木板和铁栅栏分隔出一个库房。库房内总电闸的保险丝用两根铜丝代替，穿出库房顶部并搭在铁栅栏上的电线没有用套管绝缘，下面堆放了2米高的布料和海绵等易燃物。二楼是手缝和包装车间及办公室，一间厕所改作厨房，内放有两瓶液化气。三楼是车衣车间。

该厂实施封闭式管理。厂房内唯一的上下楼梯平台上还堆放杂物；楼下4个门，2个被封死，1个用铁栅栏与厂房隔开，只有1个供职工上下班进出，还要通过一条0.8米宽的通道打卡；全部窗户外都安装了铁栏杆加铁丝网。

起火原因是库房内电线短路时产生的高温熔珠引燃堆在下面的易燃物所致。起火初期火势不大，有工人试图拧开消火栓和用灭火器灭火，但因不会操作未果。在一楼东南角敞开式货物提升机的烟囱效应作用下，火势迅速蔓延至二、三楼。一楼工人全部逃出。正在二楼办公的厂长不组织工人疏散，自顾逃命。二、三楼300多名工人，在无人指挥情况下慌乱逃生。由于要下楼梯、拐弯、再经打卡通道才能逃出厂房。路窄人多，浓烟烈火，致使人员中毒窒息，造成重大伤亡。

经调查确认以下事实：

1）该厂雇用无证电工，长期超负荷用电，电线、电器安装不符合有关安全规定要求；

2）厂方平时未对工人进行安全防火教育培训；发生火灾时，厂长未指挥工人撤离，自顾逃生；

3）该厂多处违反消防安全规定。对于消防部门所发“火险整改通知书”，未认真整改，留下重大火灾隐患，以向整治小组个别成员行贿等手段取得整改合格证。该厂所在地镇政府对此完全了解，不但不督促整改，还由镇长授意给整治小组送钱说情。

（案例来源：http://tjpxw.cn/gczh）

讨论题 1. 试根据上述材料，分析火灾发生、造成重大人员伤亡的原因。

2. 提出整改措施。

十、模拟角色

沃尔玛公司：我们关心我们的员工

美国的沃尔玛公司在2002年在全球拥有员工总数达1200万左右，成为全球最大的私有雇主。自2002年开始，连续4年蝉联美国《财富》杂志公布的世界500强企业排名榜首。可是在20世纪60年代初，该公司只是阿肯色州一家名不经传的地区百货商店。在美国零售业种位居第四。70年代期间，该公司的销售额从4500万美元增长到了16亿美元，商店数目从18家增长到330家。时至今日，沃尔玛旗下在美国拥有连锁店3500多家，其他国家拥有1100家，是一个实实在在的企业帝国。

沃尔玛作为一家从事零售服务的企业，为何在短短的几十年里一跃成为世界知名的公司。研究发现，沃尔玛有着一套独特的人力资源管理方式。沃尔玛的口号是："沃尔玛没有雇员，只有同事和合伙人"，公司从不把员工当做"雇员"来看待，而是视为"合伙人"和"同事"。公司规定对下属一律称"同事"，即使是沃尔玛的创始人山姆·沃尔顿在称呼下属时，也是称呼为"同事"。沃尔玛各级职员分工明确，但少有歧视现象。"尊重个人"是其三个基本原则之一，沃尔玛不仅强调尊重顾客，提供一流的服务，而且还强调尊重公司的每一个人，该公司一位前任董事长曾经说，"我们是由具有奉献精神、辛勤工作的普通人组成的群体，来到一起为的是实现杰出的目标。我们虽然有不同的背景、肤色、信仰，但坚信每一个人都应受到尊重和尊严的待遇。"

沃尔玛公司的前任董事长山姆•沃尔顿非常关心她的员工，由于他的坚持，几乎所有的经理员工都用上了镌有"我们关心我们的员工"字样的纽扣。山姆•沃尔顿常常深入一线倾听员工的意见。他曾说："关键在于深入商店，听一听各个合作人要讲的是什么。那些最妙的主意都是店员和伙计们想出来的。"美国的《华尔街》曾有报道说："几个星期前的一个晚上，沃尔顿先生夜不能寐。他起床到一家通宵服务的面包铺买了点心，凌晨2点半时，他带着这些点心到来一个发货中心，同一些刚从装卸码头上回来的工人聊了一会。结果，他发现这儿至少还需要2个淋浴间。"一名拥有如此身价的世界富翁居然如此深切地关心着他的员工。难怪这些"合伙人"都亲切地称她为"山姆先生"。

（案例来源：戴昌钧等. 2009. 人力资源管理理论与实务训练. 上海：东华大学出版社）

思考与模拟 根据你的知识，你认为沃尔玛公司在关心员工方面做得如何？关心员工对一个企业有什么意义？

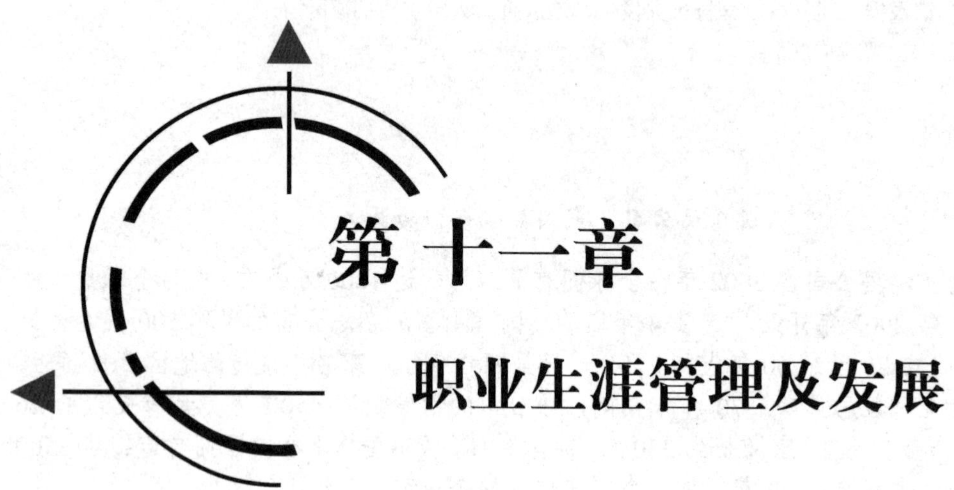

第十一章 职业生涯管理及发展

学习要求☞

重点掌握

- 职业生涯的概念
- 职业生涯管理的含义及其意义
- 职业选择与职业期望的含义
- 职业锚及其类型
- 个人职业规划与组织职业规划的含义
- 组织职业规划的内容
- 组织参与职业规划的意义和作用
- 职业发展、咨询、道路的含义

掌握

- 职业发展的负责者
- 传统的、网络的、横向的、双重的职业道路

了解

- 施恩、萨柏、金斯伯格、格林豪斯的职业生涯发展理论
- 个性—职业类型匹配理论
- 如何确定自己的职业锚
- 职业发展的必要性
- 职业发展的实施

第一节　职业生涯管理的相关理论

一、职业生涯的概念

生涯（career）的概念较广泛，涵盖范围涉及个人的一生，它与工作或职业的概念不同，它既包括个人一生中所从事的工作以及其所担任的职务、角色，同时也涉及其他非工作（职业）的活动，包括个人生活中食、衣、住、行、育、乐各方面的活动与经验。因此，生涯可定义为个人一生的道路或历程。

生涯的概念很容易和职业的概念相混淆。生涯的概念要比职业概念广泛得多。

职业生涯是指个人一生中从事职业的全部历程。这整个历程可以是间断的，也可以是连续的，它包含一个人所有的工作、职业、职位的外在变更和对工作态度、体验的内在变更。一个人选择一种职业后可能会终身从事，也可能一生中转换几种职业。一个人如果他的职业是持续稳定的，可以把它叫做传统性职业生涯。例如，一名工程师的职业生涯最初是助理工程师，随着其专业知识的增长和工作经验的丰富，其职位可能会逐步晋升为工程师和高级工程师。但一个人的职业生涯也可能由其兴趣、能力、价值观及工作环境的变化而发生变化，可能从事多项职业，这种职业生涯叫做易变性职业生涯。如一个人职业最初是一名技术人员，后来从事管理工作等。但一旦进入职业角色，他的职业生涯就开始了。

职业生涯是指个人一生中从事职业的那一部分历程，而非个人一生中的全部历程。

请注意两种职业生涯：传统性职业生涯与易变性职业生涯。

二、职业生涯管理及其意义

（一）职业生涯管理的含义

职业生涯管理是组织或个人对职业生涯的设计、职业发展的促进等一系列活动的总和。它包含职业生涯决策、设计、发展和开发等内容。从这个定义可以知道，尽管职业生涯是指个人的工作历程，但职业生涯管理可以从个人和组织两个不同的角度来进行。所以职业生涯管理包括两种：一种是组织职业生涯管理；另一种是个人（自我）职业生涯管理。

职业生涯管理尽管是人力资源管理的一项重要内容，但它不仅仅是组织的任务，也是个人必须承担的一项重要任务。

1）组织职业生涯管理（organizational career management）是指由组织实施的、旨在开发员工的潜力、留住员工、使员工能自我实现的过程。组织职业生涯管理其内容主要包括帮助员工进行职业规划，建立各种适合员工发展的职业通道，针对员工职业发展的需求进行的各种培训，给予员工必要的职业指导等。

2）个人（自我）职业生涯管理（individual career management）是指个人在职业生涯的全部历程中，对自己所要从事的职业进行规划和设计，并为实现自己的职业目标而积累知识、开发技能的过程。它一般通过选择职业，选择组织（工作单位），选择工作岗位，在工作中技能得到提高、职位得到晋升、才干得到发挥等来实现。

（二）职业生涯管理的意义

职业生涯管理，无论就组织还是个人来说，都有着重要的意义。

就组织来说，其意义在于以下两点。

1）职业生涯管理可以帮助组织深入了解员工的兴趣、愿望、理想，以便使人力资源部门合理地安排工作，实现人尽其才、才尽其用。

2）通过组织职业生涯管理，真正了解员工在个人发展上想要什么，协助个人制定职业计划，帮助个人实现职业生涯目标。使员工个人目标与公司目标得到统一，利用员工的理想目标激发他们的上进心，且有针对性地进行培训，减少员工的挫折和失落感，使员工看到希望，激发起员工强烈的企业服务的精神力量，进而形成企业发展的巨大推动力，更好地实现组织目标。

就个人来说，职业生涯管理的意义主要体现在以下几点。

1）能增强员工对工作环境的把握能力和对工作困难的控制能力。通过职业规划和个人职业管理，使员工了解自身的长处和短处，准确评价个人的特点和强项，养成对环境和工作目标进行分析的习惯，又可以使员工合理计划、分配时间和精力完成任务、提高技能。这都有利于强化环境把握和困难控制能力。

2）能更好地确立人生方向和奋斗的策略，处理好职业生活和生活其他部分的关系。良好的职业计划和职业管理可以帮助个人从更高的角度看待工作中的各种问题和选择，将各分离的事件结合起来，服务于职业目标，使职业生活更加充实和富有成效。它更能考虑职业生活同个人追求、家庭目标等其他生活目标的平衡，避免顾此失彼，两面为难的困境。

3）可以实现自我价值的不断提升和超越。工作的最初目的可能仅仅是找一份养家糊口的差事，进而追求的可能是财富、地位和名望。职业计划和职业管理对职业目标的多次提炼可以使工作目的超越财富和地位之上，追求更高层次自我价值实现的成功。

三、职业生涯发展阶段理论

一个人的职业生涯，贯穿一生，是一个漫长的过程。科学地将其划分为不同的阶段，明确每个阶段的特征和任务，做好规划，对更好地从事自己的职业，实现自己的人生目标，非常重要。职业生涯发展阶段如何划分，各国专家学者有不同的划分理论和方法。以下介绍几种主要的理论。

每个阶段都有不同的发展任务、开发活动和开发关系。

（一）施恩的职业生涯发展理论

美国学者施恩（Edgar Schein）教授立足于人生不同年龄段面临的问题和职业工作主要任务，将职业生涯分为以下九个阶段。

1. 成长、幻想、探索阶段

一般 0～21 岁处于这一职业发展阶段。这一阶段的主要任务是：

1）发现和发展自己的需要和兴趣，发现和发展自己的能力和才干，为进行实际的职业选择打好基础。

2）学习职业方面的知识，寻找现实的角色模式，获取丰富信息，发展和发现自己的价值观、动机和抱负，作出合理的受教育决策，将幼年的职业幻想变为可操作的现实。

3）接受教育和培训，开发工作世界中所需要的基本习惯和技能。

在这一阶段所充当的角色是学生、职业工作的候选人、申请者。

2. 进入工作世界

一般 16～25 岁的人步入该阶段。首先，进入劳动力市场，谋取可能成为一种职业基础的第一项工作；其次，个人和雇主之间达成正式可行的契约，个人成为一个组织或一种职业的成员，充当的角色是：应聘者、新学员。

3. 基础培训

处于该阶段的年龄段为 16～25 岁。与上一阶段正在进入职业工作或组织阶段不同，在这一阶段要担当实习生、新手的角色。也就是说，已经迈进职业或组织的大门。这一阶段的主要任务是：

1）了解、熟悉组织，接受组织文化，融入工作群体，尽快取得组织成员资格，成为一名有效的成员。

2）适应日常的操作程序，应付工作。

4. 早期职业的正式成员资格

此阶段的年龄为 17～30 岁，取得组织新的正式成员资格。这一阶段面临的主要任务是：

1）承担责任，成功的履行与第一次工作分配有关的任务。

2）发展和展示自己的技能和专长，为提升或进入其他领域的横向职业成长打基础。

3）根据自身才干和价值观，根据组织中的机会和约束，重估当初追求的职业，决定是否留在这个组织或职业中，或者在自己的需要、组织约束和机会之间寻找一种更好的配合。

5. 职业中期

处于职业中期的正式成员，年龄一般在 25 岁以上。这一阶段的主要任务是：

1）选定一项专业或进入管理部门。

2）保持技术竞争力，在自己选择的专业或管理领域内继续学习，力争成为一名专家或职业能手。

3）承担较大的责任，确立自己的地位。

4）开发个人的长期职业计划。

6. 职业中期危险阶段

处于这一阶段的是35～45岁者。这一阶段的主要任务是：

1）现实地估价自己的进步、职业抱负及个人前途。

2）就接受现状或者争取看得见的前途做出具体选择。

3）建立与他人的良师关系。

7. 职业后期

从40岁以后直到退休，是处于职业后期阶段，此时的职业状况或任务是：

1）成为一名良师，学会发挥影响，指导、指挥别人，对他人承担责任。

2）扩大、发展、深化技能，或者提高才干，以担负更大范围、更重大的责任。

3）如果求安稳，就此停滞，则要接受和正视自己影响力和挑战能力的下降。

8. 衰退和离职阶段

一般在40岁之后到退休期间，不同的人在不同的年龄会衰退或离职。此间主要的职业任务是：

1）学会接受权力、责任、地位的下降。

2）基于竞争力和进取心下降，要学会接受和发展新的角色。

3）评估自己的职业生涯，着手退休。

9. 离开组织或职业——退休

在失去工作或组织角色之后，面临两大问题或任务：

1）保持一种认同感，适应角色、生活方式和生活标准的急剧变化。

2）保持一种自我价值观，运用自己积累的经验和智慧，以各种资源角色，对他人进行传帮带。

需要指出的是，施恩虽然基本依照年龄增大顺序划分职业发展阶段，但并未囿于此，其阶段划分更多的是根据职业状态、任务、职业行为的重要性。所以，他只给出了大致的年龄跨度，在职业阶段上所示的年龄有所交叉。

施恩的职业生涯发展理论在职业阶段所示的年龄是有交叉的。

（二）萨柏的职业生涯发展理论

D. E. 萨柏（D. E. Super）是美国一位有代表性的职业管理学家，他以美国白人作为自己的研究对象，把人的职业生涯划分为以下五个主要阶段。

1. 成长阶段

从 0～14 岁。经历对职业从好奇、幻想到兴趣，到有意识培养职业能力的逐步成长过程。萨柏将这一阶段，具体分为以下三个成长期：

1）幻想期（10 岁之前）：儿童从外界感知到许多职业，对于自己觉得好玩和喜爱的职业充满幻想和进行模仿。

2）兴趣期（11～12 岁）：以兴趣为中心，理解、评价职业，开始作职业选择。

3）能力期（13～14 岁）：开始考虑自身条件与喜爱的职业是否相符合，有意识地进行能力培养。

2. 探索阶段

由 15～24 岁。择业、初就业。也可分为以下三个时期：

1）试验期（15～17 岁）：综合认识和考虑自己的兴趣、能力与职业社会价值、就业机会，开始进行择业尝试。

2）过渡期（18～21 岁）：进入劳动力市场，或者进行专门的职业培训。

3）尝试期（22～24 岁）：选定工作领域，开始从事某种职业。

3. 建立阶段

从 25～44 岁为建立稳定职业阶段。经过以下两个时期：

1）尝试期（25～30 岁）：对初就业选定的职业不满意，再选择、变换职业工作。变换次数各人不等。也可能满意初选职业而无变换。

2）稳定期（31～44 岁）：最终职业确定，开始致力于稳定的工作。

4. 维持阶段

在 45～64 岁这一长时间内，劳动者一般达到常言所说的“功成名就”情景，已不再考虑变换职业工作，只力求维持已取得的成就和社会地位。

5. 衰退阶段

人到 65 岁以后，其健康状况和工作能力逐步衰退，即将退出工作，结束职业生涯。

（三）金斯伯格的职业生涯发展理论

美国著名职业指导专家金斯伯格（Eli Ginzberg），对职业生涯的发展进行过长期研究，对于实践产生过广泛影响。金斯伯格的职业发展理论将职业生濉分为幻想期、尝试期和现实期。

1. 幻想期

处于 11 岁之前的儿童时期。儿童们对大千世界，特别是对于他们所看到或接触到的各类职业工作者，充满了新奇、好玩的感觉。此时期职业需求的特点是：单纯凭自己的兴趣爱好，不考虑自身的条件、能力水平和社会需要与机遇，完全处于幻想之中。

2. 尝试期

11～17 岁，这是由少年儿童向青年过渡的时期。此时起，人的心理和生理在迅速成长发育和变化，有独立的意识，价值观念开始形成，知识和能力显著增长和增强，初步懂得社会生产和生活的经验。在职业需求上呈现出的特点是：有职业兴趣，但不仅限于此，更多的和客观的审视自身各方面的条件和能力；开始注意职业角色的社会地位、社会意义，以及社会对该职业的需要。

3. 现实期

17 岁以后的青年年龄段。即将步入社会劳动，能够客观地把自己的职业愿望或要求，同自己的主观条件、能力以及社会现实的职业需要紧密联系和协调起来，寻找适合于自己的职业角色。此期所需求的职业不再模糊不清，已有的具体的、现实的职业目标，表现出的最大特点是客观性、现实性、讲求实际。

金斯伯格的职业发展论，事实上是前期职业生涯发展的不同阶段，也就是说，是初就业前人们职业意识或职业追求的变化发展过程。

（四）格林豪斯的职业生涯发展理论

萨柏和金斯伯格的研究侧重于不同年龄段对职业的需求与态度，而美国心理学博士格林豪斯（Greenhouse）的研究则侧重于不同年龄段职业生涯所面临的主要任务，并以此为依据将职业生涯划分为以下五个阶段。

1. 职业准备阶段

典型年龄段为 0～18 岁。这一阶段的主要任务是：发展职业想象力，对职业进行评估和选择，接受必需的职业教育。

2. 进入组织阶段

18～25 岁为进入组织阶段。这一阶段的主要任务是：在一个理想的组织中获得一份工作，在获取足量信息的基础上，尽量选择一种合适的、较为满意的职业。

3. 职业生涯初期阶段

处于此期的典型年龄段为 25～40 岁。这一阶段的主要任务是：学习职业技术，提高工作能力；了解和学习组织纪律和规范，逐步适应职业工作，适应和融入组织；为未来的职业成功做好准备。

4. 职业生涯中期阶段

40～55 岁是职业生涯中期阶段。这一阶段的主要任务是：需要对早期职业生涯重新评估，强化或改变自己的职业理想；选定职业，努力工作，有所成就。

5. 职业生涯后期阶段

从 55 岁直至退休是职业生涯的后期阶段。这一阶段的主要任务是：继续保持已有的职业成就，维护尊严，准备引退。

四、职业选择理论

要理解职业选择的含义。

职业选择是指人们依照自己的职业期望，并根据自己的兴趣、能力、特点等自身素质，从社会现有的职业中选择一种适合自己的职业的过程。一旦人们选择了自己的职业，也就选择了自己的职业生涯。

每个人都有自己的职业价值观。

职业选择与职业期望有密切联系。职业期望，又称职业意向，也就是个人对某一项职业的一种愿望和向往，即希望自己从事某项职业的态度倾向。职业期望得以实现，职业选择是第一步。职业期望来自人们个体方面的行为。职业期望不是一种空想或幻想，而是人们的一种主动追求，是人们将自身的兴趣、价值观、能力等与社会需要、社会就业机会不断协调，力求实现的个人目标。

职业期望是个人职业价值的直接反映。职业价值观是个人对某一职业的价值判断。萨柏曾经将职业价值观或职业取向概括为以下 15 种类型：①助人；②美学；③创造；④智力刺激；⑤独立；⑥成就感；⑦声望；⑧管理；⑨经济报酬；⑩安全；⑪环境优美；⑫与上级的关系；⑬社交；⑭多样化；⑮生活方式。

长期以来，许多学者对职业选择问题进行了广泛的研究，提出了许多有影响的职业选择理论。如帕金森（ParKinson）的职业—人匹配理论、J. L. 霍兰德（J. L. Holland）的个性—职业类型匹配理论等。以下简单介绍这些具有广泛影响的职业选择理论。

（一）帕金森的职业—人匹配理论

该理论最早由美国波士顿大学教授帕金森提出。1909 年，帕金森在其著作《选择一个职业》中，阐明了职业选择的三大要素：

1）应清楚地了解自己的态度、能力、兴趣、智谋、局限等个人特征。

2）应清楚地了解职业选择成功的条件，所需知识，在不同职业工作岗位上所占有的优势、不利和补偿、机会和前途。

3）上述两个条件的平衡，即在了解个人特征和职业要求的基础上，选择一种适合个人特点又可获得的职业。

了解职业—人匹配的两种类型。

帕金森的职业—人匹配理论其内涵就是在清楚认识、了解个人的主观条件和社会职业岗位需求条件基础上，将主客观条件与（对自己有一定可能性的）社会职业岗位相对照、相匹配，最后选择一个职业与个人匹配相当的职业。

职业—人匹配可以分为两种类型：

1）因素匹配。例如，所需专门技术和专业知识的职业与掌握该种特殊技能和专业知识的择业者相匹配；或者脏、累、苦劳动条件很差的职业，需要吃苦耐劳、体格健壮的劳动者与之匹配。

2）特性匹配。例如，具有敏感、易动感情、不守常规、个性强、理想主义等人格特性的人，宜于从事审美性、自我情感表达的艺术创作类型的职业。

（二）个性—职业类型匹配理论

个性（职业类型匹配理论）微课

美国心理学家，也是著名的职业指导专家 J. L. 霍兰德在 20 世纪 60 年代以自己从事的职业咨询为基础，通过对自己职业生涯和他人职业发展道路的深入研究，引入人格心理学的有关理论，经过多次补充和修订，形成了一套系统的职业设计理论，其内容包括个性和职业类型的划分、职业分类、类型鉴定表等。

在这一理论中，霍兰德提出了以下四个基本假设：

1）人格类型或者说“性向”大致可分为六种类型：实际型（realistic）、研究型（investigative）、艺术型（artistic）、社会型（social）、企业型（enterprising）以及常规型（conventional）。

2）所有职业均可以划分为相应的六大基本类型，任何一种职业大体都可以归属于六种类型中的一种或几种类型的组合。霍兰德认为一个人的人格类型（包括价值观、兴趣、动机、需要等）与其从事的职业密切相关，不同的人格特征适应于不同的职业。职业选择取决于人格与职业的相互作用，具体如表 11.1 所示。

霍兰德的“六边型模型”给我们什么启示？

表 11.1　六种人格类型与相应的职业

人格类型	人格特点	职业兴趣	代表性职业
实际型	真诚坦率、重视现实、讲求实际、有坚持性、实践性、稳定性	手工技巧、机械的、农业的、电子的技术	体力员工、飞行员、机械操作者、农民、卡车司机、木工、工程技术人员等
研究型	分析性、批判性、好奇心、理想的、内向的、有推理能力的	科学、数学	物理学家、人类学家、化学家、数学家、生物学家、各类研究人员
艺术型	感情丰富的、理想主义的、富有想象力的、易冲动的、有主见的、自觉的、情绪性的	语言、艺术、音乐、戏剧、书法	诗人、艺术家、小说家、音乐家、雕刻家、剧作家、作曲家、导演、画家
社会型	富有合作精神的、友好的、和善的、肯帮助人的、爱社交的、易了解的	与人有关的事、人际关系的技巧、教育工作	临床心理学家、咨询者、传教士、教师、社交联络员

续表

人格类型	人格特点	职业兴趣	代表性职业
企业型	喜欢冒险的、有雄心壮志的、精神饱满的、乐观的、自信的、健谈的	领导、人际关系的技巧	采购员、律师、汽车推销员、政治家、经理、各级行政领导者
常规型	谨慎的、有效的、无灵活性的、服从的、守次序的、能自我控制的	办公室工作、营业系统的工作	出纳员、统计员、图书管理员、行政管理助理、邮局职员等

3）人们一般都倾向于寻找与其个性类型相一致的职业类型，追求充分施展其能力与价值观，承担令人愉快的工作和角色，职业也充分寻求与其类型相一致的人。

4）个人的行为取决于其个性与所处的职业类型，可以根据有关知识对人的行为进行预测，包括职业选择、工作转换、工作绩效以及教育和社会行为等。

霍兰德进一步指出，尽管大多数人的人格类型可以主要地划归为某一类型，但个人又有着广泛的适应能力，其人格类型在某种程度上又会相近于另外两种类型，也能适应另外两种职业类型的工作。也就是说，大多数人并非只有一种性向，而是可能同时包含数种不同的性向；性向与性向之间也非完全独立，而是分为相近、中性、相斥三种情况。为了更好地描述这一状况，霍兰德设计了一个六边形模型（见图 11.1）。如果一个人身上的两种职业性向是相互排斥的，如研究型和企业型，那么他在选择职业的时候就会比较犹豫彷徨；而如果一个人身上的两种或几种职业性向相近兼容，如一个艺术型、调查型、社会型的人，那么他选择职业时相对就比较容易和迅速。

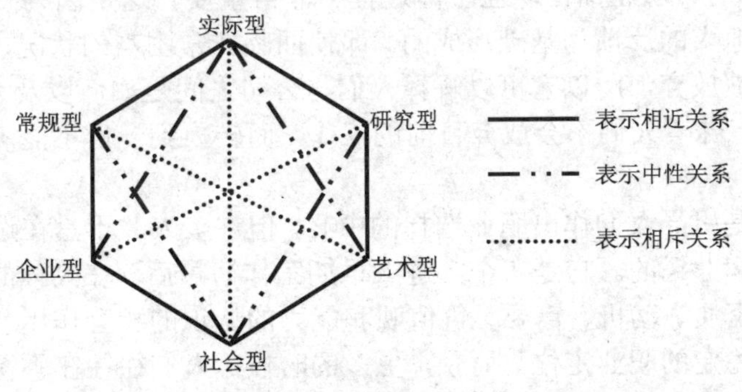

图 11.1 人格类型关系

在图 11.1 中，六边形的六个角分别代表六种职业类型。六种职业类型之间具有一定的内在联系，它们按照彼此间相似程度定位，相邻两个维度在各种特征上最相近，相关程度最高。距离越远，两个维度之间的差异越大，相关程度越低。每种类型与其他五种职业类型存在三种关系：相近、中性和相斥。

霍兰德认为，最为理想的职业选择是：个体能够找到与其人格类型重合的职业环境，即一个人的人格类型与职业相匹配，这时他会感到内在的满足，并充分发挥自己的聪明才智。如果个人不能获得与其人格类型相一致的工作环境，则可以寻找与其人格相近的职业环境，如实际性与传统性及研究型相接近，社会型与企业型及艺术型相接近等。当人格类型与职业相近时，那么经过努力也会适应工作，取得成就。但如果选择了和自己人格类型相斥的职业，那么就会对工作觉得索然无味，也很难适应，最终无法胜任。

五、职业锚

（一）职业锚的含义

职业锚理论产生于美国麻省理工大学斯隆管理学院施恩教授领导的专门研究小组，是对该学院毕业生的职业生涯纵向研究中演绎成的。1961～1963 年的斯隆学院 44 位男性毕业生，自愿形成了一个专门小组，愿意配合和接受施恩等人所进行的关于个人职业发展和组织职业管理的研究与调查，并且在 1973 年返回麻省理工学院，就他们演变中的职业与生活接受调查，包括面谈、跟踪调查、公司调查、人才测评、问卷等多种方式。施恩在对他们的跟踪调查和对许多公司、个人及团队的调查中，形成了自己的一些看法，并提出了职业锚的概念。施恩说："设计这个概念是为了解释，当我们在更多的生活经验的基础上发展了更深入的自我洞察时，我们的生命中成长的更加稳定的部分"。

职业锚（career anchor）又称职业定位，它是指当一个人面临职业选择的时候，他无论如何都不会放弃的职业中至关重要的东西或价值观。施恩认为，职业设计是一个持续不断的探索过程，随着一个人对自己越来越了解，这个人就会越来越明显地形成一个占主要地位的"职业锚"。职业锚是人们在选择和发展自己的职业时所围绕的核心。它指一种指导、制约、稳定和整合个人职业决策的自我观。

职业锚视频微课

职业锚在职业生涯过程中非常重要，这是因为它是以人们实际的生活工作经历和他人的反馈为基础形成的。即使面临非常困难的状况，职业锚在职业选择过程中也不会被放弃，所以它可以解释人们与公司之间是如何以及为什么相互影响、相互作用的。这意味着人们不会放弃目前的工作，而转换到一份不能满足职业锚需要的其他工作。

职业锚虽然是引导人们作出职业选择的中心，但许多人并不是在选择工作的一开始就得明确自己的职业锚的。它是在个人进入早期工作情景后，在具体的工作经验中，经过个人对自己的资质、动机、需要、价值观和能力的认识的相互作用和整合下，逐步形成的一种长期的稳定的职业定位。而且，更多的时候，人们往往在不得不作出重大职业抉择时才会意识到自己无论如何都不会放弃的东西和价值观是什么，这也就是他们的职业锚。另外，一个人的职业锚并不是固定不变的，它实际上是在不断地探索过程中产生的动态结果。它只是我们在更多的生活工作经验的基础上，发展得更深入的自我洞察，形成的在职业选择中更加稳定的部分。有些人也许一直都不知道自己的职业锚是什么，直到他们不得不做出某种重大抉择的时候，如到底是接受公司的工作调动，到另外一个分公司工作，还是辞去现职，到其他公司求职。正是在这一关口，一个人过去的所有工作经历、兴趣、资质、性向等才会集合成一个富有意义的模式（或职业锚），这个模式或职业锚会告诉此人，对他或她个人来说，到底什么东西是最重要的。

（二）职业锚的类型

职业锚是个人在工作生活经验基础上形成的对于职业选择的自我观念，每个人都有着

对照八种职业锚的不同特点，努力找找你自己的职业锚。

各自不同的价值观、动机和需要，所以形成的职业锚也会有所不同。施恩教授根据自己对麻省理工学院毕业生的研究，提出了五种类型的职业锚，即：技术 / 职能型（technical functional competence）、管理能力型（general managerial competence）、创造型（entrepreneurial creativity）、安全 / 稳定型（security stability）、自主 / 独立型（autonomy independence）。随后，国外许多机构进行了大量的试验来研究职业锚理论，1992 年在原有五种职业锚的基础上拓展为八种职业锚，即增加了以下三种职业锚：服务型（service dedication to a cause）、纯挑战型（pure challenge）、生活型（lifestyle）。

1. 技术/职能型职业锚

具有技术/职能型职业锚的人往往不愿意选择那些带有一般管理性质的职业。相反，他们总是倾向于选择那些能够保证自己在既定的技术或功能领域中不断发展的职业。具体说他们的特点主要有以下几点。

第一，他们注重实际技术和具体的某项职能业务的工作。

第二，不喜欢一般性管理活动，喜欢能够保证自己在既定的技术或功能领域中发展的职业。

第三，不太看重等级地位的提升，更重视他们在自己的专业领域内获得的评价和认可。

2. 管理能力型职业描

具有管理能力型职业锚的人有着强烈的管理动机。他们的特点主要表现在以下四个方面。

第一，喜欢承担更大、更多的责任，承担较高责任的管理职位成为这些人的最终目标。

第二，重视等级地位的大幅提升，并把这作为他们成功的标志。

第三，他们的职业经历使得他们相信自己具备被提升到那些一般管理性职位上去所需要的各种必要能力以及相关的价值倾向。因为他们认为自己具备以下三个方面的能力。

1）分析能力。就是指在信息不完全以及不确定的情况下发现问题、分析问题和解决问题的能力。

2）人际沟通能力。就是指在各种层次上影响、监督、领导、操纵以及控制他人的能力。

3）情感能力。就是指在情感和人际危机面前只会受到激励而不会受其困扰和削弱的能力，以及在较高的责任压力下不会变得无所作为的能力。情感能力实际上是一种心理的适应能力，它对于经常面临高责任、高风险决策的管理职位来说，往往是最为重要的一种能力。

第四，这类人对组织有着更强的依赖性。这是因为他们的成功往往是通过他们所在组织内的某一个高层职位来表现，所以组织所在的行业、组织的规模以及发展状况对于他们而言都具有非同一般的重要意义。

3. 创造型职业锚

具有创造型职业锚的人希望使用自己的能力去创建属于自己的公司或创建完全属于自己的产品（或服务），而且勇于冒险，并克服面临的障碍。在某种程度上，创造型职业锚同其他类型的职业锚存在重叠。比如他们也要求有管理能力，或者要求在某一专业领域获得独创的成果。但是，这些并不是他们的核心动机和目的，创造才是他们的核心。他们对于新事物的尝试总是乐此不疲。

4. 安全/稳定型职业锚

具有安全/稳定型职业锚的人极为重视长期的职业稳定和工作的保障性。稳定和安全是他们追求的目标，如工作的安定、收入的稳定、可靠的保障体系，或者是一种心理上的被组织接纳的稳定和安全感。在行为上，这类职业锚的人倾向于照章办事，不越雷池一步。在职业选择上，他们往往对组织有较强的依赖性，一般不轻易离开组织，依赖组织对他们的能力和需要进行识别和安排，更容易接受并融入组织。

5. 自主/独立型职业锚

具有自主/独立型职业锚的人似乎被一种自己决定自己命运的需要所驱使着，他们希望摆脱那种因在大企业中工作而依赖别人的境况，因为，当一个人在某家大企业中工作的时候，他或她的提升、工作调动、薪金等诸多方面都难免要受别人的摆布。这些人中有许多人还有着强烈的技术或功能导向。然而，他们却不是到某一个企业中去追求这种职业导向，而是决定成为一位咨询专家，要么是自己独立工作，要么是作为一个相对较小的企业中的合伙人来工作。具有这种职业锚的其他一些人则成了工商管理方面的教授、自由撰稿人或小型零售公司的所有者等。

6. 服务型职业锚

这类人一直追求他们认可的核心价值，例如，帮助他人，改善人们的安全，通过新的产品消除疾病。他们一直追寻这种机会，即使这意味着变换公司，他们也不会接受不允许他们实现这种价值的工作变换或工作提升。

7. 纯挑战型职业锚

这类人喜欢解决看上去无法解决的问题，战胜强硬的对手，克服无法克服的困难障碍等。对他们而言，参加工作或职业的原因是工作允许他们去战胜各种不可能。新奇、变化和困难是他们的终极目标。如果事情非常容易，它马上变得非常令人厌烦。

8. 生活型职业锚

具有生活型职业锚的人希望将生活的各个主要方面整合为一个整体，喜欢平衡个人的、家庭的和职业的需要。因此，生活型的人需要一个能够提供“足够弹性”的工作环境来实现这一目标。他们将成功定义得比职业成功更广泛。相对于具体的工作环境、工作内容，生活型的人更关注自己如何生活、在哪里居住、如何处理家庭事情等。

（三）如何确定自己的职业锚

对于个人来说，职业锚有时并不是那么显而易见的。那么如何确定自己的职业锚呢？以下这个职业锚分析表有助于我们用来进行判定自己的职业锚，如表 11.2 所示。

如何确定自己的职业锚？

表 11.2　职业锚分析

外在因素和事件	内在理由和情感
1. 你在大学主要的注意力放在哪个方面	你为什么选择这个方面？你对此感觉如何
2. 你上研究生院了吗？如果上了，你的注意力放在哪个方面？你获得了何种学位	你为什么上（或不上）
3. 离校后你的第一项工作是什么（如果恰当的话，包括服役）	你在第一项工作中寻求的是什么
4. 你开始自己的职业时，你的抱负或长期目标是什么	它们有过变化吗？何时？为什么
5. 你的第一个主工作或主公司变动是什么	启动这次变动的是你还是公司？你为什么启动或接受这次变动？ 在接下来的工作中你在追求什么
继续列出在自己的职业中所见到的，被认为是主工作、主公司、主职业变动。列出每一步，对每一步的问题作出回答	
6. 变动——	你为什么启动或接受，你在追求什么
7. 变动——	你为什么启动或接受，你在追求什么
8. 变动——	
9. 变动——	
10. 回顾自己的职业，看看什么时期感到特别愉快	你这段时间感到愉快的是什么
11. 回顾自己的职业，看看什么时期感到特别不愉快	你这段时间感到不愉快的是什么
12. 你拒绝过工作调动或提升吗	为什么
13. 你是如何向他人描述自己的职业的	你认为自己是什么样的人
14. 你看到了自己职业中的主要过渡点了吗？客观地描述这种过渡	你对此过渡感觉如何？你为什么启动或接受它？复查本栏目中的全部回答，找出回答中的模式。你在答案中看到某种锚了吗

根据你对上述问题的回答，分别将每一种职业锚进行打分（1～5 分），其中 1 代表重要性低，5 代表重要性高，从而确定管理能力、技术或职能能力、安全、创造。在这张问卷中，要求你在左边栏目中给出客观的信息，在右边栏中给出选择、决策等理由。回答要自

然。主要的目的是，提供你自身的信息，帮助你决定自身的职业锚。

职业锚理论是一种以个人为出发点的职业生涯选择理论，并且职业锚理论能够同时关注个人与组织的职业发展，是能够实现个人价值与组织目标有机统一的一种有效的管理方式。对于个人而言，职业锚清楚地反映了个人的职业追求和抱负，是个人进行职业选择的依据；对于组织而言，通过对员工职业锚的认定，可以获得员工个人正确信息的反馈，根据这些反馈，组织可以有针对性地进行职业管理，一方面可以实现组织内部人力资源的最佳配置，最大限度地激发员工的才能，另一方面通过有效的职业管理使员工的个人职业需求得到满足，这样，就加深了他们对组织的感情认同，有利于组织和个人双方的互相接纳。

“职业锚”的分类并无好坏之分，它告诉我们，到底什么才是最重要的。

职业描的分类并无好坏之分，这种分类的目的是为了帮助大家更好地认识自己，并据此重新思考自己的职业生涯，设定切实可行的目标。一个人的所有工作经历、兴趣、资质、性向等集合而成为他的“职业锚”。它告诉我们，到底什么才是最重要的。在人生的进程中，梳理自己的职业经历，明确自己的职业定位，就可以让自己少走弯路，大步迈向成功。

有的人“职业锚”可能抛出得很早，从大学的专业学习时起就明确了自己的职业方向；有的人职业锚可能抛出得很晚，但最终要看是否找到了自己的职业所爱。不管我们现在是否发现了自己的职业锚，“职业锚”这个职业规划的工具都可启发我们，我们未来的职业生涯是否成功，关键是要找准自己的定位，而不是盲从别人的做法。

第二节 职 业 规 划

职业规划（career planning）是确定职业目标并制定实现这些目标的计划的过程。就像前面所说的，虽然职业生涯是个人的一种行为，但职业生涯管理可以从个人和组织两个不同的角度来进行。因此职业规划也可以分为个人职业规划和组织职业规划。

职业规划可以分为个人职业规划和组织职业规划。

一、个人职业规划

个人职业规划（individual career planning）是个人确定职业目标并制定实现这些目标的计划的过程。当个人为自己进行职业规划时，就是在用自己的智慧为自己要达到的目标规定一个时间计划表，即为自己的人生设置里程碑。个人职业规划一旦设定，它将时时提醒你已经取得了哪些成绩以及你的进展如何。在职业生涯规划中有这样一句话发人深省：你今天站在哪里并不重要，但是你下一步迈向哪里却很重要。成功的人生是需要正确规划的。

职业规划不仅在个人职业决策过程中非常重要，在整个的职业生涯中也具有非常重要的意义。本·富兰克林说："一个人，拥有一份工作就拥有了一定的资产。但只有那些做他们最擅长的事情的人，才能赢得财富和荣誉。"可以说，拥有一份工作是重要的，更进一步，是要拥有一份适合自己的工作。拥有一份有成就感和自我实现感的职业是生活幸福、个人充分发展的重要基础，个人职业的成功需要我们每个人认真规划。它有助于人们发现自己的人生目标，平衡家庭与朋友、工作与个人爱好之间的需求，而且能使人们作出更好的职业选择。更重要的是，职业规划有助于人们在职业变动的过程中，面对已经变化的个人需求及工作需求，进行恰当的调整。

要做好个人职业规划，必须注意以下问题：

1）必须在充分并且正确地认识自身的条件与相关环境的基础上进行职业规划。对自我及环境的了解越透彻，越能搞好职业规划。

2）在进行职业规划时，避免有过高的不切实际的期望。职业规划应主要集中于将个人目标与现实机遇相匹配，而不应把重点仅仅放在抓住晋升机会上。有时，职业规划需要集中在获取成功上，而成功却不一定体现在晋升上。

3）在设计职业生涯时要留有余地，在执行过程中要有灵活性。

4）既要了解自己，又要了解专业。自己到底适合什么职业，做什么工作，要根据本人所具有的个性、气质、能力、兴趣、价值观等而定。施恩教授认为，职业规划实际上是一个持续不断的探索过程。在此过程中，每个人都根据自己的天资、能力、动机、需要、态度和价值观，逐渐形成较为明晰的、与职业有关的自我概念，最终成为一个占主导地位的职业定位，即自己的职业锚。

二、组织职业规划

组织职业规划（organizational career planning）是组织为员工的发展确定道路和应采取的行动。

（一）组织职业规划的内容

1. 设定目标任务

设定组织职业规划目标的总原则是：必须有利于实现组织的基本目标，必须有利于员工个人职业规划的实现。

要了解职业道路的含义。

组织职业规划的目标主要是：

1）使组织内可用人才得到更快更有效的发展，充分发挥人才在组织发展中的决定性作用。

2）为组织内一般员工的职业进步提供可行的职业道路。职业道路（career path）是员工在一个组织中的经历或发展轨迹。沿着既定的职业道路，员工在组织的帮助下能够实现自身的职业发展。

3）针对组织职业需求和个人职业目标，有相应的教育培训目标，以使员工个人发展得到满足。

4）调动员工积极性、自觉性、主动性，增强员工的忠诚、向心力。组织的职业规划为员工发展提供职业道路，为员工个人职业规划的实现开辟广阔天地，于是，产生很强的凝聚力。那些认为组织对他们的职业规划感兴趣的人，很愿意留在组织内效力。凡是个人发展需要得到满足的员工，对于自身的工作和组织会愈发满意，产生较强烈的归属意识和企业本位意识。而这正是现代企业充满活力和后劲、获得发展和立于不败之地的根本所在。

2. 制定职业道路计划

组织在了解员工个人职业需求、判明其需求合理性及现实可行性的基础上，根据组织自身发展的需求以及组织可能提供的帮助和条件，具体策划、帮助员工个人职业目标实现的途径，制定出各种职业道路计划，如纵向升迁或横向职业流动或转移的计划，具体内容如下。

1）沿着各条不同职业道路转移或流动的人数、具体的工种和工作职位。

2）发生职业流动或转移的原因。

3）员工职业转移或流动预计发生的时间。

4）安置去向。

5）具体实施方案与政策、措施等。

3. 制定职业发展——教育培训计划

当职业道路计划制定后，与之配套的职业发展或教育培训计划应当及时出台，否则，职业道路会受阻，不畅通。

（二）组织参与职业规划的意义和作用

组织为何要参与员工职业规划？组织的发展依靠个人的发展，组织通过引导、帮助和协调员工的职业规划，能提高员工的工作质量，形成积极向上的工作态度并增加他们对企业的忠诚度。关注员工职业规划的组织在吸引人才上更具优势。有效的组织职业规划能够把组织的需要转化为员工个人的需要和自己要求开发的职业目标，既获得很高的个人满意度，又取得良好的组织绩效。现代企业能否赢得员工献身精神的关键因素之一，就是能否与员工确立共同的目标，达成一致，使员工感到企业、部门的发展目标与个人的发展目标息息相关，从而激发他们的主动性、成就感和创新意识。“为了在一个不断变化的市场环境中运作，组织应认清自己需要什么样的能力以及什么样的员工，并由此提高自己的运作能力。要能够做到这一点，就必须有组织职业规划。”

员工在一个组织中的发展通常有两条道路。一条是专业技术上的提升；另一条是行政职位上的上升。一个组织如果能很好地帮助员工进行职业规划，就能大大提升员工对组织的信赖度和忠诚度，有助于稳定队伍。一个队伍相对稳定的组织较之人员更迭频繁的组织，能更专注于事业，效率更高，更快地实现组织目标。搞好组织职业规划，给每一个员工上升空间，就能激发员工潜能，最终受益者将是组织。

请提前阅读一下下一节的职业道路引导的有关内容。

第三节　职 业 发 展

职业发展（career development）是组织用来帮助员工获取目前及将来工作所需的技能、知识的一种方法。实际上，职业发展是组织对企业人力资源进行的知识、能力和技术的发展性培训、教育等活动。

有关员工培训的内容在第六章中有详细阐述

一、职业发展的必要性

从组织的观点看，职业发展能降低员工流动带来的成本。如果企业帮助员工制定职业计划，这些计划可能与组织密切相连，因此，员工就不太可能离开。热心于员工的职业发展同样能鼓舞士气，提高生产率，并帮助组织变得更有效率。事实上，如果组织对员工的职业发展感兴趣，那么对员工也有积极的影响，在这种情况下员工认为企业把它们看作是整体计划的一部分而不仅仅是一些数字。重视职业发展对员工看待他们的工作和雇主的方式也有积极的影响。

二、职业发展的负责者

谁对职业发展负责？职业发展涉及组织、员工本身和员工的直接管理者。完整的职业发展应是三者共同努力来完成。具体说，三者都有其具体的责任。

（一）组织的责任

根据职业发展的定义，职业发展是组织用来帮助员工获取目前及将来工作所需的技能、知识的一种方法。也就是说，职业发展主要是就组织来说的。组织对激发和确保职业发展的实施负主要责任。

那么在员工的职业发展中，组织应做些什么呢？组织的责任是开发并在组织内部向员工通告职业选择权。要向员工传递组织内所存在的职业选择，组织应该把能实现员工职业目标的职业道路，向员工提出详细的建议。在新的职位出现和老的职位被淘汰时，人力资源管理部门一般负责使这些信息能马上被员工了解。“组织的重要责任不是准备个人职业计划，而是应该改善条件并创造一种利于员工个人职业计划开发的环境。”

（二）员工的责任

尽管职业发展主要就组织来说的，但没有员工的积极配合，职业发展的实施就难于开展，最终会影响员工个人的职业发展。员工有了个人职业规划，就必须采取一系列的实际行动，如要虚心接受公司各方面专家和直接管理者的有关职业发展的指导和建议，要进行自我评价，选择一条正确的职业道路，接受公司组织的一系列的培训，并要加强各方面的学习等。

（三）直接管理者的责任

直接管理者在推进下属的职业发展中发挥重要作用，他们应该引导员工如何进行职业发展，然后帮助员工评估结果。管理人员起到的作用应该包括充当顾问、评价者、教练和指导者等。表 11.3 列举了管理者在员工的职业发展中可能扮演的几种角色。

表 11.3　管理者在职业发展中可能扮演的角色

沟通者 与员工进行正式或非正式的讨论； 倾听并理解员工真正关心的事情； 与员工进行清晰、有效的相互作用； 营造一个开放的相互作用的环境； 确定不受干扰地会见员工的时间 **职业顾问** 帮助员工明确与职业有关的技能、兴趣及价值； 帮助员工明确各种职业选择； 帮助员工评价各种职业选择的适合性； 帮助员工设计/计划实现已达成一致的职业目标的策略 **评价者** 明确关键的工作要素； 与员工商讨一套评价绩效的目标； 评价员工与目标相关的工作绩效 与员工沟通绩效评价； 围绕未来工作目标制订发展计划； 强化有效的工作绩效； 不断地回顾已制订的发展计划 **教练** 传授特定的、与工作有关的或技术上的技能； 强化有效绩效； 提出改进的具体行动； 明晰并传达工作小组和组织的目标 **辅导员** 安排员工参加组织内外举行的高度可见的活动；	通过展示成功的职业行为为员工的职业发展树立典范； 支持员工与组织内外的其他人交流员工有效性问题 **顾问** 与员工沟通组织的正式与非正式的职业发展进展情况； 提议有益于员工的合适的培训活动； 为员工职业进步提出合适的策略 **经纪人** 帮助员工团结那些在他们的职业生涯中需要相互帮助的人； 帮助把员工与合适的受教育及工作机会联结在一起； 帮助员工明确改变目前情况的障碍； 帮助员工明确能改变职业发展的方法 **推荐人** 指出员工存在的问题（如职业、有关个人的情况、健康）； 指出适当的解决员工遇到的问题的方法； 向员工提供和帮助寻找推荐人； 追踪所提供证明材料的有效性 **支持者** 与员工一起设计在更高管理水平上的具体问题修正计划； 如果管理部门的修正调整策略不成功，与员工一起指定替代策略； 代表员工的利益与高层管理人员修正具体问题

三、职业发展的实施

在一个组织中，职业发展如何实施，这是一个系统工程，需要组织精心策划，并付诸行动。一般来说，组织中职业发展的实施，包括员工自我评估、组织评估、职业信息的有效传递、开展职业咨询活动、加强职业道路引导、开展各种教育和培训活动等。

（一）员工自我评估

员工的自我评估指员工个人对自己的能力、兴趣、气质、性格以及自己职业发展的要求等进行分析和评价，以确定自己合适的职业生涯目标和职业生涯发展路线。员工自我评估的目的，简单说就是要认识自己、了解自己。只有认识了自己，才能对自己的职业做出正确的选择，才能选定适合自己发展的职业生涯路线，才能对自己的职业目标做出最佳选择。

自我评估就是了解自己。

在整个职业规划和发展过程中，每个人都要不断评估自己的能力和兴趣，衡量各种职业机会，确定适合自己的职业目标。自我评估意味着了解自我。任何能影响未来工作业绩的情况都要考虑到。人们常常会因为没有考虑到某项工作是否与自己的能力与兴趣相适应就草率接受，从而导致失败。员工的自我评估的好坏，要受到员工的知识水平和所了解信息的限制。在实际中，很多人可能在这方面并没有花过多少时间，他们可能也不知道正确的个人评估方法。因此，就个人来说，需要求助于组织。尽管在这方面组织无法代替个人，但组织可以为员工提供各种各样的个人自我评估的方法和材料。优/缺点平衡表、好/恶调查这些自我评估的工具对自我评估都是非常有用的。

优/缺点平衡表可以帮助人们发现自身的优点和缺点，并加深对自己的认识。

优/缺点平衡表（strength/weakness balance sheet）是一种自我评估的方法。利用优/缺点平衡表可以帮助人们发现自身的优点和缺点，使员工了解自身的长处并发扬光大；认识自己的短处并有效克服。使用优/缺点平衡表时，在表中的左边栏，记录你感觉到的优点；在表中右边栏，记录你感觉到的缺点。表 11.4 是优/缺点平衡表的一个例子。尽管优/缺点平衡表不可能为一个人的所有优缺点提供答案，但当人们完成该表以后，会加深对自己的认识。

表 11.4　优/缺点平衡表示例

优　点	缺　点
善于与人共事	只与极少的人非常亲近
乐于接受工作并以自己的方式完成	不喜欢一直被人监督
是个善于管理人的管理者	不喜欢与上司交朋友
勤劳的员工	不容易与上司交朋友
以身作则	精神极度紧张，一直箭在弦上
由于公正无私赢得他人尊重	说话经常不顾后果
精力充沛	无法忍受没有工作，做时却看起来很忙
积极活跃的环境中能有效工作	喜动不喜静

续表

优点	缺点
比较开放的头脑	无法忍受一直坐在办公桌旁
在高层次商人面前能从容应对	内心叛逆，但表现出的恰恰相反
喜欢玩弄政治手腕	由于保守，从事这一份并不喜欢的工作
善于安排他人时间，能从为我工作的员工身上获取最多	在陌生的环境里有时紧张
性格开朗——不害羞	几乎没有真正的朋友
关心那些关心我的人（也许是缺点）	看似一个尊奉者，其实不然
富有同情心	兴趣时高时低
善于利用他人出色完成工作	许多人认为我不稳定，也许真是这样；我相信不是离婚
	不是个很好的短期规划者，长期规划好些
	不耐心——希望事情迅速发生
	不喜欢细节
	在孤军奋战的环境下做不好工作

好/恶调查（likes and dislikes survey）也是自我评估的一种方法。这种方法有助于人们认识到它们对自己的约束。如有的人不愿意在某些地方工作，有些人不愿意经常出差等，这些都应被看成是一种约束。认识到这些自我施加的约束，可以减少未来在职业上出现的问题。还有，有些人喜欢在大公司工作，有些人则偏爱较小的公司，认为在小公司里升迁的机会更多，或者工作环境更适合自己的爱好。所有能影响个人业绩的因素都应在好/恶调查中列示出来。表 11.5 是一份好/恶调查表的例子。

好/恶调查有助于人们认识到对自己的约束东西，可以减少未来在职业上出现的问题。

表 11.5 好/恶调查表示例

喜欢	不喜欢
喜欢旅游	不愿意在大公司工作
愿意生活在东部	不愿意在大城市工作
喜欢做自己的老板	不愿意整日伏案工作
喜欢生活在中型城市	不愿意时刻穿套装
喜欢看足球比赛和棒球比赛	
喜欢打网球	

美国惠普公司的科罗拉多泉城分部有一种职业发展自我管理的课程，该课程主要包括两个环节：让参加者用各种测试工具及其他手段进行个人特点的自我评估；将评估结论结合员工工作环境，制定出每位员工的发展计划。惠普公司首先从哈佛 MBA 课程里采用六种工具来掌握每位员工的特点并做出评估。这些工具（见表 11.6）包括：①撰写自传。让员工撰写自传，以了解员工的个人背景。自传包括接触过的人、居住的地方和

生活中发生的事、以往的工作转换及未来计划等；②志趣考察。包括员工愿从事的职业、喜欢的课程、喜欢与哪种类型的人交往；③价值观研究。了解员工在理论、经济、审美、社会、政治和宗教信仰方面的价值观；④24 小时日记。要求员工记录一个工作日和一个非工作日的活动，以进行侧面了解；⑤与两个重要人物面谈。让员工与朋友、配偶、同事和亲属谈自己的想法，并电话录音；⑥生活方式描述。员工用语言、照片等方式向他人描述自己的生活方式。

表 11.6 惠普公司员工自我评价方法

自我评价方法	含 义
撰写自传	了解员工的个人背景，包括接触过的人，居住的地方和生活中发生的事情、已经进行过的工作转换以及未来的计划等
志趣考察	包括员工愿意从事的职业，喜欢的课程和喜欢的人的类型，并将员工的志趣和成功者的志趣进行比较，得出员工的志趣形象
价值观研究	根据员工选择出的自己认为最有价值的事物来了解员工在理论、经济、审美、社会、政治和宗教信仰方面的价值观
24 小时日记	要求员工记录一个工作日和一个非工作日的活动，以侧面了解员工
与两个“重要人物”面谈	员工与自己的朋友、配偶、同事或亲戚谈自己的想法，并将谈话录音
生活方式描写	员工用语言、照片等方式向他人描述自己的生活方式

自我评估并不是一件简单的事，认识自我有一个过程。在生命的某一个阶段，人们也许认为已很了解自己，但后来又开始产生不同的观点。这是因为人在成长，考虑问题的重点也在改变。所以个人评估是一个持续的过程。要使一个完整的自我评估能帮助人们找到与其个人性格和目标相适应的理想工作或职业，需要走很长的一段路。

（二）组织评估

组织评估是要利用相应的信息对员工的能力和潜力作出客观公正的评估。这些信息主要来自对员工的绩效评估，也包括反映该员工的受教育状况和以前工作经历等信息的人员记录。组织对员工个人的评估通常应由人力资源人员和员工的直接管理者共同进行。

（三）职业信息的传递

员工要确立现实的职业发展目标，就必须知道可以获得的职业选择和职业发展机会，并获得组织内有关职业选择、职业变动和空缺的工作岗位等方面的信息。组织要及时为员工提供有关组织发展和员工个人的信息，增进员工对组织的了解，包括职位升迁机会与条件限制、工作绩效评估结果、训练机会等的信息，帮助员工了解自己的职业发展通道。

（四）职业咨询

职业咨询是指整合职业规划过程中不同步骤的活动。它是伴随着整个职业生涯发展过程的多次或连续性咨询活动。在职业发展过程中，有可能出现许多员工无法预测或必须面对的难题，如职位升迁、跳槽、职能转换、人际关系等。职业咨询可以为员工解决职业发展中的困惑，为员工作出明智选择提供参考意见和决策支持。

职业咨询的主要功能有：

1）为员工分析自己的特性、职业锚、长处、短处和发展需要，即帮助员工认识自我。

2）帮助员工学习职业生涯发展的知识，更加积极地管理自己的职业生涯。

3）向员工提供有关组织内部和外部的职业选择及可能的职业道路。

4）帮助员工更有效地克服职业生涯中的各种疑难问题。

5）帮助员工了解自己的发展潜力及更为适合的发展方向——“我能在什么方向上取得更大的成就？”为员工明确职业目标，制定适合自己的职业计划。

职业咨询的形式可以多种多样，如和员工面谈，在面谈中根据员工的实际情况，提出一些职业发展方面的意见和建议；集中培训，传授有关职业发展的知识；进行问卷或测试等。

职业咨询可以由员工的直接管理者、人力资源专家或两者一起来实施。

擅长人际关系的管理者当职业顾问容易取得成功；另一方面，具有对员工及其职业的关心态度是最重要的。

以下是帮助管理者成为更好的职业顾问的一些具体建议。

1）认识到职业咨询的局限性。记住管理者与组织在职业发展过程中只充当催化剂的作用。制定职业计划的主要责任在于员工个人。

2）尊重员工的秘密。职业咨询是很个人化的，具体有道德、保密和隐私的基本特点。

3）建立联系。对下属要诚实、公开和真诚，尽量与员工心灵相通，并从员工的角度看问题。

4）有效地倾听。学会做一名真诚的倾听者。人天性喜欢多说，成为一名好的倾听者通常需要有意识的努力。

5）考虑替代方案。职业咨询的一个重要目标是帮助下属认识到它们通常由许多选择。帮助下属扩展他们的思维，而不必局限于过去的经历。

6）寻求并分享信息。确信员工和组织已经分别完成对员工的能力、兴趣和愿望的评估。确信已经把组织的评估同员工进行了明确的沟通，并使员工意识到组织内部潜在的职位空缺。

7）帮助员工确定目标与规划。记住员工必须自己做最后的决定，管理者应该充当反应板，并确保员工个人的计划是有效的。

要了解什么是职业道路引导。

（五）职业道路引导

前面所说，职业道路是员工在一个组织中的经历或发展轨迹。在组织职业规划中，组织应帮助员工制定出各种职业道路计划。员工在组织中工作不仅是为了自身生存需要的满足，更在乎人生价值需要的满足。如果组织无法满足员工个人发展的需求，就会增大员工离职的风险。因此，组织不仅要帮助员工做好职业道路计划，还要更多地做好职业道路引导工作。职业道路引导可定义为一系列包括正式与非正式教育、培训及工作体验的开发活动，这些开发活动有助于员工能够从事更高一级的职位。过去，职业道路引导往往专注于单线职业方向的引导，即员工—部门经理—主管经理—副总经理—总经理在这种单线职业方向的引导下，员工只有挤独木桥。如果他的直接上司一直干得很出色，并且还远远不到退休年龄，他晋升的可能性就会很小，从而会想到离开公司另谋发展。另外，这种做法可能将技术骨干提拔到管理岗位上，但技术骨干不见得一定具有管理能力，这样做的结果往往不仅使公司失去了一个技术骨干，还有可能为公司增加了一个不合格的管理者。可见，这种单线职业方向是一种不利于员工发展和公司发展的职业规划。

一般来说，公司所有的岗位可以分为三大类：管理类、专业类和专业管理类。如行政岗位、人事岗位等属于管理类岗位；技术岗位、营销岗位等属于专业类岗位；而专业类岗位的管理岗位则属于专业管理类岗位，如开发经理、产品经理等。对在管理岗位上的员工，应该按照管理类职业方向发展；对在专业岗位上的员工，如果他只热衷于本专业，则按照专业类职业方向发展；如果他同时具有较强管理能力，则应该按照专业管理类职业方向发展。这样做的好处是：让公司每一位员工都有自己的发展前途。举个例子，对一个软件开发人员来讲，他既可以沿专业类方向发展，也可以沿专业管理类方向发展。

专业类方向为：

程序员—高级程序员—分析员—高级分析员—专家—首席专家

专业管理类方向为：

程序员—开发小组组长—开发经理—项目经理—技术总监

这样，他始终可以按照他擅长的方向发展，对公司和员工都有好处。

职业道路引导指明了组织内员工可能的发展方向及发展机会，组织内每一个员工可能沿着本组织的职业道路变换工作岗位。职业道路引导一方面有利于组织吸收并留住最优秀的员工，另一方面能激发员工的工作兴趣，挖掘员工的工作潜能。

以下介绍四种职业道路：传统的职业道路、网状职业道路、横向技术道路及双重职业道路。

1. 传统的职业道路

职业道路引导指明了组织内员工可能的发展方向及发展机会。

传统的职业道路（traditional career path）是一种基于过去组织内员工的实际发展道路而制定出的一种发展模式。它是员工在一个组织里，从一个特定的工作到下一个工作纵向向上发展的一条途径。假定每一个当前的工作是下一个较高层工作的必要准备。因而，一名员工必须一级接一级的，从一个工作到下一个工作进行变动，以获得所需要的经历和准备。

传统职业道路的最大优点之一是它一直向前。这条道路被清晰地展示出来，且员工知道自己必须向前发展的特定工作序列。然而这种职业发展有时会由于各种因素的变化而发生变化，如外部环境发生了变化，公司内部企业制度改革，兼并、公司机构调整等，传统的职业道路会变得不那么清晰，甚至发生变化。

以下这段文字非常形象地说明了现实中可能发生的情况：

闭上眼睛，想象一个体现“职业”这个词的东西。如果你加入了劳动力大军，你可能会将职业生涯想象为一系列可以预测的狭窄且明显分离的通向上层(或下层)的梯级。换句话说，一架梯子。哈！哈，哈，哈！朋友！这架梯子已经被劈为碎片扔进了垃圾堆。在你还在睡梦中的黎明，一队清洁工人把它们清理掉了。

2. 网状职业道路

网状职业道路（network career path）既包括纵向的工作序列，也包括一系列横向的机会。网状职业道路承认在某些层次的经验的可交换性，以及晋升到较高层之前需要拓宽本层次的经历。这种道路比传统职业道路更现实地代表了员工在组织中的发展机会。这种纵向和横向选择，减少了堵塞的可能性。这种职业道路的缺点是，向员工解释其职业可能采取的特定路线会比较困难。

3. 横向技术道路

按传统观点，一条职业道路被视为向组织中较高管理层的升迁之路。但近年来传统方法的可用性减小了很多。横向技术道路（lateral skill path）允许在企业内进行横向调动，有助于员工焕发新的活力、迎接新的挑战。虽然没有获得加薪或晋升，但员工可以增加自己对组织的价值，也使他们自己获得新生。

4. 双重职业道路

双重职业道路（dual career path）最初被开发出来是用于解决有关受过技术培训且并不期望在组织中通过正常升迁程序调到管理部门的这种员工的问题。双重职业道路认为，技术专家能够而且应该允许将其技能贡献给公司而不必成为管理者。如在一所大学里，一个教师可以通过助教、讲师、副教授、教授获得晋升，而不一定要进入行政管理层。又如在一个公司里，双重职业道路为经理人员和专业技术人员设计了一个平行的职业发展体系，经理人员使用管理类型的晋升阶梯，专业技术人员则使用研究开发类型的晋升阶梯，从而使专业技术水平高的员工不必进入管理层，也可以得到更高的报酬。

过去，在传统职业道路中，一个公司的职业发展道路是高度结构化的，以至于工程师和技术人员（或任何形式的重大贡献人员）得到晋升或经济奖赏的唯一道路就是进入经理阶层。如图 11.2 所示即为科技人员和管理者的传统职业道路。

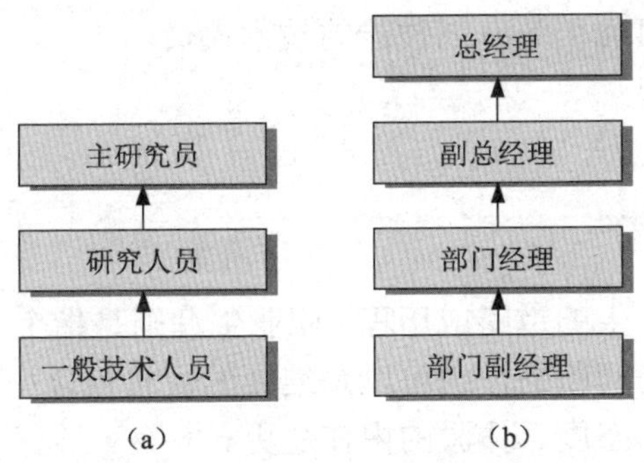

图 11.2　传统的技术人员与管理人员职业发展道路

在这种职业发展道路中，技术职业发展道路所提供的升迁机会十分有限。同时，管理人员职业发展道路比技术职业发展道路所提供的经济报酬也要高得多。这种职业发展道路是不利于组织的发展的。因为在这样一种职业发展道路中，科技人员由于地位低、工资少、晋升的机会又比管理人员少，因此可能选择离开职业组织，跳槽到更有利于他们发展的地方去。如果科技人员希望得到地位和高薪，他们也有可能放弃科研技术工作去当管理人员。

在双重职业道路中，给科技人员或其他有重大贡献的人员以更多的职业发展机会，员工有了继续留在技术岗位上发展或进入管理层的机会。图 11.3 所示即为一个双重职业发展道路系统。

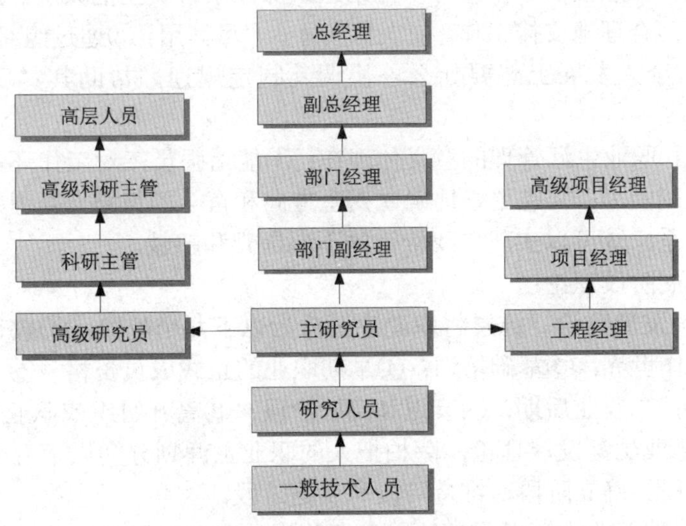

图 11.3　双重职业发展道路系统

在这种双重职业发展道路系统中，科技人员有机会进入三条不同的职业发展道路：一条技术的职业道路和两条管理的职业道路。假如在三条职业发展道路中，员工的工资和升迁机会都差不多，那么员工就会去选择最适合他们兴趣和能力的职业道路。

现在双重职业道路日益流行，在如今的高科技世界里，专业知识和管理技能同样重要。双重职业道路不提倡从合格的技术专家中培养劣等的管理者，而是组织既可聘请具有高技能的管理者，又可雇用具有高技能的技术人员。

小　结

生涯可定义为个人一生的道路或历程。职业生涯则是指个人一生中从事职业的全部历程。这整个历程可以是间断的，也可以是连续的，它包含一个人所有的工作、职业、职位的外在变更和对工作态度、体验的内在变更。

一个人如果他的职业是持续稳定的，可以把它叫做传统性职业生涯。但一个人的职业生涯也可能由其兴趣、能力、价值观及工作环境的变化而发生变化，可能从事多项职业，这种职业生涯叫做易变性职业生涯。

职业生涯管理是组织或个人对职业生涯的设计、职业发展的促进等一系列活动的总和。

职业生涯管理包括组织职业生涯管理和个人（自我）职业生涯管理。组织职业生涯管理是指由组织实施的、旨在开发员工的潜力、留住员工、使员工能自我实现的过程。自我职业生涯管理是指个人在职业生涯的全部历程中，对自己所要从事的职业进行规划和设计，并为实现自己的职业目标而积累知识、开发技能的过程。

职业生涯管理，无论就组织还是个人来说，都有着重要的意义。

就组织来说，其意义在于：①可以帮助组织深入了解员工的兴趣、愿望、理想，以便使人力资源部门合理地安排工作，使人尽其才、才尽其用；②通过组织职业生涯管理，真正了解员工在个人发展上想要什么，协调其制定规划，帮助其实现个人职业生涯目标。

就个人来说，职业生涯管理的意义体现在：①能增强员工对工作环境的把握能力和对工作困难的控制能力；②能更好地确立人生方向和奋斗的策略，处理好职业生活和生活其他部分的关系；③可以实现自我价值的不断提升和超越。

职业生涯发展阶段理论：

1）职业生涯发展理论。施恩将职业生涯分为以下九个阶段：①成长、幻想、探索阶段；②进入工作世界；③基础培训；④早期职业的正式成员资格；⑤职业中期；⑥职业中期危险阶段；⑦职业后期；⑧衰退和离职阶段；⑨离开组织或职业——退休。

2）萨柏的职业生涯发展理论。萨柏把人的职业生涯划分为以下五个主要阶段：成长阶段、探索阶段、确立阶段、维持阶段和衰退阶段。

3）金斯伯格的职业生涯发展理论。金斯伯格的职业发展理论分为幻想期、尝试期和现实期。

4）格林豪斯的职业生涯发展理论。格林豪斯将职业生涯划分为五个阶段：职业准备阶段、进入组织阶段、职业生涯初期、职业生涯中期和职业生涯后期。

职业选择是指人们依照自己的职业期望，并根据自己的兴趣、能力、特点等自身素质，从社会现有的职业中选择一种适合自己的职业的过程。

职业选择与职业期望有密切联系。职业期望，又称职业意向，也就是个人对某一项职业的一种愿望和向往，即希望自己从事某项职业的态度倾向。

职业期望是个人职业价值的直接反映。职业价值观是个人对某一职业的价值判断。萨柏曾经将职业价值观或职业取向概括为以下 15 种类型：助人、美学、创造、智力刺激、独立、成就感、声望、管理、经济报酬、安全、环境优美、与上级的关系、社交、多样化、生活方式。

职业选择理论：

（1）职业—人匹配理论

该理论最早由帕金森提出。帕金森在其著作《选择一个职业》中，阐明了职业选择的三大要素：①应清楚地了解自己的态度、能力、兴趣、智谋、局限等个人特征；②应清楚地了解职业选择成功的条件，所需知识，在不同职业工作岗位上所占有的优势、不利和补偿、机会和前途；③上述两个条件的平衡，即在了解个人特征和职业要求的基础上，选择一种适合个人特点又可获得的职业。

帕金森的职业—人匹配理论其内涵就是在清楚认识、了解个人的主观条件和社会职业岗位需求条件基础上，将主客观条件与（对自己有一定可能性的）社会职业岗位相对照，相匹配，最后选择一个职业与个人匹配相当的职业。

（2）个性—职业类型匹配理论

在这一理论中，霍兰德提出了以下四个基本假设。

第一，人格类型或者说“性向”大致可分为六种类型：实际型、研究型、艺术型、社会型、企业型以及常规型；第二，所有职业均可以划分为相应的六大基本类型，任何一种职业大体都可以归属于六种类型中的一种或几种类型的组合；第三，人们一般都倾向于寻找与其个性类型相一致的职业类型，追求充分施展其能力与价值观，承担令人愉快的工作和角色，职业也充分寻求与其类型相一致的人；第四，个人的行为取决于其个性与所处的职业类型，可以根据有关知识对人的行为进行预测，包括职业选择、工作转换、工作绩效以及教育和社会行为等。

职业锚又称职业定位，它是指当一个人面临职业选择的时候，他无论如何都不会放弃的职业中至关重要的东西或价值观。

施恩教授提出了五种类型的职业锚，即技术/职能型、管理能力型、创造型、安全/稳定型、自主/独立型。随后，国外许多机构进行了大量的试验来研究职业锚理论，在 1992 年在原有六种职业锚的基础上拓展为八种职业锚，即增加了以下三种职业锚：服务型、纯挑战型、生活型。

职业规划是确定职业目标并制定实现这些目标的计划的过程。职业规划可以分为个人职业规划和组织职业规划。

个人职业规划是个人确定职业目标并制定实现这些目标的计划的过程。

要做好个人职业规划，必须注意以下问题：

1）必须在充分并且正确地认识自身的条件与相关环境的基础上进行职业规划。

2）在进行职业规划时，避免有过高的不切实际的期望。

3）在设计职业生涯时要留有余地，执行过程中要有灵活性。

4）既要了解自己，又要了解专业。

组织职业规划是组织为员工的发展确定道路和应采取的行动。

组织职业规划的内容有：①设定目标任务；②制定职业道路计划；③制定职业发展—教育培训计划。

组织为何要参与员工职业规划？组织的发展依靠个人的发展，组织通过引导、帮助和协调员工的职业规划，能提高员工的工作质量，形成积极向上的工作态度并增加他们对企业的忠诚度。关注员工职业规划的组织在吸引人才上更具优势。有效的组织职业规划能够把组织的需要转化为员工个人的需要和自己要求开发的职业目标，既获得很高的个人满意度，又取得良好的组织绩效。

员工在一个组织中的发展通常有两条道路。一条是专业技术上的提升；另一条是行政职位上的上升。

职业发展是组织用来帮助员工获取目前及将来工作所需的技能、知识的一种方法。实际上，职业发展是组织对企业人力资源进行的知识、能力和技术的发展性培训、教育等活动。

谁对职业发展负责？职业发展涉及组织、员工本身和员工的直接管理者。

职业发展的实施主要包括：

（1）员工自我评估

员工的自我评估指员工个人对自己的能力、兴趣、气质、性格以及自己职业发展的要求等进行分析和评价，以确定自己合适的职业生涯目标和职业生涯发展路线。

优/缺点平衡表是一种自我评估的方法。它可以帮助人们发现自身的优点和缺点，使员工了解自身的长处并发扬光大；认识自己的短处并有效克服。

好/恶调查也是自我评估的一种方法。这种方法有助于人们认识到它们对自己的约束。

（2）组织评估

组织评估是要利用相应的信息对员工的能力和潜力作出客观公正的评估。

（3）职业信息的传递

员工要确立现实的职业发展目标，就必须知道可以获得的职业选择和职业发展机会，并获得组织内有关职业选择、职业变动和空缺的工作岗位等方面的信息。

（4）职业咨询

职业咨询是指整合职业规划过程中不同步骤的活动。它是伴随着整个职业生涯发展过程的多次或连续性咨询活动。

职业咨询的主要功能有：①为员工分析自己的特性、职业锚、长处、短处和发展需要，即帮助员工认识自我；②帮助员工学习职业生涯发展的知识，更加积极地管理自己的职业生涯；③向员工提供有关组织内部和外部的职业选择及可能的职业道路；④帮助员工更有效地克服职业生涯中的各种疑难问题；⑤帮助员工了解自己的发展潜力及更为适合的发展方向。

职业咨询的形式可以多种多样，如和员工面谈、集中培训、进行问卷或测试等。

职业咨询可以由员工的直接管理者、人力资源专家或两者一起来实施。

（5）职业道路引导

职业道路引导可定义为一系列包括正式与非正式教育、培训及工作体验的开发活动，这些开发活动有助于员工能够从事更高一级的职位。

职业道路引导指明了组织内员工可能的发展方向及发展机会，组织内每一个员工可能沿着本组织的职业道路变换工作岗位。职业道路引导一方面有利于组织吸收并留住最优秀的员工，另一方面能激发员工的工作兴趣，挖掘员工的工作潜能。

传统的职业道路是一种基于过去组织内员工的实际发展道路而制定出的一种发展模式。它是员工在一个组织里，从一个特定的工作到下一个工作纵向向上发展的一条途径。传统职业道路的最大优点之一是它一直向前。这条道路被清晰地展示出来，且员工知道自己必须向前发展的特定工作序列。然而这种职业发展有时会由于各种因素的变化而发生变化。

网状职业道路既包括纵向的工作序列，也包括一系列横向的机会。

横向技术道路允许在企业内进行横向调动，有助于员工焕发新的活力、迎接新的挑战。

双重职业道路最初被开发出来是用于解决有关受过技术培训、且并不期望在组织中通过正常升迁程序调到管理部门的这种员工的问题。双重职业道路认为，技术专家能够而且应该允许将其技能贡献给公司而不必成为管理者。现在双重职业道路日益流行，在如今的高科技世界里，专业知识和管理技能同样重要。双重职业道路不提倡从合格的技术专家中培养劣等的管理者，而是组织既可聘请具有高技能的管理者，又可雇用具有高技能的技术人员。

练 习 题

一、名词解释

1．职业生涯　　2．职业生涯管理
3．组织职业生涯管理　　4．自我职业生涯管理
5．职业选择　　6．职业期望
7．职业锚　　8．职业规划
9．个人职业规划　　10．组织职业规划
11．职业道路　　12．职业发展
13．职业咨询　　14．职业道路引导
15．传统职业道路　　16．网状职业道路
17．横向技术道路　　18．双重职业道路

二、填空题

1．一个人如果他的职业是持续稳定的，则可以把它叫做________职业生涯；一个人的职业生涯也可能由其兴趣、能力、价值观及工作环境的变化而发生变化，可能

从事多项职业，这种职业生涯叫做_________职业生涯。

2. 职业生涯管理包括两种：一种是_________，另一种是个人（自我）职业生涯管理。

3. J. L. 霍兰德在其个性一职业类型匹配理论中将人格类型或者说“性向”分为六种类型，即_________、_________、_________、_________、_________、_________。

4. 施恩教授根据自己对麻省理工学院毕业生的研究，提出了五种类型的职业锚，即_________、_________、_________、_________、_________。随后，国外许多机构进行了大量的研究，增加了以下三种职业锚：即_________、_________、_________。

5. 职业生涯管理可以从个人和组织两个不同的角度来进行。因此职业规划也可以分为：_________和_________。

6. 职业道路可以划分为四种，即_________、_________、_________、_________。

三、单项选择题

1. 职业一人匹配的择业选择理论是由（　　）提出的。
   A. 美国波士顿大学教授帕金森
   B. 美国心理学家、职业指导专家 J. L. 霍兰德
   C. 美国职业指导专家金斯伯格
   D. 美国学者施恩教授

2. 个性一职业类型匹配的择业选择理论是由（　　）提出的。
   A. 美国波士顿大学教授帕金森
   B. 美国心理学家、职业指导专家 J. L. 霍兰德
   C. 美国职业指导专家金斯伯格
   D. 美国学者施恩教授

3. 传统的职业道路（　　）。
   A. 是员工在一个组织里，从一个特定的工作到下一个工作纵向向上发展的一条途径
   B. 既包括纵向的工作序列，也包括一系列横向的机会
   C. 允许在企业内进行横向调动，有助于员工焕发新的活力
   D. 认为技术专家能够而且应该允许将其技能贡献给公司而不必成为管理者

4. 网状职业道路（　　）。
   A. 是员工在一个组织里，从一个特定的工作到下一个工作纵向向上发展的一条途径
   B. 既包括纵向的工作序列，也包括一系列横向的机会
   C. 允许在企业内进行横向调动，有助于员工焕发新的活力
   D. 认为技术专家能够而且应该允许将其技能贡献给公司而不必成为管理者

5.（　　）是指当一个人面临职业选择的时候，他无论如何都不会放弃的职业中至关重要的东西或价值观。

A. 职业期望　　　　B. 职业生涯

C. 职业锚　　D. 职业发展

四、多项选择题

1. 职业管理学家萨柏把人的职业生涯划分为几个主要阶段，即（　　）。
   A. 成长阶段　　B. 探索阶段
   C. 确立阶段　　D. 维持阶段
   E. 衰退阶段
2. 金斯伯格的职业发展理论将人的职业生涯分为以下三个阶段，即（　　）。
   A. 幻想期　　B. 尝试期
   C. 现实期　　D. 成长期
   E. 衰退期
3. 施恩教授提出了以下几种类型的职业锚，即（　　）。
   A. 技术/职能型　　B. 管理能力型
   C. 创造型　　D. 安全/稳定型
   E. 自主/独立型
4. 双重职业道路（　　）。
   A. 认为技术专家能够而且应该允许将其技能贡献给公司而不必成为管理者
   B. 既包括纵向的工作序列，也包括一系列横向的机会
   C. 为经理人员和专业技术人员设计了一个平行的职业发展体系
   D. 员工有了继续留在技术岗位上发展或进入管理层的机会
   E. 不提倡从合格的技术专家中培养劣等的管理者，而是组织既可聘请具有高技能的管理者，又可雇用具有高技能的技术人员

五、判断是非题

1. 职业生涯是指个人一生中从事职业的全部历程。（　　）

2. 组织职业生涯管理是指由组织实施的、旨在开发员工的潜力、留住员工、使员工能自我实现的过程。（　　）

3. 职业期望是个人职业价值的直接反映。（　　）

4. 职业规划是个人确定职业目标并制定实现这些目标的计划的过程，和组织没有关系。（　　）

5. 传统的职业道路是员工在一个组织里，从一个特定的工作到下一个工作纵向向上发展的一条途径。（　　）

6. 双重职业道路指的是，它既包括纵向的工作序列，也包括一系列横向的机会。（　　）

六、简答题

1. 什么是职业生涯管理？职业生涯管理的意义是什么？
2. 简述施恩的职业生涯发展理论。

3．简述萨柏的职业生涯发展理论。
4．简述金斯伯格的职业生涯发展理论。
5．简述格林豪斯的职业生涯发展理论。
6．简述帕金森的职业—人匹配理论。
7．简述约翰·L. 霍兰德的个性—职业类型匹配理论。
8．什么是职业锚？简述职业锚的类型。
9．如何确定自己的职业锚？
10．要做好个人职业规划，必须注意哪些问题？
11．简述组织职业规划的内容。
12．职业咨询的主要功能有哪些？

七、论述题

1．试述组织参与职业规划的意义和作用。
2．试述职业发展的实施。

八、案例分析

AT&T 的员工职业生涯开发

美国电话电报公司（AT&T）成立了一个名为“公司员工职业生涯系统部”的部门。它由 15 人组成，专门负责员工职业生涯开发工作，是面向整个公司的内部咨询单位。这一部门发现了若干驱动美国电话电报公司员工职业生涯开发的因素：①管理层担心公司规模的缩小会影响员工的士气；②人们认为缺乏对员工职业生涯开发的机遇或关注；③重点人才和中层管理人员的流失；④新旧人员的接替规划过程，员工职业生涯开发在其中起着核心作用。

需求分析是在员工职业生涯开发顾问委员会的协助下进行。这一组织由来自各个业务单位的中层人力资源管理人员组成，该组织下设不同的专题小组，其中之一负责开发一套员工个人职业生涯参考指南。

由于公司的关心，越来越多的员工已经拟出自己的职业生涯发展计划。当员工制定出个人的职业生涯计划后，80%的人会参加员工与主管的对话，82%的人会按制定出的个人职业生涯计划行动。

员工职业生涯开发计划的设计原则是一只“三条腿的凳子”，员工、领导者和公司各担负一个基本角色。公司的原则非常明确，个人应该为自己的前途负责，领导者和公司需要给予这一过程以不懈的支持，要“言而有信”。在从原有的家长式统治向员工要对自己负责过渡的企业文化转型过程中，人们通过人力资源规划与开发运作程序的过程和主管培训的推广，大幅度地提高了公司和领导者的参与程度。员工们认识到了自己的责任，认识到这是对自己大有好处的事情。另外，人们也广泛意识到事业发展的重要性，承认传统的升职不再是

美国电话电报公司的员工职业生涯开发案例分析

衡量问题的尺度。

美国电话电报公司的员工职业生涯开发系统获得了极大的成功，人们对个人职业生涯计划的满意程度一直在稳定提高。美国电话电报公司员工的职业生涯开发系统多次帮助企业渡过难关，也帮助员工获得了自己职业的成功。

（案例来源：廖泉文. 2003. 人力资源管理. 北京：高等教育出版社）

试分析 1. 美国电话电报公司的职业生涯开发工作是基于哪些因素的考虑？请结合你个人的经历，谈谈职业生涯开发工作对企业的重要性。

2. 你认为职业生涯开发的“三条腿原则”有何优缺点？在员工、领导者和公司“三条腿”中，你认为哪一个角色起决定性的作用？

九、小组讨论

关心雇员的默尔·诺曼化妆品公司

很少有哪个公司的雇员能享受像默尔· 诺曼公司在加利福尼亚利西尔玛总部及工厂工作的雇员所享受到的福利，每一个为这家化妆品制造公司工作的人都享受着令人羡慕的福利：花上25美分就能得到一份以上等排骨和杏仁鲑鱼为特色的有7道菜的午餐；有法国著名厨师提供的各种丰富的点心和面包；通常支付费用的10%就能找到公司雇用的牙科大夫并把牙补好；以批发价从公司拥有的加油站购买汽油；每两周就能于星期六晚上在公司豪华的小剧场免费观看首轮放映的电影；一份由公司高层管理人员端出的圣诞节自助式火鸡午餐；他们还向每个雇员提供一张红利支票，支付一周的额外薪水。

这种对待雇员的全面仁慈态度就是由默尔·诺曼提出的。这位妇女于1931年11月创建了这家公司，并制定把“像家人那样”对待雇员作为公司的一项政策。

在她的化妆品公司成功以前，默尔·诺曼外出工作只是出于生计。她的丈夫安迪·诺曼是一个推销员，为了追求他的发财梦，这时夫妇在六年里搬了7次家，纵横穿行了整个美国，于1919年在加州圣莫尼卡安顿下来，安迪在那儿建立一家房地产公司，但前景惨淡，决定继续搬家。然而，这次默尔·诺曼不太愿意把赌注都押在未来的路途上。太太出于生计，她说服丈夫支持她创办一家自己的企业：汉堡包售货亭。很快，这个售货亭在其附近的工厂和仓库工人中成为一个颇受欢迎的午餐地点，这主要得益于它出售的特别松软的汉堡包，这是通过把生鸡蛋和切好的肉搅拌在一起按一种秘密的食谱配方制作而成的。

尽管她的汉堡包售货亭大受欢迎，但是默尔·诺曼认识到，经营一家只供应两种产品而且其生意只集中于午餐时间的小饭店只能赚到有限的钱。1923年，她关闭了汉堡包售货亭，转而开设一家新的全天营业饭店，供应早、中、晚三餐。但新饭店在刚开张几分钟后就关闭了。原因是一位愤怒的顾客为店里没有烤奶油蛋饼的铁模而责骂她，而她对自己一大早就关闭饭店的举止解释为：“当你经营一个企业时，你总是假定你自己了解这一行。我甚至不知道要去搞一副烤奶油蛋饼用的铁模。因此我关门了。”

从这次实践中她学到了宝贵的一课：下次创办企业时要更加谨慎着手，更加小心地规划。

之后，诺曼为一名叫杜莫尔的医生工作，从中学会了为自己的化妆品配方。到1927年，诺曼试验出一种粉底油膏，并相信它已相当不错，足以出售给公众。然而，饭店的失败仍然记忆犹新，这位40岁的企业家并不想轻率地投入这项事业。于是，诺曼一边仍然在杜默尔那里工作，一边开始悄悄地向朋友和熟人们出售她的“粉底霜”，在此同时，还开发出其他美容产品，如洁肤剂、冷霜和扑面粉等。

由于支付不起报纸广告费，诺曼只得依靠口头介绍来为她的家庭工作室招徕新顾客。任何带朋友来工作室的顾客以及她的朋友，诺曼都提供一次免费化妆，以鼓励口头介绍。

虽然这样做既费钱又费时，但诺曼相信如果顾客喜欢化妆的效果，他们就会购买这种产品。

历史证明默尔·诺曼是正确的。通过提供这种免费的化妆服务来促销，她的这家以其本人名字命名的公司发展成为不稳定的化妆品市场中最能持续保持赢利的公司之一。1983年默尔·诺曼公司在世界2500个工作室的销售额由1978年的6000万美元跃至8亿美元，这得益于公司坚持实行其产品免费示范的政策。

诺曼是一位非常坚决果断的女人，她对自己的最终成功充满信心，而且她善于听取旁人的意见。在她侄子的建议下，诺曼在圣巴巴拉开办了第二家默尔·诺曼工作室。

结果圣巴巴拉的工作室非常成功，以至在1934年它创办的一年内又诞生了另外70家默尔·诺曼工作室。这些工作室并非特许经营，而是由经营者拥有的独立企业，这些经营者同意只使用默尔·诺曼的产品，并遵循其他准则。

到1939年，已经有600家默尔·诺曼工作室，主要位于西部、南部和中西部，其中绝大多数为妇女所拥有。

最初，默尔·诺曼本人亲自训练所有新的工作室拥有人，但是随着她的企业的发展，她不得不设计一些教导她们的其他方法。1936年，她开始出版《默尔·诺曼公司新闻》，交易商了解公司的最新发展。两年以后，她接着又创建了默尔·诺曼训练学校，这个学校在全国流动，为工作室拥有人不断提供销售训练。而且每年都举行一年一度的销售大会，吸引全国各地的工作室拥有人。

诺曼的成功不仅为她本人带来了荣誉和金钱，而且她为妇女提供了就业的机会和信心。在开办工作室之前，很多妇女的境遇是与诺曼刚开始时差不多的。单就这方面而言，诺曼的成功是骄人的。

（案例来源：夏光．2004．人力资源管理教程．北京：机械工业出版社）

讨论题 1．默尔·诺曼的职业生涯设计有何特点？

2．怎样看待默尔·诺曼的成功？

十、模拟角色

阿莫可公司的职业管理系统

阿莫可（Amoco）公司是设在芝加哥的一家石油公司。公司经理知道保持职业通道完全畅通的重要性，因此，他关心才能通道就如同关心石油通道一样。当公司在战略、结构和技术上发生了变化时，阿莫可公司的员工可以迅速地调整以适应新技能的需要。为了确保成功，还需要仔细地对个人才能和企业需要之间的矛盾进行有效的平衡。

H. 劳伦斯（H.Lawrence）主席的“Larry”漂洗工计划使公司获得重生，其中一部分内容是，它将一个工作小组集中在一起，共同设计职业管理系统。这个工作小组包括高层经理人员（得到了人力资源部门的大力支持）；另外，工作小组的每一个成员要对他或她将与之合作的员工进行一次人员“咨询会”。通过职业管理系统的设计，500 多个来自阿莫可公司各个阶层的员工形成了一种合伙关系。

阿莫可的职业管理系统（amoco’s career management system，ACM）花了两年半的时间才形成。它由四个关键的部分组成：①教育；②评估；③发展；④结果。教育是由每一个企业的高层管理组通过召开动员大会而发起的，并要求所有员工出席。接着，就是一个称之为“开发 ACM”的半天自愿教育计划。ACM 的第二个组成部分是评估，它是通过培训会议完成的。在这个会议上，要分析员工与公司目标有关的技能。员工可以在两个评估小组之间进行选择：一个主要集中在当前的技能上，另一个称为最大化职业选择，主要集中在未来的职业计划和工作丰富化上。在这两个工作小组中，管理者和员工一起工作，共同识别与他们职业目标相关的优势和劣势。

发展是 ACM 的第三个组成部分。员工和他们的管理者之间要进行职业讨论，员工要将完成的个人发展计划带到会议上来，同时管理者也要带来一个表述清晰的团队发展计划。用这种方法可以使员工和管理者共同为职业发展作出贡献。

最后，ACM 要将能够测量的企业结果有机地联系在一起。由于 ACM 的目标是将员工的能力和组织的目标结合在一起，所以要根据对小组及组织所作出贡献的大小对其结果进行测量。

阿莫可公司不断从 ACM 系统中获得有用的知识。经理们认为，以下几点对 ACM 的实施是非常关键的。

1）为了获得来自高层管理者的支持，职业发展必须依靠于企业的战略。

2）必须允许个人改造计划，而不是试图强制实行一个“适合于人人”的方法。

3）至少应该将沟通看得与设计和完善一样重要。

4）职业管理必须同其他人力资源的实际操作联系在一起，如招聘和培训，以形成强化组织和个人目标的协同作用。

5）这个系统的最终目标——让人们思考如何使自己能够一直保持长期突出的状态，而不仅仅是短期得到提升。

围绕着职业管理的公司文化通过 ACM 得到了增强。阿莫可公司的员工正在担负起他们的职业责任来，并且公司有了这样一个通道，使得人们可以将正确的能力在正确的时间上用在正确的岗位上。

（案例来源：萧鸣政．2003．人力资源管理．北京：中央广播电视大学出版社）

思考与模拟　你如何评价阿莫可公司的职业管理系统？如果需要作进一步的改进，你可以提供什么样的建议？为什么？

第十二章

人力资源外包

学习要求☞

重点掌握

- 人力资源外包的含义
- 人力资源外包的原因
- 人力资源外包的意义
- 人力资源外包的风险

掌握

- 人力资源外包服务商的选择途径
- 人力资源外包的风险管理

了解

- 人力资源外包内容的选择

第一节　人力资源外包概述

一、人力资源外包的含义

外包（outsourcing），也称资源外包、资源外取、外源化，其含义为：企业为维持组织的核心竞争能力，将组织的非核心业务委派给外部的专业公司，来达到降低成本、提高效率、充分发挥自身核心竞争力和增强企业对环境的迅速应变能力的一种管理模式。人力资源外包也叫人事外包（HR outsourcing managed service），作为管理外包的一种，其含义是：企业根据需要将一些重复的、事务性的、不涉及企业机密的人力资源管理工作，交由从事该项业务的专业机构进行管理并向对方支付相应服务报酬的一种活动。

人力资源外包微课

1990 年，加里·哈默尔（Gary Hamel）和普拉哈拉德（C.K Prahaoad）在《哈佛商业评论》上发表的题为《企业的核心竞争力》（*the Core competence of the corporation*）的文章中，首次提出了“外包”（outsourcing）这个词。“外包”的核心思想是，在企业内部资源有限的情况下，为取得更大的竞争优势，仅保留其最具竞争优势的业务，而将其他业务委托给比自己更具成本优势和专业优势的企业。

外包的通俗解释是：“让既便宜又更专业的人来取代自己的工作”。

外包首先是在实践领域兴起的，其作为一种管理模式，早在 20 世纪 60 年代的美国就出现了。比较典型的案例是柯达公司。1989 年，柯达公司将自己的信息部门委托给了 IBM 等两家公司。当时柯达面临着计算机设备投资的增加和从自动相机领域撤退等问题，在解决这些问题时选择了外包。柯达与 IBM 的契约期为 10 年，合同总额达 10 亿美元。柯达在实行业务外包的同时，将计算机设备出售给 IBM，将信息部门的 350 名员工也转籍到 IBM。此举将柯达信息部门的计算机关联投资减少了 90%以上，年运营成本也减少了 20%。这一成功的尝试引发了业务外包的高潮。一时间，美国出现了大量的外包现象，企业、医院、学校甚至政府把整个项目交给专门从事某种业务的企业。在 20 世纪 80 年代后期，外包影响到日本、欧洲，全球外包业务急剧增加，外包成为一股潮流。

外包业务真正发展是在 20 世纪 80 年代以后，包括研发外包、生产外包、营销外包以及管理外包等。进入 21 世纪，人力资源外包作为一种提高企业人才管理效率的形式逐渐流行，并且发展迅速。从全球来看，人力资源外包已经由全面普及转向了逐层深入。据有关资料，2012 年《财富》500 强大企业中采用业务流程外包（BPO）的比例已经超过 10%。在中国，2012 年《财富》500 强大企业应用人力资源外包（HRO）的比例已达 90%，但应用深度依然和国外有较大落差。

目前，人力资源外包已涉及人力资源管理工作的多个方面，包括人力资源规划、制度设计与创新、流程整合、人员招聘、医疗和福利、养老金计划、工资发放、薪资调查及方案设计、员工满意度调查、员工培训、企业文化设计、档案管理等方方面面。

阅读资料

HR外包发展趋势

在我国，人力资源外包服务起步于20世纪90年代的江浙一带，经过多年的发展，人力资源外包服务逐渐被企业接受，东南沿海地带的企业纷纷地开展人力资源外包。经过近30年的发展，人力资源外包正在被众多企业接纳。目前，人力资源外包发展趋势主要体现在以下几个方面。

1. 进一步帮助企业弥补普工用工荒需求

像国内经济发达地区，诸如温州、义乌、广州、珠海等大型的制造业集聚地，每年的用工荒，招工难都让企业头疼不已，甚至有的企业为了自身企业的业务正常开展，不得不铤而走险，招聘童工、国外的黑工等。在这样的形式下，用工市场的缺口巨大，企业为了自身的发展，将人力资源外包，将会是一个明智的选择。

2. 拓展高端人才市场需求

普通工人的大量需求给企业造成了巨大的困扰，而高端人才的匮乏也使企业的发展困难重重。对于企业来说，人才的竞争才是最核心的竞争力所在。首先，高端人才的来源，对企业来说人脉资源匮乏，无从选择，同时企业内部从事人力资源管理的部门，往往也并不专业，能否招聘到企业合适的人才也是一项大难题。目前面临转型压力的企业，更加迫切地需求高端人才，在这样的形势下，借助人力资源外包行业，通过专业的人力资源管理公司，来开展人力资源管理，或许能够取得更好的成效。

3. 充当人才和企业之间的桥梁

中国，作为占据了世界1/5人口的大国，相对而言人力资源也是大国。如2014年，我国毕业的大学生达到680多万，是10年前的14倍。每年大量的大学毕业生，毕业即面临失业，找工作难，已经成为了一大社会问题。而相反，却又有众多的企业因为人才短缺而发展不起来，这不能不说是一个悖论。新的形势下，人力资源外包发展需要做的是成为人才和企业之间的一个桥梁，通过自身专业的人才管理模式，将合适的人才放在合适的位置，或许将来，找工作难、招聘难都将会成为历史。

（资料来源：www.agdhr.com）

二、人力资源外包的原因

人力资源外包这种管理方式是信息产业发展的结果，是社会经济高速发展、专业分工细化的体现。“把不懂的业务全部包出去，我们只作我们熟悉的！”是20世纪八九十年代风靡一时的管理思潮。1989年，彼得·德鲁克指出：任何企业中仅做后台支持而不创造营业额的工作都应该外包出去，任何不提供向高级发展机会的活动与业务也应该采取外包形

人力资源管理外包是人力资源管理发展的必然趋势。

式。美国管理学家詹姆斯·奎因（James Ouinees）则认为：在过去，资源外取被认为是企业的一种劣势，但是现在，资源外取却可能是智慧型企业运作的关键。

在促使人力资源外包发端的原因方面，西方学者认为有五项竞争因素使企业将人力资源部分或是全部外包，这些因素包括企业精简、快速成长或衰退、全球化、竞争增加以及企业再造。而在这些竞争因素背后的根本因素其实就是降低成本与增加人力资源的服务品质。有的学者认为组织将人力资源外包的因素有降低营运成本、改善业务焦点、增加管理控制以及与供货商分享并发展策略等。也有的学者则认为将人力资源活动外包的优点是降低成本、改善服务品质、节省时间、减少对新技术的投资、将人力资源角色由服务提供者提升至策略事业伙伴。美国休伊特管理顾问公司曾就影响人力资源外包决策的因素进行一次调查（见表 12.1）。从表 12.1 中可以看到，降低成本，利用专门技术和知识，调整人力资源职能方向，聚焦于战略和核心业务，是人力资源外包的几个主要原因。

表 12.1　影响企业人力资源外包决策的因素

外包的原因	被调查企业的反馈			外包的原因	被调查企业的反馈		
	是/%	不是/%	还不能断定/%		是/%	不是/%	还不能断定/%
改进成本效益	82	5	13	职员不够	69	27	4
降低管理成本	75	8	17	提高参与者的满意度	54	27	19
利用技术进步/专门知识	82	7	11	缩短对参与者要求的响应时间	59	29	12
改进客户服务	70	19	11	控制法律风险/改进遵守法规的情况	53	39	8
调整人力资源职能方向，聚焦于战略/规划	66	15	19	提高适应特殊需要的灵活度	51	38	11
使企业得以聚焦于核心业务	63	21	16	提高准确性	49	41	10
降低企业一般管理费用	82	9	9	使管理成本更可明确	45	44	11
提供周密的服务	47	38	15	执行全面质量管理	17	71	12

归纳起来，企业之所以要把人力资源部分或全部职能外包出去，主要原因是：

1）节省费用。有时将某些业务外包他人，所花费用要比自己开发少。

2）聚焦于战略和核心业务。由于变化的步伐加快，几乎没有哪家公司能承受得起精于一切。他们需要决定他们的核心竞争力是什么，专心搞自己擅长的方面，同时确保自己的专长在市场上仍有竞争力。

3）提高人力资源工作的效果。专业服务机构通常能够提供专业水平和工作效率更高的服务，因此很多企业乐于把部分或全部人力资源业务外包出去。

实行人力资源外包，企业人力资源管理者的职责将逐渐从作业性、行政性事务中解放出来，更多地从事战略性人力资源管理工作。

三、人力资源外包的意义

随着市场竞争的日益加剧，速度和效益成为企业生存和发展的关键，相应的对企业人力资源管理转变职能、提高效率提出了更高层次的要求，而人力资源外包正越来越显示出其重要意义。具体说，人力资源外包的意义主要体现在以下几点。

1）人力资源外包能够有效控制和降低运营成本，舒缓资金压力。

在企业中，人力资源职能历来被视为重大的成本中心。无论是大企业还是中小企业，要设置配套齐全的各种专业人力资源管理人员，其成本相当庞大。而从专业机构那里获取人力资源方面的资源和高质量的服务，远比企业自身拥有庞大繁杂的人事管理队伍更能节约成本。1997 年，Mckinsey 公司调查研究表明，全球财富 500 强企业通过人事外包而使其劳工成本削减了 25%～30%。2004 年，全球人力资源咨询公司——韬睿咨询公司对 32 家曾经签署过大型人力资源外包合同的美国公司在过去四年中的经营状况进行了调查。调查结果显示：超过 3/4 的公司其短期成本节约程度有所提高。

外包是传统商业模式的一个跳跃！

2）人力资源外包有助于获得专业指导，提高自身人力资源管理水平，降低和转移风险，增强市场竞争力。

现在许多企业，尤其是中小企业，往往人力资源职能不全，没有系统的人事制度，不能为员工提供完备的福利待遇和培训机会，许多人力资源管理工作缺乏专业水平，缺乏专家。因而优秀员工招聘困难，关键人员流失严重，员工满意度低下，这些都是制约企业顺利发展的“瓶颈”。而外包机构对该项特定工作具有相对更高的专业水平，擅长于实际操作和理论研究，因而会使这些工作完成得更好。特别是，现在越来越多的公司高层经理发现自己正面临着法规、政策、金融、技术、公司治理等风险。若无法提供优质的人力资源管理服务，后果不堪设想。通过将部分或全部人力资源职能外包给那些专业的机构，企业不但可以获取先进的人力资源管理程序和服务，而且还可以降低和转移风险，提高自身人力资源管理水平，增强市场竞争力。

3）人力资源外包能获取和维护先进的专业技术。

继信息技术革命之后，人力资源职能也经历了翻天覆地的变化。因而，人力资源职能的成功运行，需要加大技术投资力度。例如，人力资源职能需要通过技术资源，实施或更新企业资源规划（enterprise resource planning，ERP）系统提供电子化人力资源管理程序；开发相关应用软件和平台，为员工和经理提

ERP 是一个对企业资源进行有效共享与利用的系统。ERP 通过信息系统对信息进行充分整理、有效传递，使企业的资源在购、存、产、销、人、财、物等各个方面能够得到合理地配置与利用，从而实现企业经营效率的提高。从本质上讲，ERP 是一套信息系统，是一种工具。ERP 在系统设计中可集成某些管理思想与内容，可帮助企业提升管理水平。

供自助服务建立数据仓储和知识管理系统，行之有效地运用员工数据。上述方面需要进行重大投资，外包管理为企业提供了一种获取和维护最新技术的途径，即运用外包管理机构的最新系统和技术。

4）人力资源外包能解放人力资源部门的有效工作时间，更集中力量于核心业务。

现在，人力资源已从一般性的行政管理职能转变为战略性的经营规划职能。人力资源外包管理有助于人力资源专业人士从日常行政管理职责中解脱出来，参与企业高层的战略规划职能，实现其企业战略经营伙伴的角色，比如参与制定并实施企业的战略目标、人力资源战略性的长期规划等。越来越多的企业将非自身核心领域而又非常重要的人力资源管理外包，专注核心业务的发展成为了企业最重要的生存法则之一。

第二节　人力资源外包的实施

企业在实施人力资源外包时，要进行科学规划，有步骤地进行。具体讲，一个企业要实施人力资源外包，首先要有一个决策机构，要考虑一系列的战略问题，包括对哪些内容进行外包，选择什么样的外包服务商等。

一、成立人力资源外包的决策机构

人力资源外包决策机构可以由企业内部不同部门（如人力资源部门、财务部门等）的人员组成，人数不一，要看公司规模及外包业务大小，一般为4～5人，一般由人力资源经理来担任该机构的负责人，负责主持有关外包问题的研究，寻找有关信息，起草外包项目计划书等。其中需要研究的最主要问题包括外包内容的选择，外包方式的决策、外包服务商的选择、成本效益分析。整个外包过程的管理和控制，包括外包风险的管理和控制等。

二、人力资源外包内容的选择

美国印第安纳大学的管理系教授斯考特·莱沃在1998年1～7月对位于美国北部的500家企业外包人力资源管理模式进行调查。调查对象是把一项以上人力资源管理职能外包的企业，其规模从员工不足100人的小企业到12 000人的大型企业不等。调查发现，人力资源管理的不同职能对企业的意义不同，外包程度也不同，其中工资发放、福利、培训是三种常见的外包职能，而人力资源信息系统与薪酬则较少外包。同时调查中还发现，小企业中，把工资发放和福利职能外包的比例较高。虽然人力资源管理的一些业务越来越外包化，但也不是全无选择性的，还是有许多因素需要考虑。“正像人们的预料，外包成功的关键是决定哪些职能外包，以及外包到什么程度和那些职能保持在组织内。”

人力资源管理外包将渗透到企业内部的所有人事业务。

归纳起来，企业既可以把包括招聘、考核、培训、薪酬等事务性、社会性的人力资源管理业务外包出去，也可以将人力资源战略、人力资源规划等高难度、高专业化的职能外包出去。根据统计，目前较常见的人力资源外包项目有以下几点。

1. 员工招聘

员工招聘包括寻找求职者信息，发布招聘广告，进行招聘面试、筛选、测试、求职者背景审查，代办员工的录用、调档手续，代办人才引进、居住证、就业证手续等。

2. 员工培训

代企业进行相关的各种培训，如技能培训、管理人员培训、安全培训、团队建设训练、计算机培训等。

3. 人事代理

人事代理具体包括以下项目：

1）代发工资。目前有些行政单位采用银行代发工资的形式，这不是外包服务所指的代发工资，这里所指的是包括了绩效考核等之后代为计算薪酬。这样的代发工资，在国内很多企业主都不能接受，他们习惯采用隐蔽的手段发工资。但是在国外，薪酬由第三方发放，无疑是增加薪酬透明度，保证公平的一种方式。

2）福利、四金交纳。一些基本福利保障和保险金等的交纳，也是当前国内企业所避讳的问题，但是在目前很多企业交纳社会保险等方面来看，是能够被接受的。

3）人事档案管理。包括代理户口挂靠及档案委托管理相关人事手续。

4）员工证明、护照等。

4. 人员外包

人员外包即人才租赁或人才派遣等。

5. 人事相关咨询

人事相关咨询包括薪资调查、提供人事政策、法规咨询、调解劳动争议、员工满意度调查、组织规划等。

6. 最新技术的获取与维护

如建立计算机系统和维护技术性人力资源信息系统等。

三、外包服务商的选择

在确定了外包项目后，接下来的工作就是选择外包服务商。外包服务商的选择至关重要。一个企业制定合理的外包服务商选择流程，如图 12.1 所示。

在外包中，用户面临的主要挑战是如何选择和管理好外包服务商。

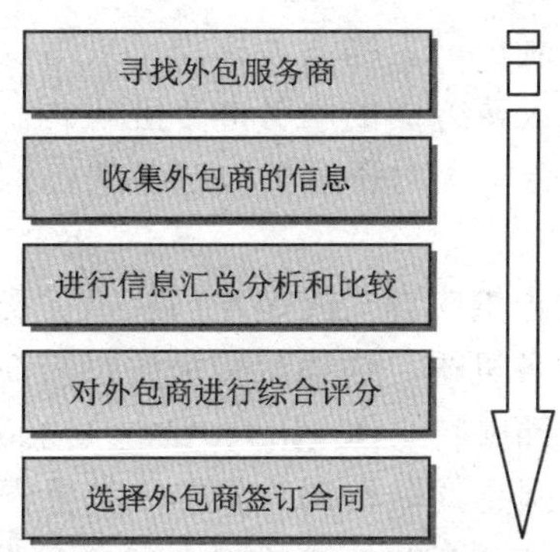

图 12.1　外包服务商选择流程

首先要收集外包商的有关信息，这些信息包括外包商的实际运作情况、背景、信誉、实力、财务状况、稳定性、行业知名度及与企业文化的兼容性等方面。要多收集几家外包商的信息，以便于进行比较。

然后根据收集到的外包商的有关信息，以及企业外包业务和企业实际情况的不同，对外包商综合评分。对外包服务商进行综合评价时，要重点考虑以下因素：

1）理念。外包服务商是否具有客户至上的服务理念。

2）行业知名度。要充分了解外包服务商的历史、信誉、行业知名度等。

3）资源专业技能。外包服务商是否具有良好的人力资源专业技能和高水平的执业素质。

4）综合管理能力。外包服务商是否具有优秀的项目综合管理能力。

5）经验积累。外包服务商在行业里面是否具有相当丰富的从业经验。

6）合理的价格。外包服务商能否提供有竞争力的价格。

最后与评分高的外包企业签订外包合同。

四、人力资源外包服务商的选择途径

人力资源外包服务商的选择途径主要有以下几种途径。

1. 普通的中介咨询机构

他们从事的业务范围很广泛，人力资源管理外包仅仅是其诸多业务中的一项，企业可以把人力资源管理的某项工作（如员工档案管理、员工培训、福利制度、劳动关系等）完全交给他们去承担。如我国有些地区的人才服务中心、人才开发有限公司等，他们从事中高级人才交流服务与咨询策划，提供办理各种琐碎的录用（退工）办理、异地人才引进、统筹保险、工伤生育申报等各种人事、劳动手续、办理人事档案保管等。

一般认为，“猎头”公司是一种专门为雇主“猎取”高级人才和尖端人才的职业中介机构。

2. 专业的人才或人力资源服务机构

在美国出现了各种“临时雇用”公司和专业的PEO（professional employer organization）公司，这些公司为客户提供有关工资、福利、员工档案、招聘、录用、培训等管理方面的工作并提供相关报告等，是为企业提供人事方面的服务的专业机构。英法等国新近出现的“快速人员服务公司”就是专门提供企业人力资源外包服务的机构。国际盛行的“猎头”公司，也属于这类公司。

目前市场上出现的薪酬报告供应商，就是专门从事薪资调查，为企业提供薪酬报告和人事咨询的专门人力资源服务机构。这类薪酬报告供应商主要有三类：一类是老牌跨国专业人力资源咨询机构，如翰威特（Hewitt）、美世（Mercer）和惠悦（Watson Wyatt）等，提供主要针对外企和大型国企的城市调查报告。其报告重点在分析一些大型企业集团的薪酬体系，数据来源为参与调查的外企和国内大型企业集团人力资源部。报告价格按城市分从 3000 元人民币到 2000 美元不等。第二类是近几年崛起的国内人力资源服务提供者，如前程无忧、北京太和（Beijing Fesco）、中华英才网等。他们的薪酬报告各具特色，数据来源和取样差别较大，价格标准也各不相同。其中，北京太和 2002 年启动，主要利用北京外服派遣的员工数据作基础，5 000～6 000 元人民币一份报告。中华英才网的报告针对个人和企业，数据来源是其一定规模的简历库，企业报告约 3 万元人民币。前程无忧的数据则是基于其全国最大规模的简历库，由于足够大的数据源，使得他们能够区分不同种类的公司性质，提供 10 多个城市/省份的区域报告，价格是根据客户需要，按不同条件组合，灵活掌握的。从一个城市一个职位，到多个城市多个职位的数据，可以分别付费。第三类供应商是一些尝试学习前述跨国咨询机构模式、规模较小的咨询公司，他们希望以薪酬调查为切入点，重点在于提供人事咨询。由于规模原因，他们一般只集中在个别行业，针对性强，但服务的客户面较窄。

3. 高等院校、科研院所的人力资源专家或研究机构

他们可以为企业出谋划策，如对员工的绩效评估体系、薪酬体系的设计等。

上述三类外包的方式不是各自孤立、互不相容的，在企业具体的人力资源操作中，可以整合三方面力量，共同组成“智囊团”，合力完成外包工作。

4.“全能型”的人力资源外包服务商

随着人力资源外包市场的发展以及市场需求的不断扩张，对外包服务商本身提出了更高的要求。企业希望更高效，更省钱，甚至期望一家人力资源服务商能够包揽所有的外包项目。基于这一需求，人力资源业务流程外包（business process outsourcing，BPO）的理念逐渐形成，外包服务商同时进入多个传统的细分市场，并实现业务整合，扮演人力资源解决方案整合者的角色，并力争为客户提供“一站式”的人力资源流程服务。

阅读资料

BPO

业务流程外包（business process outsourcing，BPO）是服务外包的一种形式，它和信息技术外包（information technology outsourcing，ITO）共同构成了服务外包

的内容。但是两者的侧重点不同，ITO 侧重的是信息技术外包，包括对系统操作服务、系统应用服务、基础技术服务等提供外包。BPO 侧重的是商务外包，包括对企业内部管理服务、企业业务运作服务、供应链管理服务等进行外包。目前 BPO 的业务范畴已经扩展到客户交互服务、后台（back office）事务处理、IT/软件运作、金融财会服务、人力资源服务、知识服务等领域。

BPO 在过去的十多年间显示出很大的潜力。根据国际数据集团（IDC）的统计，自 1999 年以来，全球 BPO 市场的年增长率平均为 23%，成为服务外包中增长最迅速的领域，2004 年全球 BPO 服务市场总收入达到 3001 亿美元。到 2008 年，BPO 市场将增长到 6825 亿美元，混合年增长率为 11%。

（资料来源：杨丽琳.中国业务流程外包（BPO）市场的 SWOT 分析. http://articles.e-works.net.cn/BPM/）

现在，一些人力资源外包服务商，已经开始将相互独立的产品打包发售，并将触角伸向全国，出现了一些“全能型”的人力资源外包服务商。

五、人力资源外包管理的模式选择

人力资源外包管理模式选择，首先要考虑企业自身的实际，同时要考虑企业所面临的内外环境等因素及其变化趋势。一般来说，企业实施人力资源外包管理可供选择的模式主要有以下几种。

1. 部分业务外包模式

部分业务外包模式这是目前普遍采用的模式。

部分业务外包模式或称专项业务外包模式，这是目前普遍采用的模式。企业根据自己的实际需要，将一项完整的人力资源管理职能工作的一部分（如人员配置、福利管理）外包出去，其他部分继续由本企业人力资源管理部门负责。例如，将薪酬方案的设计工作外包出去，而薪酬方案的实施和管理仍由自己负责；或者将员工培训、工作分析、招聘选择、绩效考评等有关人力资源管理工作的一部分外包出去。这种外包模式有利于企业根据自己在人力资源管理职能中的优劣势采取适宜的外包模式，且容易把握和达到外包目的。

2. 整体业务外包模式

整体业务外包模式也称一条龙外包模式，就是将一项完整的人力资源管理职能工作全部外包出去，企业人力资源管理部门不再履行此项管理职能，只是作为联络者、协调者和受用企业的代表。例如，将企业薪酬方案设计、实施、日常管理等相关工作整体外包出去，或将绩效考评方案设计、实施、修订、结果管理等相关工作整体外包。这种外包模式有利于打破企业内部原有的管理格局，尽可能消除人为因素的影响，可以提高一些专项的人力资源管理职能的效果。但这种模式的选择需要有良好的外部服务环境，需要对外部服务提供机构进行深入的调研和抉择。

3. 复合业务外包模式

复合业务外包模式也称为综合业务外包模式。企业根据实际需要，将多项人力资源管理职能工作外包出去。既可将多项外包业务交给同一服务提供机构，也可外包给不同的服务提供机构。同时，既可是某些职能管理的整体外包，也可是某些职能管理的部分业务外包。这种模式需要社会上有健全的人力资源服务提供机构，完善的管理制度和服务体系，且能够大大减轻企业人力资源管理的各种压力和矛盾，使企业人力资源管理部门有更充足的时间关注于战略性、前瞻性和宏观管理等方面的一些重大问题的研究和决策。

第三节　人力资源外包的风险及其管理

一、人力资源外包的风险

人力资源外包可以给企业带来诸多好处，但是实践中也不乏失败的案例，这说明企业在实施人力资源外包的过程中也存在风险。企业在决定外包时，必然要考虑其可能产生的风险。归纳起来，主要应考虑以下几个方面的风险。

1. 外包服务商选择方面的风险

外包服务商选择的正确与否直接关系着企业与之合作能否成功，外包的意义是否真正体现出来。在现实中，由于信息的不对称，有时企业无法真正了解外包商真实的技术实力、人员实力，同时在企业方面，一是由于人力资源部门相关负责人没有能力或没有严格遵照规程去了解服务商的实际运作情况、背景，也没有对服务商的财务状况、稳定性等进行认真核查及分析，从而无法把握来自于服务商的风险；二是由于直接负责人存在个人倾向性，导致其虽然了解来自服务方的信息，但没有充分地向后台决策层反馈，后台决策层缺乏充分有效的信息来支持决策。这种信息不对称的决策使企业误选了不适合自身实际情况的服务商，导致企业发生损失。

2. 来自于合同协议方面的风险

如果企业将人力资源管理工作外包，则在本企业与接受外包业务的服务公司之间必须签订相应的合同或协议。通过外包业务合作，在企业与外包服务商之间就形成一种“委托—代理”关系。由于存在信息不对称，委托人往往比代理人处于一个更不利的位置，因而较多的承担了双方在合同协议方面的风险。

信息的不对称可以从两个角度划分：一是不对称发生的时间；二是不对称信息的内容。从不对称发生的时间看，不对称性可能发生在当事人签约之前，也

不对称信息理论是信息经济学的核心，指在日常经济活动中，由于某些参与人拥有另一些参与人不拥有的信息，由此造成的不对称信息下交易关系和契约安排的经济理论。

可能发生在签约之后，分别称为事前不对称和事后不对称。从不对称信息的内容看，不对称信息可能是指某些参与人的行动，也可能是指某些参与人的知识和信息，分别称为隐藏信息和隐藏行动。

1）隐藏信息：指在签订契约之前，代理人就已经掌握了一些委托人所不知道的信息，而这些信息可能是对委托人不利的。代理人因此而与委托人签订了对自己有利的契约，而委托人因处于信息劣势并处于对自己不利的位置上，使得自己的利益极易受到损害。

2）隐藏行动：指假设委托人和代理人在签订契约时各自拥有的信息基本上可视为对称，但达成契约后，委托人无法观察到代理人的某些行为，或者外部环境的变化仅为代理人所观察到。在这种情况下，代理人在有契约保障之后，可能采取不利于委托人的一些行动，进而损害委托人的利益。

3. 来自于员工方面的风险

企业实施人力资源管理外包后，必然会影响到该部门员工的切身利益。例如，精简机构时，一些员工可能被辞退或者换岗，如果对该部分人员安排不当，一方面可能会影响到其他在岗员工的工作积极性；另一方面，也可能因转岗或下岗员工不满情绪的发泄而给企业带来较大负面影响。

4. 来自企业经营安全方面的风险

这主要是企业信息外露方面的风险。外包时企业与外包商在合作过程中有关企业的信息透露是必然的，例如，在培训过程中，那些具有战略意义的项目，如企业文化建设、团队建设、产品技术创新、企业的经营理念、竞争对手的基本情况、根据调查得出的市场需求和发展趋势等一系列与保密和特色有关的内容，一旦泄露将给企业带来不堪设想的后果。

除以上提到的几种风险外，在实施人力资源管理外包时，也容易产生以下一些问题：机会丧失问题、可控性问题、企业文化的融合问题和退出外包的问题等。

尽管在人力资源管理外包中存在一些风险和问题，但是如果我们能够在事前或事中采取一些灵活而有针对性的风险管理措施，无疑会降低企业的外包风险，从而达到提高企业核心竞争优势的目的。

尽管在人力资源外包中存在一些风险，但如果我们能够事前或事中采取一些灵活而有针对性的风险管理措施，无疑会降低企业的外包风险。

二、人力资源外包的风险管理

1. 建立外包风险的预警机制

准备实施外包的企业需成立相应机构来对外包进行全面策划，管理者应着重分析外包的风险源，估测风险的发生概率，估测其可能产生的后果，界定责任的承担者等。通过这种预警机制来预测和分析外包实施中的风险，加强前馈控制工作，从而使可能出现的外包风险损失降到最低。

2. 要选择合适的外包服务商

要严格按照流程进行操作，切忌偷工减料，特别是在信息的收集过程中，信息收集要全面，要对信息进行全面分析和论证。要多收集几家外包商的信息，以便于进行比较。外包合同是双方合作的基础，是维护双方权利和义务的可靠凭证。企业与外包服务商所签订的外包合同必须具有法律效力。由于企业所处的外部环境是不断变化的，有时，管理者在签订外包合同时，可以采取“短期合作”或“临时服务”等灵活方式，以避免外包实施过程中可能出现因合作中止而产生的违约赔偿。

3. 建立外包风险的激励约束机制

企业和外包服务商在签订合作协议后，存在的风险主要是道德风险。道德风险主要指：假设委托人和代理人在签订契约时各自拥有的信息基本上可视为对称，但达成契约后，委托人无法观察到代理人的某些行为，或者外部环境的变化仅为代理人所观察到。在这种情况下，代理人在有契约保障之后，可能采取不利于委托人的一些行动，进而损害委托人的利益。针对这种风险，企业可以采取的有效措施除了监督之外，为降低道德风险，企业可以在契约中提供适当诱因，给予外包商一定激励措施。当企业对外包服务商进行激励报酬设计时，要考虑该报酬必须与其承担风险的成本相平衡，由此建立起符合双方利益及风险共担的激励约束机制。

4. 实施外包风险的全过程动态管理

企业在实施人力资源管理外包后，要对其全过程进行风险监控与管理，以便在风险出现后及时采取补救措施，最大限度地保护企业利益。在全过程管理中，企业要制定人力资源管理外包的总目标和分阶段目标，要建立相应的同步控制体系和信息反馈系统，跟踪检查和分析外包服务商行动结果与企业计划目标的偏离程度，并在必要时进行调整。同时要拟订退出机制与备援方案，以备在外包服务商的服务无法改善时，转换代理厂商或收回自行处理。

小　结

人力资源外包作为管理外包的一种，其含义是：企业根据需要将一些重复的、事务性的、不涉及企业机密的人力资源管理工作，交由从事该项业务的专业机构进行管理并向对方支付相应服务报酬的一种活动。

人力资源外包的主要原因是：①节省费用；②聚焦于战略和核心业务；③提高人力资源工作的效果。

人力资源外包的重要意义体现在：

1）有效控制和降低运营成本，舒缓资金压力。

2）获得专业指导，提高自身人力资源管理水平，降低和转移风险，增强市场竞争力。

3）获取和维护先进的专业技术。

4）解放人力资源部门的有效工作时间，更集中力量于核心业务。

目前较常见的人力资源外包项目有：①员工招聘；②员工培训；③人事代理；④人员外包；⑤人事相关咨询；⑥最新技术的获取与维护。

合理的外包服务商选择流程：

1）要收集外包商的有关信息。

2）根据收集到的外包商的有关信息，以及企业外包业务和企业实际情况的不同，对外包商综合评分。对外包服务商进行综合评价时，要重点考虑以下因素：①理念；②行业知名度；③资源专业技能；④综合管理能力；⑤经验积累；⑥合理的价格。

3）与评分高的外包企业签订外包合同。

一般来说，企业寻求人力资源外包服务商的途径主要有以下几种：

1）普通的中介咨询机构。

2）专业的人才或人力资源服务机构。

3）高等院校、科研院所的人力资源专家或研究机构。

4）“全能型”的人力资源外包服务商。

企业实施人力资源外包管理可供选择的模式主要有以下几种：

1）部分业务外包模式。

2）整体业务外包模式。

3）复合业务外包模式。

企业在进行人力资源外包时，主要应考虑以下几个方面的风险：

1）外包服务商选择方面的风险。

2）来自于合同协议方面的风险。

信息的不对称可以从两个角度划分：一是不对称发生的时间；二是不对称信息的内容。从不对称发生的时间看，不对称性可能发生在当事人签约之前，也可能发生在签约之后，分别称为事前不对称和事后不对称。从不对称信息的内容看，不对称信息可能是指某些参与人的行动，也可能是指某些参与人的知识和信息，分别称为隐藏信息和隐藏行动。① 隐藏信息：指在签订契约之前，代理人就已经掌握了一些委托人所不知道的信息，而这些信息可能是对委托人不利的。代理人因此而与委托人签订了对自己有利的契约，而委托人因处于信息劣势并处于对自己不利的位置上，使得自己的利益极易受到损害。②隐藏行动：指假设委托人和代理人在签订契约时各自拥有的信息基本上可视为对称，但达成契约后，委托人无法观察到代理人的某些行为，或者外部环境的变化仅为代理人所观察到。在这种情况下，代理人在有契约保障之后，可能采取不利于委托人的一些行动，进而损害委托人的利益。

3）来自于员工方面的风险。

4）来自企业经营安全方面的风险。

人力资源外包的风险管理途径：

1）建立外包风险的预警机制。

2）要选择合适的外包服务商。

3）建立外包风险的激励约束机制。

4）实施外包风险的全过程动态管理。

练 习 题

一、名词解释

1．人力资源外包

2．整体业务外包模式

3．复合业务外包模式

二、填空题

1. 企业实施人力资源外包管理可供选择的模式主要有以下三种：________、________、________。

2．目前企业普遍采用的人力资源外包模式是________。

3．企业寻求人力资源外包服务商的途径主要有以下四种：________、________、________、________。

三、单项选择题

1. 在人力资源外包管理的模式选择中，所谓部分业务外包模式是指（　　）。

A. 将一项完整的人力资源管理职能工作的一部分外包出去，其他部分继续由本企业人力资源管理部门负责

B. 将一项完整的人力资源管理职能工作全部外包出去，企业人力资源管理部门不再履行此项管理职能，只是作为联络者、协调者和受用企业的代表

C. 企业根据实际需要，将多项人力资源管理职能工作外包出去

D. 将一项完整的人力资源管理职能工作全部外包出去，但企业人力资源管理部门继续履行此项管理职能

2. 在人力资源外包管理的模式选择中，所谓整体业务外包模式是指（　　）。

A. 将一项完整的人力资源管理职能工作全部外包出去

B. 将多项外包业务交给同一服务提供机构，也可外包给不同的服务提供机构

C. 将一项完整的人力资源管理职能工作的一部分外包出去

D. 将企业全部人力资源管理工作外包出去

3. 将薪酬方案的设计工作外包出去，而薪酬方案的实施和管理仍由自己负责，这种人力资源外包模式属于（　　）。

A. 部分业务外包模式　　B. 整体业务外包模式

C. 组合业务外包模式　　D. 复合业务外包模式

四、多项选择题

1. 企业进行人力资源外包的主要原因是（　　）。

A. 为了节省费用　　B. 聚焦于战略和核心业务

C. 为了提高人力资源工作的效果　　D. 维护企业形象

E. 临时性的措施

2. 企业进行人力资源外包的意义主要体现在（　　）。

A. 能够有效控制和降低运营成本

B. 有助于获得专业指导，提高自身人力资源管理水平

C. 有助于降低和转移风险，增强市场竞争力

D. 能获取和维护更先进的专业技术

E. 能更好地避免企业信息外露

3. 常见的人力资源外包项目有（　　）。

A．员工招聘　　B．员工培训

C．人事代理　　D．人员外包

E．人事相关咨询

五、判断是非题

1．整体业务外包模式，就是将一项完整的人力资源管理职能工作全部外包出去，企业人力资源管理部门不再履行此项管理职能。（　　）

2．复合业务外包模式，是企业根据实际需要，将多项人力资源管理职能工作外包出去。（　　）

3．企业进行人力资源外包，就将管理过程中的全部风险转移给了外包商。（　　）

4．企业可以把招聘、考核、培训、薪酬等事务性、社会性的人力资源管理业务外包出去，但人力资源战略、人力资源规划等高难度、高专业化的职能不适合外包。（　　）

六、简答题

1．简述人力资源外包的原因。

2．试述外包服务商的选择流程。

3．人力资源外包服务商选择途径主要有哪些？

4．人力资源外包管理的模式主要有哪几种？

5．试述人力资源外包的风险。

七、论述题

1．试述人力资源外包的意义。

2．试述人力资源外包的风险及其管理。

八、案例分析

如何看待人力资源外包

目前人力资源外包在国外已经相当盛行，在我国也有越来越多的企业开始进行人力资源外包。然而仍有相当数量的企业在人力资源外包方面裹足不前。原因在于：一是担心核心机密泄漏，二是内部人员因害怕外包的竞争而产生抵触心理，三是企业缺乏外包意识。很多人就此认为，人力资源外包根本不适合国内企业。但也有人认为，随着全球经济一体化，人力资源外包势必是中国企业保持成本领先的选择。

而面对人力资源外包，最引人争议的当属人力资源从业者，有人质疑如果所有的企业都实行人力资源外包，企业的人力资源将何去何从？人力资源外包的盛行是否会砸掉人力资源管理者的饭碗？有些人认为，外包后人力资源部就会面临无事可干的局面，从而自己的地位岌岌可危；有的人看法却恰恰相反，人事外包后，人力资源管理者就可以从琐碎的人事事务中解脱出来，专注于企业战略决策和业务发展，人力资源部门最终会变成企业决策层的战略伙伴，从而地位会更加稳固。

试分析 1．如何看待人力资源外包？

2．有人认为人力资源外包的盛行会砸掉人力资源管理者的饭碗，你如何看这个问题？

九、小组讨论

ZT公司人力资源外包案例

ZT公司，成立于1995年2月，是中国较早成立的专业人才公司。经过十年的时间，ZT不断发展创新，迄今为止举办各种大型招聘会800多届。近年来，ZT通过资本收购不断扩大市场规模，目前旗下已拥有四家人才市场，为数百万人提供人才服务，ZT已经成为“中国最大的民营人才市场”。ZT有其专业的人才服务网站，创建于1999年9月，是中国最早成立的人才网站之一。网站致力于为企业和求职者个人提供网上网下相结合的求职、招聘、培训、猎头、资讯等HR解决方案。六年的运营发展，已经成为国内顶尖的人才网站，影响辐射全国。迄今为止，网站注册企业用户50万家，注册人才简历150多万份，日访问IP逾10万，页面日访问量120万，系统可同时支持100 000人在线，每天新鲜职位达10万个，每年服务超过20万的企业会员，为企业和人才构建了强大的招聘平台。

随着公司业务与规模的不断扩大，公司HRM面临的挑战与压力也越来越大。各业务部门总是抱怨人手不够，同时部分员工抱怨工作饱和度不够，薪资偏低，年终奖金分配不合理，随意性太大，经营层没有办法了解到人均产值，也很难考查到每个人是否尽力工作了。各业务部门经常大规模招聘，但是看不到业绩的大幅上升。尤其明显的一个现象是：与公司一起成长起来的“打江山”的大量老员工，常常以功臣自居，人浮于事、效率低下的现象慢慢浮出水面，这也是许多民营企业在发展过程中常常面临的问题。问题出现了，公司管理层经过认真分析，认为这种现象源于长期以来公司没有一套合理的绩效考核体系，薪资不能很好地与绩效挂钩，最终导致了这种现象的出现。

ZT公司的优势在于整合“网络+传统招聘会+移动通信+平面媒体”等多种媒介资源，全力打造求职招聘互动的交流平台，为企业招聘与人才求职提供更多的解决之道。公司管理层经过分析认为，设计绩效考核体系不是自己的优势，自己设计成本高，决定实行外包。

在明确HR外包的项目后，接下来的工作就是选择合适的外包服务商。ZT公司首先收集了若干家HR外包服务商的信息，包括公司历史、成功实践、长期合作伙伴等。结合自己要外包的HR项目，圈定了三家外包服务商。之后通过各种渠道（例如，通过工商局查询企业是否有不良的记录，对公司服务客户的电话拜访，实地拜访外包商等）对外包商的资信状况与服务能力进行详实的调查。综合考虑各种因素后，通过对圈定公司的综合打分，ZT认为把此项目外包给A公司性价比最高。A公司，专注于为中小企业服务，比较了解民营企业的情况，且有多次成功案例，业内口碑不错，最主要的是，A公司自己在发展的过程中，曾出现过与ZT公司相似的现象，且经营模式相似，只是经营业务领域不同。

决策做出后，A公司工作人员进驻ZT，针对各类岗位有代表性地进行信息的收集。一个月后，通过实地观察、访谈等手段，A公司制定出了ZT各岗位的职位说明书，并在此基础上设计了ZT公司的绩效考核体系。按照ZT公司管理的计划，新的考核体系的出台，将意味着员工的薪资、奖励以及年终奖等将与考核结果挂钩。结果，A公司设计的绩效考核体系遭到了ZT公司许多员工的反对，尤其是老员工的极大不满。不满主要来自两个方面，一是他们不认可A公司收集到信息的真实性、准确性和全面性；二是新的考核体系是对公司许多原有制度的破坏与否定，他们难以接受。之后，A公司对ZT公司进行了第二轮的信息收集与职位描述，在此过程中，重点加强了与不满员工的沟通，了解他们的心声，从老员工的利益出发向他们解释新的考核体系的出发点、依据、优势等，让他们了解到绩效考核不是减工资，而是拿出更合适的工资，薪资计算方法透明化，尤其在业务部门，大家可以算到自己这个月拿多少钱，别人比自己多多少，少多少，为什么会出现这种差异。通过沟通，使老员工认识到新的考核体系不是对他们原有利益的损害，因为外包服务商作为企业管理层与员工之外的第三方，他们的话更能使得员工信服。新的绩效考核体系制订完成了，由于在绩效考核的过程中涉及企业内部的许多商业信息与个人业绩的数据，所以绩效考核的具体实施经ZT公司研究决定仍由自己来做。新的绩效体系运作以来，公司人浮于事的现象极大地减少了，制度的约束与激励作用是明显的，公司的办事效率较过去有了很大程度的提高，特别是老员工开始为适应新的业务要求，开始了积极主动的学习。同时也有一小部分不能适应的员工选择了离开公司，一定程度上，帮公司实现了减员计划。经历了新的变革后，ZT公司在稳步中继续前进！

（案例来源：贾建锋，冷媚．2005．人力资源外包风险、规避策略探析及ZT公司的案例研究）

讨论题

1．ZT公司为什么要进行人力资源外包？这样的决定正确吗？

2．ZT公司是如何选择外包商的？其选择流程符合要求吗？

3．A公司第一次拿出的绩效考核方案为什么会遭到员工的反对？存在的主要问题是什么？

十、模拟角色

AWP公司如何进行人力资源外包工作

AWP公司是一个拥有将近3 000名员工的制药公司，总部设在休斯敦，并在亚利桑那和科罗拉多设有分公司。20多年来，AWP公司人力资源管理一直由总部统一管理。去年，AWP收购了得克萨斯州的两家制药厂之后，员工对福利保险管理系统和薪酬管理模式有很多疑问，公司人力资源部的日常工作量陡增，人力资源工作人员也有怨言。在公司高级经理办公会上，公司首席行政执行官杰克逊对人力资源副总裁戴西说，购并后，我们要用创新思路来设计人力资源工作，包括人力资源部的工作重点和人员结构。目前的人力资源部人员还应当减少，而且还要提高工作效率。我听说有的公司委托顾问公司管理一些人力资源工作，效果不错。你要负责尽快提出解决方案。会后，戴西进行了一些调查和研究，提交了一份外包某些人力资源职能的建议报告，得到了CEO的认可。

（案例来源：彭剑锋．2003．人力资源管理概论．上海：复旦大学出版社）

思考与模拟 如果你是戴西，你会如何组织AWP公司的人力资源外包工作？

参 考 文 献

陈维政．2002．人力资源管理．北京：高等教育出版社．

戴昌钧，符谢红．2009．现代人力资源管理理论及实务训练．上海：东华大学出版社．

董克用，朱勇国．2009．人力资源管理专业知识与实务【中级】．北京：中国人事出版社．

德里克·托林顿，劳尔·霍尔，斯蒂芬·泰勒．2011．人力资源管理．北京：经济管理出版社．

黄维德．2004．人力资源管理实务．上海：立信会计出版社．

加里·德斯勒．1999．人力资源管理．北京：中国人民大学出版社．

劳动和社会保障部中国就业培训技术指导中心组织．2002．企业人力资源管理人员（上册）．北京：中国劳动社会保障出版社．

劳诶德·拜厄斯，莱斯利·鲁．2004．人力资源管理．北京：人民邮电出版社．

李虹．2005．人力资源管理．北京：北京大学出版社．

李琦．2008．人力资源管理．北京：北京大学出版社．

李旭穗，陈文知．2009．人力资源管理实务．广州：华南理工大学出版社．

路易斯·R.戈麦斯-梅希亚，戴维·B.鲍尔金，鲁伯特·L.卡尔迪.2015.人力资源管理.上海：格致出版社，上海人民出版社.

彭剑锋．2005．人力资源管理概论．2 版．上海：复旦大学出版社．

钱振波．2004．人力资源管理．北京：清华大学出版社．

乔恩·M. 沃纳．2009．人力资源开发．北京：中国人民大学出版社．

秦志华．2009．人力资源管理．北京：中国人民大学出版社．

沈莹．2009．现代人力资源管理．北京：北京交通大学出版社．

孙健敏．2009．人力资源管理．北京：科学出版社．

孙彤．2000．组织行为学．北京：高等教育出版社．

王惠忠．2004．企业人力资源管理．上海：上海财经大学出版社．

魏祥迁，杨永杰．2008．人力资源管理．北京：化学工业出版社．

伍爱．2005．人力资源管理学．广州：暨南大学出版社．

王绪君．2001．管理学基础．北京：中央广播电视大学出版社．

夏光主．2004．人力资源管理教程．北京：机械工业出版社．

萧鸣政．2003．人力资源管理．北京：中央广播电视大学出版社．

亚瑟·W. 小舍曼，等．2001．人力资源管理．大连：东北财经大学出版社．

姚裕群．2004．人力资源管理．北京：中国人民大学出版社．

余成凯．2001．人力资源管理．大连：大连理工大学出版社．

约翰·M. 伊万切维奇，赵曙明．2005．人力资源管理．北京：机械工业出版社．

曾建权．2004．人力资源管理理论与实务．广州：中山大学出版社．

张春瀛．2004．人力资源管理．北京：中国铁道出版社，经济科学出版社．

张德．2003．人力资源管理．北京：中国发展出版社．

张佩云．2004．人力资源管理．北京：清华大学出版社．

赵应文．2009．人力资源管理概论．北京：清华大学出版社．

周朗天，吴少华．2009．人力资源管理．南京：南京大学出版社．

朱舟．2009．人力资源管理教程．上海：上海财经大学出版社．

H．施恩．1992．职业的有效原理．仇海清译．北京：生活・读书・新知三联书店．

R．韦恩・蒙迪，罗伯特・M．诺诶，沙恩・普乐梅克斯．2003．人力资源管理．北京：经济科学出版社．

安应民．2005．企业HR外包的模式选择与实施．中国人力资源外包网．http://www.hros.cn．

陈秋喜．2004．人力资源外包探析．中国人力资源开发网．http://www.Chinahrd.net．

霍国庆．2004．企业信息技术资源外包及其风险分析．http://www.Ciu.net.cn．

贾建锋，冷媚．2005．人力资源外包风险、规避策略探析及ZT公司的案例研究．http://thesis.Hr.net.cn．

黎少峰．2003．理性经济人的终结．博士生论坛．http://www.cdi.com.cn．

刘兵，刘志强，郭彩云．2005．浅析企业人力资源管理外包．http://www.hnass.com.cn．

刘祖轲，陈乐．2004．简谈“人力资源”与“人力资本”的区别．http://www.erpworld.net．

宋培林．2002．员工绩效考评的八个要点．http://passport.chinahrd.net．

杨保军．2004．如何规划员工职业道路．http://www.flowerchina.net．